Große Werke der Literatur VIII

Herausgegeben von Hans Vilmar Geppert

D1703151

Große Werke der Literatur

BAND VIII

Eine Ringvorlesung
an der Universität Augsburg
2002/2003

herausgegeben von
Hans Vilmar Geppert

Titel: Schmuckbuchstabe aus Hans Sachs:
(Das vierdt poetisch Buch) mancherley neue Stücke schöner gebundener Reimen.
Nürnberg: Heußler, 1576; Oettingen-Wallersteinsche Sammlung der Universität Augsburg

Bibliografische Information der Deutschen Bibliothek

Die Deutsche Bibliothek verzeichnet diese Publikation in der Deutschen Nationalbibliografie;
detaillierte bibliografische Daten sind im Internet über <http://dnb.ddb.de> abrufbar.

© 2003 · A. Francke Verlag Tübingen
Dischingerweg 5 · D-72070 Tübingen

Druck und Bindung: Hubert & Co., Göttingen
Printed in Germany

ISBN 3-7720-8014-6

Vorwort

Die achte Folge unserer Ringvorlesung brachte den hundertsten Vortrag. Für dieses schöne Zwischenergebnis sei allen Beiträgern herzlich gedankt. Wie immer – vielleicht kommt ja daher der Erfolg – war die Auswahl der Themen völlig frei gestellt, und es wirkten Angehörige vieler verschiedener Fakultäten mit. Nicht nur das Klassische, auch das Außergewöhnliche, das irgendwie Interessante, das Unterhaltsame oder Provozierende hat in dieser Reihe »Großer Werke« Platz. Ziel war und ist es, die Freude am Lesen zu wecken und zu vertiefen.

Erstaunlich klar, was wohl mit der Stimmung der Jahre 2002/2003 zusammenhing, stellte sich schon bald auch das spontane Thema dieser Vortragsreihe heraus. In Gryphius' *Papinian*, aber auch in Brechts *Kreidekreis* geht es um Rechtskrisen, Krisen des persönlichen Lebens müssen bei Seneca bewältigt werden, grundsätzliche Fragen unserer Wahrnehmungs- und Erkenntnisfähigkeit leiten Goethes *Farbenlehre*, eine Krise ritterlicher Werteordnung steht im Mittelpunkt des *Parzival*, auf Krisen konventioneller Kultur beziehen sich in utopisch-satirischer Spiegelung die Werke Cyrano de Bergeracs, Krisen bürgerlicher Ehe und Gesellschaft erzählen *Die Wahlverwandtschaften* oder *La Regenta*; historische Krisen beschäftigen den *Wallenstein*, aber ganz neu auch wieder die Romane von Christa Wolf, Johnson, De-Lillo. Krisenhafter Zeiterfahrung begegnet man politisch revolutionär bei Chamfort, existentiell und zugleich höchst anschaulich in *Warten auf Godot*. Selten tritt einem alte und neue Literatur so aktuell vor Augen wie hier.

Mein Dank gilt dem Rektor und Kanzler, dem Presseamt, der Kurt-Bösch-Stiftung unserer Universität, den Damen und Herren des Francke Verlags, vor allem natürlich den Beiträgerinnen und Beiträgern, dem treuen Publikum und nicht zuletzt meinen eigenen Mitarbeitern, insbesondere Sonja Deck und Thomas Sing.

Augsburg im Juli 2003   Vilmar Geppert

Inhaltsverzeichnis

Seneca ›Briefe an Lucilius‹

Marion Lausberg

NON PISAE SED VITAE DISCIMUS – so war vor einigen Monaten auf einem Plakat in der Universität Augsburg zu lesen, mit dem auf eine Veranstaltung zur Auseinandersetzung mit den Ergebnissen der internationalen Schulleistungsstudie PISA hingewiesen wurde: ›Nicht für die PISA-Studie, sondern für das Leben lernen wir‹. Die Formulierung variiert eine bekannte sprichwörtliche Wendung, non scholae sed vitae discimus, nicht für die Schule, sondern für das Leben lernen wir. Diese Redensart geht ihrerseits auf eine Stelle in Senecas Briefen an Lucilius zurück, die freilich die umgekehrte Fassung enthält: non vitae sed scholae discimus (epist. 106,12), nicht für das Leben, sondern für die Schule lernen wir; der eigentliche Sinn ist aber der gleiche, denn bei Seneca wird nicht wie in der Redewendung gesagt, wie es idealerweise sein sollte, sondern es werden die tatsächlichen Verhältnisse scharf kritisiert als Umkehrung dessen, was das Richtige wäre.

Die Formulierung kann uns gleich einführen in mehrere wichtige Aspekte der Briefe an Lucilius und ihres Autors Seneca. Charakteristisch für seinen Stil sind kurze prägnante, oft antithetisch gefasste Formulierungen, die ihn zu einer Quelle späterer Redewendungen und Sentenzensammlungen vom Mittelalter bis in unsere Zeit haben werden lassen, und schon in der Antike wurden seine sententiae, seine pointierten Formulierungen, gerühmt. Der Satz markiert bei Seneca das Ende eines Briefes: Sentenzen spielen auch kompositionell als Abschlusssignal für ganze Texte und für Textabschnitte eine wichtige Rolle. Dass bei der modernen Fassung non Pisae sed vitae noch eine Assonanz dazukommt, hätte Seneca nur begrüßt, gleichsam als zuspitzende Verbesserung seiner eigenen Formulierung.

Weiterhin ist Seneca allgemein ein Kritiker der mores, der Lebensweise der Menschen seiner Zeit. Das ist ein wichtiger Aspekt auch speziell der Briefe an Lucilius; als ein hervorragender Kritiker der Fehler der Menschen wurde Seneca selbst von einem antiken Autor wie dem Rhetoriklehrer Quintilian anerkannt, der ihn ansonsten insbesondere als Stilisten kritisierte.

Und noch ein dritter Punkt wird in dem Dictum angesprochen: Wenn Seneca kritisiert, dass in der Realität nicht fürs Leben gelernt wird, so meint er, dass es wichtig wäre, eben für das Leben, vita, zu lernen. Gerade darum aber geht es in den Briefen an Lucilius: Wie soll der Mensch sein Leben gestalten, wie soll er z.B. mit seiner Lebenszeit umgehen. Im Kontext des Zitates geht es um eine Abgrenzung von verschiedenen Arten, Philosophie zu betreiben. Wichtig ist nach Senecas Meinung nicht das Disputieren spitzfindiger theoretischer Fragen, wie es in der Philosophenschule geübt wird, nicht der bloße Erwerb von Wissen. Vielmehr sollte die Philosophie als Hilfe zur eigenen sittlichen Vervollkommnung, zur gelungenen Lebensführung genutzt werden. Dazu beizutragen ist das eigentliche Ziel der Briefe an Lucilius, deren Titel Epistulae morales eben auf das Thema der mores, der menschlichen Verhaltensweisen unter sittlichem Aspekt, hinweist. Die Wirkung der nur theoretischen Belehrung auf den Menschen fasst Seneca in eine weitere prägnante Antithese: non faciunt bonos ista sed doctos (epist. 106,11) ›Solches macht nicht gut, sondern gelehrt‹.

Senecas Briefe an Lucilius sind entstanden in seinen letzten Lebensjahren, zwischen 62/63 und 65 nach Christus. Der Autor wurde um die Zeitenwende (ca. 1 v. oder n. Chr.) in Corduba in Spanien geboren als Sohn des Älteren Seneca, der durch rhetorische Schriften bekannt ist. Im Unterschied zu diesem wird der Verfasser der Briefe an Lucilius der Jüngere Seneca oder Seneca der Philosoph genannt. Im antiken Sinne war Seneca jedoch kein Berufsphilosoph. Vielmehr war er ein Angehöriger der Oberschicht, der als gebürtiger Ritter eine Laufbahn als Redner einschlug, durch seine Ämterlaufbahn in den Senatorenstand aufrückte und daneben in seinem an wechselnden Schicksalen reichen Leben auch literarisch tätig war, u.a. mit verschiedenen Philosophischen Schriften und mit Tragödien. Nach mehrjährigem Exil auf der Insel Korsika wurde er im Jahre 49 n. Chr. Erzieher des jungen Nero, der dann im Jahre 54 seinem Adoptivvater Claudius auf dem Kaiserthron nachfolgte. Als Berater spielte Seneca hinter den Kulissen in den ersten Jahren der Regierung Neros eine wichtige Rolle. Er schrieb als Ghostwriter Neros Reden, und er versuchte, Neros bald als problematisch erkanntes Naturell zu lenken und in Schranken zu halten. Das Bild von Senecas Persönlichkeit war freilich bei Zeitgenossen und Nachwelt gerade aufgrund dieser Tätigkeit zwiespältig und umstritten. Weil Nero bei der Nachwelt ziemlich einhellig als schlechter Kaiser galt, konnte man überlegen, ob er so geworden war trotz Senecas Erziehung, oder ob Seneca eine Mitschuld an seiner Entwicklung trug, ob Seneca mit politischen Kompromissen zu weit gegangen ist und ob sein durch Nero gewonnener Reichtum mit seinen philosophischen Lehren als vereinbar gelten konnte. Immer mehr wurden im Laufe der Zeit dem Kaiser Senecas Mahnungen und Warnungen lästig. Im Jahre 62 kam es dann zum Bruch, und Seneca zog sich ins Privatleben zurück, bis er dann im Jahre 65 im Zusammenhang mit der gescheiterten ›Pisonischen Verschwörung‹ von Nero zum Selbstmord gezwungen wurde. Sein gefasstes Sterben, wie es vom Historiker Tacitus geschildert wird, hat die Bewunderung der Nachwelt gefunden; Peter Paul Rubens hat es in einem in der Alten Pinakothek in München hängenden Gemälde eindrucksvoll dargestellt.

Die Briefe an Lucilius gehören in die Zeit nach dem Rückzug Senecas aus dem öffentlichen Leben. Erhalten sind 124 Briefe in 20 Büchern, die Antike kannte noch eine Fortsetzung bis mindestens ins 22. Buch. Vom Adressaten Lucilius ist nicht mehr bekannt, als was sich aus den Briefen selbst und zwei weiteren von Seneca an ihn adressierten philosophischen Schriften ergibt. Hiernach ist Lucilius ein wenig jünger als Seneca, er ist römischer Ritter und als procurator (Finanzverwalter) in Sizilien tätig zur Zeit des Briefwechsels. Die räumliche Entfernung von Seneca ist Voraussetzung dafür, dass überhaupt Briefe geschrieben werden; Seneca selbst hält sich nach Angaben der Briefe in dieser Zeit teilweise in der Gegend von Neapel auf, manchmal auch in der Umgebung von Rom. Die Briefe sind jedoch keine normale Privatkorrespondenz. Vielmehr handelt es sich um ein mit Blick auf ein literarisches Publikum gestaltetes Corpus von Texten, das sich nicht nur an zeitgenössische Leser, sondern auch an Leser der Nachwelt wendet. Seneca verspricht dem Lucilius durch die Nennung in den Briefen die literarische Unsterblichkeit (epist. 21). Lucilius als Adressat vertritt durch seine räumliche Abwesenheit zugleich die zeitliche Abwesenheit des späteren Publikums, mit dem Seneca rechnet (vgl. epist. 22,2 absentibus – posteris). Briefe wurden in der Antike als Gespräche unter Abwesenden, als eine Art halbierter Dialog verstanden. Seneca führt in seiner Briefsammlung ein Gespräch nicht nur mit Lucilius, sondern mit jedem Leser. Wenn nun Lucilius sozusagen den Leser repräsentiert, ist doch anzunehmen, dass er als Person keine bloße Fiktion ist. Wie bei der Figurengestaltung in der literarischen Form des philosophischen Dialogs in der Antike üblich und wie bei sonstigen Adressaten und Widmungsträgern literarischer Werke, dürfte eine reale Gestalt eingesetzt sein, wobei allenfalls einige Details fiktiv sein können, die allgemeine zeitgenössische Plausibilität aber eingehalten ist, auch in dem, was Seneca von sich selber sagt. Lucilius kann als Repräsentant desjenigen Lesertyps gelten, an den Seneca unter seinen Zeitgenossen gedacht haben dürfte: Er ist Angehöriger der aus Rittern und Senatoren bestehenden, politisch tätigen und zugleich gebildeten, literarisch interessierten Oberschicht; eine gewisse philosophische Vorbildung hat er, doch ist er nicht in die spezifischeren Besonderheiten speziell der philosophischen Lehre der Stoa eingeweiht.

Der Leser der Senecabriefe vermisst keine Antwortschreiben des Lucilius. Seneca nimmt manchmal Bezug auf etwas, was Lucilius ihm geschrieben haben soll, aber eben dadurch, dass er davon spricht, teilt er es auch dem Leser mit, der einen vorangehenden Brief des Lucilius nicht kennen muss, um Senecas Äußerungen zu verstehen; die referierten Bemerkungen des Lucilius können dabei durchaus auch fiktiv sein. Es ist jedoch naheliegend, dass jemand wie der italienische Erfolgsautor Luciano de Crescenzo in einem 1998 erschienenen Buch (deutsch 2000 unter dem Titel ›Die Zeit und das Glück‹) Briefe des Lucilius erfunden hat, eingebunden in eine moderne fiktive Handlung, nach der diese Briefe in der Vatikanischen Bibliothek entdeckt werden; so werden Äußerungen Senecas in einem Dialog der Zeiten mit möglichen Meinungen und Einwänden moderner Leser konfrontiert.

Wenn man die Abfolge der Briefe genauer betrachtet, wie dies in der Forschung der letzten Jahre geschehen ist, so erkennt man, dass Seneca Lucilius und damit seine Leser nach und nach immer tiefer in die stoische Philosophie einführt. Er beginnt mit Einfacherem und schreitet zum Schwierigeren vor. Auch schon rein äußerlich am Umfang der Briefe ist dies zu erkennen. Die Briefe der späteren Bücher sind deutlich länger als diejenigen in den ersten zwei Dritteln der Sammlung, und sie behandeln oft speziellere Themen. Zitate aus dem Philosophen Epikur, der eine andere, von der Stoa sich in vielem unterscheidende Philosophenschule vertritt, finden sich in den ersten drei Büchern regelmäßig am Schluss der Briefe, dann verzichtet er darauf und begründet dies auch ausdrücklich (epist. 33): zum fortgeschritteneren Stadium passen solche Einzelzitate, zudem noch aus einer anderen Philosophenschule, nicht mehr. Die Feinheiten der Leserführung in der Abfolge der Briefe erschließen sich freilich nur der genauen Interpretation, die die Strategie Senecas bewusst macht. Themenbereiche werden angeschlagen, später weitergeführt, variiert und vertieft und dadurch dem Leser allmählich vertraut gemacht, und dies geschieht in einem den Leser beeinflussenden psychagogischen Verfahren für diesen eher unmerklich. Auf den ersten Blick sieht man mehr die Vielfalt, die das Leserinteresse anlockt und wach hält, als den kontinuierlichen Weg.

Form und Konzeption der Briefe Senecas sind eine Neuerung in der römischen Literatur. Was bis dahin als Sammlungen von Prosabriefen vorlag, waren die Briefe Ciceros. Diese aber waren, insbesondere die Briefe an seinen Freund Atticus, wirkliche Briefe, die erst posthum herausgegeben wurden und ursprünglich nicht für die Öffentlichkeit bestimmt waren. Ihr Gegenstand ist auch nicht die Philosophie, sondern es geht um die Alltagsereignisse und insbesondere die politischen Wechselfälle in der bewegten Zeit der römischen Bürgerkriege in der ausgehenden Republik des 1. Jhs. v. Chr. Diesen Unterschied seiner eigenen Briefe zu denjenigen Ciceros spricht Seneca ausdrücklich an und weist damit seine Leser einerseits auf den Vorgänger hin, andererseits auch auf die Andersartigkeit seines eigenen Werkes.

Wie aus einem Zeugnis des Atticusbiographen Cornelius Nepos hervorgeht, wurden Ciceros Briefe von der Nachwelt verstanden als Spiegel der damaligen bewegten Zeit der römischen Bürgerkriege mit ihren politischen Verwicklungen, als eine Art Geschichtsdokument. So hat auch Seneca die Cicerobriefe verstanden, aber er will solche zeitgeschichtlichen Inhalte gerade nicht. Er will, wie er ausführt, nicht schreiben, wer nach dem Konsulat strebt im Vertrauen auf die Unterstützung Caesars oder des Pompeius oder seiner Geldkiste (epist. 118,2). Die von Cicero geschilderten Begebenheiten sind für ihn Dokumente von Lastern wie Ehrgeiz (ambitio) oder Habgier (avaritia). Seneca dagegen will etwas anderes mit seinen Briefen, nämlich einen Weg zur richtigen, philosophisch geprägten Lebensgestaltung weisen. Es sei besser, von den eigenen Übeln zu handeln als von denen anderer Menschen. Nicht das Reich des Zufalls, der Fortuna und ihren Glücksgütern und Wechselfällen soll sein Gegenstand sein. Vielmehr geht es für ihn darum, sich über die Fortuna zu erheben, frei und gelassen diesem Treiben überlegen zu sein und so wahre Freude, gaudium, zu gewinnen. In den Rahmen seiner positiven Zielsetzung bindet er freilich durchaus auch die Kritik an menschlichem Fehlverhalten mit ein, so dass auch bei ihm ganz allgemein ein Bild der zeitgenössischen Verhältnisse entsteht. Dieses spart allerdings die speziell politische Aktualität geradezu auffällig aus, im Unterschied nicht nur zu Cicero, sondern auch zu den späteren Briefen des Jüngeren Plinius, die sich enger an Ciceros Vorbild orientieren. Neros Name wird nirgends genannt, nur ganz allgemein ist davon die Rede, dass die geistig Tätigen den politischen Machthabern dankbar sein können, dass sie ihnen den Freiraum für ihre geistige Tätigkeit bieten (epist. 73). Selbst so ein markantes Ereignis wie der Brand Roms kommt nicht vor, und das wird nur um so deutlicher, als Seneca einen weniger bedeutenden Brand, den der Stadt Lugdunum (Lyon), ausdrücklich zum Gegenstand eines Briefes macht (epist. 91). Die Aussparung des politischen Zeitgeschehens ist freilich so ausgeprägt, dass eben darin schon wieder ein Politikum liegt. Seneca präsentiert sich dem Lesepublikum als einer, der sich in das literarisch-philosophische otium ganz programmatisch zurückgezogen hat, ähnlich wie sich Cicero unter der Diktatur Caesars ins Schreiben philosophischer Schriften zurückgezogen hat, weil er nur so noch der Allgemeinheit nutzen konnte und die Möglichkeiten zur politischen Tätigkeit versperrt waren. So nebenbei sagt Seneca dann auch einmal, ganz sicher könne man sich nicht sein, durch den Rückzug von öffentlicher Tätigkeit sich allen Gefährdungen entzogen zu haben (vgl. epist. 14,15) – nach Auskunft des Historikers Tacitus (Annalen 15,45,3) hat Seneca in dieser Zeit Giftanschläge Neros befürchtet.

Nicht nur von den Bedingungen ihrer Entstehung her, sondern auch überhaupt als Schrift mit philosophischem Inhalt lassen sich die Senecabriefe (und seine sonstigen philosophischen Schriften) mit der zweiten großen Werkgruppe bei Cicero vergleichen, mit den philosophischen Schriften. Konzeption und Zielsetzung sind dort jedoch anders. Cicero will in erster Linie die römischen Leser informieren über die Lehren der verschiedenen hellenistischen Philosophenschulen zu verschiedenen Themenbereichen und zeigen, dass er griechische Philosophie in ein ansprechendes lateinisches Gewand kleiden kann mit seiner Kunst des Wortes. Er stellt meist in Dialogform die Meinungen der Philosophenschulen vor und enthält sich als Anhänger der skeptischen Akademie eines eigenen Urteils; der Leser soll sich selbst eine Meinung bilden und die verschiedenen Thesen gegeneinander abwägen. Dass Philosophie auf Lateinisch dargestellt wird, ist auch in Senecas Zeit alles andere als selbstverständlich. Die eigentliche Fachphilosophie wurde weiterhin auf Griechisch betrieben. Schon die Wahl der lateinischen Sprache durch Seneca zeigt, dass er wie Cicero auch ein literarisches Ziel verfolgt, nämlich Philosophisches in einer den römischen Leser ansprechend gestalteten Form darzustellen. Dabei kann Seneca in seiner Zeit bei den römischen Zeitgenossen gerade auch aufgrund der Schriften Ciceros mit besseren allgemeinen Philosophiekenntnissen rechnen. Ihm geht es nicht in erster Linie um Information, sondern um eine literarisch geformte Hinführung zur philosophischen, speziell stoisch geprägten Lebensgestaltung.

Von Cicero unterscheidet sich Seneca nicht nur in der Thematik und Bestimmung der Briefe und in der anderen Philosophenschule, der er sich verpflichtet fühlt, sondern auch im Stil.

Im Unterschied zur Wortfülle Ciceros und zu dessen langen ausgewogenen Satzperioden reiht Seneca kurze, pointierte Wendungen aneinander. Er wird durch seinen betont anticiceronianischen Stil zum literarischen Rivalen des Klassikers und zum führenden Vertreter einer neuen Stilrichtung, die dem Geschmack der eigenen Zeit entspricht. Pointierte Formulierungen sind aber auch mit der philosophisch-literarischen Zielsetzung Senecas eng verbunden. Wie Seneca selbst ausführt, können kurze, prägnante Formulierungen den Menschen unmittelbar beeindrucken und so intensiver auf ihn wirken als lange, mehr oder weniger trockene Erörterungen (vgl. epist. 94,27.43). Die stilistische Eigenart steht also auch im Dienste der psychagogischen Einwirkung auf den Leser, die ein wesentliches Kennzeichen der Briefe Senecas ist. Die sentenziöse Sprechweise trägt zum nachdrücklichen Appell an den Leser bei, sein Leben nach den dargelegten Grundsätzen zu gestalten.

Wenn nun Senecas Briefe nach Auffassung der neueren Forschung literarisch gestaltete Briefe für ein allgemeineres Publikum sind, so ist doch andererseits die Briefform keine beliebige literarische Einkleidung philosophischer Reflexionen. Dies gilt sowohl für das Corpus als Ganzes wie auch für den einzelnen Brief.

Inhaltliches Ziel in der Abfolge der Briefe ist es, einen für Philosophisches aufgeschlossenen Leser allmählich in Grundgedanken der stoischen Sicht des Lebens einzuführen und ihn für die eigene Lebenspraxis an eine entsprechende innere Haltung allmählich zu gewöhnen. Am meisten nützt hierzu ein Sprechen, das sich langsam, in kleinen Schritten, in die Seele einschleicht (vgl. epist. 38,1 minutatim inrepit animo); so bleibt das Gesagte beim Rezipienten besser haften (facilius ... haerent). Täglich soll man meditieren (epist. 16,1). Eine Abfolge von Briefen ist von der literarischen Form und vom Leseverhalten her etwas anderes als eine zusammenhängende philosophische Abhandlung. Briefe werden einzeln gelesen vom Empfänger; er bekommt die einzelnen Briefe nicht gleichzeitig in die Hand, sondern erst nach und nach in zeitlichem Abstand. Der zeitliche Abstand zwischen den Briefen wird von Seneca auch immer wieder bewusst gehalten, indem er z.B. von der jeweiligen Jahreszeit spricht oder davon, dass er von Lucilius länger keinen Brief bekommen habe. Das, was für reale Briefe gilt, ist die adäquate Rezeptionsweise auch dieser literarisch-philosophischen Briefe. Man sollte sie nicht in einem Zug durchlesen, sondern nach und nach auf sich wirken lassen. So entsteht die Gewohnheit, der habitus animi (epist. 16,6), die innere Festigung, und hieraus die innere Verwandlung, transfiguratio (vgl. epist. 6,1; 94,48), die Seneca als Ziel nennt. Regelmäßig weniges lesen und sich innerlich aneignen, verdauen, wie Seneca mit einer Metapher aus dem Bereich des Körperlichen sagt, das empfiehlt er u.a. in Brief 2 als Lesemethode. Sukzessives Lesen wurde im Übrigen für das zeitgenössische Publikum auch von der antiken Buchform nahegelegt. Anders als ein heutiges Buch, das an beliebiger Stelle aufgeschlagen werden kann, muss eine Papyrusrolle nach und nach aufgerollt werden.

Jeder Brief Senecas ist in sich thematisch einheitlich, so dass sich der Leser jeweils auf einen Gedankenbereich voll konzentrieren kann (vgl. epist. 108,39). Die Kürze des einzelnen Briefes gehört zu dem, was in der Antike als Charakteristikum der Gattung allgemein galt. Dem Gesprächston, wie er zur Gattung Brief gehört, entspricht es, wenn die Gedankenführung im einzelnen Brief eher locker und assoziativ als streng systematisch ist.

Die Grundkonzeption des Corpus als einer allmählichen Einführung des Lesers zu stoischen Gedanken über die richtige Lebensführung entspricht einer bestimmten Lehre der stoischen Philosophie, derjenigen vom sittlichen Fortschritt. Seneca hat sozusagen für einen wichtigen Aspekt stoischer Philosophie die passende literarische Form dazuerfunden. Das Idealbild der Stoa ist der ideale Weise, sapiens, der die stoischen Lehren in vollkommenem Maße verwirklicht: Er ist frei von falschen Wertvorstellungen, von Lastern und Affekten; er folgt willig dem Schicksal, das mit dem Willen der den gesamten Kosmos lenkenden Gottheit identisch ist; er lässt sich von der in ihm selbst wohnenden Vernunft als einem Teil der in der Welt herrschenden Gottheit in seinem Handeln führen; diese Vernunft, die als Anlage alle Menschen mitbekommen haben, hat der Weise in sich zur Vollendung gebracht. Dieses Idealbild galt freilich als schwer erreichbar; es war mehr eine Zielvorstellung als ein im Leben der meisten Menschen zu verwirklichendes Lebensideal. Der normale Mensch, der sich auf den Weg zu diesem Ziel gemacht hat, ist ein Fortschreitender, ein proficiens, und dies ist die Art von Menschen, mit denen ein philosophischer Schriftsteller in der Regel zu tun hat. Der Weg, den Seneca den Lucilius und mit ihm jeden Leser der Briefe führt, ist also ein philosophischer Weg auf dem Wege dieses Fortschrittes, der selbst zum stoischen System dazugehört.

Die Kommunikation als Grundsituation eines Briefwechsels, das ist ein weiterer wichtiger Punkt, in dem die Briefsituation keine beliebige Einkleidung für Senecas

Reflexionen zur richtigen Lebensführung ist. Seneca vermittelt einem Freund in einem Brief als einem Gespräch unter Abwesenden seine Gedanken. Die Freundschaft wird in diesem Zusammenhang zu einem wichtigen Motiv der Briefsammlung. Seneca präsentiert sich dabei selbst nicht etwa als einen, der das Stadium des Weisen schon erreicht hat und Lucilius und den Leser sozusagen von oben herab belehrt, sondern als einen, der mit dem Adressaten zusammen auf dem Wege ist und ihn zur gegenseitigen Förderung an seinen Gedanken teilhaben lässt. Bildlich gesprochen bezeichnet sich Seneca als einen, der mit Lucilius im gleichen Lazarett liegt und über die gemeinsamen Krankheiten und Heilmittel spricht (vgl. epist. 27,1). So soll auch den mehr lehrenden Passagen das allzu Dozierende genommen und das Wohlwollen des Lesers gewonnen werden. Immer wieder präsentiert sich Seneca ganz konkret als einen, der selbst auf dem Weg ist und den Leser auf diesen Weg mitnimmt. Wenn er im Brief 63 zunächst Lucilius ermahnt hatte, sich dem Schmerz über den Tod eines Freundes nicht allzu sehr hinzugeben, so sagt er dann im Schlussteil des Briefes, dass er selbst den Tod eines eigenen Freundes ganz unmäßig beweint habe und selbst ein Beispiel für Menschen sei, die sich vom Affekt des Schmerzes haben überwältigen lassen.

Hier meldet freilich der fiktive Lucilius des Luciano de Crescenzo seine Zweifel an: ›Was mich nun an deinem Brief ein wenig stört, ist die Tatsache, dass du deine Ratschläge von oben herab erteilst. Du hast leicht reden, hattest du doch immer schon ein unverschämtes Glück … Während du Distanz von materiellen Gütern predigtest, stiegst du gleichzeitig zum reichsten Manne Roms auf.‹ Der moderne Autor macht Lucilius hier zum Sprachrohr von Vorwürfen, die man Seneca schon zu Lebzeiten und auch bei der Nachwelt immer wieder gemacht hat, dass Leben und Lehre nicht im Einklang stünden, insbesondere in Bezug auf den Reichtum. Bei den Briefen muss man freilich die spezifische Entstehungszeit berücksichtigen. Bei seinem Rückzug hat Seneca zumindest versucht, seine Reichtümer an Nero zurückzugeben und er hat nach Mitteilung des Historikers Tacitus, auch aus Angst vor Giftanschlägen Neros, in seinen letzten Jahren sehr einfach gelebt. Das Problem eines Widerspruchs zwischen Leben und Lehre stellt sich vor diesem Hintergrund bei den Briefen in geringerem Maße als bei zeitlich früheren Schriften.

Auch beim einzelnen Brief spielt die Anknüpfung an das, was in Alltagsbriefen üblich ist, bei Seneca eine wichtige Rolle; freilich bleibt er nicht dabei stehen. Vielfach geht Seneca von alltäglichen Begebenheiten und eigenen Erlebnissen und Befindlichkeiten aus, die er dem Briefpartner mitteilt, wie dies eine übliche Aufgabe von Briefen ist. ›Gestern war ich vormittags krank, nachmittags ging es mir besser, und später kamen dann Freunde zu Besuch‹ (epist. 65). Die alltäglichen Begebenheiten werden aber dann zum Anlass für philosophische Erörterungen. Seneca will, wie er zu Beginn von Brief 23 sagt, nicht nur vom Wetter schreiben: ›Glaubst du, ich würde dir schreiben, wie gnädig der Winter mit uns umgegangen ist, der milde und kurz war, wie missgünstig der Frühling ist, mit einem Kälteeinbruch zur unpassenden Zeit? – Ich will von etwas schreiben, was sowohl mir als auch dir nützen kann.‹ Doch eben indem Seneca mit diesen Alltäglichkeiten den Brief beginnt, wählt er sie zugleich als Einstieg für seinen Brief, in dem es dann um die wahre Freude geht, die man gewinnt, wenn man die Güter der Fortuna verachtet und sich am wahren Gut, der geistigen Natur des Menschen, orientiert und so Gelassenheit gewinnt.

Immer wieder beginnt Seneca seine Briefe mit der Mitteilung von Alltäglichkeiten. Ich gebe eine Reihe von Beispielen, die zugleich einige weitere Aspekte des
Werks veranschaulichen können. Seneca kommt, wie er schreibt, in eine seiner Vil-
len, er bemerkt deren Verfall, und daran schließen sich Überlegungen zum Altern
des Menschen an (epist. 12). Er beschimpft zunächst seinen vilicus, den Sklaven,
der für die Verwaltung der Villa zuständig ist, dass er sich nicht genügend darum
gekümmert habe; das Gebäude falle ein, die Platanen dort hätten kein Laub, wenn
jemand um sie herum aufgraben würde, wenn jemand sie bewässern würde, könnte das nicht geschehen. Der vilicus aber schwört, dass er es an nichts habe fehlen
lassen, Villa und Pflanzen seien nur eben recht alt. Doch nachdem Seneca das ein-
gesehen hat, kommt er zu einer positiven Bewertung seines eigenen Alters: man
muss nur richtig damit umgehen. Auch beim Obst sei es so, dass es am besten
schmeckt, wenn es schon vollreif ist, und beim Wein sei der letzte Schluck der beste: jedes Vergnügen verschiebe das Angenehmste auf den Schluss. Beispiele aus
Alltagserfahrungen werden eingesetzt, um Ängste zu bewältigen. Sie tragen zugleich als literarisches Mittel der Darstellung dazu bei, die Erörterung nicht allzu
abstrakt werden zu lassen.

Vom Thema des Alters aus weitet Seneca die Erörterung in diesem Brief noch
etwas aus zum Umgang des Menschen mit der Zeit überhaupt. Jeder einzelne Tag
ist ein Schritt des Lebens (unus autem dies gradus vitae est). Die Lebensdauer eines jeden Menschen, nicht nur der Älteren, sondern auch der Jüngeren, ist unge-
wiss; der Tod hält sich nicht an die Reihenfolge der Geburtsdaten. In jedem Alter
soll man jeden Tag bewusst leben, wie wenn er der letzte wäre. Wenn man abends
schlafen geht, soll man froh und heiter sagen ›ich habe gelebt‹: vixi. Wenn ein Gott
einen morgigen Tag dazugibt, soll man diesen froh entgegennehmen. Jeder Tag ist
ein Gewinn, wenn man ihn bewusst lebt. Solche Reflexionen über die Lebenszeit
und den richtigen Umgang mit ihr durchziehen das ganze Briefcorpus, und welche
Bedeutung Seneca ihnen zumisst, ergibt sich schon daraus, dass gleich der erste
Brief des Corpus diesem Thema gewidmet ist. Die Zeit ist das, was die Natur uns
als Besitz gegeben hat, damit wir richtig damit umgehen, d.h. den heutigen Tag, ja
jede Stunde richtig nutzen. Die ganze Briefsammlung erscheint so als eine Aufforderung, in dem Sinne mit der Zeit richtig umzugehen, dass man sie den wirklich
wichtigen Gedanken, den philosophischen Reflexionen über eine gelungene Lebensführung, widmet.

Im Unterschied zu vergleichbaren und in manchen Formulierungen anklingen-
den Ausführungen des eher epikureisch geprägten Dichters Horaz geht es bei Seneca bei seinen Gedanken über die Zeit nicht um heiteren Lebensgenuss, sondern
um die aktive Bemühung um den Fortschritt im stoischen Sinne. Dazu gehört, und
in dieser Weise führt Seneca die Reflexionen in späteren Briefen weiter, dass es
nicht auf die Dauer der Zeit ankommt, sondern auf ihre richtige Nutzung. Auch ein
kurzes Leben kann ein gelungenes Leben sein. Die Dauer des Lebens ist ein Adiaphoron nach stoischer Begrifflichkeit, etwas, worauf es nicht wirklich ankommt. Mit
dieser Lehre von den Adiaphora versucht die Stoa, und das ist ein zentraler Punkt
der Lehre, den Menschen unabhängig zu machen von den unberechenbaren und
unbeeinflussbaren Wechselfällen der äußeren Lebensumstände. Das, was üblicherweise von den Menschen als Übel angesehen wird, Schmerz, Armut, Verbannung,

Kürze des Lebens, Tod, das sind in philosophischer Sicht keine wirklichen Übel, und die Einsicht in diese Lehre gibt innere Unabhängigkeit; es kommt nur auf die innere Einstellung an. Das wahre Gut ist nur die sittliche Vollkommenheit, die Tugend. Immer wieder neue, oft antithetische und paradoxe Formulierungen findet Seneca für seine Grundgedanken über die Zeit. Die Terminologie des Adiaphoron klingt an (epist. 32,4) ›Wann wirst du jene Zeit sehen, in der du wissen wirst, dass die Zeit dich nichts angeht (ad te non pertinere), in der du ruhig und gelassen sein wirst (tranquillus placidusque eris), unbekümmert um das Morgen‹. Besonders pointiert ist die Wendung am Schluss dieses Briefes (epist. 32,5): ›frei ist derjenige, der so lebt, dass sein Leben schon vollendet ist‹ (qui vivit vita peracta). Den Brief 77 beendet Seneca mit einem Vergleich des Lebens mit einem Theaterstück: Es kommt nicht darauf an, wie lange, sondern wie gut es gespielt worden ist (Quomodo fabula, sic vita: non quam diu, sed quam bene acta sit, refert, epist. 77,20). In Brief 93 heißt es: ›Lang ist ein Leben, wenn es erfüllt ist‹ (Longa est vita si plena est, epist. 93,2). Wer sein Leben dagegen untätig verbracht hat, hat nicht gelebt, sondern ist im Leben verweilt (non vixit iste, sed in vita moratus est, epist. 93,3). Wer jeden Tag ganz gelebt hat, so heißt es in Brief 101, ist frei von Sorgen, gelassen, er hat keine Furcht vor der Zukunft und auch keine falschen Erwartungen an sie, er ist damit frei von den Affekten wie dem der Furcht, von denen ja die Stoa den Menschen befreien will. Mit einem starken bildlichen Ausdruck spricht Seneca in gleichem Zusammenhang (epist. 101,7) davon, dass Furcht vor der Zukunft und die Begierde nach Zukunft die Seele zerfrisst (exedens animum). Im Unterschied zu den Göttern ist der Weise zwar nicht unsterblich, aber auch in kurzer Zeit kann er ein gelungenes Leben verwirklichen. Es ist Zeichen eines großen Künstlers, das Ganze auf kleinem Raum eingeschlossen zu haben (magni artificis est clusisse totum in exiguo epist. 53,11). Hier kann man mit M. Koelle einen Bogen zur Kürze als Stilprinzip Senecas schlagen. Auch eine kurze Sentenz Senecas ist etwas Kunstvolles und umfasst viel Gehalt; Lebenskunst und literarische Kunst beruhen bei ihm auf vergleichbaren Prinzipien.

Ein anderes Thema behandelt Seneca, wiederum von einem Erlebnis des Alltags ausgehend, in Brief 57. Bei einer Seefahrt von Neapel nach Puteoli, dem heutigen Pozzuoli, war Seneca, wie er in Brief 53 erzählt, in einen Seesturm geraten und das letzte Stück an Land geschwommen. Bei der Rückreise, von der er ein paar Briefe später (57) schreibt, nimmt er nach den vorangehenden Erfahrungen den Landweg, aber auch der bringt ein besonderes Erlebnis mit sich. Er führt nämlich durch eine Tunnelstrecke, die crypta Neapolitana. Die Länge, die Finsternis und der Staub machen dem Reisenden zu schaffen. Doch auch diese Widrigkeiten geben Seneca Anlass zu Reflexionen, die er dem Briefpartner und damit dem Lesepublikum mitteilt – oder vielmehr ein wirkliches oder auch fingiertes, aber in der damaligen Lebenserfahrung verankertes Erlebnis wird zum lebendigen und anschaulichen Beispiel für ein Detail stoischer Lehre über die Affekte. Die lebendige Schilderung am Briefanfang zieht den Leser sozusagen in den Brief hinein, weckt sein Interesse und verankert die daraus entwickelte philosophische Lehre im konkreten Alltagsleben des damaligen Römers; auch heute noch kann man, trotz besserer Beleuchtung und Belüftung, solche Beklemmung in einem Tunnel immer noch nachvollziehen. Die theoretischen Lehren der Philosophie bleiben nicht abstrakt und theoretisch, sondern sie erscheinen dem Leser als etwas, was mit der Lebensrealität zu tun hat. Das Erlebnis des Autors ist dabei nur ein Beispiel, der Leser kann und soll ähnlich mit eigenen anderen Erlebnissen verfahren und diese ebenfalls mit philosophischen Reflexionen in Verbindung bringen. Für uns Leser der Nachwelt haben solche Stellen den zusätzlichen Reiz, dass sie uns einen Einblick in antikes Alltagsleben und Alltagsempfinden geben.

Beim Betreten des Tunnels hat Seneca, so erzählt er, eine plötzliche seelische Veränderung, einen Schock, so könnten wir sagen, erfahren. Seneca erläutert an dieser Veränderung die Lehre von unwillkürlichen seelischen und körperlichen Reaktionen des Menschen auf schreckhafte plötzliche Ereignisse. Diese sind zu unterscheiden, so führt Seneca aus, von einem Affekt im stoischen Sinne. Ein Hauptanliegen der Stoa ist es, die Affekte des Menschen, die seine seelische Ausgeglichenheit stören, zu bekämpfen, und dazu gehört die Angst. Ein Affekt, Pathos, in terminologischem Sinne entsteht nicht schon durch die als unvermeidlich verstandene erste unwillkürliche Reaktion auf etwas bedrohlich Erscheinendes, sondern erst die innere Zustimmung des geistigen Prinzips im Menschen, die Zustimmung zu der Auffassung, dass es sich um ein wirkliches Übel handelt, macht die erste Reaktion in einer weiteren Stufe zum bekämpfenswerten Affekt. Selbst der Weise, das stoische Idealbild des Menschen, der alle Affekte abgelegt hat und die Tugend in vollkommener Form verwirklicht, wird diese erste Beunruhigung erfahren. Auch dass jemand eigenes oder fremdes Blut nicht sehen kann, gehört zu solchen auch für einen Weisen nicht vermeidbaren menschlichen Reaktionen. Der Weise wird dann aber seine geistige Urteilskraft dazu einsetzen, um zum Urteil zu kommen, dass solche äußeren Dinge kein Übel sind, sondern Adiaphora, Dinge, auf die es nicht wirklich ankommt. Das wirkliche Gut des Menschen ist nur die sittliche Vollkommenheit, das wirkliche Übel nur das Laster.

Die Differenzierung zwischen dem Voraffekt und dem wirklichen Affekt trägt für den Leser Senecas auch dazu bei, das von Gegnern oft kritisierte Bild des affektlosen Stoikers als etwas Weltfremdem und menschlich eher Abstoßendem zu korrigieren. Auch sonst ist Seneca darum bemüht zu zeigen, dass die von ihm vertretene Lehre nicht eine allzu starre, vom normalen Menschsein abgehobene Haltung bedeutet. So rät er in Brief 5, man solle sich nicht von den üblichen Verhaltensweisen seiner Umgebung allzu sehr absondern. Wenn etwa die Saturnalien, die römische Entsprechung zum Fasching, gefeiert werden, soll man sie durchaus mitfeiern, ohne freilich in Exzesse zu verfallen (epist. 18). Sich selbst präsentiert er in Brief 104 als liebenden Ehemann, der aus Rücksicht auf die Angst, die seine Frau Paulina um sein Wohlergehen hat, mehr auf seine eigene Gesundheit achtet, als es seine eigenen Bedürfnisse erfordern würden. Eine sprachliche Differenzierung trifft Seneca in Brief 59, wo er am Anfang zunächst eine übliche Formel aus Alltagsbriefen aufgreift. ›Ein großes Vergnügen (voluptatem) habe ich gewonnen aus deinem Brief‹, so beginnt das Schreiben. Seneca nimmt dann die Floskel zum Anlass, über die Unterschiede zwischen der Verwendung des Wortes voluptas, Lust, in der Alltagssprache und in der Sprache der Philosophen zu sprechen und über die Einstellung des Stoikers zur Freude. Der Brief dient damit der Korrektur eines möglichen Missverständnisses der stoischen Lehre als einer Anleitung zu finsterer, freudloser Lebensweise. Der Stoiker lehnt nur voluptas ab, einen Affekt, der auf einer falschen

Meinung über das, was wirkliche Werte sind, beruht, er befürwortet dagegen wahre, dauerhafte Freude, gaudium, die aus einer gefestigten, gelassenen Haltung entspringt.

Als Beispiel für die Kritik Senecas an der falschen Lebensführung mancher Menschen als einem wichtigen Themenbereich der Briefe sei Brief 122 kurz vorgestellt. Ausgangspunkt bildet eine zunächst banal anmutende Bemerkung über die Jahreszeit: ›Die Tage werden schon kürzer‹. Diese alltägliche Feststellung wird dann aber weitergeführt mit einem Angriff auf den Umgang mancher Menschen mit Tag und Nacht. Wer die Nacht zum Tage macht, passt seine Lebensweise nicht an den natürlichen Rhythmus von Tag und Nacht an. Seneca kritisiert dies als ein Handeln contra naturam, gegen die Natur. Damit wird als Maßstab der Kritik ein wichtiger, ja der zentrale Maßstab stoischer Lebensweise schlechthin zunächst scheinbar nebenbei eingeführt. Er wird dabei nicht in abstrakter Theorie entwickelt, sondern als Bewertungsmaßstab für ganz konkrete Fehlhaltungen der eigenen Zeit lebensnah und unmittelbar anwendbar genannt. Der Natur entsprechend leben, das ist die zentrale Lebensregel der Stoa. Dabei ist für das Verständnis wichtig zu klären, was mit Natur dabei gemeint ist. Es ist im konkreten Beispiel nicht einfach nur, wie wir es heute zunächst verstehen würden, das gemeint, was in der außermenschlichen Welt als Naturgesetz zu beobachten ist. Vielmehr ist Natur für den Stoiker das Weltprinzip schlechthin, das mit der Gottheit gleichgesetzt wird. Diese ist nicht transzendent verstanden, sondern als ein immanent in der Welt wirkendes Vernunftprinzip, das diese Welt sinnvoll regiert. Ein Teil dieser Weltvernunft ist jedem Menschen in seiner eigenen Vernunft, ratio, als Anlage gegeben. Seine Lebensaufgabe ist es, diese Anlage zu entfalten, damit er sich immer mehr nur noch von dieser ratio, dem Gott in ihm, leiten lässt und nicht mehr von den Affekten. Wer also als Nachtmensch gegen den natürlichen Tagesrhythmus lebt, widerspricht damit in viel grundlegenderer Weise der Natur als dies für uns auf den ersten Blick erkennbar ist. Als weitere ganz konkrete Beispiele für das Leben gegen die Natur nennt Seneca das Heranzüchten von Rosen und Lilien im Winter, die Anlage von Obstgärten auf Hausdächern, das Bauen von Thermenanlagen ins Meer hinein.

Die Briefe an Lucilius gelten allgemein als Senecas gelungenstes Prosawerk. Die Aneinanderreihung kürzerer, in sich geschlossener Einheiten in der Komposition seines Briefcorpus und die von der Gattung Brief her zugelassene, ja geforderte lockere Form im einzelnen Brief kam Senecas literarischen Fähigkeiten entgegen. Diese verwirklichen sich eher in der Ausformung des Einzelnen als im kunstvollen Bau größerer Einheiten. Rezipiert wurden Senecas Briefe im Laufe der Jahrhunderte und Jahrtausende oft eher sozusagen gegen den Strich. Nicht eine allmähliche Einführung in die stoische Philosophie hat man darin gesucht und gefunden, sondern andere Aspekte der Briefe waren es, die die Leser immer wieder bis heute angezogen haben. Als vielfältige Sammlung unterschiedlicher Themen wurden Senecas Briefe in der Antike bei Gellius (2. Jh. n. Chr.) rezipiert, der den Titel Epistulae morales unter den Werken der Gattung ›Buntschriftstellerei‹ nennt. Einzelne Briefe zu speziellen Themenbereichen wie der Behandlung der Sklaven (epist. 47) oder zur von Seneca geforderten Selbständigkeit bei der Verarbeitung fremder Gedanken (epist. 84) fanden in verschiedenen Epochen besondere Beachtung. Senecas Bienenvergleich in diesem Brief 84 wurde seit Petrarca zum festen Motiv in früh-

neuzeitlichen theoretischen Erörterungen zur literarischen imitatio. Den Christen
seit der Spätantike erschienen einzelne Gedanken Senecas als dem Christlichen nahe. Im Mittelalter wurden Exzerpte z.B. zum Thema Armut angefertigt und tradiert,
und Exzerpte sind auch in unserer Zeit immer wieder angefertigt worden. Mehrfach aufgelegt wurde die Sammlung ›Seneca für Manager‹, weiterhin gibt es ›Seneca für Gestresste‹ (aus anderen seiner Schriften) und ein ›Seneca-Brevier‹. Auch aus
verschiedenen Autoren schöpfende allgemeine Sammlungen lateinischer Redewendungen enthalten einen besonders hohen Anteil von Stellen aus Seneca. Es sind gerade diejenigen Elemente, durch die Seneca stilistisch, literarisch und gedanklich
mehr und anderes bietet als ein System stoischer Ethik, die sein Werk für Leser aller Epochen anziehend und rezipierbar gemacht haben, nämlich einzelne Gedanken, einzelne Formulierungen, die unabhängig von der Systematik, in der sie eigentlich ihren Platz haben, einen Bezug zu Lebenserfahrungen des Menschen
haben. Wiederbelebt wird die Philosophie der Stoa freilich im Neostoizismus der
Zeit um 1600; führender Vertreter dieser Richtung ist der Senecaverehrer und Sene-
cakommentator Justus Lipsius, den Theo Stammen in der vorangehenden Reihe der
›Großen Werke der Literatur‹ (Bd. VII) vorgestellt hat. Dessen Kreis stand Rubens
nahe, und dies ist der zeitgeschichtliche Hintergrund zu der erwähnten idealisie-
renden Darstellung Senecas durch den Barockmaler. Doch der wohl wichtigste Autor der Neuzeit, für den Seneca gerade mit den Briefen sowohl gedanklich als auch
literarisch bedeutsam geworden ist, nämlich Montaigne in seinen Essais, schätzt an
Seneca gerade nicht ein bestimmtes philosophisches System, sondern die Selbstbe-
obachtung als Ausgangspunkt für Reflexionen zum Leben. In der Art der Darstellung ist es die unsystematische, lockere Form, die eher assoziative Aneinanderreihung von Darlegungen zu verschiedenen Themen in einzelnen in sich
einheitlichen Abschnitten, die Senecas Briefe für Montaigne zur Anregung für die
von ihm neu geschaffene Gattung des Essais hat werden lassen; die Briefform und
damit die unmittelbare Kommunikation mit einem Freund hat Montaigne freilich
aufgegeben.

Wenn Sie gelegentlich einmal mit dem ICE nach München fahren, finden sie
möglicherweise in der Nähe des Ausstiegs ein großes Plakat mit der Aufschrift
›Nicht weil die Dinge schwierig sind, wagen wir sie nicht, sondern weil wir sie nicht
wagen, sind sie schwierig‹. Die Quelle ist dort nicht angegeben, aber der Spruch
stammt – wohl auf dem Weg über eine Sentenzensammlung – aus einem Seneca-
brief (epist. 104,26). Vielleicht wagen auch Sie einmal in die ›Briefe an Lucilius‹ hi-
neinzuschauen, vielleicht sogar auf Lateinisch, und vielleicht ist es dann, wenn Sie
es wagen, gar nicht so schwierig.

Literaturhinweise

Text:

Lat.:
L. Annaei Senecae ad Lucilium epistulae morales, ed. L.D. Reynolds, Oxford 1965
(2 Bände)

Zweisprachig:

Seneca, *Epistulae morales ad Lucilium. Briefe an Lucilius über Ethik*, lat./deutsch, hrsg. F. Loretto – R. Rauthe – H. Gunermann, Stuttgart (Reclam) 1977–2000 (17 Bändchen)

Einführung und Interpretation:

M. Giebel, *Seneca*, Reinbek 1997, rororo monographie
E. Hachmann, *Die Führung des Lesers in Senecas Epistulae morales*, Münster 1995
M. Koelle, *Totum in exiguo als Lebensform und Kunstprinzip in Senecas philosophischen Schriften*, Diss. Heidelberg 1975
M. Lausberg, *Cicero – Seneca – Plinius. Zur Geschichte des römischen Prosabriefs*, in: Anregung 37, 1991, 82–100

Moderne ›Antwortbriefe‹ des Lucilius:

Luciano de Crescenzo, *Die Zeit und das Glück*, München 2000 (*Il tempo e la felicità*, Milano 1998)

Moderne Sentenzensammlungen aus Seneca

Seneca für Manager, hrsg. G. Schoeck, 11. Auflage Zürich-München 1990; Frankfurt a.M.-Leipzig 1994 (insel tb 1656)
Seneca für Gestresste, hrsg. G. Fink, Zürich 1993; Frankfurt a.M.-Leipzig 2000 (insel tb 2674)
Seneca-Brevier, Hrsg. U. Blank-Sangmeister, Stuttgart 1996

Wolfram von Eschenbach, *Parzival*

Werner Williams-Krapp

Ist zwîvel herzen nachgebûr,
daz muoz der sêle werden sûr
gesmœhet und gezieret
ist, swâ sich parrieret
5   *unverzaget mannes muot,*
als agelstern varwe tuot.
der mac dennoch wesen geil:
wand an im sint beidiu teil,
des himels und der helle.
10 *der unstœte geselle*
hât die swarzen varwe gar,
und wirt och nâch der vinster var:
sô habet sich an die blanken
der mit stœten gedanken.
15   *diz vliegende bîspel*
ist tumben liuten gar ze snel,
sine mugens niht erdenken:
wand ez kan vor in wenken
rehte alsam ein schellec hase.
20 *zin anderhalp ame glase*
geleichet, und des blinden troum
die gebent antlützes roum,
doch mac mit stœte niht gesîn
dirre trüebe lîchte schîn:
25 *er machet kurze fröude alwâr.*

(Wenn Verzweiflung nah beim Herzen wohnt, das muß die Seele ins Verderben führen. Schändliches und Schönes sind da beieinander, wo sich männliche Unverzagtheit (mit seinem Gegenteil) so vermischt, wie die Farben der Elster. Trotzdem kann der (Elsternfarbene) glücklich sein, denn an ihm ist etwas von beiden: vom Himmel und der Hölle. Wer allerdings völlig unbeständig ist, dem ist die schwarze Farbe ganz und gar zu eigen und er wird auch in der Finsternis enden. Und so gehört der zu den Weißen, der nicht schwankt.

Dieses fliegende Gleichnis ist viel zu flink für einfältige Menschen, sie können es gedanklich nicht einfangen; denn es entkommt ihnen wie ein hakenschlagender Hase. Zinn hinter Glas (ein Spiegel) und der Traum eines Blinden können zwar ein Antlitz zur Erscheinung bringen, doch ist das ein trügerisches Bild ohne Festigkeit. So etwas macht wahrhaftig nur kurze Zeit Freude).

So beginnt eines der wahrlich größten Werke der Weltliteratur. Und diese Worte sollte man stets im Gedächtnis behalten, wenn man sich mit dem ›Parzival‹ befaßt. Wolframs Feststellung, daß es nur wenige Menschen gibt, die entweder nur gut oder nur schlecht sind, daß die allermeisten beide Seiten in sich tragen – sie sind eben elsternfarbig – und daß vieles in der Welt anders ist, als es zunächst scheint, ist für ihn erzählerisches Programm.

Das Bild von der schwarz-weißen Elster – *diz vliegende bîspel* – sei schwer nachzuvollziehen, denn Romanfiguren, die sowohl gut als auch böse sind, sind für die *tumben liute* nicht zu begreifen. Diese vermögen die Handlung ebenso wenig zu verstehen, wie wenn man versucht, einen aufgescheuchten hakenschlagenden Hasen einzufangen. Was man zunächst für etwas Gutes hält, kann sich sehr bald als etwas Böses erweisen und umgekehrt.

Wolfram zielt auf eine für die mittelalterliche Epik neue Art der Menschendarstellung ab. Also, sollte sich das Publikum sicher wähnen, den Sinn der Erzählung verstanden zu haben, so hat es wahrscheinlich nur die Oberfläche erfaßt. Was im ›Parzival‹ erzählt wird, erschließt sich nicht sofort, sondern fordert zu immer neuem Nachdenken heraus. Es handelt sich also um eine Warnung an Wolframs damaliges Publikum wie an das heutige.

Wer Wolframs Werk in einem Vortrag besprechen will (24.810 Verse), steht vor einer unmöglichen Aufgabe. Die Welten, in die uns Wolfram hineinführt, die vielfältigen Themen, die in seinem Werk behandelt werden, sind vielfach nicht leicht zu greifen, wir jagen permanent dem *schellec hasen* hinterher. Das macht dieses Werk so zeitlos und – wenn man so will – auch so verblüffend modern.

Der ›Parzival‹ ist von einer derart revolutionären Kühnheit und dichterischer Innovationskraft, daß er die anderen epischen Werke des deutschen Mittelalters deutlich überragt. Dabei ist zu bedenken, daß Wolfram sein Werk im ersten Jahrzehnt des 13. Jahrhunderts verfaßte, in einer Zeit, in der es die sogenannte ›höfische‹ Epik erst knapp dreißig bis vierzig Jahre gab.

Wolfram war der Goethe des deutschen Mittelalters (oder umgekehrt): Er war der beliebteste und am meisten verehrte Dichter des 13.–15. Jahrhunderts. Das Lob eines Zeitgenossen über den *wîsen* Eschenbacher, *laien munt nie baz gesprach* (ein Laie – ein Nichtkleriker – hat niemals besser gedichtet) wird noch 300 Jahre später zitiert. Die Überlieferung des ›Parzival‹ überragt mit über 80 Handschriften bei weitem alle anderen Werke der sog. ›Höfischen Epik‹, abgesehen von Wolframs eigenem Spätwerk, dem ›Willehalm‹, mit über 70 Handschriften.

Wer war dieser Wolfram? Im ›Parzival‹ erzählt er immer wieder von seinen angeblichen Lebensumständen. Leider können wir nur wenige dieser Einwürfe ernstnehmen. Denn Wolfram liebt die Selbststilisierung, die Selbstironie und den Spott, wie den Humor überhaupt. Festzustehen scheint jedenfalls, daß er wohl aus der im 19. Jahrhundert in Wolframseschenbach umgetauften Gemeinde bei Ansbach stammt, aber sein Stand läßt sich wiederum nicht näher bestimmen. Dennoch meine ich, daß er nicht unbedingt von einem Mäzen abhängig gewesen sein muß. Zu selbstbewußt macht er sich über die in seinem Werk erwähnten zeitgenössischen Adligen lustig, auch die Damen aus seinem Umkreis werden nicht verschont. Was seine Bildung betrifft, so behauptet er an einer Stelle, *ine kan dehein buochstap* (er sei ohne formale Bildung), eine Angabe, an die nur noch wenige in der Forschung glauben. Denn es ist sehr wahrscheinlich, daß Wolfram im Rahmen des für Laien im Mittelalter Möglichen durchaus gebildet war, ja sogar über zumindest rudimentäre Lateinkenntnisse verfügte. Selbstverständlich kannte er die weit fortschrittlichere französische Dichtung auch, immerhin geht sein Werk in der Hauptsache auf den ›Perceval‹ Chrétiens de Troyes zurück.

Der ›Perceval‹ (›Le Conte du Graal‹) ist umfangreiches Fragment (9334 Verse) geblieben. Chrétien war Vater des Artusromans, einer äußerst produktiven Gattung im europäischen Mittelalter, in der von den Taten vorbildlicher Ritter am Hofe des sagenhaften Königs Artus erzählt wird, die sich sowohl als Ritter und Herrscher als auch als vorbildlich Liebende im Laufe des Romans bewähren. Sie durchlaufen dabei eine Art Selbsterkenntnis- und Reifeprozeß. In seinem ›Perceval‹ eröffnet Chrétien neue Perspektiven jenseits der Artuswelt, durch die Schaffung des dezidiert religiös bestimmten, änigmatischen Gralreichs, für dessen Herrschaft nur Perceval vorgesehen ist.

Ich kann in diesem Rahmen nicht gleich zwei Werke vorstellen, werde aber immer wieder auf Chrétien zurückkommen. Es sei nur so viel im voraus gesagt, daß Wolfram die wesentlichen Elemente der Erzählfabel zwar übernimmt, dabei aber sehr eigene Wege geht, eine Menge dazu erfindet und nicht wenig umdeutet. Er ersinnt sogar eigene Quellen, weil Chrétien z.B. angeblich nicht richtig vom Gral berichtet habe. Den von Wolfram gepriesenen Gewährsmann Kyot haben Generationen von Germanisten indes vergeblich gesucht. Wolfram hätte sich über deren Bemühungen wohl köstlich amüsiert.

Zunächst eine kleine Handlungsskizze:

Der junge Adelige Gahmuret, zieht, weil er ohne Erbe bleibt, in den Orient (nahen Osten) und dient dort dem Baruc von Baldac (Bagdad). Das Reich der Heiden wird als überaus prächtig dargestellt, die Adligen des Morgenlandes sind vorbildliche höfische Gestalten. Gahmuret rettet die dunkelhäutige heidnische Königin Belakâne und geht mit ihr eine Friedelehe ein. Doch sein Bedürfnis nach *âventiure* (ritterlicher Bewährung) ist so übermächtig, daß er seine ihn liebende schwangere Frau verläßt, ohne Abschied zu nehmen. Belakâne gebiert einen schwarz-weiß gescheckten (elsternfarbenen) Sohn und nennt ihn Feirefiz. In Spanien angelangt nimmt Gahmuret an einem Turnier teil, dessen Sieger die begehrenswerte Herzeloyde zur Frau bekommen soll. Gahmuret bekommt Herzeloyde, heiratet und schwängert sie. Doch den Rastlosen zieht es erneut zur *âventiure* hin. Bei Kämpfen im Orient findet er schließlich den Tod. Herzeloyde, vom Schmerz überwältigt, bringt Parzival zur Welt.

So endet der Gahmuret-Teil des Werks, in dem Wolfram bereits zwei Themenkomplexe aufgreift, die im ›Parzival‹ zentrale Anliegen des Romans werden sollen: Zum einen die Achtung für die heidnische Welt, ein Thema, das Wolfram nicht nur im ›Parzival‹, sondern später im ›Willehalm‹ zu einem zentralen Thema ausgestaltet, denn es geht ihm um die Verwandtschaft aller von Gott geschaffenen Menschen. Dies impliziert, zum anderen, eine Problematisierung von *âventiure*, die nicht selten zu tragischen Konsequenzen führt.

Die verwitwete Herzeloyde ist entschlossen, das Rittertum von Parzival fernzuhalten, um ihn vor Gahmurets Schicksal zu bewahren. Sie zieht sich mit ihm in die Wildnis zurück und vermittelt ihm weder eine religiöse noch eine standesgemäße Erziehung. Dennoch steckt in dem prächtigen Jungen Gahmurets *art*. Als er eines Tages auf Ritter in glänzender Rüstung stößt, will er ihnen nacheifern. Sie verweisen ihn an den Artushof. Er bittet seine Mutter um die Voraussetzungen, um am Artushof aufgenommen zu werden. In der Hoffnung, er werde verspottet und zu ihr zurückkehren, zieht sie ihm Narrenkleider an. Zudem gibt sie ihm einige Ratschläge mit auf den Weg, die in ihrer verkürzten Form von dem völlig Weltfremden mißverstanden werden. Als er wegreitet, bricht Herzeloyde tot zusammen, ohne daß es der Junge merkt.

Der falsch verstandene Rat der Mutter, er solle sich um die Gunst schöner Damen bemühen, führt zu einer ersten Tragödie, als Parzival auf Jeschute trifft und sie mit Gewalt küßt und ihr Ring und Spange entwendet. Ihr Ehemann vermutet Ehebruch, entzieht ihr sämtliche angenehmen Seiten des adeligen Lebens und gibt sie der öffentlichen Schande preis. Sie lebt fortan in Elend. Später trifft Parzival auf seine Cousine Sigune, die um ihren Geliebten trauert, der bei einer von ihr geforderten Mutprobe getötet wurde. Sie verrät Parzival seinen Namen und die Herkunft seines Vaters.

Am Artushof geht es drunter und drüber. Artus wird von Ither herausgefordert, der eine rote Rüstung trägt, aber kein Artusritter will den Kampf aufnehmen – außer Parzival, der den ihn nicht ernst nehmenden Gegner mit seinem Jagdspieß tötet und sich dessen Rüstung bemächtigt. Von nun an ist Parzival der Rote Ritter. Von Gurnemanz wird er zum Ritter erzogen. Ihm werden die Regeln des höfischen Benehmens beigebracht, die er später falsch einsetzen wird.

Es gelingt ihm, die bedrohte Königin Condwiramurs zu retten. Obwohl er sie liebt und heiratet, zieht es ihn hin zu *âventiure* und einem Besuch bei seiner Mutter. Er kommt zur Burg Munsalvæsche, wo er den wunderbaren Aufzug des Grals erlebt. Es handelt sich um ein hier noch nicht näher beschriebenes *dinc*, das sich als eine Art Tischleindeckdich erweist. Während seines Aufenthalts fragt Parzival nie nach dem schweren Leiden des Gralkönigs Anfortas, da ihm Gurnemanz beigebracht hatte, keine unnötigen Fragen zu stellen. Am nächsten Tag wird er von der Gralgesellschaft verstoßen. Außerhalb der Burg trifft er wieder auf Sigune, die mit ihrem toten Geliebten in einer Linde sitzt und ihn als *êrelôsen* Mann verflucht. Parzival gelangt erneut zum Artushof, wo er feierlich in die Tafelrunde aufgenommen wird. Der Artushof ist nun nicht mehr im Chaos wie im 3. Buch, sondern ist nun vorbildlich, und zwar bis zum Ende des Romans. Plötzlich erscheint aber die überaus häßliche Gralbotin Kundrie, die ihn wegen der nicht gestellten Mitleidsfrage verflucht. Parzival verläßt ratlos und niedergeschlagen den Artushof und kündigt Gott die Gefolgschaft, weil dieser ihm nicht beistand, als er auf der Gralburg Hilfe brauchte.

Es kommt zu einer weiteren Problemlage am Artushof. Gawan, der Musterritter, wird grundlos beschuldigt, einen Mord begangen zu haben, für den er in einem Gerichtskampf büßen müsse. Der Erzähler verläßt nun den suchenden Parzival und wendet sich ganz Gawan zu, der auf seiner Reise zum Zweikampf immer wieder auf scheinbar unentwirrbare Konflikte stößt, die durch falsch verstandene *minne* verursacht werden. Ich fasse mich hier kurz, obwohl diese Teile des Werks durchaus von großem Reiz sind. Im Gegensatz zu Parzival agiert hier ein reifer Ritter, der sich in Fragen des Kampfes und vor allem der Liebe hervorragend auskennt sowie Konflikte souverän zu schlichten vermag.

Dann treffen wir wieder auf Parzival. Nach fünf Jahren Suche nach dem Gral trifft er auf den Einsiedler Trevrizent, den Bruder seiner Mutter, der ihn in religiösen Dingen umfassend belehrt und Parzivals bisheriges Leben bewertet. Er weist ihm sündhaftes Verhalten nach, und zwar die mangelnde *erbermde* mit seiner Mutter und den Mord an Ither, der mit ihm verwandt ist. Diese sind natürlich, wie die nicht gestellte Mitleidsfrage auf der Gralburg, unbeabsichtigte Vergehen. Trevrizent klärt Parzival auch über den Gral und die Hintergründe des Leidens von Anfortas auf, mit dem er ebenfalls verwandt ist. Zudem sagt er voraus, daß Parzival nie den Gral erkämpfen wird.

Wir kehren zu Gawan zurück, der auf die wunderschöne, selbstbewußte aber ihn schrecklich behandelnde Herzogin Orgeluse trifft – die Liebe seines Lebens. Sie fordert ihn mehrfach zu Liebesbeweisen auf, darunter durchaus äußerst gefährliche Unternehmungen. Außerdem befreit Gawan Schastel marveile, in dem der verbitterte Zauberer Clinschor zahlreiche Herren und Damen (darunter die Mutter von Artus) gefangen hält und ihnen jeden Kontakt, d.h. vor allem die Minne, verbietet. Schließlich soll Gawan gegen den König Gramoflanz kämpfen, der Orgeluses Mann einst getötet hat. Mit Hilfe von Artus gelingt Gawan die Versöhnung. Orgeluse und Gawan heiraten. Viele Ehen werden auf Vermittlung von Artus geschlossen. Es herrscht gesellschaftliche Harmonie ohnegleichen. Eine perfekte höfische Gesellschaft wird hier beschrieben.

Schließlich kommen wir zu Parzival zurück, der drei Kämpfe bestreitet, die alle auf Mißverständnissen beruhen: gegen Gawan, Gramoflanz und zu guter Letzt gegen seinen Halbbruder Feirefiz. Dieser ist ein berühmter und außerordentlich reicher König geworden, ein Liebling der Frauen, der in den Westen gekommen ist, um seinen Vater zu finden. Durch Gottes Eingreifen zerspringt Parzivals Schwert; er erleidet zum ersten Mal eine Niederlage. Die beiden Halbbrüder lernen sich kennen. Kundrie verkündet Parzivals Berufung zum Gralkönig. Auf dem Weg zur Gralburg findet er die tote Sigune, die ihre letzten Jahre in einer Klause gelebt hat. Parzival ruft die Trinität an, Anfortas zu helfen. Mit der Frage nach dessen Befinden – *oheim, waz wirret dir?* – wird dieser jetzt geheilt, Parzival wird König des Gralsreiches. Jetzt erfahren wir Näheres über den Gral: Es handelt sich um einen überaus prächtigen Edelstein. Später trifft Parzival erneut auf den Einsiedler Trevrizent, der zugibt, daß er sich getäuscht und Parzival sogar in einer theologischen Frage bewußt angelogen habe.

Auch Feirefiz, der ebenfalls in den Artuskreis aufgenommen wurde, kommt auf die Gralburg, wo er sich in die Gralträgerin Repanse de Schoye verliebt und sich in einer burlesken Szene taufen läßt, um sie heiraten zu können. Er kehrt mit ihr nach Indien zurück, wo Repanse einen Sohn gebiert, der später als der sagenhafte Priester Johannes den christlichen Glauben im Orient verbreiten wird. Parzivals Sohn Loherangrin heiratet als Gralsritter eine brabantische Landesherrin, allerdings unter der Voraussetzung, daß sie ihn nie nach seiner Herkunft fragen dürfe. Sie tut dies später dennoch, er muß sie verlassen. So endet das Werk mit dem Sohn Parzivals, der aufgrund einer gestellten Frage erfolglos bleibt.

Zwar spricht Wolfram davon, daß das Werk »Parzivals Buch« sei, aber das wird dem Werk zumindest von den Gewichtungen der einzelnen Teile her nicht gerecht. Der Roman ist in 16 Bücher gegliedert, eine Einteilung die Karl Lachmann in der ersten textkritischen Ausgabe vornahm, im wesentlichen basierend auf Großinitialen in der textkritisch wichtigen St. Galler Handschrift. Die Aufteilung des gesamten Romans in 30er-Abschnitte gründet ebenfalls auf dem handschriftlichen Befund; ihr Sinn ist indes nicht zu erklären. Von den 16 Büchern entfallen zwei auf den Gahmuret-Teil, von den restlichen 14 gehören sechs Gawan alleine zu, das XIV. Buch zur Hälfte. Das heißt, wir haben es eigentlich mit einer Parzival/Gawan-Doppelhandlung zu tun. Wir werden auch in drei getrennte Welten eingeführt: in die Welt des *âventiure*-Ritters Gahmuret im eigentlich ›höfischen‹ Orient (im krassen Gegensatz zu anderen zeitgenössischen Darstellungen), in die überaus änigmatische Welt des Parzival und der Gralgesellschaft, zu der nur wenige Auserkorene Zutritt haben, und in die utopisch anmutende Artuswelt, eine Welt der ›höfischen‹ Idealität. In all diesen Welten sind die Menschen elsternfarbig.

Wie ist das Werk zu deuten? Jagen wir den *schellec* Hasen. Eine in der Forschung traditionell gepflegte Deutung geht davon aus, daß Wolfram das Gralsreich deutlich vom Artusreich abgesetzt und diesem gegenüber aufgewertet habe. Der Gawan-Teil diene daher vor allem dazu, den Unterschied zwischen den beiden Reichen zu verdeutlichen. Parzival sei der in Sünde verstrickte Mensch schlechthin, der auf mehrfache Weise schuldig werde und lernen müsse, sich als Sünder anzunehmen. Dabei spiele die Trevrizent-Episode (das 9. Buch) eine Schlüsselrolle, denn hier werde Parzival auf die religiöse Dimension seines Fehlverhaltens hingewiesen. Neuerdings wird diese Sicht der Dinge differenzierter beurteilt, weil man auf viele Widersprüche in der Handlung keine schlüssige Deutung zu finden vermag. Ich kann und will das alles hier nicht referieren, im Handbuch von Joachim Bumke läßt es sich gut in die Deutungsgeschichte einarbeiten. Ich präsentiere nun meine Sicht der Dinge, die von den bisherigen Deutungen in einigen wesentlichen Punkten abweicht.

Als Wolfram daran ging, den Chrétienschen ›Perceval‹ zu einem deutschen Roman zu gestalten – ob aus eigenem inneren Antrieb oder im Rahmen eines Auftrags ist dabei unerheblich –, schrieb er für ein in der Literatur der Zeit bewandertes Publikum. Er setzte voraus, daß diesem Hendriks van Veldeke Eneasroman, Hartmanns Artusromane und geistliche Dichtungen, das ›Nibelungenlied‹ u.a.m., um nur die epischen Werke zu nennen, vertraut waren, ja daß diese sogar inzwischen zur Allgemeinbildung an den vom ihm im ›Parzival‹ genannten Höfen gehörten (etwa dem des Hermann von Thüringen). Für den kritischen Intellektuellen Wolfram muß der ›Perceval‹-Stoff eine wunderbare Herausforderung dargestellt haben, um nicht nur poetisch, sondern auch konzeptionell radikal neue Wege zu beschreiten. Die Erzählung von einem in der gesellschaftlichen Isolierung erzogenen Toren, der durch Irrungen und Wirrungen hindurch schließlich König eines nur Gott unmittelbaren Königreiches wird, während gleichzeitig die vor allem durch Minnekomplikationen veranlaßten Abenteuer den Idealritter schlechthin am Ende zum finalen Glück in der Ehe führen, dürfte Wolfram, wenn wir die zahlreichen ironischen Brechungen und humoristischen Einlagen, die seinen Roman durchziehen, als klares Signal werten, als reichlich eigenartig verstanden haben.

Da Artushof wie Gralsreich für Wolfram zweifellos literarische Konstruktionen waren, ohne jede Verankerung in Geschichte und Gegenwart, blieb ihm die freie Ausgestaltung dieser beiden literarischen Welten weitgehend überlassen. An dem oder den literaturbegeisterten Höfen, an denen sein Zielpublikum auf seine Chrétien-Adaptation wartete, mußte Wolfram allerdings zumindest Grundkenntnisse der

Erzählfabel voraussetzen und diesen Umstand berücksichtigen. Problematisch erschien Wolfram offenbar die eindeutig kirchlich-religiöse Grundtendenz des Perceval-Teils seiner Vorlage, die für ihn – so möchte ich das interpretieren – letztendlich die Komplexität des Verhältnisses von Menschen zu Gott und die Deutbarkeit der von Gott erschaffenen Welt auf allzu gewöhnliche Erklärungsmuster reduzierte.

Die Möglichkeiten einer eigenen, von Chrétien abweichenden Sinngebung wurden begünstigt durch den fragmentarischen Charakter des ›Perceval‹, was Wolfram von vornherein größere gestalterische Freiheiten ermöglichte, als sie etwa Hartmann von Aue bei seinen Projekten gegeben waren. Dennoch nimmt sich Wolfram nicht nur dort große Freiheiten heraus, wo dies der fragmentarische Charakter des ›Perceval‹ erfordert, sondern deutet einige Elemente seiner Quelle grundsätzlich anders als Chrétien. Deshalb ist es nicht nur fruchtbar, sondern geradezu unabdingbar, den ›Parzival‹ mit dem ›Perceval‹ zu vergleichen, um die Sinngebung von Wolframs Werk, das für eine für uns nur noch rudimentär rekonstruierbare Welt von vor 800 Jahren verfaßt wurde, einigermaßen zu erhellen.

Eines der wichtigsten Ergebnisse der jüngsten Untersuchungen zur Eigenart der beiden im ›Parzival‹ parallelisierten Gesellschaften, Artus- und Gralgesellschaft, auch in ihrer Abweichung zum ›Perceval‹, ist das Postulat, daß bei Wolfram der lange als unerschütterlich geltende Interpretationsgrundsatz der ›Parzival‹-Forschung, das geistlich geprägte Gralsreich sei in seiner Signifikanz dem rein weltlichen Artusreich klar überlegen, nicht zutrifft und stattdessen von einer prinzipiellen Gleichwertigkeit der beiden ausgegangen wird. So wichtig wie eine derartige Gegenüberstellung von Gral- und Artusgesellschaft für eine Deutung des ›Parzival‹ auch sein mag, ein Kontrastieren der beiden Reiche kann beim Versuch einer Gesamtdeutung nur ein, wenn auch selbstverständlich sehr wichtiger Aspekt sein. Denn es bleibt zu klären, ob Wolfram letztlich beabsichtigte, zwei an sich gleichwertige utopische Gesellschaften zu konstruieren, um etwa an den für das jeweilige Reich immanenten Defizienzen und Krisen Heilswege zu exemplifizieren, oder ob Wolfram, auch in seiner Abweichung von Chrétien, etwas weit Ausgreifenderes oder gar Gegenteiliges vorschwebte.

Um auf diese Frage eine halbwegs fundierte Antwort geben zu können, muß die Erzählstrategie Wolframs für das gesamte Werk in Betracht gezogen werden. Das bedeutet, daß wir die Gesamtheit der von Parzival erfahrenen Welt, die sich aus den beiden Gesellschaften zusammensetzt, genauer analysieren müssen, ohne jedoch Gahmurets und Gawans Welt zu vernachlässigen. Allerdings sind die gesellschaftlichen Koordinaten von deren Welten Wolframs anvisiertem Publikum bereits aus anderen Werken im wesentlichen bekannt. Parzivals Welt ist dagegen ein absolutes Novum. Denn sie ist bei näherer Betrachtung eine Welt von geradezu absurdem Zuschnitt. Zwar erscheint einem mittelalterlichen Publikum, das an die Existenz von Drachen, Riesen und dankbaren Löwen grundsätzlich glaubte – in den naturkundlichen Werken wie in der Heiligenlegende wird deren Vorkommen in der Wirklichkeit bestätigt –, die Welt des Erec, Iwein und Herzog Ernst nicht von vornherein als bizarr. Daß es sich aber zumindest bei der Artuswelt um eine höchst artifizielle literarische Konstruktion handelt, dürfte kaum jemandem entgangen sein. Dennoch, in der artifiziellen Welt Erecs und Iweins geht alles letztlich seinen sehr

geordneten Gang. *Âventiuren* werden bestanden und wahre *triuwe* in der Minne
wird bewiesen, bis der Protagonist zu einem idealen Exemplar für christlich-ⁱhöfi-
schesⁱ Verhalten herangereift ist. Die jeweilige als kurios gestaltete Krise des Titelhelden will beim Rezipienten erste Gewißheiten erschüttern und zu einem noch in-
tensiveren Suchen nach dem Sinnangebot, das aus dem der Handlung unterlegten
Strukturmuster gewonnen werden muß, anregen.

Vergleichen wir Parzivals Welt damit. Er wächst in einem entlegenen Wald auf,
wo er ohne jede religiöse Erziehung und von jenen Bereichen, die das übliche adelige Bewußtsein und Handeln prägen, völlig abgeschirmt wird. Dieses für die Erziehung des Kindes aussichtslose und gewiß auch im Blick auf seine Abstammung
unverantwortliche Unterfangen wird von einer Mutter gesteuert, die aufgrund persönlicher Enttäuschungen ihr Kind zu einem weltfremden und lebensuntüchtigen
Toren heranzieht und versucht, seine eigentliche Veranlagung dadurch zu perver-
tieren. Der Erzähler wirft ein, Parzivals Mutter habe den Jungen um ein standes-
gemäßes Leben betrogen (*an küneclîcher vuore betrogen,* 118,2). Aber bereits ein
von Herzeloyde veranlaßtes Töten aller Singvögel (weil ihr Gesang ein schmerzliches Sehnen in Parzival weckt), beunruhigt selbst das tumbe Kind, das daraufhin
das Gerechtigkeitsempfinden der Mutter in Frage stellt. Auch das Wenige, was Herzeloyde ihm an religiöser Erziehung vermittelt, soll sich später als höchst problematisch erweisen. (Bei Chrétien rät sie Perceval, in Kirchen zu beten, was Wolfram
übergeht.) Sollte sich ein aufgeweckter Junge nicht aus dieser absurden Welt befreien wollen? Sollte er der Mutter zuliebe dort sein ganzes Leben verbringen? Der
Erzähler läßt eine deutliche Sympathie für Parzivals Ausbruch erkennen, jedenfalls
mehr als für dessen Mutter, auch wenn sie, ohne daß dies Parzival merkt, nach seinem Weggang tot zusammenbricht. Die Sympathie zeigt sich etwa darin, daß Wolfram nicht wie Chrétien, Perceval sehen läßt, wie die Mutter beim Abschied stirbt.
Eine derartige Herzlosigkeit, die bei Chrétien die Sünde ist, die für Percevals Versagen auf der Gralburg verantwortlich gemacht wird, wäre nämlich ein Element der
Handlung, mit der das Publikum in moralischer Hinsicht zu ringen hätte und Parzival als Sünder brandmarken würde. So läßt sich bei Wolfram Parzivals Unbe-
kümmertsein bei der Abreise eher als konsequentes und geradezu unausweichli-
ches Ergebnis pervertierter Erziehung verstehen. Leicht spöttelnd kommentiert der
Erzähler Herzeloydes Handeln und *triuwe,* die er zwar (mit Ironie, wie ich meine)
in höchsten Tönen preist, aber mit dem Satz krönt: *owê daz wir nu niht enhân/ ir
sippe unz an den eilften spân* (Weh uns, daß wir heutzutage nichts Verwandtes mit
ihr haben, selbst wenn wir Verwandtschaft zählen wollten bis ins elfte Glied,
128,28f.).

Als der Tor in die für das literarisch erfahrene Publikum vermeintlich ideale Welt
des Adels hineingerät, an den Artushof, herrscht dort unhöfisches Chaos: die Königin wird mit Wein begossen, der schwermütige Artus ist handlungsunfähig, die
vorbildlichen Ritter nehmen eine Herausforderung nicht an – Feigheit scheint der
Grund zu sein – und eine edle Dame wird zur großen Verwunderung Parzivals sogar geschlagen, ohne daß sich Protest regen würde. Artus *der guote* (so im ⁱIweinⁱ)
läßt es zu, daß der tumbe Junge die Herausforderung Ithers annimmt. Sollte man
Parzivals unschuldige Tat, die immerhin von Artus selbst legitimiert wird, unter diesen Umständen als brutalen Verwandtenmord verstehen? Immerhin greift Ither ihn

zuerst an. Handelt Parzival nicht im Auftrag des eigentlich vorbildlichen Artushofs? Der höfisch erzogene Knappe Iwânet dankt ihm anschließend sogar für diese Tat und verhilft ihm zur Rüstung des Getöteten. In der Artuswelt ist jedenfalls nicht von Sünde die Rede.

Bereits an diesem Punkt wird evident, daß Wolfram es darauf anlegt, im Blick auf Parzivals Welt laufend Publikumserwartungen zu enttäuschen. Wenn man Parzivals Handeln zu Beginn noch als amüsante Tölpeleien eines sympathischen Toren verstehen kann, wird Parzivals Welt spätestens seit der Szene am Artushof durch die Infragestellung von zentralen menschlichen Gewißheiten bestimmt. Die an sich gutgemeinte und stimmige Lehre der Mutter, welche sich aufgrund ihrer sentenzhaften Knappheit als grundsätzlich untaugliche Lebensgrundlage erweist, die an sich wertvollen Lehren des Gurnemanz, die für Parzival ebenfalls nur Unheil herbeiführen, sowie schließlich die religiösen und sonstigen Lebenslehren des Trevrizent, die für ein religiös geschultes Publikum zunächst teilweise wirr geklungen haben müssen – so etwa die Geschichte von den neutralen Engeln, die sich bei der Auseinandersetzung zwischen Gott und Luzifer herausgehalten haben sollen – und später als teilweise frei erfunden deklariert werden, führen deutlich vor Augen, daß sich in Parzivals Welt Lehren, Regeln, Gebote, auch die kirchlichen, nur bedingt als Orientierungsrahmen für menschliches Handeln eignen. Sie werden zudem, im Gegensatz zu Chrétien, nirgends von einer kirchlich legitimierten Autorität an Parzival vermittelt. Trevrizent ist zwar ein frommer Einsiedler, aber verfügt nicht über ein klerikales Umfeld wie im ›Perceval‹ (ein Priester und ein Messdiener). Auch hier wird mit den Erwartungen des mittelalterlichen Publikums gespielt. Die Lehren und Gebote der Kirche, deren strenge Befolgung den Weg zum Heil vorzeichnet, werden im ›Parzival‹ mißverständlich und z.T. falsch von einer Gestalt erläutert, die dazu eigentlich nicht legitimiert ist. Auch wenn man dem Einsiedler Trevrizent die Aura eines heiligen Mannes zuerkennt, so bleibt doch die Erkenntnis für Parzival, daß man sich auf Lehren und Gebote nicht verlassen kann. Sie sind letztlich doch zu unspezifisch, um das aus konkreter menschlicher Erfahrung Gelernte zu ersetzen, und sie können gerade bei strenger Befolgung sogar Unheil anrichten. Das Leben in der Welt erweist sich als zu komplex, um es allein mit der konsequenten Befolgung von Geboten meistern zu können. Diejenigen im Publikum, die sich auf der Suche nach dem Heil streng auf die Einhaltung von kirchlichen Lehren und Geboten verlassen wollen, sind demnach ebenso töricht wie der unerfahrene Parzival.

Nach den ersten Erfahrungen am Artushof, die bei ihm ein merkwürdiges Bild von höfischem Verhalten hinterlassen, gelangt Parzival zur Burg Munsalvæsche, an den Ort, an dem er als Retter und Herrscher vorgesehen ist. Auch dieser Ausschnitt aus seiner Welt ist höchst eigenartig. Dort agieren *templeisen*, eine Bezeichnung, die von Wolfram stammt und wahrscheinlich Assoziationen an den Templerorden hervorrufen sollte. Mithin dürften die Rezipienten eine gänzlich andere Institution erwartet haben, als sie die Gralgesellschaft dann darstellt. Es handelt sich nicht um einen Ritterorden, wie durch den Namen zu erwarten war (bei Chrétien findet sich eine derartige Assoziation nicht), sondern auf der Gralburg leben auch Frauen – eine Frau trägt sogar den Gral –, ohne daß zwischen ihnen und den Rittern näherer Kontakt erlaubt wäre, also um eine Gesellschaft, die jede Assoziation mit einem Orden oder sonstigen frommen Lebensgemeinschaften außerhalb von häretischen Bewegungen verbietet. Assoziationen bestehen allenfalls – das erfährt man aber erst später – zwischen der Gralburg und dem grotesken Schastel marveile, wo Minne ebenfalls verboten ist und das Gawan erlösen muß. Aber dort ist es nicht ein Gebot Gottes, das Minne verhindert, sondern der von Haß zerfressene Clinschor.

Die Ritter der gottunmittelbaren Gralgesellschaft sind zwar dem Guten verpflichtet, nehmen aber im Gegensatz zum höfischen Ethos keine *sicherheit* von den bedauernswerten, von ihnen besiegten Rittern, sondern sind verpflichtet, diese in unbarmherziger Weise zu töten. Sie müssen also ganz anders handeln, als es etwa der barmherzige Parzival oder jeder andere Artusritter mit den von ihnen besiegten Gegnern tun. Die Hüter des Grals sind ferner verpflichtet, die Gralburg mit ihrem Leben zu verteidigen. Allerdings sucht später ein Gralritter das Weite, nachdem er von Parzival besiegt worden ist: *sô half im baz dâ heime der grâl* (so mußte er schnell heim zum Gral, da wurde er besser bedient) spottet der Erzähler.

Anfortas, ein Herrscher, der wegen einer durchaus verständlichen menschlichen Schwäche, seiner Liebe zur überaus begehrenswerten Orgeluse, von Gott mit einem grauenhaften Dasein bestraft wird, muß auf Erlösung hoffen. »Gott wollte keine Heilung,« berichtet Trevrizent. Dabei handelt es sich bei dieser Verfehlung des Anfortas, die sich sogar schon in seiner frühen Jugend ereignete, nur um ein ›Gedankenvergehen‹. Stehen Tat und Strafe in einem vertretbaren und vor allem für das Publikum nachvollziehbaren Verhältnis? Sollten Gefühle der Minne von Gott so grausam bestraft werden?

Das Element des Wunderbaren, das bei Chrétien Percevals Aufenthalt auf der Gralburg auszeichnet, wird bei Wolfram stark zurückgedrängt. Zum Beispiel trägt die Gralprozession bei Chrétien eindeutig kirchliche Züge, auf die Wolfram weitgehend verzichtet. Auch die mit Blut beschmierte Lanze, die im ›Parzival‹ zunächst nur ein änigmatischer Gegenstand ist, blutet bei Chrétien tatsächlich, was, wie es dessen französische Fortsetzer auch verstanden, eindeutig an die Longinuslanze, mit der Jesus am Kreuz durchstochen wurde, erinnern sollte, da diese Reliquie tatsächlich auf wundersame Weise geblutet haben soll. Bei Wolfram stellt sich später heraus, daß es sich bei der Lanze lediglich um ein medizinisches Instrument handelt, das nur wegen ihres Einsatzes bei der Behandlung des Anfortas blutig geworden ist.

Der Gral selbst ist im ›Parzival‹ zunächst nur ein *dinc*, das Speisen und Getränke hervorzaubert, ein Tischleindeckdich, über das sich der Erzähler lustig macht. Bei Chrétien ist der Gral eine mit Edelsteinen gezierte Schüssel, in der sich eine geweihte Hostie befindet, die den Gralkönig auf wundersame Weise ernährt – ein für das Publikum leicht wiederzuerkennendes Motiv aus der Hagiographie. Im ›Parzival‹ werden dagegen alle in märchenhafter Weise gespeist. Religiöse bzw. liturgische Assoziationen sind zwar nicht ausgeschlossen, aber keineswegs eindeutig festzumachen.

In Parzivals erstem Auftritt auf der Gralburg handelt er gemäß der Lehre des Gurnemanz, die letztlich auch sinnvollen höfischen Verhaltensregeln entspricht. Das Publikum wird durch Wolframs Erzählstrategie, das Wissen der Hörer/Leser mit den Erfahrungen des Protagonisten zu parallelisieren, nichts Falsches in Parzivals Verhalten empfunden haben, obwohl es Wolfram durch seine nebulöse Beschreibung der Ereignisse und Gegenstände darauf anlegt, die Neugierde des Publikums stark zu reizen. Zur Überraschung des Publikums wird Parzival dann für eine unterlassene Frage – so wird es ihm mitgeteilt – auf schlimme Weise verstoßen und bestraft. Parzivals Welt bleibt für den Protagonisten wie für das ihn auf gleicher Erfahrungshöhe begleitende Publikum zunächst höchst verwunderlich, wenn nicht sogar völlig absurd.

Höchst verwunderlich ist auch die unbarmherzige Haltung der Sigune Parzival gegenüber. Sie wirft ihm nach dem Scheitern auf der Gralburg entgegen: *Gunêrter lîp, vervluochet man!*, »schon in jungen Jahren hat die bittere Galle der Falschheit die *triuwe* in Euch überwuchert ... Ihr lebt zwar, doch Euer Lebensglück ist tot« (255,13–20). Der erschütterte, eigentlich unschuldige Jüngling fleht um Verständnis und Nachsicht: *liebiu niftel mîn,/ tuo bezzeren willen gein mir schîn./ ich wandel, hân ich iht getân.* (»Meine liebe Cousine, sei nicht so hart zu mir! Ich will es wiedergutmachen, wenn ich etwas Böses getan habe«, 255,21–23). Doch das Flehen Parzivals nützt nichts, Sigune (die eigentlich durch ihre eigenen schrecklichen Erfahrungen Erbarmen gelernt haben sollte), zeigt keine Gnade: *êre und rîterlîcher prîs* sei an ihm erloschen (255,26f.). Das Lebensziel und Glück Parzivals sei dahin, er brauche nicht mehr zu hoffen. Und warum? Das scheint der Figur des Parzival wie dem Leser absolut rätselhaft, wenn nicht völlig unbegreiflich.

In Kundries Verfluchung steigert sich die gezielte Verwirrung des Publikums um ein Vielfaches. Während in Hartmanns ›Iwein‹ Lunetes Botschaft und Verfluchung auch in ihrer Heftigkeit leicht nachvollziehbar sind (Iwein hat eindeutig verantwortungslos gehandelt), kann das Publikum über Kundries Rede nur staunen. Parzival, der auf der Gralburg lediglich seine höfische Erziehung vorbildlich unter Beweis stellte, wird mangelndes Mitleid, mangelnde *triuwe,* mangelndes Erbarmen zum Vorwurf gemacht. Parzival habe eine schwere Sünde begangen und sei »von Gott zur Hölle bestimmt« (316,7f.), was freilich keineswegs nachvollziehbar ist. Es sei nämlich daran erinnert, daß Parzival bereits beim ersten Treffen Sigune gegenüber großes Mitleid gezeigt hatte. Er ist daher erwiesenermaßen zu Mitgefühl fähig, aber das Befolgen eines Gebotes der höfischen Erziehung hält ihn davon ab, diese durchaus in ihm vorhandenen Qualitäten zu zeigen: ›*mir riet Gurnamanz ... ich solte vil gevrâgen niht*‹, auch ohne Fragen werde er alles erfahren (239,11–17). Kundries Verdammung des Parzival ist maßlos, er sei jetzt ohne *êre* und habe dadurch auch die *êre* des Artushofs zerstört – er habe eine die Hölle verdienende Sünde begangen. Parzivals Welt wird immer bizarrer. So sehen das auch die Mitglieder des Artushofs, die Damen weinen bitterlich wegen Kundries gnadenlosen Anschuldigungen (319,12–18). Auch der Erzähler verteidigt den Angeklagten: *den rehten valsch hat er* [Parzival] *vermiten* (319,8).

Während in dieser Szene bei Chrétien bemerkenswerterweise die religiösen Motive fehlen – die Botin spricht nicht von Sünde und Perceval verzweifelt nicht an Gottes Güte –, gehören sie bei Wolfram zu den markantesten Aspekten der Konfrontation. Wenn das unschuldige Befolgen einer sinnvollen höfischen Verhaltensregel als schwere Sünde gewertet wird, die einen Menschen reinen Herzens in die Hölle bringen kann, erscheint es durchaus nachvollziehbar, daß Parzival an diesem von Kundrie und der Gralgesellschaft vertretenen Gott verzweifelt. Es wird die Frage gestellt: Ist der von Menschen gedeutete Gott ein wirklich gütiger Gott, der seine Schöpfung liebt, oder ein gnadenloser, in seinen Urteilen willkürlicher Gott, der auch vollkommen Ahnungslose und Wohlmeinende aufs Schwerste bestraft? Parzival faßt dies folgendermaßen zusammen:

> *Wê waz ist got?*
> *wær der gewaldec, solhen spot*
> *het er uns pêden niht gegeben,*
> *kunde got mit kreften leben*
> *ich was im dienstes undertân,*
> *sît ich genâden mich versan.*
> *nu wil ich im (i'm) dienst widersagn:*
> *hât er haz, den wil ich tragen.* (332,1–8)

(»Weh, was ist Gott? Wäre er doch nur ein großer Herr! Er hätte uns beide nicht so zum Gespött gemacht, wenn er mit Macht zu herrschen wüßte. Ich habe ihm immer treu gedient, seit ich weiß, was das ist: die Huld des Herrn. Jetzt sage ich mich los von ihm. Wenn er Haß hat, den will ich tragen!« (Er vergleicht also den Dienst an Gott mit einem Lehnsverhältnis).

Parzival ist sich keiner Schuld bewußt; er hat schließlich stets nach den Lebensregeln, die man ihm vermittelt habe, Gott gewissenhaft gedient. Das Publikum wird Parzival – jedenfalls zu diesem Zeitpunkt – für die Konsequenzen, die er aus der Kundrie-Rede zieht, Verständnis entgegenbringen können. Eine Welt, in der es keine Gewißheit gibt – so hat Parzival bislang die Welt erfahren –, sondern in der die brutale Willkür Gottes einen arglosen Menschen in den ewigen Abgrund stoßen kann, ist eine Welt des Chaos, eine Welt, in der jede zuverlässige Orientierung fehlt (ich erinnere an die mißglückten Lehren). Zieht man die Konsequenzen, die sich aus dieser Szene ergeben, so entsteht der Eindruck, die Welt Parzivals, und dazu gehören nun auch die diversen von den einzelnen Figuren vorgetragenen Vorstellungen von Gottes Wirken, ist eine Welt ohne Gewißheit, eine Welt, die von Menschen immer wieder falsch und in einer für Parzival verhängnisvollen Weise gedeutet wird. Auch jene Menschen, die Parzival belehren und verstoßen, sind keinesfalls in der Lage, die menschliche Existenz schlüssiger zu erklären als er, der *tumbe*. Ihre offensichtlichen Fehldeutungen von Parzivals Handeln und Beweggründen zeugen von ihrem Unvermögen, die Taten ihrer Mitmenschen anders als mit ihrem begrenzten Wissen und ihren völlig unzureichenden Lebenslehren und Geboten subjektiv zu interpretieren. Letztendlich muß sich Parzival aus seinen Erfahrungen die für ihn folgerichtigen Konsequenzen ziehen, auch wenn es hier die radikale Ablehnung eines Gottes der scheinbaren Willkür bedeutet. Parzival personifiziert das fundamentale menschliche Dilemma, daß jede Deutung von Welt – egal wie umfassend das Wissen – nichts anderes als eine Frage der jeweiligen individuellen Perspektive bleibt. Das strenge Befolgen von Regeln und Geboten, von Mitmenschen vorgegeben und gedeutet, kann sowohl zum Glück als auch zur persönlichen Katastrophe führen.

Dieses von Menschen geschaffene und gedeutete Gottesbild erfährt im 9. Buch eine entscheidende Konturierung. Trevrizent begrenzt seine Worte nicht auf eine religiöse Unterweisung des Parzival, sondern versteigt sich wie auch Kundrie zu einer Benennung von Parzivals Sünden, die wieder andere sind als das von der Gralbotin verdammungswürdige Vergehen: die Tötung der Mutter und der Verwandtenmord an Ither. Sogar der Erwerb des Pferdes von dem von Parzival besiegten Gralritter wird ihm als Sünde zugeschrieben. Hier wehrt sich Parzival aber mit Erfolg. Diese ›Sünden‹ sind deshalb ebenso fragwürdig wie die von Kundrie genannte. Interessant ist in diesem Zusammenhang, daß kurz nach Kundries Verfluchung auch Gawan wie Parzival aufgrund einer völlig ungerechtfertigten Anschuldigung den Artushof verlassen muß.

Ist mit Parzivals verschiedenen ›Vergehen‹ die Ursünde des Menschen schlechthin gemeint, wie häufig gedeutet? Ist der ›Mord‹ an Ither eine Kainstat? Eine derartige Interpretation erfordert allerdings eine Assoziationsbereitschaft, die der Text nicht hergibt – im Gegenteil. Die ersten Menschen sündigten gegen Gott wissentlich und absichtlich, während der unschuldige Parzival, im Bewußtsein, Gott treu zu dienen, von einem Unheil ins andere stolpert, ohne je absichtlich zu sündigen. Der Vergleich zwischen Parzival und dem von Neid und Zorn zerfressenen Brudermörder Kain liegt ebenfalls nicht gerade auf der Hand. Auch Trevrizents Deutung des Abfalls von Gott als seine schwerste Sünde ist, wie vorher gezeigt, doch für Parzival nur die Abkehr von einem Gott der Willkür, einem, der *triuwe* nicht belohnt (447,25ff.). Trevrizent, der überaus fromme Mann, der in seiner Lebensform an die weisen Wüstenväter erinnert, ist nicht nur in seinen Deutungen fehlbar, sondern gibt später auch zu, Parzival absichtlich belogen zu haben. Diese Szene, die zweite Begegnung Parzivals, der inzwischen Gralkönig geworden ist, mit Trevrizent ist von Wolfram erfunden. Das heißt, die Demontage Trevrizents als glaubwürdige Autorität ist eine von der Handlung her völlig unnötige Fußnote, deren Sinn sich aber nur im Gesamtkontext der Darstellung von Parzivals Welt erschließt.

Wäre Trevrizent in Begleitung eines Priesters, was ihm eine gewisse kirchliche Legitimation verleihen würde, wie bei Chrétien, bekäme das 9. Buch eine andere Qualität; Wolfram müßte sich für seinen ›Parzival‹ mit der kirchlichen Sündenlehre auseinandersetzen und durch seine Figuren dazu Stellung beziehen. Aber dies wird von ihm mit auffälliger Konsequenz umgangen. Denn der große Unterschied zu Chrétien besteht in dieser Frage darin, daß die Sünden Percevals als solche klar zu erkennen und auch nach kirchlichem Recht zu definieren sind. Es sei nur auf die unterschiedlichen Abschiede von der Mutter verwiesen. Auch das klerikale Element erhält bei Chrétien einen wesentlich deutlicheren Stellenwert: Eine klar definierbare Reihe von Sünden, beginnend mit Percevals Herzlosigkeit, Beichte und Buße sind erforderlich, um ihn zu läutern, während für Parzival die Belehrung über Verfehlungen, die Trevrizent als Sünden bezeichnet, nur erfolgt, um aus dessen Sicht Parzivals Selbsterkenntnis- und Reifeprozeß zu fördern. Nirgends ist bei Chrétien von einer Bestimmung Percevals für die Hölle die Rede, nur von einer mangelnden Eignung für den Gral. Sollte man angenommen haben, Parzival habe sich nach den Trevrizent-Gesprächen gewandelt, sieht man sich überrascht: Parzival zieht auf und davon, auf der Suche nach Kampf wie vorher. Es kommt hier keineswegs zu einer tieferen Gottesbeziehung.

Nach einem Wiedereintreten in die Artuswelt, wo inzwischen Versöhnung und Minne zu einer gesellschaftlichen Harmonie ohnegleichen geführt haben, folgen nun Parzivals Begegnung mit seinem ihm in manchen Dingen überlegenen Halbbruder Feirefiz und das Erreichen des Gralkönigtums. Ist die Welt nun weniger

änigmatisch als vorher? Mitnichten. Die Erlösung des Anfortas erfolgt nach einer
klaren Handlungsanweisung, sie geht nicht unbedingt nur aus der gereiften Selbst-
erkenntnis hervor. Es ist zudem nicht die Frage, der bei Chrétien eine geradezu
märchenhaft-magische Qualität zukommt, welche zur Erlösung führt, sondern die
Fürbitte Parzivals an die *Trinität*. Plötzlich übertrifft Anfortas sogar Parzival an
Schönheit, Feirefiz scheint ihn an Bedeutung zu übertreffen. Der hehre Gral wird
für Feirefiz sichtbar, sobald er sich taufen läßt. Bemerkenswerterweise benötigt Feirefiz keinerlei Bewährung, um am Gral teilhaben zu können; eine Farce von Taufe reicht hierzu aus. Parzival, der nun an dem angeblich höchsten von Menschen
erreichbaren irdischen Ziel, dem Gralkönigtum, angekommen ist, herrscht über eine zur Unbarmherzigkeit verpflichtete Ritterschaft, der jeder Gedanke an Minne
verboten ist. Für die Frauen aus dem Gralsreich besteht nur dann Hoffnung auf
Minne, wenn sie irgendwann und irgendwo als Ehefrauen in Krisengebieten gebraucht werden. Ob sie bei ihrem Partner dann auch zu einer *wâren minne* finden, bleibt freilich dem Zufall überlassen. Und dabei war die Minne zu Condwiramurs stets der einzige sichere Anker in Parzivals Welt, während fast alles in dieser
Welt für ihn anarchische Züge trug. Darauf komme ich später zurück.

Auch in dynastischer Hinsicht wird das Erreichen von Parzivals höchstem Ziel
eine enttäuschende Erfahrung. Die einzige Mission, auf der sich sein Sohn Loherangrin zu beweisen hat, gerät zum Desaster. Es bleibt auch offen, wie es mit dem
Gralkönigtum weitergehen wird, während der Halbbruder, der vor seiner Taufe nur
der Minne verpflichtet war, die Versöhnung von Orient und Okzident unter dem
Banner des Christentums einleiten wird. Parzival reitet nicht überglücklich in den
Sonnenuntergang wie Erec, Iwein, Feirefiz und Gawan, sondern man wird damit
rechnen müssen – insofern man sich die Geschichte weiterdenkt (wozu Wolfram
durch Loherangrin offensichtlich auffordert) –, daß ihn der unproblematische Zugang des Feirefiz zum Gral sowie das unglückliche Unternehmen des Sohnes erneut vor große Fragen und Zweifel gestellt haben wird. Kurt Ruh meinte: »Die Im-
plikationen der Loherangrin-Erzählung sind dem Hörer und Leser überlassen« (S.
133). Bei dieser Feststellung darf es aber nicht bleiben. Denn das unglückliche
Schicksal Loherangrins schließt immerhin den Roman ab und stellt mithin auch die
Perspektive der Gralherrschaft unter König Parzival dar. Das heißt: Auch das Erringen des Gralkönigtums garantiert keine Gewißheit. Gott und die Welt, wie sie Parzival erlebt und wie sie für ihn vorgesehen ist, bleiben nach wie vor unergründlich
und in gewisser Hinsicht in ihrer Absurdität erschreckend. Während eine Frage für
Parzival das Gralkönigtum erschloß, gerät die Frage der Fürstin von Brabant an
ihren Mann Loherangrin zum Desaster.

Ich stimme mit Walter Haug überein, der sich gegen Interpreten wendet, die
glauben, »sie hätten den ›Parzival‹ verstanden, wenn sie enträtselt hätten, was der
Gral bedeutet ... Diese gängige Ansicht ist jedoch einer der großen Irrtümer der
Wolfram-Philologie. Der Gral ist, genau besehen, verhältnismäßig belanglos.« Es
handele sich beim Gral um ein »krasses Mixtum compositum«, dem Wolfram »nach
Bedarf und Laune alle möglichen Funktionen« zuweise. Wolfram mache sich »über
das Wunderding lustig« (S. 203).

Was haben wir aber dann von der Welt Gawans zu halten? Hier triumphiert immer wieder die Minne als die großartigste, alle Menschen verbindende Kraft. Mit

Gawan begründet Wolfram »eine neue Ritterethik, in welcher sich ritterliche Aktivität nicht mehr durch Kampf definiert« (Emmerling, S. 323). Sie versöhnt die schlimmsten Feinde, sie schafft die größte für Menschen erdenkliche irdische Harmonie. Der bereits reife und weise Gawan wird nicht mit einer absurden Welt konfrontiert, sondern mit einer Welt, in der die Menschen nicht Gott und seine Lehren und Gebote falsch interpretieren, sondern letztlich die Lehren und Gebote der Minne und des zur *sælde* führenden zwischenmenschlichen Umgangs beherzigen. Religiöse Fragen und ein Bewerten von Taten nach kirchlichen Kategorien spielen hier auffälligerweise keine Rolle, menschliches Glück besteht aus der richtigen Bewältigung zwischenmenschlicher Beziehungen. Müßte man folglich nicht auch Clinschor, von dem Gawan die trostlose Gesellschaft auf Schastel marveile erlöst, mit der in der Gralgesellschaft vorherrschenden, von Gott diktierten Lebensform parallelisieren? Strengste Askese hier wie da, die menschlichen Regungen, welche zur Minne führen könnten, werden an beiden Orten grausam bestraft. Die frappierenden Ähnlichkeiten in den Grundkonstellationen auf den beiden Burgen legen solch einen ketzerischen Gedanken nahe. Auch Gahmurets Leben endet in der Katastrophe, weil er für die Minne letztlich nicht viel übrig hatte. Seine *art* verursacht vor allem Leid und Tod bei denen, die ihn lieben.

Was haben wir von all dem zu halten? Blicken wir zurück auf den vieldiskutierten Prolog. Dort behauptet Wolfram, daß man den Sinn seines Werkes nicht ohne größere geistige Anstrengungen erschließen kann. Derjenige, der glaubt, alleine ein Blick auf die Oberfläche der Erzählung reiche aus, um den Roman zu verstehen, dem entgleitet er wie ein hakenschlagender Hase. Auf solche Leser will er auch gerne verzichten, er schreibt für diejenigen, die ihren Verstand bereitwillig anstrengen. Besonders kühn ist seine Behauptung, diejenigen, die den Weg des Helden mitgehen, werden auch den Weg zum Heil finden. Wer sich jedoch nicht anstrengt, ist für die Hölle bestimmt. Im anderen großen Exkurs zur dichterischen Programmatik, im Bogengleichnis, wird gefordert, jede neue im Text gewonnene Gewißheit immer wieder in Frage zu stellen.

Im Blick auf das bisher Gesagte, erscheint mir Wolframs Hinweis im Prolog auf die Trugbilder, die ein Spiegel oder der Traum eines Blinden bieten, vor allem auf Parzivals Welt gemünzt zu sein. Man dürfe sich nicht am bloßen Erscheinungsbild orientieren, wenn es um die Deutung der Welt und vor allem das Handeln der Menschen geht. Dies wird am Beispiel von Parzivals Welt in besonderer Weise thematisiert; es geht um die offensichtliche Begrenztheit der menschlichen Wahrnehmungsmöglichkeiten und die grundsätzliche Unfähigkeit der Menschen, Wahrheiten zu erkennen, die als Schlüssel zu Gott und zur menschlichen Existenz dienen könnten. Selbstverantwortetes ethisches Handeln läßt sich nicht allein mit dem unreifen Befolgen von Regeln und Geboten – auch nicht mit den von Gott verkündeten – bewerkstelligen. Die den Menschen inhärenten Defizienzen sind – genauer gesehen – weniger beim unschuldigen Parzival festzustellen, als bei denen, die sich mit Regelwerk um seine Lebensführung bemühen. Nicht in erster Linie Parzival, sondern diejenigen, die ihn beraten und beurteilen, sitzen Trugbildern auf, der *tumbe* Parzival ist größtenteils Opfer ihrer verfehlten Wahrnehmung und ihres von erheblicher Subjektivität geprägten Sendungsbewußtseins.

Parzival ist auf der Suche nach einem von gegenseitiger *triuwe* geprägten Verhältnis zu Gott, dem aber die ›hilfreichen‹ Menschen und die Rätselhaftigkeit göttlichen Wirkens entgegenstehen. Denn hinter der scheinbaren Absurdität von Parzivals Welt muß selbstverständlich ein göttlicher Plan stecken, der zwar teilweise sichtbar wird, aber letztendlich doch unergründbar bleibt. Daraufhin weist der offene, keineswegs rundum glückliche Schluß des Werks für die Parzival-Figur. Aber die Absurdität der Welt, in der ein angeblich liebender Gott einen Menschen guten Willens mit einem schrecklichen Schicksal versehen kann, darf dennoch nicht zur Verzweiflung (*zwîvel*, 1,1) führen und das Vertrauen der Menschen in Gott zerstören. Die das Werk eröffnende Sentenz: *Ist zwîvel herzen nachgebûr,/ daz muoz der sêle werden sûr* ist wie auch der restliche Prolog m.E. in erster Linie keine Auseinandersetzung mit Hartmanns ›Gregorius‹, wie das in letzter Zeit zumeist gedeutet wird, sondern verweist vor allem auf die am Beispiel des Parzival demonstrierte Problematik. Verzweiflung, wie sie uns in Anbetracht einer äußerst rätselhaft und bisweilen ungerecht und grausam erscheinenden Welt jederzeit befallen kann, vermag auch den Zustand des Glücks (den uns die *wâre minne* bescheren kann [das *herz*]) und unsere Seele zu gefährden. Im Zustand der Verzweiflung beschert auch die *minne* zu Condwiramurs Parzival keine wirkliche innere Zufriedenheit. Erst der Erwerb eines – wenn auch höchst skurrilen – Reichs unter den von Gott diktierten Bedingungen führt zu einer Art Harmonie in Parzivals Welt. Mit dem Erreichen des Gralkönigtums, das letztlich ein Akzeptieren von Unerklärbarem durch Parzival, ein Sich-dem-unendlich-Rätselhaften-Fügen bedeutet, ist *zwîvel* nicht mehr *herzen nachgebûr*.

Da die Welt – setzt Wolfram im Prolog fort – nicht aus nur guten und nur schlechten, sondern in der Regel aus ›elsternfarbenen‹ Menschen besteht, sollen wir Rezipienten mit unseren Bewertungen vorsichtig sein, denn diese sind von unseren allzu häufig irrigen Wahrnehmungen und Vorurteilen zu stark geprägt. Mit anderen Worten: Wolfram scheint zugleich vor Urteilen zu warnen, wie sie all jene fällen, die Parzival als *êrelos* und für die Hölle bestimmt verwerfen – also Sigune, Kundrie und Trevrizent. Zudem stellt sich im Laufe des Romans immer wieder heraus, daß vermeintlich böse Menschen wesentlich komplexer sind, als zunächst vermutet, und durchaus sehr positive Seiten besitzen.

Zum Kern von Wolframs Erzählstrategie gehört – wie vorher angesprochen – eine fast vollständige Ausklammerung von kirchlichen Autoritätsfiguren als handelnde Figuren und einer durch sie vermittelten Lehre (so auch übrigens im ›Willehalm‹) in Bezug auf Parzivals Weg durch seine in hohem Maße irritierende Welt. Der einzige Kirchenmann von einer gewissen Bedeutung ist der zauberkundige *pfaffe* Clinschor, der grausame Herr über Schastel marveile. Das dezidiert kirchlich geprägte Umfeld, wie sie etwa bei Chrétiens Entsprechung von Trevrizent in Erscheinung tritt, hätte die von Wolfram gestellten, ins Grundsätzliche gehenden Fragen der menschlichen Existenz zwangsweise auf die Ebene des theologischen Diskurses verlagert und mithin die Handlung in traditionelle Erzählmuster eingebettet. Nicht der Klerus mit seinen durch die Theologie sanktionierten Lebenslehren soll Parzival zu seiner Selbstfindung verhelfen, dorthin muß er aus sich selbst heraus gelangen. Seine Humanität vermag der mündige Mensch nicht an einem strengen Befolgen von Regeln und Geboten ermessen, sondern nur an seiner Fähigkeit zum ethischen Handeln, wofür Gebote und Regeln auf Lebenssituationen hin nur immer neu zu interpretierende Leitfäden sein können.

Die Erzählstrategie Wolframs zielt im Blick auf die Parzival-Figur auf eine raffinierte, bis zum Schluß durchgehaltene Folge von Enttäuschungen von Rezipientenerwartungen, die eine unproblematische Orientierung an jenen Koordinaten, welche die Rezipienten im allgemeinen mit der eigenen Welterfahrung verbinden, verhindern sollen. Da des Lesers Blick beinahe mit Parzivals Wahrnehmungen verschmilzt, erlebt er Parzivals Welt durch dessen Augen. Es handelt sich um die Erzähltechnik des beschränkenden Horizonts: Die Absurdität der Welt, die Parzival und das Publikum synchron erkunden, zwingt den Leser zur peniblen Betrachtung und Befragung dieser literarischen Konstruktion, das heißt der eigenen, gewohnten Orientierungsraster. Ist dies dem Leser zu anstrengend (ich greife auf den Prolog zurück), wird er das Sinnangebot der Erzählung nicht verstehen. Ferner: Greift der Leser bei seiner Deutung zu kurz und läßt sich durch das bizarre Schicksal Parzivals, das im weitesten Sinne die menschliche *conditio* exemplifiziert, von einem Vertrauen in Gott und die Menschen (*triuwe*) abbringen (und wird er dadurch zum *unstæten gesellen*), so ist er für die Hölle bestimmt. Wie Parzivals Schicksal am Ende des Romans bleibt vor dem Tod auch unser Schicksal offen, Heilsgarantien gibt es nicht.

Der einzige sichere Orientierungspunkt in allen drei Welten, die Wolfram im ›Parzival‹ entwirft, ist die *wâre minne*. In Gahmurets Welt führt die Unfähigkeit, Minne anzunehmen und zu geben, zu Leid und Tod. Gahmurets Weg ohne Minne ist das Präludium für die beiden Protagonisten Parzival und Gawan wie auch für Feirefiz, die allesamt ihr Glück in der Minne finden. In Parzivals Welt vertritt die Qualität von Parzivals Minne zu Condwîrâmûrs die einzig sichere, die Menschen beglückende Macht (283,14ff.). So lange Parzival sich auf die *wâre triuwe* in seiner Minne zu Condwîrâmûrs verlassen kann, findet er eine sichere Orientierung im Labyrinth, das seine Welt ansonsten darstellt. Zum Beispiel sinniert Parzival am Ende des 14. Buchs ausführlich über seine große Sehnsucht nach Condwîrâmûrs. Nur der *freudebære trôst*, den ihre Minne für ihn bedeutet, soll ihm die Lebensfreude wiedergeben, was auch Trevrizent bestätigt: »Lebet Ihr (Parzival) auf Erden in rechter Ehe, dann braucht Ihr keine Höllenqual zu fürchten. Mit Gottes Hilfe seid Ihr bald die Höllenfesseln los und frei von aller Pein (468,5–9).«

In Gawans Welt wird Minne sogar zum Hauptthema erhoben: Sowohl die ungeheuer zerstörerische Kraft der falsch verstandenen als auch die zum absoluten Glück und zur gesellschaftlichen Harmonie führenden Minne werden anhand von zahlreichen Fällen exemplifiziert. Dies hat Sonja Emmerling in ihrer umsichtigen Arbeit zu den Gawan-Büchern eingehend herausgearbeitet. Thematisiert die Parzival-Handlung die großen Aporien der menschlichen Existenz, für die nur blindes Vertrauen in Gottes Wirken und, vor allem, die *wâre minne* (283,14f.) zur über alles geliebten Partnerin den Weg aus dem Chaos irriger Weltdeutungen aufweisen, bieten vor allem die Gawan-Bücher weitere, zahlreiche Beispiele, wie dieser Weg in Bezug auf Minne aussehen könnte – oder auch nicht. Die Sinnlosigkeit der wegen der Minne ausgetragenen Kämpfe (so auch im Falle Sigunes), die grotesken Auswüchse falsch verstandener Minne lassen zwar jene Minnekasus, die von der destruktiven Kraft der Minne erzählen, bisweilen ebenfalls bizarr erscheinen (etwa Schastel marveile), aber sie sind nicht auf die Enttäuschung von Lesererwartungen angelegt, denn der höfische Musterritter Gawan vermag die Situation stets richtig einzuschätzen. Sogar sein Festhalten an seiner Minne zur zunächst als äußerst unsympathische Gestalt auftretenden Orgeluse zeigt, daß er endloses Vertrauen in diese allumfassende Macht hat.

Deshalb kann ich mit Joachim Bumke nicht übereinstimmen, wenn er behauptet, »daß der Weg über Askese, Buße, Selbstverleugnung, Weltabkehr und Tod, also Sigunes Weg, der eigentlich christliche Weg ist. Parzivals Berufung zur Gralherrschaft ist eine märchenhafte Lösung, die nur Parzival offensteht« (S. 99). Sigunes Weg ist aber ebenfalls nur ein persönlicher Weg, wie die des Parzival oder des Gawan, die zweifellos ebenso christlich sind, wie der Weg der Sigune. Wolfram ist weit entfernt von einer nach religiösen Kriterien vorgenommenen Bewertung von Wegen zum Glück. Eine Höherbewertung von Sigunes Lebensform vermag ich jedenfalls nicht zu erkennen. Denn schließlich lebt sie nur in solch rigorosen Umständen, weil sie ihren Geliebten auf der Basis einer falschen Minneideologie in den Tod getrieben hatte, nicht weil sie sich von vornherein zu einem religiösen Leben berufen fühlte. Es ist mithin vor allem ein Leben der extremen Buße, wofür es bei Gawan und Parzival keine Veranlassung gibt.

Die Problematik, die jeder Minnekasus in den Gawan-Büchern aufwirft, ist stets deutlich erkennbar, die erzählerische Spannung ergibt sich aus den Strategien, die Gawan – wie später auch Artus – anwendet, um die durch die Minne verursachten Krisensituationen zu meistern. Gawan braucht keinen Gral, um sein Glück auf Erden zu erreichen. Seine Welt ist am Ende der Gawan-Handlung von gesellschaftlicher Harmonie ohnegleichen und grenzenlosem Glück und Optimismus geprägt. Die höfisch-ritterliche Welt ist durch den durchschlagenden Erfolg der *wâren minne* eine äußerst erfolgreiche, auch wenn sie Wolfram sicherlich mit den zahlreichen, von Artus gestifteten Hochzeiten teilweise liebevoll parodiert.

Mithin stellt Wolfram zwei Entwürfe von Welterfahrung vor: Der eine ist der Versuch, die labyrinthische Komplexität des irdischen Daseins literarisch einzufangen und nachvollziehbar zu machen, der andere bietet handfeste Anweisungen zum irdischen Glück, das die selbstverständliche, wenn auch nicht explizit thematisierte *minne* und *triuwe* zu Gott voraussetzt. Gawan ist bereits zu Beginn des Romans in seiner Entwicklung dort, wo Parzival erst noch hin muß. Es ist demnach davon auszugehen, daß er die von Parzival noch zu akzeptierende Unergründbarkeit Gottes schon längst anerkennt und deshalb sein irdisches Glück in der *minne* finden kann.

In ihrer starren Fixierung auf den höheren Wert der Gralgesellschaft haben Generationen von Interpreten übersehen, daß die Artuswelt letztlich die freudigere, die perspektivenreichere ist. Denn kein Ritter, der im ›Parzival‹ die Gralgesellschaft auf Mission verläßt, erzielt jemals Erfolg. Eine Perspektive, die Lebensfreude impliziert, ist nicht auszumachen. Es fragt sich daher: Ist die minnefeindliche Einstellung der Gralgesellschaft der Grund für den letztlich doch nicht zu beseitigenden Eindruck einer gewissen Freudlosigkeit? Wirkt der lebens- und minnebejahende Feirefiz nicht doch vitaler als das gesamte Personal der Gralburg? Soll das durch ›verbotene‹ Minne verursachte schreckliche Leiden des Anfortas möglicherweise mit der auf Minne gründenden Freude der Artusgesellschaft kontrastiert werden? Verbleibt die Gralgesellschaft rein äußerlich nicht in einem ähnlichen Zustand wie die von Clinschor gefangengehaltene Gesellschaft auf Schastel marveile? Ich denke, alle Fragen sind, bei aller nötigen Differenzierung, mit ja zu beantworten. Denn für

Wolfram – sei es im ›Parzival‹ oder im ›Willehalm‹ – führt die Minne zwischen den Menschen, die als Sinnbild auch den humanen Umgang mit Fremden und Gegnern umfaßt, nicht nur zum irdischen Glück. Auch eine Gesellschaft, die mit festen, z.T. inhumanen Regeln allein Gott dient, kann letztlich nie jenen Grad von Freude erreichen wie eine, in der auch die *minne* floriert und das menschliche Zusammenleben prägt.

Also: Ist der ›Parzival‹ jetzt anders zu lesen, als wir es traditionellerweise tun? Ich denke ja. Das hieße: Nicht die Gralswelt, sondern die Artuswelt ist die letztlich menschlichere, die eigentlich humanere (man denke nur an das Verbot des *sicherheit*-Nehmens durch die Gralritter) und daher für den laikalen Leser vorbildlicher als die obskure Gralswelt, für die Wolfram keine konkrete Perspektive eröffnet; eine Welt, in die der Heide Feirefiz mit nur geringem Aufwand eindringen und die er auch ohne größeres Bedauern wieder verlassen kann, nachdem er Repanse bekommen hat. Der Gral interessiert ihn nicht. Das wahre irdische Glück (*sælde*), das auch den Segen Gottes impliziert, finden die Menschen in einer Gesellschaft, in der Männer und Frauen die *wâre minne* suchen und finden können.

Es sei jedoch am Schluß noch einmal an einen zentralen Aspekt der Dichtung erinnert, wenn man das komplexe Sinnangebot des ›Parzival‹-Romans erfassen will. Ich meine den immer wieder angesprochenen großartigen Humor Wolframs. Peter Johnson hat die Bedeutung dieses Aspekts folgendermaßen treffend zusammengefaßt: »Wolframs Gemütsverfassung ist ... auf humorvoll humaner Art imstande ... Gegensätze zu versöhnen, Konflikte zu schlichten, die Menschen angesichts der Tragik des Lebens zu stärken, ihnen Mut einzuflößen und als Lebensphilosophie zu dienen.« Der unendlichen Rätselhaftigkeit der menschlichen Existenz begegnet Wolfram mit Humor und Ironie, die Distanz schafft zu all jenen Absurditäten in der von einem angeblich liebevollen Gott geschaffenen Welt – Leid, Ungerechtigkeit, Krankheit und Tod –, die durch den menschlichen Verstand nicht zu bewältigen sind. Insofern ist der ›Parzival‹ auch in hohem Maße ein Wegweiser, der das Änigmatische an der geschaffenen Welt als unabänderlich zu akzeptieren lehrt, aber andererseits Strategien propagiert, die aufzeigen, wie die Menschheit durch humane Einstellungen und humanes Handeln, verbunden mit einer humorvollen Distanz zu den Fährnissen des Lebens, zu Glück, Toleranz und gesellschaftlicher Harmonie gelangen kann.

Textausgaben

Chrétien de Troyes, *Le Roman de Perceval ou Le Conte du Graal*, übersetzt und hrsg. von F. Olef-Krafft (RUB 8649[9]), Stuttgart: Reclam 1991.

Wolfram von Eschenbach: *Parzival*. Nach der Ausgabe Karl Lachmanns revidiert und kommentiert von Eberhard Nellmann. Übertragen von Dieter Kühn. 2 Bde. Frankfurt a.M.: Deutscher Klassiker Verlag 1994 (Bibliothek des Mittelalters 8) (= *maßgebliche aber teure Edition*).

Preisgünstig ist: **Wolfram von Eschenbach**: ›*Parzival*‹. Mittelhochdeutscher Text nach der Ausgabe von Karl Lachmann. Übersetzung und Nachwort von Wolfgang Spiewok, 2 Bde. (RUB 3681/2), Stuttgart: Reclam 1981.

Literatur

Als Einführung zu empfehlen ist **Bumke, Joachim**: *Wolfram von Eschenbach*, 7. völlig neu bearbeitete Auflage, Stuttgart/Weimar: Metzler 1997 (Sammlung Metzler 36) (mit einer systematisierenden Bibliographie).

Literatur zu Wolfram ist ausführlich dokumentiert in den *Wolfram-Studien* (Veröffentlichungen der Wolfram von Eschenbach-Gesellschaft), Berlin: Erich Schmidt (erscheint in unregelmäßigen Abständen).

Sonstige zitierte Literatur:

Emmerling, Sonja: *Geschlechterbeziehungen in den Gawan-Büchern des »Parzival«. Wolframs Arbeit an einem literarischen Modell*. Tübingen: Niemeyer 2003 (Hermaea; N.F. Bd. 100).

Haug, Walter: *Parzival ohne Illusionen*, in: Deutsche Vierteljahresschrift 64 (1990), S. 199–217.

Johnson, L. Peter: *Geschichte der deutschen Literatur von den Anfängen bis zum Beginn der Neuzeit*. Hrsg. v. Joachim Heinzle. Band II/1: Die höfische Literatur der Blütezeit (1160/70–1220/30). Tübingen: Niemeyer 1999.

Ruh, Kurt: *Höfische Epik des deutschen Mittelalters*, Bd. II. Berlin: Erich Schmidt 1980 (Grundlagen der Germanistik, Bd. 25).

Savinien de Cyrano de Bergerac:
»L'Autre monde/
Die Reise zu den Mondstaaten und Sonnenreichen«

Till R. Kuhnle

Vous... vous avez un nez... heu .... un nez ... très grand (Rostand I. 4, 40)

Sie.... sie haben eine Nase .... hä.... eine ... sehr große Nase.....

Diesem Spott entgegnet Cyrano de Bergerac mit einer geistreichen Gegenrede, denn man hätte es schließlich ja auch etwas anders ausdrücken können – und es folgt eine lange, witzige Tirade in Alexandrinerversen: eine *laus membrorum* auf die Nase. Seinen Makel kompensiert Cyrano durch Esprit und souverän geführte Degenstreiche. Aber er ist auch ein melancholischer Mensch, der bis in den Tod seine unerfüllte Liebe zu Roxane lebt.

So kennen wohl alle den *Cyrano de Bergerac* aus Edmond Rostands Drama: 1897 erstmals aufgeführt – und zuletzt von Rapenau mit Gérard Depardieu erfolgreich verfilmt. Der Cyrano Rostands hat, außer der immensen Nase, so gut wie nichts gemein mit seinem historischen Vorbild, dem 1619 in Paris geborenen Savinien de Cyrano de Bergerac. Dieser stammte aus einer bürgerlichen Kaufmannsfamilie, die sich mit Spekulationen um ihr Vermögen gebracht hatte. Der Adelstitel »de Bergerac« bezog sich auf einen Familienbesitz in der Gascogne, der mit der Pleite verloren gegangen war, und wurde niemals durch ein offizielles Patent bestätigt. Der junge Cyrano schlug zunächst eine Karriere beim Militär ein. Doch schon 1640 musste er wegen Kriegsverletzungen auf diese Laufbahn verzichten. Die Stationen seines weiteren Werdegangs sind nur lückenhaft belegt. Er galt als ein mit dem Degen gewandter Raufbold, der sich als Hauslehrer verdingte und sich auch – wohl um Anschluss an mondäne Zirkel zu finden – als Tanzlehrer versuchte.

Schon bald stieß der Autodidakt Cyrano zu dem Kreis um den kritischen Philosophen Pierre Gassendi, der am *Collège Royal* lehrte. Zu diesem illustren Freundeskreis gehörten unter anderen Gabriel Naudé, La Mothe le Vayer, Saint-Evremond und – vermutlich – der junge Molière (Baader, 31). Die Schuldner im Nacken und von einer »maladie secrète« – wahrscheinlich Syphilis – befallen schlug er sich durchs Leben. Dennoch gelangte er als Autor, der sprachliche Brillanz und chevalereske Kühnheit vereinte, zu einem gewissen Ruhm, als er seine satirischen Briefe, *Les Lettres satiriques,* und seine Komödie, *Le Pedant joué,* veröffentlichte. Bei Ausbruch des ersten der beiden Fronde genannten Aufstände gegen die durch Mazarin repräsentierte Zentralgewalt (1649–1653), an deren Ausgang sich der Absolutismus endgültig durchsetzen sollte, schloss sich Cyrano zunächst der Partei der Frondeure an und schrieb Schmähschriften gegen den Kardinal, die *Mazarinades,* um kurz darauf (noch während der ersten Fronde?) die Seite zu wechseln. Nach dem Tod seines Vaters und angesichts eines definitiv dahingeschmolzenen Vermögens war er auf die Großzügigkeit seines Gönners, des Duc D'Arpajon, angewiesen. Diesem widmete er auch seine Tragödie *La Mort d'Agrippine*.

Der um 1649 abgeschlossene erste Teil seines satirischen Romans *L'Autre Monde* erschien 1657 in einer entschärften Fassung unter dem Titel *Histoire comique, par M. de Cyrano de Bergerac, contenant les Estats et Empires de la Lune* (mit einem Vorwort von le Bret) – posthum, da Cyrano bereits 1655 an den Folgen einer Kopfverletzung, die er sich wahrscheinlich bei einer Rauferei zugezogen hatte, verstorben war. 1662 folgte die Veröffentlichung des während oder unmittelbar nach der Fronde verfassten Fragments *Les états et les empires du soleil* in einem Sammelband mit Werken Cyranos: *Les Œuvres diverses et les Nouvelles. Œuvres de M. Cyrano de Bergerac*. Die heute vorliegende Fassung von *L'Autre Monde* wurde nach Manuskripten rekonstruiert.

In Cyranos *roman/histoire comique* einer phantastischen Reise ins All finden viele literarische Einflüsse zusammen. Oft wird *L'Autre Monde* etwa mit den in Rabelais' *Le quart livre* und *Le cinquiesme livre* berichteten Abenteuer des Pantagruel sowie der Mondepisode in Ariostos *Orlando Furioso* (XXXIV, 70–92; XXXV, 1–32) verglichen. Als der direkte Vorläufer dieser Texte – und von *L'Autre Monde* – kann indes die *Wahre Geschichte* (2. Jh. n. Chr.) Lukians von Samosata gelten. Dessen satirische Reise ins All und auf die Insel der Glückseligen parodiert auf geniale Weise Philosophie und Mythen der Antike. Zugleich steht sie mit am Ausgang einer literarischen Tradition: *Les Voyages imaginaires*.[1] Wegen der auffälligen Parallelen zu *L'Autre Monde* kommen drei weitere Schriften als mögliche Quellen in Betracht: die von Plutarch inspirierte und mit vielen wissenschaftlichen Anmerkungen versehene Traumerzählung *Somnium seu opus posthumum de astronomi Lunari* von Johannes Kepler (Frankfurt 1634), die Abhandlung *The Discovery of a World in the Moone or a Discourse tending to prove that'tis probable there may be another habitable World in that Planet* von John Wilikins (London 1638), und die satirische Erzählung *The Man in the Moone or a Disourse of a Voyage thither by Domingo Gonsales the speedy Messenger* (London 1638) von Francis Godwin.[2]

Cyranos *L'Autre Monde* beginnt damit, dass eine Gruppe von Zechern auf dem Nachhauseweg über den Vollmond philosophiert. Dabei behauptet einer der Saufkumpanen namens Dyrcona (ein Anagramm von Cyrano, das im Französischen ei-

---

[1] So der Titel eines fast 40 Bände umfassenden Editionsprojekts des Verlegers Garnier aus dem ausgehenden 18. Jahrhundert, das Werke von Apuleius über Defoe und Cyrano bis Voltaire umfasst.

[2] Eine Übersetzung von Godwins Satire ins Französische erschien 10 Jahre später: *L'Homme dans la lune, ou le Voyage chimérique fait au monde de la lune nouvellement découvert, par Dominique Gonzales. Mis en notre langue par J.B.D.* [Jean Baudoin], Paris 1648 (NB: Ein Exemplar der Ausgabe von 1654 befindet sich in den Beständen der Sammlung Oettingen-Wallerstein). Die französische Übersetzung von Wilkins' Abhandlung erschien zwar erst im Todesjahr Cyranos (*Le Monde dans la Lune*, Rouen 1655), doch der Vergleich mit *L'Autre Monde* zeigt einige Parallelen. Von großer Bedeutung für die Astronomie des 17. Jahrhunderts war das kartographische Erfassen des Mondes durch Johannes Hevelius (*Selenographia: sive, Lunae Descriptio*, Danzig 1947).

ne lautliche Ähnlichkeit mit Keplers Protagonisten Duracotus aufweist), dass das Himmelsgestirn eine Welt sei:

> »Ainsi peut-être, leur dis-je, se moque-t-on maintenant dans la Lune de quelqu'autre qui soutient que ce globe-ci est un monde.« Mais j'eus beau leur alléguer que Pythagore, Épicure, Démocrite et, de notre âge, Copernic et Kepler avaient été de cette opinion, je ne les obligeai qu'à s'égosiller de plus belle (AM, 903).

> »Gerade so«, sagte ich, »lacht man jetzt vielleicht auf dem Mond einen aus, der behauptet diese Kugel sei eine Welt«. Aber ich mochte, soviel ich wollte, anführen, daß Pythagoras, Epikur, Demokrit, und heutzutage Kopernikus und Kepler der gleichen Ansicht gewesen seien, ich brachte sie zu nichts anderem, als daß sie sich heiser schrien. (dt. 19).

Zurück in seiner Stube findet Dyrcona ein aufgeschlagenes Werk des italienischen Mathematikers und Philosophen Girolamo Cardano vor, das von einer Begegnung mit Mondbewohnern berichtet.[3] Dyrcona beschließt, auf den Mond zu reisen. Um seinen Körper gebundene Fläschchen, die mit Tau gefüllt sind, fangen die Sonnenstrahlen ein. So wird er senkrecht in den Himmel getragen, aber nicht hoch genug. Sein Sinkflug führt ihn entlang derselben Achse wieder auf die Erde zurück. Doch zu seinem Erstaunen muss er feststellen, dass er in Kanada gelandet ist – die Erde hat sich inzwischen gedreht. Mit Hilfe eines selbstkonstruierten Flugapparates, verstärkt durch Feuerwerkskörper, verlässt er nach einer Reihe skurriler Abenteuer wieder die französische Kolonie. In großer Höhe fällt die Maschine regelrecht von ihm ab, während er weiter aufsteigt. Nach einer längeren Flugzeit gerät er unter den Einfluss der Schwerkraft, um schließlich in zauberhaften Gefilden zu landen. Erst als er dort einen schönen Jüngling trifft, erfährt er, dass er sich auf dem Mond befindet – und mehr noch:

> [...] ce lieu-ci où vous marchez est le paradis, mais c'est le paradis terrestre où n'ont jamais entré que six personnes: Adam, Ève, Énoch, moi qui suis le vieil Hélie, saint Jean l'Évangéliste, et vous. Vous savez bien comme les deux premiers en furent bannis, mais vous ne savez pas comme ils arrivèrent en votre monde (AM 916).

> [...] der Ort, wo du wandelst, ist das Paradies; aber es ist das irdische Paradies, in das nur sechs Personen jemals hineingelangten: Adam, Eva, Henoch, ich, der ich Elias bin, der Evangelist Johannes und du. Du weißt, wie die beiden ersten daraus verbannt wurden, aber du weißt nicht, wie sie auf eure Erde kamen (dt. 36).

Der erste Mensch – so die Erzählung des Elias in *L'Autre Monde* – sei nach dem Sündenfall auf seinen Mond – unsere Erde – geflohen und habe sich dort angesiedelt:

> Les Hébreux l'ont connu sous le nom d'Adam, et les idolâtres sous le nom de Prométhée [...] (AM 916).

> Die Israeliten kannten ihn unter dem Namen Adam und die Heiden unter dem Namen Prometheus [..] (dt. 36).

Wenige Jahrhunderte später floh Henoch mit Hilfe eines von Rauch getriebenen Flugapparates gen Himmel – und landete auf dem Mond. Dort lebte er als Einsied-

---

3 Die Begebenheit lässt sich nicht eindeutig einem der überlieferten Werke Cardanos zuordnen.

ler, bis – hochgespült von der Sintflut – Ahab, die Tochter Noahs auf den Mond
kam und die Gemahlin des Henoch wurde. Doch die Verderbtheit seiner Frau und
seiner Kinder trieben ihn wieder in die Wildnis, bis er auf wundersame Weise einen Apfel vom Baum des Wissens fand und aß. So gelangte er ins Paradies. Später
folgte Elias mit einer magnetischen Flugmaschine auf den Mond, wo auch er auf
Geheiß eines Seraphen vom Baum aß.

Elias und Henoch machen durch mahnende Reden Dyrcona den Baum des Lebens und der Erkenntnis schmackhaft, doch dieser spottet wider Gott und die wahre Erkenntnis. Mit anderen Worten: Er begeht den philosophischen Sündenfall.
Keck raubt er einen der Äpfel und auf seiner weiteren Wanderung beißt er aus Versehen in die Frucht der Erkenntnis. Es geschieht mit ihm eine wundersame Verwandlung, und er gelangt in eine Welt, in der die ihm bekannte auf den Kopf gestellt ist. So gibt es dort Tiermenschen, die in einer eigenen Gesellschaft leben. Die
Gemeinschaften auf dem Mond funktionieren vorbildlich, obwohl sie mitunter die
für die Erdbewohner gültigen moralischen Prinzipien in ihr Gegenteil verkehren
und nach eigenen Formen der Kommunikation leben. So haben sie etwa eine Sprache entwickelt, die nicht den bekannten phonologischen Gesetzen folgt, sondern
auf der Modulation von Pfeiftönen beruht.

Mit den Bewohnern des Mondes, die ihn inzwischen als ein besonderes Tier anerkennen, disputiert der wissbegierige Dyrcona eifrig. Seine Initiation in das Denken auf den Mondstaaten begleitet der Dämon des Sokrates – die Personifikation
des Daimonion, jener inneren Stimme, welcher der antike Philosoph seine Einge-
bung verdankt haben soll. Der Name Sokrates war in der abendländischen Philosophie die Personifikation aller logischen Figuren geworden. Der von Plutarch beschriebene *Dämon des Sokrates*, der Grund aller Erkenntnis und des Orakels, galt
indes der Kirche als der Inbegriff ketzerischen Gedankengutes. Dieser Dämon erklärt Dyrcona nicht nur die skurrile Welt auf dem Mond, sondern verstrickt ihn in
waghalsige philosophische Spekulationen, die auf syllogistische Weise althergebrachte Wahrheiten der Erdenbewohner widerlegen. Als die Disputanten die Frage
nach der Existenz Gottes aufwerfen, werden sie von einem Teufel in die Lüfte entführt. Nachdem Dyrcona wieder Boden unter den Füßen gewonnen hat, trifft er auf
Litaneien murmelnde Bauern:

> »Ô! m'écriai-je alors, Dieu soit loué! J'ai donc enfin trouvé des chrétiens au monde de la
> Lune. Hé! dites-moi mes amis, en quelle province de votre monde suis-je maintenant? –
> en Italie, me répondirent-t-ils« (AM 989).

> »Oh!« rief ich da aus, »Gott sei gelobt! Ich habe also endlich Christen in der Welt des Mon-
> des gefunden. He, sagt mir Freunde, in welcher Provinz eurer Welt bin ich jetzt?« »In Ita-
> lien«, antworteten sie (dt. 125).

Dyrcona ist also wieder auf der Erde – und hat im Kernland des Katholizismus zunächst auch metaphysisch wieder Boden unter den Füßen gefunden. Mit einer Botschaft im Gepäck schifft er sich schließlich nach Frankreich ein.

Die *Reise zu den Sonnenstaaten* beginnt mit der Geschichte des gelehrten Dyrcona, der in Frankreich seine Erfahrungen verkündet. Doch bald wird er als Magi-
er verfolgt – ein wohl eindeutiger Seitenhieb auf die Inquisition. Seinem Gönner
Colignac (eine Hommage an den Duc d'Arpajon?) gelingt es, ihm wenigstens or-

dentliche Haftbedingungen zu verschaffen. Auf dem Dach des Turmes, der als Gefängnis dient, bastelt er einen Flugapparat, mit dem ihm die Flucht gelingt. Doch er schießt weit übers Ziel hinaus und landet auf der Sonne. Dort, in den Sonnenstaaten findet er wieder eine skurrile Welt vor. Die philosophischen Lehrer, auf die er dort trifft, heißen Campanella und Descartes.

Eine Inhaltsskizze kann nur einen oberflächlichen Eindruck von dem Feuerwerk an Esprit vermitteln, das Cyrano mit seinem Roman entfacht hat und das den Topos von der verkehrten Welt in immer neuen Varianten pointiert. Die *Andere(n) Welt(en)* sind ein Zerrspiegel jenes Zeitgeschehens, mit dem die Biographie Cyranos aufs engste verknüpft war. Wie gesagt, das von Rostand gezeichnete romantische Bild vom sensiblen Cyrano steht in krassem Widerspruch zum historischen Savinien de Cyrano de Bergerac, nur die Nase... Dieser ging in seinem Roman über die andere, verkehrte Welt mit seinem Makel ironisch in die Offensive. So verfügen die Bewohner des Mondes über lange Nasen:

> C'est une commodité, me dirent-ils, qui leur sert à se passer d'horloge, car de leurs dents ils font un cadran si juste, qu'alors qu'ils veulent instruire quelqu'un de l'heure, ils desserrent les lèvres, et l'ombre de ce nez qui vient tomber dessus marque comme sur un cadran celle dont le curieux est en peine (AM 979).

> »Das ist eine Annehmlichkeit«, sagte man, »die ihnen dient, ohne Uhr auszukommen; denn mit ihren Zähnen bilden die ein so richtiges Zifferblatt, dass, wenn sie jemand die Zeit anzeigen wollen, die Lippen öffnen und der Schatten der Nase, der darauf fällt, wie auf einem Zifferblatt das anzeigt, worum der Wißbegierige in Sorge ist (dt. 113).

Und Dyrcona erfährt, dass auf dem Mond Knaben mit kurzer Nase in zartem Alter kastriert und Frauen mit kurzer Nase zur Keuschheit gezwungen werden – obwohl dort eigentlich die Jungfernschaft als Verbrechen gegen die Gesellschaft gilt. Die Begründung hierfür klingt entwaffnend:

> Sachez que nous le faisons après avoir observé depuis trente siècles qu'un grand nez est à la porte chez nous une enseigne qui dit: »Céans, loge un homme spirituel, prudent, courtois, affable, généreux et libéral, et qu'un petit est le bouchon des vices opposés (AM, 980).

> So erfahren sie, daß wir es tun, nachdem wir seit dreißig Jahrhunderten beobachtet haben, daß eine große Nase als Aushängeschild ein Merkmal ist, das sagt: hier wohnt ein geistvoller kluger, höflicher, freundlicher, hochherziger Mensch mit freiem Sinn; und daß die kleine das Wahrzeichen der gegenteiligen Laster ist (dt. 113).

Die Nase galt bis in die Neuzeit – und auch noch weit über diese hinaus – als Abbild der unter Hosen verborgenen Männlichkeit (vgl. Bachtin). In der anderen Welt tragen die Notabeln einen Phallus als Ausweis Ihrer Überlegenheit – und nicht etwa ein Schwert. Der Gesprächspartner des Mondreisenden Dyrcona mokiert sich über die falsche Schamhaftigkeit auf Erden, welche die Frauen beim Anblick des männlichen Zeugungsorgans erröten lässt. Auf dem Mondstaat hingegen weise sich der *gentilhomme*, der adlige Ehrenmann, statt durch ein Schwert an seiner Hüfte, durch ein Phallus-Amulett aus. Als Dyrcona in Gelächter ausbricht, entgegnet ihm sein Gesprächspartner mit der entwaffnenden Logik eines sophistischen Syllogismus:

> Ô mon petit homme! s'écria-t-il, que les grands de votre monde sont enragés de faire pa-
> rade d'un instrument qui désigne un bourreau, qui n'est forgé que pour nous détruire,
> enfin l'ennemi juré de tout ce qui vit; et de cacher, au contraire, un membre sans qui
> nous serions au rang de ce qui n'est pas, le Prométhée de chaque animal et le répara-
> teur infatigable des faiblesses de la Nature! Malheureuse contrée, où les marques de gé-
> nération sont ignominieuses, et où celles d'anéantissement sont honorables. Cependant,
> vous appelez ce membre là les parties honteuses, comme s'il y avait quelque chose de
> plus glorieux que de donner la vie et rien de plus infâme que de l'ôter! (AM 981).

> O kleiner Mann, die Vornehmen Ihrer Welt sind also darauf aus, mit einem Instrument
> zu glänzen, das einen Henker auszeichnet, das nur gemacht ist, uns zu zerstören, kurz
> der geschworene Feind alles Lebendigen, und im Gegensatz dazu ein Glied zu verber-
> gen, ohne das wir in der Reihe dessen stünden, das nicht ist: den Prometheus jedes Le-
> bewesens und den, der unermüdlich die Schwächen der Natur ausbessert. Unglückliches
> Land, wo die Wahrzeichen der Zeugung schmählich sind und die der Vernichtung eh-
> rend! Sie nennen jedoch dies Glied den Teil, den zu zeigen man sich gewöhnlich schämt,
> als ob es Ruhmvolleres gäbe, als Leben zu geben, und Schmachvolleres, als es zu neh-
> men (dt. 115).

Doch auch makabre Riten herrschen auf dem Mondstaat. So gilt die Beerdigung,
bei welcher der Leichnam den Würmern überlassen bleibt, als ein Entehren des Toten. Die gewöhnlichen Toten werden daher verbrannt. Ein großer Philosoph aber,
der sich dem Ende nahe sieht, lässt sich auf einem Fest von seinen Liebsten erste-
chen. Die anwesenden Freunde und Schüler laben sich dann an seinem Blut, bis
der Leichnam völlig ausgesogen ist:

> Enfin, toute la troupe repue, on introduit à chacun au bout de quatre ou cinq heures une
> fille de seize ou dix-sept ans et pendant trois ou quatre jours qu'ils sont à goûter les dé-
> lices de l'amour, ils ne sont nourris que de la chair du mort qu'on leur fait manger tou-
> te crue, afin que, si de ces embrassements il peut naître quelque chose, ils soient com-
> me assurés que c'est leur ami qui revit (AM 979).

> Wenn schließlich die ganze Gesellschaft befriedigt ist, führt man jedem nach vier oder
> fünf Stunden ein sechzehn bis siebzehnjähriges Mädchen zu, und drei oder vier Tage
> lang, während sie die Wonnen der Liebe genießen, werden sie nur mit dem Fleische des
> Toten ernährt, das man sie ganz roh essen läßt, damit, wenn aus Umarmungen etwas
> zum Leben erweckt wird, sie versichert sind, daß es ihr Freund ist, der wieder auflebt
> (dt. 113).

Wörtlicher lässt sich der Begriff »Leichenschmaus« wohl nicht mehr fassen. Die Passage zeigt indes, dass bei Cyrano erotische Frechheit einhergeht mit philosophischer und theologischer Satire: Das philosophische Symposion – und auch die Eucharistie – wird hier auf makabre Weise beim Wort genommen und mit der Lehre
von der Metempsychose (»Seelenwanderung«) verknüpft, die nunmehr im Sinne des
Gassendisschen Epikuräismus und Materialismus umgedeutet wird: Der Leib ist Teil
einer Materie, die aus unendlich vielen Atomen besteht. Als Instrument der Seele
bildet der Leib eine unverbrüchliche Einheit mit dieser. Eine solche Lehre widerspricht zunächst der scharfen Trennung von Leib und Seele etwa bei Descartes; sie
lässt aber auch keine theologische Trennung der weltlichen von der geistlichen
Sphäre in der Tradition des Augustinus zu, wonach nur der Verzicht auf das irdische Dasein mit seinen materiellen Werten und leiblichen Genüssen (*civitas ter-*

rena) um den Preis der Verleugnung des Selbst den Weg zur wahren Seligkeit in und mit Gott (*civitas Dei*) führe. Damit unterläuft der Epikuräismus Gassendis die Grundauffassung eines augustinisch gestimmten Zeitalters. Dem »barocken« Leidenspathos hielt er das Glück als den obersten Zweck aller Dinge entgegen – »hoc est, utlimum, extremum ac summum bonorom« (Gassendi, 615).

Cyrano und Gassendi sind auf dem Hintergrund einer von Kriegen gezeichneten Epoche zu sehen, in welcher der Begriff *le tragique* die Grunderfahrung des menschlichen Daseins artikulierte. Die Literatur des Barock antwortete darauf mit den allgegenwärtigen Motiven des *vanitas vanitatum est* und des *memento mori*. Diese gingen auf die theologische Prämisse von der Nichtigkeit des irdischen Schicksals zurück, das eine fortwährende Prüfung für den Menschen darstelle – und für dessen Leid das Heil im Jenseits entschädige. Die beiden Hauptströmungen der augustinischen Theologie waren die jesuitische Lehre und der Jansenismus. Auf Betreiben der *Societas Jesu* wurden die Jansenisten in Frankreich verfolgt und schließlich mit dem päpstlichen Bann belegt.[4] Dessen ungeachtet gaben sich die beiden einander heftig befehdenden Strömungen der augustinischen Theologie in ihren Lehren als staatstragend. Unter Berufung auf den Römerbrief des Apostel Paulus (Röm 13, 1–5) begriffen sie die staatliche Ordnung als eine von Gott gegebene, die es in seinem Auftrag zu erhalten gelte. Neben die geistliche Autorität trat somit auch die politische, die über die Gültigkeit gesellschaftlicher Normen, aber auch wissenschaftlicher Erkenntnisse, zu befinden hatte. Das irdische Leben und die Natur seien, so die Jansenisten Nicole und Arnauld, von Gott so geordnet, dass sich der Einzelne nicht darum kümmern müsse, ob er nun eine richtige oder falsche Vorstellung von physikalischen Phänomenen wie dem Gesetz der Schwerkraft habe. Hierin könne er sich auf die Güte und Weisheit dessen verlassen, der über den *ordre du monde* (die Einrichtung der Welt) herrsche (Arnauld/Nicole, 70f.). Die Jansenisten sahen sich vor allem wegen ihres Rigorismus, der mit unbedingter Kirchentreue einherging, der staatlichen Verfolgung ausgesetzt. Der Absolutismus bekräftigte dagegen den Gallicanismus, jene Besonderheit des französischen Staatskirchenrechts, das der päpstlichen Macht in Frankreich enge Grenzen setzte und die Krone zur obersten Instanz auch in kirchenrechtlichen Fragen erhob. Radikale Spiritualität war in einem Staat suspekt, dessen Macht sich auf das Zeremoniell und die höfischen Kultur stützte.

---

4   Letzterer radikalisierte die Lehre von den beiden *civitates*: Allein der Ratschluss eines unsichtbaren, das heißt sich nicht in der Welt manifestierenden Gottes (*deus absconditus*) vermöge über die Gnade zu bestimmen. Zu dieser einmal erwiesenen Gnade (*gratia efficax*) sei der Einzelne bereits von Geburt an ausersehen, ohne davon zu wissen; er könne sie nicht durch ein gottesfürchtiges Leben erlangen, indes aber durch ein sündiges Leben verspielen – was etwa Pascal in seiner berühmten Wette vorgeführt hat (Pascal, 1212–1216). Gegen diese Lehre stand die Gnadentheologie Ignacios (Ignatius') von Loyala und seines Schülers Molina: Gott habe es dem Menschen in die Hände gelegt, sich für die Gnade (*gratia sufficiens*) zu entscheiden. Die damit gegebene Möglichkeit, ein Leben in Sünde zu korrigieren hat den Jesuiten vor allem von Seiten der Jansenisten den Vorwurf eingetragen, eine die Lehre des Augustinus pervertierende Kasuistik zu betreiben.

Neben den weltlichen galten dennoch auch die geistlichen *auctoritates* ungebrochen als Garanten von Staat und Gesellschaft. Über dem Politischen, wie über
allen Bereichen des gesellschaftlichen und kulturellen Lebens, bis hinein in Rhetorik und Sprache, stand das Prinzip der Vernunft, das zuallererst am Bestand der
staatlichen Ordnung gemessen wurde und daraus seine Legitimation herleitete; die
raison war also immer auch *raison d'État* (Staatsraison). Insofern kam die augusti-
nische Tradition mit ihrer Akzeptanz der weltlichen Herrschaft und der von dieser
bestimmten Moral dem heraufkommenden Absolutismus durchaus entgegen: Die
Neuorganisation des Staates sollte durch keinen ethisch motivierten Einspruch
unterlaufen werden. Über dem Staat stand einzig der König von Gottes Gnaden,
der die Normen der Gesellschaft zu totalisieren und damit ein für alle Mal zu legi-
timieren hatte.

Die offizielle und offiziöse Sprach- und Literaturpolitik zeichnete sich seit Richelieu vor allem dadurch aus, Literatur zu jenem Ort zu machen, an dem das Selbstverständnis der neuen absolutistischen Ordnung zu zelebrieren sei. Hierzu gehörte eine rigide Auslegung des literarischen Gattungssystems, innerhalb dessen die
Tragödie als Königsgattung den obersten Rang einnahm. Sie hatte den vorbildlichen Herrscher zu inszenieren, der das Wertsystem des 17. Jahrhunderts totalisier-
te. Somit war sie »Königsgattung« im doppelten Sinne des Wortes. Entsprechend
dem Tugendideal der *honnêteté* verstand sie sich als eine Ablenkung von der konkreten historischen Situation in Frankreich. Schon im 16. Jahrhundert hatte der Dramatiker Jean de la Taille bemerkt, die Geschichte Frankreich biete genug Stoff für
Tragödien, Stoff, der ihn und seine Zeitgenossen erschaudern lasse:

> [...] les piteux desastres aduenues naguerres en la France par nos Guerres civiles, fussent
> si grãds [...] qu'il ne faudroit ia d'autre chose que pour faire des Tragedies: ce neãmoins
> pour n'en estre du tout le propre subject, pour ne remuer nos vieilles & nouvelles dou-
> leurs, volõtiers ie m'en deporte, aimant trop mieux descrire le malheur d'autruy que le
> nostre [...] (La Taille, ii).

> [...] die erbarmungswürdigen Katastrophen, die einst durch unsere Bürgerkriege Frank-
> reich heimsuchten, waren so groß [...], dass man dem bereits nichts mehr hinzufügen
> müsste, um Tragödien zu schreiben. Und dennoch, um nicht unsere alten und neuen
> Schmerzen aufzurühren, weiche ich dem gerne aus, denn ich schildere viel lieber das Un-
> glück anderer als das unsere.

Diese Strategie der Ablenkung und Sublimierung wurde im Zeichen der von Richelieu in den 30er Jahren begonnenen und das gesamte 17. Jahrhundert bestimmen-
den Kulturpolitik zur offiziellen Doktrin. Gewaltdarstellungen und »Action« waren
nunmehr auf der Bühne des Theaters verpönt. Die durch eine offiziöse Literaturkritik – nicht zuletzt an den die gesamte Entwicklung des Absolutismus reflektierenden Dramen Pierre Corneilles – formulierte *doctrine classique*, die Doktrin des
französischen Klassizismus, sollte unter König Louis XIV mit dem Werk Racines in
der Theaterpraxis ihren Höhepunkt erreichen. Der rein weltliche Charakter des
klassizistischen Dramas wurde auch dahingehend betont, dass nur in Ausnahmefäl-
len christliche Helden und Märtyrer auftraten. Das neue Ideal wurde vielmehr in
Herrschergestalten aus der Geschichte und Mythologie der paganen Antike hinein-
projiziert, in denen man die typologische Vorwegnahme des vollendeten absolutis-

tischen Königs erkannte. Dabei hatten sich die Autoren und ihre Kritiker der allegorischen Interpretation eines Dramas zu enthalten (Balzac, 184f.). Theologische und philosophische Spekulation sollten dem Klerus vorbehalten bleiben, das weltliche Leben hingegen sich ganz der neuen politischen Ordnung unterwerfen. Die *civitas terrena* hatte also ihren eigenen Gesetzen zu folgen.

Ungeachtet des offiziellen Literaturbetriebs entwickelte sich eine literarische Gegenkultur weiter, die sich außerhalb des von der *doctrine classique* bestimmten Gattungssystems bewegte. Dazu zählt der *roman comique*, der in der Tradition des spanischen Picaroromans, aber auch eines Rabelais – ohne indes zu seiner stilistischen Kühnheit zu gelangen – steht. Die erste Ausgabe von *L'Autre Monde* trägt den Titel *Histoire comique*, der auf den *roman comique* eines Sorel oder eines Scarron verweist.[5]

Die seit den 30er Jahren verfeinerte Salonkultur hatte die Herausbildung eines neuen Menschenbildes, das sich an der Verwirklichung eines sprachlichen Ideals maß, zunächst angestoßen, um es dann durch eine manierierte Sprache zu unterlaufen. Dies galt vor allem für die Salons der *précieuses*, in der die letztlich auch für das höfische *divertissement* vorbildliche Kunst des *concetto* bzw. der *pointe* gepflegt wurde. Es handelt sich hierbei um ein rhetorisches Verfahren, das durch witzige Kombinationen und »ein Verdrängen der Sache und Sachrichtigkeit« (Friedrich, 636) überraschende Effekte erzeugt. Cyrano selbst verfasste eine Eloge auf die *pointe* in der Vorrede zu seinen *Entretiens pointus* (vgl. Goldin):

La pointe n'est pas d'accord avec la raison; c'est l'agréable jeu de l'esprit, et merveilleux en ce point qu'il réduit toutes choses sur le pied nécessaire à ses agréments, sans avoir égard à leur propre substance (OC II, 295).

---

5   Von diesen Autoren sind auch Anleihen bei Cyrano zu finden. In ihren Romanen Sorels, Scarrons und Furetières spiegelt sich die Entwicklung der höfisch-absolutistischen Gesellschaft in Frankreich wider. In Sorels *Histoire comique de Francion* (1622–1633) muss der aus der niederen Provinzaristokratie stammende Titelheld erfahren, dass sein Adel allen keine herausragende Position in der Gesellschaft garantiert. In seiner *Préface* greift Sorel die an Aristoteles ausgerichtete poetolgische Diskussion seiner Zeit sarkastisch auf und erklärt das Komische zu einem universalen Phänomen: In *le comique* sieht er ein Prinzip Heilung gegen die Übel seiner Zeit – ein Seitenhieb gegen den Begriff der *katharsis* in der aristotelischen Tragödientheorie. Scarrons *Roman comique* (1651/57) schildert die Erlebnisse einer fahrenden Schauspieltruppe und verkehrt das barocke Motiv des *theatrum mundi* in ein Panoptikum, das die Brüche in der sich herausbildenden absolutistischen Gesellschaft bloßstellt. Dabei parodiert die verschiedensten literarischen Gattungen und Motive. Während die Romane Sorels und Scarrons vor allem die geographische und soziale Peripherie thematisieren, indem sie ihre depossedierten, mittellosen Helden durch die Provinz irren lassen, lenkt der 1666 veröffentlichte *anti-roman* Furetières, *Le Roman bourgeois*, den Blick auf *la ville*, die neben *la cour* als die weitere Säule der absolutistischen Gesellschaft galt. Er ist dezidiert gegen die galante Romane der Mlle. de Scudéry gerichtet. Die Gattung Roman hat für Furetière nunmehr einen festen sozialen Ort: das Bürgertum. Dem entspricht eine Erzählform, welche die *fable* gegenüber den Beschreibungen der Sitten in den Hintergrund rückt. Das bei Furetière geschilderte Bürgertum hat, obwohl es selbst in seinen Salons »Hof hält«, nur aus der Schlüssellochperspektive am höfischen Leben teil: Die Angehörigen seines Standes bleibt der Zugang zum Hof verwehrt, dessen Normen eine geschlossene gesellschaftliche Gruppe konstituieren.

> Die Pointe stimmt nicht mit der Vernunft überein; sie ist das erfreuliche Spiel des Geistes und wundervoll, weil sie alle Dinge, ohne auf deren Substanz zu achten, auf das zurückstutzt, was für die Annehmlichkeiten dieses Spiels notwendig ist.

Die Dialoge, die der Protagonist von *l'Autre Monde* mit den Bewohnern der anderen Welten führt, sind gespickt mit *aperçus* und zeugen vom *esprit* des Autors, dessen *burlesque audace* (burleske Kühnheit) auch Boileau (Boileau Ch. IV v. 39, 110), der theoretische Kopf der etablierten *doctrine classique*, schätzte. Das Burleske bewahrt das Groteske vor dem Abgleiten ins Grausame oder Ekelhafte und fügte sich so durchaus in die Strategie der Ablenkung, welche die französischen Poetiken des 17. Jahrhunderts vertraten. Guéret gewährte der burlesken Komik in seinem *Parnasse réformé* (1671) unter bestimmten Voraussetzungen das Bürgerrecht:

> [...] je veux que la Muse Burlesque anime toutes les grimaces d'un air railleur qui ne soit apperceu que des beaux esprits (Guéret, 29).

> [...] ich will, dass die burleske Muse alle scheußliche Fratzen mit einem spöttischen Zug belebt, dessen nur die Schöngeister gewahr werden.

Die geistreiche Burleske hatte die Lebenswirklichkeit mit einem Augenzwinkern zu transzendieren und war mitnichten Teil einer ebenso archaischen wie brachialen, durchaus dem Skatologischen zugewandten volkstümlichen Lachkultur, wie sie bei Rabelais zu finden ist.

Indes steht *L'Autre Monde* eindeutig gegen eine weltabgewandte Frömmigkeit. Der Epikureismus eines Gassendi oder Cyrano war Teil einer heterodoxen Strömung, die wegen ihrer dezidierten Ablehnung einer rigoristisch aufgefassten christlichen Moral und ihrer Hinwendung zu irdischen Genüssen jegliche Autorität und damit das ideologische Gebäude der sich etablierenden absolutistischen Ordnung zu unterlaufen drohte: der Libertinismus. Cyrano de Bergeracs zweiteiliger Roman *L'Autre Monde* hat Eingang gefunden in die 1998 erschienene Anthologie *Libertins du XVIIème siècle / Libertins des 17. Jahrhunderts* der *Éditions de la Pléiade*. Etwa zeitgleich erschien in derselben für Frankreich kanonbildenden Klassikeredition die Sammlung *Romans libertins du XVIIIème siècle / Libertine Romane des 18. Jahrhunderts*. Die beiden Anthologien spiegeln die Bedeutungsbreite des Begriffs *libertin* wieder. Im Werk de Sades etwa bezeichnet *libertin* einen hemmungslos kopulierenden Wüstling. Mit Blick auf die Literatur des 18. Jahrhunderts steht das Attribut *libertin* überwiegend für Werke, die einhändig rezipiert werden. Die oft mit eindeutigen Stichen versehenen Romane der Anthologie zu diesem Jahrhundert entstammen zu einem großen Teil dem *Enfer de la Biliothèque Nationale*, also dem Giftschrank der französischen Nationalbibliothek. Aber auch ein Meisterwerk wie die *Liaisons dangereuses* von Laclos kann zu den *romans libertins* gerechnet werden.

Mitnichten meint das Wort *libertin* (adj./subst.) bloß »Wüstling« oder »geiler Bock«, sondern bezeichnet zuallererst einen »Freigeist«. Das zunächst nur als Adjektiv, später auch als Substantiv gebrauchte Wort ist seit dem 15. Jahrhundert belegt. Im 16. Jahrhundert meinte es zunächst eine Gruppe radikaler Wiedertäufer, um dann für religiöse Abweichler zu stehen. Im 17. Jahrhunderts kam es zu einer Bedeutungserweiterung: Als *libertins* wurden kirchenkritische Denker und Atheisten bezichtigt, aber auch – ganz allgemein – nach Freiheit von Normen und Bindung strebende Menschen. Im theologisch-philosophischen Diskurs stand *libertin* für Heterodoxie, im gesellschaftlichen Diskurs für einen *esprit fort*, für jemanden, der sich in seinem Denken und Handeln über die Normen der (höfisch-absolutistischen) Gesellschaft hinwegsetzte. Nicht zuletzt der durch die Niederschlagung der Fronde definitiv entmachtete Adel, zu dem sich wohl auch der Herr von Bergerac zählte, sah sich wegen seines Stolzes (*orgueil*) dem Vorwurf des Libertinismus ausgesetzt, eines Stolzes, der sich auf die Formel »Die können mir nichts...« bringen lässt.

Der Begriff *libertin* bezeichnete im 17. Jahrhundert folglich kein geschlossenes philosophisches System, sondern jede Form des Denkens oder der Lebensführung, die in Opposition zu einer weltabgewandten Frömmigkeit stand, die aber auch gegen die alle Lebensbereiche durchdringende absolutistischen Ideologie, oder gegen jede politische (Zentral-) Macht überhaupt, gerichtet sein konnte. Schon im Kreise der Aufklärer besann man sich auf den im 17. Jahrhundert verbreiteten Gebrauch des Attributs *libertin* – hatte dieses doch vorrangig dazu gedient, kritische Denker zu brandmarken. Die verhaltene Aufwertung solcher Denker durch die französische Aufklärung hat dazu geführt, dass *libertin* nicht bloß ein Schimpfwort bleiben sollte. *Libertin* steht seither auch – vereinfacht gesprochen – für eine Gruppe von Querdenkern des 17. Jahrhunderts. Der bisher erschienene erste Band der genannten Anthologie *Libertins du XVIIème Siècle* vereint Texte unterschiedlichster Gattungen von Théophile de Viau, Gabriel Naudé, Tristan l'Hermite, Charles Dassoucy, Pierre Gassendi – und – Cyrano. Ein führender Kopf der *libertins philosophiques* war zweifelsohne Pierre Gassendi.

Doch die versuchte Rehabilitierung dieser *libertins* änderte nichts am Bedeutungswandel des Begriffs im allgemeinen Sprachbewusstsein. Haltungen wie »die können mir nichts« oder »uns bleibt nichts anderes übrig« führten dazu, dass im 18. Jahrhundert vor allem Angehörige des Adels das Etikett *libertin* angeheftet bekamen. Der vielkritisierten adligen »Zügellosigkeit« stand der bürgerliche Tugendkatalog gegenüber, der zuallererst der Selbstbehauptung des – bürgerlichen – Individuums gegen herrschaftliche Willkür dienen sollte. Das Wort *libertin* war nunmehr in seiner Bedeutung auf die eines Synonyms für »ausschweifend«, »lüstern« oder »zügellos« reduziert.

Der »Libertinismus« in Cyranos *L'Autre Monde* ist zuallererst ein rhetorischer. Sein Protagonist wird immerfort über Dialoge in die neue Welt eingeführt, so dass die eigentliche Narration eher von nachrangiger Bedeutung ist. Die dort geführten Dialoge wenden jedoch den althergebrachten wissenschaftlichen Disput ins Skurrile. Auch die Beschreibung technischer Apparate folgt bei Cyrano einer primär rhetorischen Strategie. Das Funktionieren der Apparaturen, mit denen Dyrcona zum Mond und zur Sonne reist, mag dem zeitgenössischen Leser vielleicht wahrscheinlich vorgekommen sein, weil Cyranos Beschreibung die im 17. Jahrhundert anerkannten oder diskutierten Erkenntnisse der experimentellen Physik evoziert. Indes geht es hier nicht darum, diese selbst zu vermitteln; vielmehr sind sie Teil einer Strategie der Plausiblilisierung, wie sie sich auch in der Beschreibung technischer Apparate bei Jules Verne oder überhaupt in der SF-Literatur findet. Kein Ingenieur könnte nach ihren Angaben je ein funktionierendes Gerät konstruieren, was Nerval wohl geahnt haben dürfte:

> Cet humoriste si spirituel et si inventif aimait les conceptions de la physique, dans un *Voyage à la Lune* écrit dans le style dit *macaronnique*, à l'imitation des Italiens, il décrit ainsi la machine dont il a l'idée.

> Dieser so geist- und erfindungsreiche Humorist liebte die Begriffe der Physik; in einer *Mondreise*, verfasst in dem die Italiener nachahmenden *Macaronismus*, beschreibt er die Maschine, die er sich vorstellt.

Und er fährt fort:

> Dans sa *Relation des États du soleil*, etc. il décrit une autre machine qu'il appelle un *oiseau en bois* (Nerval, 1248).

> In seiner *Erzählung von den Sonnestaaten* usw. beschreibt er eine andere Maschine, die er einen *Vogel aus Holz* nennt.

Allerdings dürfen das nach Pointen heischende Disputieren und das skurrile Präsentieren naturwissenschaftlicher Erkenntnisse nicht nur als harmloses rhetorische Spiel abgetan werden. Durch das Verändern der jeweiligen Prämissen, die in ihrer Evidenz ebenso unleugbar sind wie die Behauptung des Gegenteils – so etwa die gegen die herrschenden Moralvorstellungen erfolgende Ostentation des Zeugungs- organs an Stelle des Schwertes als Ausweis der Männlichkeit –, relativiert Cyrano zugleich jede Autorität. Hans Blumenberg hat die Subversivität solch rhetorischer Schlussfolgerungen hervorgehoben:

> Aber auch das, was man so abschätzig als »bloße Rhetorik« bezeichnet, enthält seine Spe- kulation auf die durchaus realen Vorgegebenheiten beim Publikum, das entweder für die Zuverlässigkeit seines Standorts von Ängsten oder für die Kühnheit des Artisten mit Be- wunderung erfüllt ist oder werden kann (Blumenberg, 312).

Blumenberg meint damit die *Genesis der kopernikanischen Welt*, die sich erst über die Umwege eines sophistischen Vexierspiels rhetorisch zu etablieren vermochte. In der Tat war zur Zeit von Dyrconas Reise die kopernikanische Wende *rhetorisch* bereits vollzogen. Da aber von der Kirche vehement bekämpft, war sie noch nicht als wissenschaftliche Gewissheit beim Publikum angekommen. Davon zeugt etwa die Ungläubigkeit der Zechkumpanen Dyrconas. Gallileis Widerruf ist ebenso noch in Erinnerung wie das Ende Giordano Brunos, des Verfassers von *Dell'infinito*, auf dem Scheiterhaufen. Doch ihre Erkenntnisse waren bereits unwiderruflich ins kol- lektive Gedächtnis eingebrannt, schon weil die Entdeckung der neuen Welt gezeigt hatte, dass die Möglichkeiten menschlicher Erkenntnis längst nicht ausgeschöpft waren – was die Annahme einer Vielzahl von Welten im Universum durchaus plau- sibel erscheinen ließ (vgl. Guthke; Gipper 90–114):

> Ist es also gut, daß diese Welt hat werden können und geworden ist, so ist es nicht min- der gut, daß wie sie auch unzählige andere Welten sein können. (Bruno, 36).

Die diesem Satz aus Brunos *Dell'infinito* zugrundeliegende theologische Argumen- tation findet sich in Cyranos Roman *L'Autre Monde* wieder, der auch als eine Hom- mage an den italienischen Märtyrer des Geistes gelesen wird (vgl. Rocchi, 161):

> N'en doutez point [...]; comme Dieu a pu faire l'âme immortelle, il a pu faire le monde infini, s'il est vrai que l'éternité n'est autre chose qu'une durée sans bornes, et l'infini une étendue sans limites. Et puis Dieu serait fini lui-même, supposé que le monde ne fût pas

infini, puisqu'il ne pourrait pas être où il n'y aurait rien, et qu'il ne pourrait accroître la grandeur du monde qu'il n'ajoutât quelque chose à sa propre étendue, commençant d'être où il n'était pas auparavant. Il faut donc croire, que comme nous voyons d'ici Saturne et Jupiter, si nous étions d'un l'un ou dans l'autre, nous découvririons beaucoup de mondes que nous n'apercevons pas d'ici, et que l'Univers est éternellement construit de cette sorte (AM 909f.).

Zweifeln sie daran nicht [....] wie Gott die Seele hat unsterblich machen können, so hat er auch die Welt unendlich machen können, wenn es wahr ist, daß die Ewigkeit nichts anderes ist als eine Dauer ohne Aufhören, und die Unendlichkeit eine Ausdehnung ohne Grenzen. Und dann wäre Gott selber endlich, vorausgesetzt, daß die Welt nicht unendlich ist, denn er könnte nicht sein, wo nichts ist, und er könnte die Welt nicht vergrößern, wenn er nicht seiner eigenen Ausdehnung etwas hinzufügte und also anfinge zu sein, wo er vorher nicht war. man muß demnach glauben, daß, wie wir von hier Saturn und Jupiter sehen, wer, wenn wir auf dem einen oder anderen wären, wir viel Welten entdecken würden, die wir von hier aus nicht wahrnehmen können, und daß das Universum in dieser Weise ins Unendliche gebaut ist (dt. 27f.).

Mit Blick auf Bruno und sein Verhältnis zur Kopernikanischen Wende äußert Blumenberg die Hypothese, dass die neue naturwissenschaftlichen Erkenntnisse letztlich den Ausgang einer Korrektur der Metaphysik bilden, um dann innerhalb einer neuen, erweiterten Metaphysik ihre Evidenz zu behaupten:

Bruno ist daher auch der Mangel an Fundierung gleichgültig, den die kopernikanische Theorie tatsächlich an sich hatte; er hielt sie einer neuen Metaphysik für bedürftig, während es ihr doch an einer neuen Physik gebrach (Blumenberg 430).

Anders formuliert: Der Satz des heiligen Cyprianus *Nihil innovetur nisi quod traditum est* – keine Neuerung außerhalb der Tradition – besitzt noch immer seine Gültigkeit. Jedoch gilt es die Tradition auf ein neues, erweitertes Fundament zu stellen. Insbesondere Campanella, der herausragende Kopf am Ende von Cyranos Fragment zu den Sonnenstaaten, spricht sich für eine Rettung und Neubegründung der Metaphysik als die alles erklärende »Überwissenschaft« aus, wenn er den »Metaphysikus« zum Oberhaupt seines utopischen *Sonnenstaates* erhebt, zum »Oberhaupt in allen weltlichen und geistlichen Dingen«, das »gleich einem Baumeister über alle Wissenschaften herrscht« (Campanella, 119f. u. 150). Auch im Frankreich des 17. Jahrhunderts hatte die theoretische Physik gegenüber der Tradition noch das Nachsehen – ein Umstand, den das cartesianische Weltbild noch festigte. Für die Wissenschaften forderte Campanella eine für alle Vertreter der einzelnen Disziplinen verbindliche Summa – ähnlich einer traditionsstiftenden *summa theologica* oder auch nur einer *rhetorica*: »Und sie besitzen nur ein einziges Buch, das sie ›Die Weisheit‹ nennen, in dem alle Wissenschaften bewundernswert leicht und fasslich dargestellt sind; dieses lesen sie dem Volke nach der Art der Pythagoräer vor« (Campanella, 120). Und Campanella ist einer der beiden Lehrer Dyrconas in *Les états et empires du soleil.*

Cyranos zweiteiliger Roman *L'Autre Monde* spiegelt die ideologischen Verwerfungen in dem von der Fronde erschütterten Frankreich wider: Die alte feudale Ordnung wich endgültig dem Staatswesen, dessen Grundlagen Richelieu gelegt hatte. Die Veröffentlichung des Romans fiel in eine Zeit, die sowohl von der Hoffnung auf eine moderne Gesellschaft mit einem Sinn für Kultur und Wissenschaft als auch von Verunsicherung geprägt war. Insbesondere für die Angehörigen der höheren Stände galt, was Habermas als das eigentliche Merkmal der Krise ausgemacht hat: »Die Individuen erfahren Strukturwandlungen als bestandskritisch und fühlen ihre soziale Identität bedroht« (Habermas, 12). In den Worten der Daseinsanalyse lässt sich die Krise als »ontologische Verunsicherung« des Individuums begreifen, das nach der Sicherheit der Tradition verlangt. Doch auf welche Tradition sollte sich die französische Gesellschaft berufen? Die kopernikanische Wende, die zunächst in Gestalt einer kritische Rhetorik mehr die Metaphysik berührte als die Wissenschaften als solche, war dem Umbau der staatlichen Ordnung in Frankreich vorausgegangen. Die absolutistische Monarchie, die sich definitiv gegen den Feudalismus alter Prägung durchgesetzt hatte, strebte nach einer Legitimation durch theologische Autorität: Dem modernen Staatswesen sollte ein König von Gottes Gnaden vorstehen.

Im Zeichen der ideologischen Widersprüche, die auch mit dem Ende der Fronde nicht beseitigt waren, hatten sich seit dem ersten Drittel des 17. Jahrhunderts immerfort philosophische und literarische *libertins* zu Wort gemeldet. Selbst dort, wo sie nur mit dem Anspruch auftraten, die Gesellschaft durch *divertissements* zu ergötzen, erwiesen sie sich als eminent politisch, trieben ihre Pointen doch einen Stachel in das ideologische Gebäude über den bestehenden Verhältnissen. Ähnlich der wissenschaftlichen Wende war der Gedanke an eine ganz andere Gesellschaft – angesichts der herätischen Millennarismen der frühen Neuzeit – rhetorisch (d.h. topisch) präsent. Die von Thomas Morus, einem Märtyrer der katholischen Kirche, verfasste Schrift *Utopia* (1516) hatte den Wunsch nach einer neuen Gesellschaft rhetorisch geradezu aufgefangen, blieb aber für das Frankreich des 17. Jahrhunderts bedeutungslos – anders dagegen der als subversiv empfundene *Sonnenstaat* von Campanella.

Vor diesem Hintergrund ist Cyranos satirisches Vexierspiel in *L'Autre Monde* zu sehen, und nachstehende Passsage aus Lukians *Wahrer Geschichte*, die hier nach der Übersetzung von Chrsitoph Martin Wieland zitiert sei, kann durchaus als das Programm Cyranos gelesen werden:

> Das anziehende, was sie [die gegenwärtigen Aufsätze] für den Leser haben werden, liegt nicht bloß in der Abenteuerlichkeit des Inhalts, oder in den drolligen Einfällen und in dem traulichen Ton der Wahrheit, womit ich eine so große Mannichfaltigkeit von Lügen vorbringe: sondern auch darin, daß jede der unglaublichen Begebenheiten, die ich als Thatsachen erzähle, eine komische Anspielung auf diesen oder jenen unserer alten Dichter, Geschichtsschreiber und Philosophen enthält, die uns eine Menge ähnlicher Mährchen und Wunderdinge vorgelogen haben; und die ich bloß deßwegen zu nennen unterlasse, weil sie dir unserm Lesen von selbst einfallen werden (Lukian, 629).

Der Dämon des Sokrates, der Dyrcona unterweist, zählt einige der Denker auf, die er heimgesucht habe:

> Un jour, entre autres, j'apparus à Cardan comme il étudiait; je l'instuisis de quantité de choses, et en récompense il me promit qu'il témoignerait à la postérité de qui il tenait les miracles qu'il attendait d'écrire. J'y vis Agrippa, l'abbé Tritème, le docteur Faust, La Brosse, César, et une certaine cabale de jeunes gens que le vulgaire a connu sous le nom de »chevaliers de la Rose-Croix«, à qui j'enseignai quantité de souplesses et de secrets na-

turels, qui sans doute les auront fait passer chez le peuple pour des grand magiciens. Je connus aussi Campanella; ce fut moi qui l'avisai, pendant qu'il était à l'Inquisition à Rome, de styler son visage et son corps aux grimaces et aux postures ordinaires de ceux qui avait besoin de connaître l'intérieur afin d'exciter chez soi par une même assiette les pensées que cette même situation avait appelées dans ses adversaires, parce qu'ainsi il ménagerait mieux leur âme quand il la connaîtrait; il commença à ma prière un livre que nous intitulâmes *De sensu rerum*. J'ai fréquenté pareillement en France La Mothe le Vayer et Gassendi. Ce second est un homme qui écrit autant en philosophe que ce premier y vit (AM 928).

So erschien ich unter anderen eines Tages Cardanus, als er arbeitete; ich lehrte ihn viele Dinge, und als Dank dafür versprach er mir, daß er der Nachwelt offenbaren werde, woher er die wunderbaren Dinge wisse, von denen er zu schreiben gedenke. Ich besuchte Agrippa, den Abt Tritheim, den Doktor Faustus, La Brosse, Cäsar und eine gewisse Geheimverbindung von jungen Leuten, welche die Allgemeinheit unter dem Namen der Ritter vom Rosenkreuz gekannt hat und die ich eine Menge Kunstgriffe und natürlich Geheimnisse lehrte, die sie jedenfalls beim Volke in den Geruch brachten, große Magiere zu sein. Ich kannte auch Campanella. Ich war's der ihm riet, als er in Rom in den Händen der Inquisition war, seine Gesichtszüge und seinen Körper auf die gewöhnlichen Grimassen und Stellungen derer abzurichten, deren Inneres zu kennen ihm nötig war, damit er in sich durch die gleiche äußere Zurichtung die Gedanken errege, die diese selbe Stellung in seinen Gegnern erzeugt habe, denn so könne er besser ihre Seele lenken, wenn er sie kenne. Er fing auf meine Bitte ein Buch an, das wir »de sensu rerum« betitelten. Ebenso besuchte ich in nachher in Frankreich La Mothe le Vayer und Gassendi. Dieser letztere ist ein Mensch, der ebenso viel Philosophie schreibt wie der erstere darin lebt (dt. 51).

Es ist bezeichnend, dass Cyrano in *Les états et les empires de la lune* außer Gassendi keinen der genannten Denker eindeutig zum Vorbild erhebt. Allerdings propagiert er auch kein konkretes philosophisches oder politisches Modell. Der Autodidakt Cyrano, der immer auch den Anschluss an die mondäne Welt suchte, führt hier den Leser durch das Kabinett eines – im besten Sinne des Worten – Dilettanten: Wie der Name Sokrates zu einer Individualvariablen des abendländischen Denkens geworden ist, so stehen bei Cyrano die meisten Namen durchaus für recht unterschiedlich bewertete Gedankengebäude. Viele der vom Dämon aufgezählten Denker haben sich bezeichnenderweise auch mit den Grenzwissenschaften und der Kabbala befasst: Der Dämon des Sokrates schließlich bringt die seit der Renaissance verbreiteten philosophischen Ansätze auf einen Nenner. Doch besonders aufschlussreich ist hier der Passus zu Campanella. Dieser entging nach einem politischen Komplott der Verurteilung zum Tode, indem er unter anderem Wahnsinn vortäuschte. Gemimter Wahnsinn und listige *concessiones* – Zugeständnisse, bei denen die eigene Position nicht gänzlich verleugnet wird – waren die probaten Mittel der Philosophen und Wissenschaftler, der Verfolgung zu entgehen. NB: Der vom Dämon genannte La Mothe le Vayer war Hauslehrer des jungen Ludwig XIV und Verfasser einer Rhetorik *ad usum Delphini*.

Das alles überragende Element in Cyranos Satire ist die Neu-Begründung der Tradition, was – wie schon gesagt – nicht gleichbedeutend ist mit deren Subversion. Vielmehr soll sich die Tradition aus den Aporien falscher Begründungszusammenhänge lösen, die mit sophistischen Argumenten verteidigt werden. Solche Argumente stellt der Topos von der verkehrten Welt auf besondere Weise bloß: In der absurden – d.h. *der raison* widerstreitenden – Zuspitzung, die ihrerseits auf sophistische Syllogismen rekurriert, zielt die Kritik nicht ausschließlich auf den durch den Topos persiflierten Sachverhalt. So etwa in folgendem Fall, in dem sich Dyrcona wieder einmal von den Mondbewohnern belehren lassen muss, weil ihn der mangelnde Respekt vor dem Alter wundert:

> Mais, direz-vous, toutes les lois de notre monde font retentir avec soin ce respect qu'on doit aux vieillards? Il est vrai; mais aussi tous ceux qui ont introduit des lois ont été des vieillards qui craignaient que les jeunes ne les dépossédassent justement de l'autorité qu'ils avaient extorquée et ont fait comme les législateurs aux fausses religions un mystère de ce qu'ils ont pu trouver (AM 956).

> Aber, wirst du sagen, alle Gesetze in unserer Welt lassen eifrig die Ehrfurcht ertönen, die man den Greisen schulde. Das ist wahr. Aber es sind auch alle die, welche diese Gesetze eingeführt haben, Greise gewesen, die fürchteten, die Jungen könnten sie mit Recht aus dem Besitz der Oberhoheit verdrängen, die sie erzwungen hatten, und sie haben wie die Gesetzgeber in den falschen Religionen aus dem, was sie nicht beweisen konnten, ein Mysterium gemacht (dt. 85).

Was hier zunächst als ein witziges Argument der Jungen im Kampf der Generationen daherkommt, ist in Wahrheit die programmatische Forderung nach einer *Renaissance*, nach dem, was hier eine Neu-Begründung der Tradition genannt worden ist. Und Cyrano trägt mit *L'Autre Monde* in der Tat seine *Querelle des anciens et modernes* aus (vgl. Guéret).

Einen direkten Angriff auf die kirchliche *traditio* ist die Nacherzählung der Geschichte vom Paradies, die als eine Replik auf Augustinus gelesen werden kann. Zu diesem Zweck sei kurz ein Blick in *De Civitate Dei* geworfen. Dort schrieb Augustinus über die Vorstellung von einer *anderen Welt*:

> Was die Legenden über die Antipoden betrifft, über die Menschen auf der entgegengesetzten Seite der Erde, wo die Sonne aufgeht, wenn sie für uns untergeht, jene Menschen also, die ihre Füße den unseren entgegenstrecken – so gibt es keinen Grund diese Legenden zu glauben (XVI, ix).

Unter der Annahme ihrer Unwahrscheinlichkeit konzedierte Augustinus die Möglichkeit, dass es eine andere Welt, nämlich die an den »Antipoden«, geben könne. Doch er beharrte auf seiner theologischen Feststellung:

> In der Tat berichtet aber die Heilige Schrift keine derartigen Lügen; sie rechtfertigt alle von ihren Propheten verbürgte Tatsachen. Es wäre zu absurd, wollte man behaupten, dass einige Menschen mit dem Schiff über die Weite des Ozeans von diesem Teil der Welt in den anderen gefahren wären. Aber sollte dies der Fall gewesen sein, dann hätte auch das Menschengeschlecht jener Gefilde seinen Ursprung im ersten Menschen (XVI. viii).

Gegen Augustinus und andere Kirchengelehrte argumentierte John Wilkins in *The Discovery of the World in the Moone* (Wilkins, 7ff.) und gelangte zu dem Schluss, »That a plurality of worlds doth not contradict any principle of reason and faith« (Wilkins, 24). Denn in der Heiligen Schrift finde sich kein Beleg für die Existenz nur einer einzigen Welt: »Neither can this opinion derogate from the divine Wisdome (as *Aquina* thinks) but rather advance it, showing a compendium of providence, that could make the same body a world, and a Moone; a world for habitation, and a Moone for the use of others, and the ornaments of the whole frame of Nature« (Wilkins, 42f.). Diese These bekräftigen Dyrconas Abenteuer in *L'Autre Monde*. Allerdings greift Cyrano die Lehre des Augustinus mit einer List an – *mutatis mutandis* mit jener List, die der Dämon des Sokrates Campanella angeraten hat. Er widerspricht nicht dessen Auffassung, dass Adam der erste Mensch war; vielmehr – so die besondere Pointe – spielt er die Möglichkeit einer biblischen Paralleltradition gegen die herrschende kirchliche Lehrmeinung aus. Augustinus habe übrigens, so Cyranos Dyrcona, noch nicht über die Kenntnisse der Neuzeit verfügt, sonst hätte er anders geurteilt (AM 911; dt. 29).

Cyranos satirischer Text erweckt den Anschein, auf zum Teil verlorene oder vergessene apokryphe Bibeltexte eschatologischen Inhalts zurückzugehen – allen voran die apokalyptischen Henochbücher oder Texte zu den Prophetien des Elias. Der Elias aus *L'Autre Monde* rechnet übrigens auch noch Johannes den Evangelisten, der hier der Tradition folgend mit dem Verfasser der *Johannesapokalypse* identifiziert wird, zu den sechs Menschen, die das irdische Paradies je betreten haben. Mit anderen Worten: Es ist eine Liste der Chiffren eschatologischer Theologie. Überhaupt sind die Gestalten des Henoch und des Elias wegen der unsicheren Quellenlage Gegenstand zahlloser heilsgeschichtlicher Spekulationen. So finden sich unter den vom Dämon des Sokrates inspirierten Denkern auch die Rosenkreuzer, die sich explizit auf Henoch beriefen. Cyrano nutzt hier eine (zum Teil fiktive) apokryphe Paralleltradition aus, um implizit die Forderung nach einer breiteren Tradition in Kosmologie und Metaphysik vorzutragen. Eine solche neubegründete Metaphysik nimmt bei ihm die Gestalt eines Eschatons an.

Doch bevor den in ihrer Quintessenz eminent eschatologischen Gedanken Cyranos nachgegangen wird, seien noch einmal Cyranos Persiflagen auf die Metempsychose und die daran anknüpfende Auseinandersetzung mit der Philosophie des 17. Jahrhunderts angeführt. Cyrano wirft wiederholt die Frage nach der Einheit von Leib und Seele auf, denn nur die Beantwortung dieser Frage – für ihn die Grundfrage jeder Anthropologie – kann über die Verantwortung des Menschen entscheiden. Dabei geht er von einem weiteren kühnen Beispiel aus, das die Parodie von Auferstehung und Eucharistie fortführt:

> Pour commencer donc, je suppose que vous mangiez un mahométan; vous le convertissez, par conséquent, en votre substance, n'est-il pas vrai? Ce mahométan digéré, se change partie en chair, partie en sang, partie en sperme? Vous embrasserez votre femme et de la semence. tirée toute entière du cadavre mahométan, vous jetez en moule un beau petit chrétien; je demande: le mahométan aura-t-il son corps? Si la terre lui rend, le petit chrétien n'aura pas le sien. Si vous me dites que le petit chrétien aura le sien, Dieu dérobera donc au mahométan ce que le petit chrétien n'a reçu que de celui du mahométan (AM 986).

Um also anzufangen, setze ich zunächst voraus, daß Sie einen Mohammedaner verspeisen. Sie wandeln ihn infolgedessen in Ihre Substanz um. Ist das nicht wahr? Der verdaute Mohammedaner geht zum Teil in Fleisch, zum Teil in Blut, zum Teil in Samen über. Sie umarmen Ihre Frau, und aus dem Samen, der ganz aus dem mohammedanischen Körper gezogen ist, werfen Sie einen netten kleinen Christen in die Form. Ich frage: wird der Mohammedaner seinen Körper bekommen? Wenn die Erde ihm ihn wiedergibt, wird der kleine Christ seinen nicht bekommen, da der ganze Kerl nur ein Teil von dem des Mohammedaners ist. Wenn Sie sagen, der kleine Christ wird den seinigen bekommen, so wird Gott also dem Mohammedaner das entziehen, was der kleine Christ aus jenem des Mohammedaners bekommen hat (dt. 122).

Cyrano treibt die Spekulation noch weiter, um schließlich zu der alles entscheidenden Schwierigkeit vorzustoßen: Wem soll Gott seine Gnade erweisen?

Oui, mais une autre difficulté nous arrête, c'est que le mahométan damné ressuscitant, et Dieu lui fournissant un corps tout neuf à cause du sien que le chrétien lui a volé, comme le corps tout seul, comme l'âme toute seule, ne fait pas l'homme, mais l'un et l'autre joints en un seul sujet, et comme le corps et l'âme sont parties aussi intégrantes de l'homme l'une que l'autre, si Dieu pétrit à ce mahométan un autre corps que le sien ce n'est plus le même individu. Ainsi Dieu damne un autre homme que celui qui a mérité l'enfer [...]. Il faut donc, s'il veut être équitable, qu'il damne et sauve éternellement cet homme-là (AM 987).

Ja, aber da hält uns eine andere Schwierigkeit auf: der verdammte Mohammedaner steht wieder auf, und Gott gibt ihm einen ganz neuen Körper, weil der kleine Christ ihm seinen gestohlen hat, da nur der Körper allein wie die Seele allein den Menschen nicht ausmacht, sondern nur beide zusammen zu einem einzigen Subjekt vereinigt, und da der Körper und die Seele wesentliche Bestandteile des Menschen sind, einer wie der andere, so ist das, wenn Gott dem Mohammedaner einen anderen Körper als seinen knetet, nicht mehr das gleiche Individuum. So verdammt Gott einen anderen Menschen als den, der die Hölle verdient hat [...]. Er muß also, wenn er billig sein will, diesen Menschen ewig verdammen und retten (dt. 122f.).

Hier wird noch einmal die Trennung von Leib und Seele parodiert. Beide sind unverzichtbare Konstituenten des Individuums. Doch erst das Zusammenwirken von Geist und Körper erhebt dieses zum erkennenden – und damit Verantwortung übernehmenden – Subjekt. Für Descartes ist über die »eingeborenen Ideen« Gott der Urheber des Zusammenspiels von Leib und Seele, woraus er den Beweis für dessen Existenz ableitet. Bilden aber unter dieser Voraussetzung Leib und Seele wieder eine Einheit, dann wäre – so der Einwand Cyranos – der Gedanke vom gerechten Gott als Richter hinfällig. Aus diesem Dilemma vermochte die cartesianische Lehre nicht herauszuführen. Cyrano spitzt die von Descartes nicht völlig aufgelöste Aporie des Leib-Seele-Verhältnisses zu, indem er letztlich den Mohammedaner und den Christen auf eine Stufe stellt.

Die skurrile Passage kann zwar als ein Appell an die Toleranz verstanden werden, aber sie ist in erster Linie Kritik an der als unzureichend empfundenen cartesianischen Methode der rationalen Deduktion. Cyranos durchaus anthropologisch motivierter Einwand führt den Grundgedanken der Metaphysik nach Descartes an einem entscheidenden Punkt *ad absurdum*: Aus Descartes' Beweis für die Existenz Gottes leitet er keck den für die Nicht-Existenz des Individuums ab. Anders formuliert: Existiert Gott im Sinne des cartesianischen Gottesbeweises, dann existiert womöglich der Mensch nicht..... und damit auch nicht das cartesianische *cogito ergo sum*. Angesprochen wird schließlich der Zweifel an der Existenz Gottes – doch hier werden die Disputanten unterbrochen!

Unausgesprochen bleibt hingegen der Gedanke, der sich als Umkehrschluss aufdrängt: Die Allmacht Gottes setzt den Menschen voraus. Eine in Ansätzen materialistische »Anthropologie« im Sinne Gassendis wird bei Cyrano zur *conditio sine qua non* von Kosmologie und Metaphysik. Und diese gilt es nicht nur zu begreifen, sondern zu *erfahren*. Gassendi hob über die rationale Deduktion das naturwissenschaftliche Experiment. Der Mensch verfügt nach seiner Lehre über eine weltbildende Potenz, die dort ihre Grenzen findet, wo sie auf Gott – oder die Metaphysik – stößt. Doch, die Existenz Gottes vorausgesetzt, kann diese weltbildende Potenz sich in mehr als einer Welt entfalten – und die Welt, der wir angehören, ist nur ein Produkt zufällig zusammentreffender Atome. Folglich bleibt der Mensch ohne die Zurüstung einer Metaphysik zur Ohnmacht verurteilt.

Dieser Widerspruch hat im Sündenfall seinen Ausgang genommen. Cyranos Elias hingegen hat auf dem Mond zum zweiten Mal vom Baum gegessen – und den Weg zurück ins Paradies gefunden: Erst jetzt ist er als Mensch zu seiner Bestimmung gelangt. Solange die höhere Erkenntnis nicht erreicht ist, so lange muss auch die Frage nach der letztgültigen Wahrheit unbeantwortet bleiben. Jede Moral – wie auch jede Metaphysik – bleibt daher das Ergebnis einer Kette von syllogistischen Schlussfolgerungen.

Von seiner Reise auf den Mond zurückgekehrt stellt Cyranos Protagonist fest:

> J'admirai mille fois la providence de Dieu, qui avait reculé ces hommes naturellement impies, en un lieu où ils ne pussent corrompre ses bien-aimés, et les avait punis de leur orgueil en les abandonnant à leur propre suffisance. Aussi je ne doute point qu'il n'ait différé jusqu'ici d'envoyer leur prêcher l'Évangile parce qu'il savait qu'ils en abuseraient et que cette résistance ne servirait qu'à leur faire mériter une plus rude punition en l'autre monde (AM 990).

> Ich bewunderte tausendmal die Vorsehung Gottes, der jene von Natur gottlosen Menschen an einen Ort weggerückt hatte, wo sie seine Lieblinge nicht verderben konnten, und sie für ihren Hochmut gestraft hatte, indem er sie ihrem Eigendünkel überließ. Ich zweifle auch nicht daran, daß er bis jetzt aufgeschoben hat, ihnen das Evangelium predigen zu lassen, weil er wußte, daß sie es missbrauche würden und daß dieser Widerstand nur dazu gereichen würde, sie eine viel strengere Bestrafung verdienen zu lassen in der anderen Welt (dt. 126f.).

Es ist also Gottes Fügung, dass der Mensch auf eine einzige Welt verwiesen bleibt, eine Fügung, die ihn zwar von der Erlösung fernhält, aber auch vor größerer Sünde und damit größerer Strafe bewahrt – und sei es nur durch ein Vergehen an dem schelmischen Propheten eines neuen (apokryphen) Evangeliums. Cyranos Feststellung enthält also eine Verdikt *ante rem* gegen Leibnizens Monadologie sowie dessen Lehre von der Rechtfertigung des Bösen in der Welt, der Theodizee. Mit dem Leibnizschen Gedanken von einem geschlossenen Kosmos mit seinen Monaden ist Gassendis Auffassung von der Kontinuität der Materie, die sich in unendlich viele Atome aufgliedert, unvereinbar: Sie zeitigt ein anderes Bild vom Menschen. Folglich musste Leibniz Cyrano heftig widersprechen:

> Auch hindert nichts, dass es in dem Universum lebende Wesen giebt, welche denen gleichen, die Cyrano de Bergerae in der Sonne antraf, deren Körper eine Art Flüssigkeit war, die aus unzähligen kleinen Thieren bestand, die sich nach den Wünschen des grossen Thieres ordnen konnten. Letzteres verwandelte sich dadurch momentan, wie es ihm beliebte und die Auflösung des Zusammenhanges schadete ihm so wenig, als ein Ruder-

schlag dem Meere. Aber zuletzt sind diese Geschöpfe keine Menschen und in unserem
Jahrhundert nicht auf unserer Erde und nach dem Plane Gottes konnte hienieden ein ver-
nünftiges Geschöpf mit Fleisch und Knochen nicht fehlen, dessen Bau es für den
Schmerz empfänglich macht (Leibniz, 369).

Leibniz wollte die Wesen, die Cyranos andere Welten bevölkern, nicht als Menschen anerkennen. Für ihn war die körperliche Begrenztheit – und damit Leidens-
fähigkeit – unhintergehbares Signum des Menschen. Cyranos freche Satire mit ihren Zwitterwesen und sein Postulat von der Genussfähigkeit des Menschen als
dessen *differentia specifica* drohten letztlich, die Annahme von der prästablierten
Harmonie und die Rechtfertigung des Übels in der (dieser) Welt zu unterlaufen.

Nach Cyrano findet die Welt nicht aus der Sünde, weil diese sich unweigerlich
mit jedem Versuch einstellt, *ein* Bild von *dieser Welt* zu erhalten. Dazu trägt auch
und gerade das Verabsolutieren einer Vernunft bei, die andere Prämissen als die anerkannten ebenso wenig zulässt wie das schlicht Irrationale. Werden indes die
möglichen Prämissen rationaler Deduktion multipliziert, muss es einleuchten, dass
mit der gedachten Erweiterung des Kosmos die Sünden sich ins Kosmische steigern
können. Der ins Sophistische gewendete Syllogismus ist das eigentliche Instrument
von Cyranos Pointen. Er richtet sich gegen ein in seiner »Substanz« nicht minder so-
phistisch begründetes Weltbild. Gemeint sind Vorstellungen, die eigentlich keinen
Anspruch auf Allgemeinheit haben, diesen aber innerhalb einer bestimmten Topik
erheben. Unter Topik sei hier – vereinfachend – ein als gegeben hingenommenes
Gefüge von philosophischen Allgemeinplätzen verstanden.

Eine solche Topik begründet eine ideologisch gefilterte Wahrnehmung von
Welt. Und diese durch vorgebliches Herrschaftswissen gelenkte Wahrnehmung
wird von ihren philosophischen Vordenkern mit einer perfiden Argumentations-
technik verteidigt: Es ist die das Unwissen des Gegners geschickt nutzende Disputa-
tionspraxis der Eristik, die schon Cyranos Vorbild Lukian satirisch auf die Spitze
getrieben hat (Dietz, 1394). Wenn nun Cyrano zum Topos von der verkehrten Welt
greift, so ordnet er diese nach eben dem geschilderten Prinzip: Von der Umkehr
her erscheinen alle seine Deduktionen als plausibel. Die ideologiekritische Spitze
von Cyranos Komik besteht also darin, dass sie durch Syllogismen andere Syllogismen als solche entlarvt und damit die Gültigkeit von Welterklärungsmodellen außer Kraft setzt – womit er das von Hegel so hoch geschätzte Verfahren Voltaires zur
polemischen Subversion einer trüben Metaphysik vorwegnimmt. Davon zeugt
Candide ebenso wie der kleine philosophische Roman *Micromégas,* mit dem Voltaire direkt an die Tradition der *voyages imaginaires* von Lukian über Cyrano bis
Swift anknüpft.

Cyrano entlarvt – wie oben gezeigt – die von ihm rhetorisch vorgeführte Relativität aller Phänomene letztlich auch als die Folge sophistischer Syllogistik und
wirft somit die Frage nach einer allumfassenden Tradition auf, die der Hort jener
Wahrheit sein soll, nach der die Philosophen suchen, von denen sie sich aber durch
eine auf das eigene System bezogene Argumentation entfernen. Das Absolute und
das Gericht über den Menschen bleiben einem abwesenden Gott vorbehalten; die
Folge ist, dass die Prinzipien der Moral das Residuum der von der Gesellschaft bestimmten – syllogistischen – Begründungszusammenhänge bleiben. Geradezu konsequent erscheint es dann, dass Leibniz, der Cyrano ja zu widerlegen sucht, den

Syllogismus – wenn auch nunmehr unter anderen Vorzeichen – zur Grundlage seiner Welterklärung macht. Cyrano hingegen spricht *post rem* über die cartesianische Ethik[6] und *ante rem* über Leibnizens Monadologie ein hartes Urteil. Mit anderen Worten: Er entlarvt die Relativität einer einzig auf das Bestehende ausgerichteten ethischen und wissenschaftlichen Welterklärung als unzureichend sowie die großen kosmologischen und metaphysischen Systeme als sophistische Strategien gegen eine »ontologischer Verunsicherung« des Menschen. Somit ist ihm alles aktuelle Philosophieren Trug.

In einer Passage aus *Les états et les empires du soleil* thematisiert Cyrano die »ontologische Verunsicherung«, wobei er eine Anleihe bei Aristophanes macht. Die Vögel auf der Sonne haben ihre eigene Republik. Dyrcona, der in ihre Hände gefallen ist, soll eines qualvollen Todes sterben. Sie verteidigen ihren Hass auf den Menschen damit, dass er sich ihnen überlegen wähne, nur weil sie von anderer Gestalt seien; doch seien manche Vögel dem Menschen an Kraft überlegen. Und die Tatsache, dass man innerhalb einer Gattung auf Riesen und Zwerge treffe, erlaube es nicht, einen Unterschied zwischen Gattungen mit einer anderen Verfassung der Gliedmaße zu begründen. Paradoxerweise argumentieren diese Bewohner einer Republik dabei ausgerechnet gegen ihre Staatsform. Deren Grundlage nämlich sei die Gleichheit, die auf Dauer keiner ertragen könne:

> [...] ils sont au contraire si enclins à la servitude, que de peur de manquer à servir, ils se vendent les uns aux autres leur liberté. C'est ainsi que les jeunes sont esclaves des vieux, les pauvres des riches, les paysans des gentilshommes, les princes des monarques, et les monarques des lois qu'ils ont établies. Mais avec tout cela ces pauvres serfs ont si peur de manquer de maître, que comme s'ils appréhendaient que la liberté ne leur vînt de quelque endroit non attendu, ils se forgent des dieux de toutes parts, dans l'eua, dans l'air, dans le feu, sous la terre; ils en feront plutôt de bois, qu'ils n'en aient [...] (AM 1053).

> [...] sie neigen im Gegenteil zur Knechtschaft, so daß sie aus Angst, sie könnten nicht zu Dienen kommen, einander ihre Freiheit verkaufen. So sind die Jungen die Sklaven der Alten, die Armen der Reichen, die Bauern die der Edelleute, die Fürsten die der Herrscher und die Herrscher selber die der Gesetze, die sie aufgestellt haben. Bei alledem haben diese armen Hörigen aber noch solche Angst, es könnte ihnen an Herren fehlen, daß sie, als fürchteten sie, die Freiheit könne ihnen von irgendeiner nicht erwarteten Seite herkommen, allenthalben Götter sich machen, im Wasser, in der Luft, im Feuer, unter der Erde; eher würden sei aus Holz welche machen, als keine zu haben [...] (dt. 209).

Die Vögel wollen Dyrcona töten, nur weil er ein Mensch ist. Hinter diesem Wunsch steht ein beschränkter Horizont, vor dem der Einzelne Sicherheit findet. Damit einher geht der nicht minder starke Wunsch nach Unterwerfung – oder, um es frei mit Kant zu formulieren: Die selbstverschuldete Unmündigkeit ist in Wirklichkeit eine gewollte. Die Unterwerfung wird zu einer anthropologischen Konstante erklärt, die letztlich auch den Vögeln eigen ist. Hier pointiert Cyrano einen Gedanken von La

---

6   Descartes postuliert eine »morale par provision«, die vom Individuum die Anpassung an die Gesetze und Traditionen der jeweiligen Gesellschaft, Entschlossenheit des Handelns und schließlich Selbstüberwindung statt des Anspruchs auf Weltveränderung fordert (Descartes, 141–142).

Boétie, einem Freund von Montaigne. In seinem *Discours de la servitude humaine*
(1576) vertrat Étienne de La Boétie die Auffassung, dass der Mensch immer nach
Knechtschaft strebe, gleichgültig, ob eine legitime Autorität oder reine Tyrannei
herrsche. Ein Untertanengeist bringe zwar tapfere Krieger hervor, aber nur wahre
Freiheit vermöge Großes zu bewirken (La Boétie, 31).

Im Freiheitsverständnis des *libertin* Cyrano lebt sicherlich der *orgueil* (Stolz) des
alten *gentilhomme* fort; es darf also nicht mit dem des Bürgers verwechselt werden.
Sollte sich die Freiheit einmal verwirklichen, so kann dies nur von einer höheren
Warte aus erfolgen, die zugleich eine ständische Ordnung bekräftigt. Denn einzig
eine solche Ordnung vermag die Flucht vor der Freiheit in den Aberglauben, zu
den aus Holz geschnitzten Göttern, verhindern. Diese Ordnung zu bestimmen ist
Aufgabe der Metaphysik; sie muss den Weg zur höheren Erkenntnis weisen, die allein der Hort wahrer Freiheit sein kann. Freiheit ist allerdings nur innerhalb der
Grenzen des jeweiligen Standes möglich, wobei dem *libertin* unterstellt werden
darf, dass er diese als Adliger (oder Intellektueller) für sich besonders weit steckt.

Nur eine Metaphysik als die Summa allen Denkens kann den Rahmen einer
neuen *traditio* und *auctoritas* bestimmen; »Freiheit« ist folglich auch gleichbedeutend mit dem Akzeptieren dieser einzig wahren Lehre, das vom Wissen um ihre
Richtigkeit getragen ist und nicht ein bloßes Sich-Unterwerfen unter die Macht des
Faktischen darstellt. Cyrano ist also keineswegs ein Aufklärer im Sinne der philosophischen Aufklärung mit ihrer naturrechtlichen Bestimmung des Individuums.

Von der Vollendung der Metaphysik kündet das Gleichnis vom Baum des Lebens und der Erkenntnis in Cyranos apokrypher Eschatologie, deren Quintessenz
sich mit dem Schluss von Kleists Aufsatz *Über das Marionettentheater* resümieren
lässt:

> Mithin, sagte ich ein wenig zerstreut, müßten wir wieder von dem Baum der Erkenntnis
> essen, um in den Stand der Unschuld zurückzufallen?
> Allerdings, antwortete er; das ist das letzte Kapitel von der Geschichte der Welt. (Kleist,
> 480)

Cyrano setzt offensichtlich *nicht* auf die Kraft der Geschichte, sondern auf die der
von ihm gescholtenen Philosophen: Kosmologie und Metaphysik eilen der Geschichte genauso voraus wie der Physik. Aber das neue, auf *traditio* und *auctoritas* beruhende Welterklärungsmodell bleibt ein Geheimnis, dem sich Mystik und
Kabbala angenähert hätten. Ohne neue Erkenntnis vorhandener Begründungszusammenhänge für die Tradition ist keine echte Revolution im naturwissenschaftlichen oder sozialen Bereich denkbar. Marxistisch gesprochen hat Cyranos Argumentation ausschließlich den Überbau im Visier und scheut in der Regel vor allzu
offenen Attacken gegen die bestehenden Verhältnisse in Frankreich zurück. Der
Konflikt des zur Erde zurückgekehrten Helden mit der Gesellschaft endet rasch mit
dem Aufbruch zur Sonne.

Durch seine »satirische Eschatologie« unterscheidet sich Cyrano auch von Voltaire, der am Ende seines an *l'Autre Monde* erinnernden philosophischen Romans
Micromégas universalen Welterklärungsmodellen eine Absage erteilt. Cyrano hätte
sich nicht mit einem weißen Buch begnügt. Am Schluss des Fragments einer *Reise
zu den Sonnenreichen* fallen sich Campanella und Descartes in die Arme. Wir er-

fahren nicht, was sie sich zu sagen haben. Campanella, der hier als Philosoph des Ausgleichs auftritt, setzt an, seinen gelehrigen Schüler Dyrcona über den Dialog mit Descartes zu unterrichten, in dem es um die Erkenntnis geht – um einen »metaphysischen« Kompromiss zwischen den verfeindeten Denkern:

> Il s'exhale de tous les corps des espèces, c'est-à-dire des images corporelles qui voltigent en l'air. Or ces images conservent toujours, malgré leur agitation, la figure, la couleur et toutes les autres proportions de l'objet dont ils parlent; mais comme elles sont très subtiles et très déliées, elles passent au travers de nos organes sans y causer aucune sensation; elles vont jusqu'à l'âme, où elles s'impriment à cause de la délicatesse de sa substance, et lui font ainsi voir des choses très éloignées que les sens ne peuvent apercevoir: ce qui arrive ici ordinairement, où l'esprit n'est point engagé dans un corps formé de matière grossière, comme dans ton monde. Nous te dirons comment cela se fait, lorsque nous aurons eu le loisir de satisfaire pleinement l'ardeur que nous avons mutuellment à nous entretenir; car assurément tu mérites bien qu'on ait pour toi la dernière complaisance (AM 1098)

> Von allen Körpern strömen Gestalten aus, das heißt körperliche Bilder, die in der Luft fliegen. Diese Bilder bewahren nun immer trotz ihrer Bewegung die Gestalt, die Farbe und all die andern Maße der Gegenstände, von denen sie reden. Da sie aber sehr fein und sehr zart sind, gehen sie durch unsere Organe hindurch, ohne darin irgendeine Empfindung zu erregen. Sie prägen sich dort ein und lassen sie so sehr weit entfernte Dinge sehen, welche die Sinne nicht wahrnehmen können. Und das kommt hier gewöhnlich vor, wo der Geist nicht in einen Körper gebunden ist, der aus grober Materie besteht, wie in deiner Welt. Wir werden dir sagen, wie das geschieht, wenn wir Muße gehabt haben, völlig die Glut zu befriedigen, die wir gegenseitig haben, uns miteinander zu unterhalten; denn sicherlich bist du es wert, dass man dir die größte Gefälligkeit erweist (dt. 263).

Doch hier bricht der Text von *L'Autre Monde* ab – und der Leser ist auf Spekulationen angewiesen. Schaffen es die beiden so gegensätzlichen Philosophen Campanella und Descartes tatsächlich, zueinander zu finden? Stehen sie für das »Eschaton«, das letzte Greifen nach dem Baum der Erkenntnis, für die endgültige Wahrheit? Gelingt ihnen die Synthese aller vom Dämon des Sokrates inspirierten Denker zu einer neuen *summa*, zu einem umfassenden Welterklärungsmodell? Oder bleibt zwischen ihnen ein *je ne sais quoi*? Dieser Ausgang dürfte wohl der wahrscheinlichste sein, denn der Satiriker vermag die von ihm angemahnte Versöhnung in einer neuen Metaphysik mit Sicherheit nicht einzulösen.

Die dem Roman unterlegte »apokryphe«, »intellektuelle« oder »philosophische« Eschatologie ist geeignet, die streitige Frage nach dem Verhältnis von Cyranos Romans zur (literarischen) Utopie zu beantworten: Die Utopie ist lediglich ein Moment jener Denkmodelle, die es nach Cyrano miteinander zu versöhnen gilt, denn es gibt kein gültiges Bild vom Eschaton. Das endgültige Verdikt über die Utopie kann erst von der Warte einer neuen Metaphysik aus erfolgen, nämlich wenn Campanella, Descartes und die anderen Philosophen ihren Dialog erfolgreich zu Ende geführt haben. Solange dies nicht der Fall ist, bleibt der Utopist ein Außenseiter. Das Ende des Fragments über die Sonnenstaaten deutet also auf eine Versöhnung von Campanella – und anderen *penseurs maudits* wie Bruno oder Gassendi – mit Descartes hin. Diese Huldigung an Descartes kann zugleich als eine mehr oder weniger versteckte Huldigung an den sich etablierenden Absolutismus

gelesen werden, an den der Autor die Hoffnung auf Versöhnung der divergieren-
den philosophischen (und theologischen?) Strömungen herangetragen zu haben
scheint.

Bedeutete für Cyrano das anbrechende Zeitalter Ludwigs XIV., der allerdings
erst 1661 definitiv selbst die Regierungsgeschäfte übernehmen sollte, die Erfüllung
seiner hinter dem Skurrilen hervortretenden Eschatologie? Selbst den von ihm zunächst heftig befehdeten Kardinal Mazarin erklärte er noch während der (ersten
oder zweiten?) Fronde zu einem durch den alles überragenden Kardinal Richelieu
legitimierten Staatsmann (OC II, 224f.). Mit Richelieu, der die Legitimität seines auf
ein altes Geschlecht aus dem Poitou zurückgehenden Adel gegen Neider hatte verteidigen müssen, schien sich Cyrano ja regelrecht zu identifizieren (OC II, 220f.).

Für eine Lesart von *L'Autre Monde* im Sinne des Absolutismus sprechen überdies die Verteidigung Cyranos durch Boileau, die Rechtfertigung des Grotesken bei
Guéret oder auch Jean Guttins wenig beachteter »eschatologischer« Roman *Épigone,
histoire du siècle futur* aus dem Jahr 1659, der in einer Reihe galanter Abenteuer
die Wertordnung des 17. Jahrhunderts zelebriert.[7] Richelieu, der das ganze 17. Jahrhundert über als die Lichtgestalt der Kultur galt, hätte durchaus am Ende eines vollendeten zweiten Bandes von *L'Autre Monde* in das Geschehen eingreifen und die
Kontrahenten Campanella und Descartes in ihrem Bestreben nach Aussöhnung un-
terstützen können.

Mit Sicherheit wollte Cyrano keine Utopie, keinen gesellschaftlichen Gegenent-
wurf und auch keine Metaphysik ausformulieren. Als Ersatz für den fehlenden
Schluss des Romans mag daher eine Episode aus Lukians *Wahrer Geschichte* dienen. Auf der Insel der Glückseligen weilen die großen Philosophen versöhnt miteinander; unter ihnen genießen Aristip und Epikur die größte Verehrung – nur einer fehlt:

> Von den übrigen Philosophen war Plato allein nicht da: er wohne, sagte man, in seiner
> von ihm selbst erfundenen Republik, und lebe unter der Verfassung und den Gesetzen,
> die er ihr selbst gegeben (Lukian, 659).

---

7   Guttin versteht sich als literarischer Amateur, dem Sinn und Zweck des Schreibens ein-
    zig das *divertissement* sei. Sein Begriff von Literatur richtet sich gegen jede Pedanterie der
    Kritik in den Salons, deren Mitglieder indessen die offenkundigen Adressaten seines
    galanten – und in der Tat wenig brillanten – Romans sind. Er fordert eine von Vorurtei-
    len befreite Wahrnehmung (Guttin, 69). Einzig das für die Gesellschaft Nützliche soll die
    Erkenntnis leiten (Guttin, 56). Er spielt dabei auch auf das Vorbild der beiden Minister-
    Kardinäle an (Guttin, 77). Nach dem Vorbild der Antike sei sein Held Épigone (hier über-
    setzt mit *postérorité* oder *successeur*, »Nachfolge« oder »Nachfolger«) derjenige, der die
    würdige Nachfolge des Gottes der NOUVEAUTÉ antreten solle, des Gottes, dem die Antike
    zwar erschöpfend gehuldigt habe, dessen Altar indes wieder nach dem Neuen verlange
    (Guttin, 73f.). Guttins Schrift weist nicht nur auf die heraufbrechende *Querelle des an-
    ciens et des modernes* hin, sondern sie ist offensichtlich auch getragen von der Hoffnung,
    das Frankreich nach der Fronde werde auf dem Weg der *aemulatio* die Wissenschaften
    auf ein neues Fundament stellen – und damit auch Phänomene wie das der Unsichtbar-
    keit als von der Natur gegebene begreifen.

Textausgaben

Cyrano de Bergerac, Savinien de: *L'Autre Monde* [*Les États et Empires de la Lune. Les États et Empires du Soleil*], in: *Libertins du XVIIe siècle*, hg. v. Jacques Prévot u.a., Paris: Gallimard (Pléiade) 1998, 901–1098 [Nach dieser Ausgabe wird mit der Sigle AM zitiert].

L'Autre Monde ou les États et Empires de la Lune. Les États et Empires du Soleil, in: *Œuvres complètes*, hg. v. Jacqueline Prévot, Paris: Belin 1977 [nur mäßig kommentierte Werkausgabe].

L'Autre Monde ou les États et Empires de la Lune. Les États et Empires du Soleil. Fragment de physique (= *Œuvres complètes I*), hg. v. Madeleine Alcover, Paris 2000 [gut kommentierte Ausgabe].

Die meisten französischen Taschenbuchausgaben von *L'Autre Monde* enthalten nur *Les États et Empires de la Lune*.

Online-Ausgaben (französisch) u.a.: http://gallica.bnf.fr und http://abu.cnam.fr

Cyrano de Bergerac, Savinien de: *Mondstaaten und Sonnenreiche. Zwei Romane* [*Die andere Welt oder die Staaten und Reiche des Mondes* & *Die Staaten der Reiche und Sonne*], übersetzt v. Martha Schimper und mit einer Einleitung v. Hans Ekart-Rübsamen, München: Heyne TB (Bibliothek der Science Fiction Literatur) 1986 [Dieser – vergriffenen – Ausgabe sind die – nicht immer überzeugenden – deutschen Übersetzungen in vorliegendem Beitrag entnommen].

Die Reise zum Mond. Erzählung, übersetzt von Martha Schimper, Frankfurt a.M.: Insel (Bibliothek) ²1991 [derzeit einzige lieferbare Ausgabe in deutscher Sprache, die nur den ersten Band von *L'Autre Monde* enthält].

Zitierte Literatur

Ariosto, Ludovico: *Orlando furioso*, hg. v. Cesare Segre, Rom: Mondadori (i Meridiani) 1976.

Arnauld, Antoine/Nicole, Pierre: *La Logique ou l'art de penser*, Paris: Gallimard (tel) 2001.

Augustinus: *De Civitate Dei* (2 Bde.), hg. v. Bernahrd Dombart u. Alfos Kalb, Leipzig 1929 [Repr.: Darmstadt: wbg 1981].

Baader, Renate: »Einleitung«, in: dies.: (Hg.): *17. Jahrhundert: Roman, Fabel, Briefe*, Tübingen: Stauffenburg (Interpretation) 1999, 1–38.

Bachtin, Michail M.: *Rabelais und seine Welt. Volkskultur als Gegenkultur*, Frankfurt a.M.: Suhrkamp (stw) 1995.

Balzac, Jean-Louis Guez de: »Dissertation sur une tragédie intitulée *Herodes Infanticida* [= *Discours septième*]«. In: ders.: *Œuvres diverses* (1644), hg. von Roger Zuber, Paris 1995 (Champion), 179–215.

Blumenberg, Hans: *Die Genesis der kopernikanischen Welt*, 3 Bde., Frankfurt a.M.: Suhrkamp (stw) ³1996.

Boileau [Despréaux], Nicolas: *Art poétique*, in: ders.: *Art poétique. Épîtres – Odes – Poésies diverses – Épigrammes* (*Œuvres II*), hg. Sylvain Menant, Paris: Flammarion (GF) 1998.

Bruno, Giordano: *Zwiegespräche vom unendliche All und den Welten*, übersetzt v. Ludwig Kuhlenbeck, Darmstadt: wbg ³1968.

Campanella, Tommasso: *Sonnenstaat*, in: *Der utopische Staat*, hg. u. übersetzt von Klaus J. Heinisch, Reinbek b. Hamburg: Rowohlt (Philosophie des Humanismus und der Renaissance) 1960, 111–169.

Cyrano de Bergerac, Savinien de: »Entretiens pointus«, in: ders.: *Œuvres complètes II: Lettres. Entretiens pointus. Mazarinades*, hg. v. Luciano Erba u. Hubert Carrier, Paris: H. Champion 2001, 291–298 [Diese Ausgabe wird mit der Sigle OC II zitiert].

»Mazarinades«, in: ders.: *Œuvres complètes II: Lettres. Entretiens pointus. Mazarinades*, hg. v. Luciano Erba u. Hubert Carrier, Paris: H. Champion 2001, 269–279 [Diese Ausgabe wird mit der Sigle OC II zitiert].

»Les Œuvres diverses de Mr de Cyrano de Bergerac (1654)«, in: ders.: *Œuvres complètes II: Lettres. Entretiens pointus. Mazarinades*, hg. v. Luciano Erba u. Hubert Carrier, Paris: H. Champion 2001, 51–260 [Diese Ausgabe wird mit der Sigle OC II zitiert].

Descartes, René: *Œuvres complètes*, hg. v. André Bridoux, Paris: Gallimard (Pléiade) 1953.

Dietz, Richard: Art. »Eristik«, in: Ueding, Gert (hg.): *Historisches Wörterbuch der Rhetorik II*, Tübingen: Niemeyer 1994, 1389–1414.

Friedrich, Hugo: *Epochen der italienischen Lyrik*, Frankfurt a.M.: Klostermann 1964.

Gassendi, Pierre: »Traité de la philosophie d'èpicure, IIIᵉ partie: l'éthique ou la morale [frz./lat.]«, in: *Libertins du XVIIᵉ siècle*, hg. v. Jacques Prévot u.a., Paris: Gallimard (Pléiade) 1998, 597–745.

Gipper, Andreas: *Wunderbare Wissenschaft. Literarische Strategien naturwissenschaftlicher Vulgarisierung in Frankreich. Von Cyrano de Bergerac bis zur Encyclopédie*, München: Fink 2002.

Goldin, Jeanne: *Cyrano de Bergerac et l'art de la pointe*, Montréal: Presses universitaires de Montréal 1973.

Godwin, Francis: *The Man in the Moone. Or a Disourse of a Voyage thither by Domingo Gonzales, the speedy Messenger*, London: Kyton & Warren 1638.

Guéret, Gabriel: *Le Parnasse réformé. Nouvelle édition, reveüe, corrigée augmentée*, Paris: Th. Jolly 1671 [Repr.: Genf: Slatkine 1968].

La Guerre des autheurs anciens et modernes: avec la requeste et arest en faveur d'Aristote, Den Haag: Leers, 1671.

Guthke, Karl S.: *Der Mythos der Neuzeit. Das Thema der Mehrheit der Welten in der Literatur- und Geistesgeschichte von der kopernikanischen Wende bis zur Science Fiction*, Bern/München: Franke 1983.

Guttin, Jacques: *Épigone, Histoire du siècle futur*, Paris: P. Lamy 1659.

Habermas, Jürgen: *Legitimationsprobleme im Spätkapitalismus*, Frankfurt a.M. ⁵1979.

Hevelius, Johannes: *Selenographia: sive, Lunae Descriptio*, Danzig 1947 [Faksimiledruck – mit einem Nachwort hg. v. H. Lambrecht, Leipzig: Edition Leipzig 1967].

Kepler, Johannes: *Somnium seu Opus Posthumum de Astronomia Lunari, accedit Plutarchi libellus de facie quae in orbe lunae apparet e Graeco latine redditus a Joanne Kepplero*, Frankfurt 1634 [Faksimiledruck – mit einem Nachwort hg. v. Martha List u. Walther Gerlach, Osnabrück: Zelle 1969].

Kleist, Heinrich von: »Über das Marionettentheater«, in: ders.: *Werke und Briefe III*, hg. v. Peter Goldmann u. Anita Klotz, Berlin/DDR: Aufbau 1978, 473–480.

Leibniz, Gottfried Wilhelm: *Essais de Théodicée sur la bonté de Dieu, la liberté de l'homme et l'origine du mal. Préface, Discours, Première et Seconde Partie – Die Theodizee von der Güte Gottes, der Freiheit des Menschen und dem Ursprung des Übels. Vorwort, Abhandlung, erster und zweiter Teil*, in ders.: *Theodizee I* (= Philosophische Schriften II.1), hg. v. Herbert Herring, Franfurt a.M.: Suhrkamp (stw) 1996.

La Boétie, Étienne de: *La Servitude volontaire, suivie de neuf sonnets d'Étienne de la Boétie et une lettre de Montaigne*, hg. v. Claude Pinganaud, Paris: arléa 2003.

La Taille, Jean de: *Saül le furieux: tragédie prise de la Bible, faicte selon l'art et à la mode des vieux autheurs tragiques, plus une remonstrance faicte pour le roy Charles IX à tous ses subjects, à fin de les encliner à la paix, avec hymnes, cartels, épitaphes, anagrammatismes et autres oeuvres d'un mesme autheur*, Paris: F. Morel 1572.

Lukian von Samosate: *Wahre Geschichte* [übersetzt v. Christoph Martin Wieland], in: Christoph Martin Wieland, *Werke V*, hg. v. Fritz Martini u. Hans Werner Seiffert, München: Hanser 1968.

Nerval, Gérard de: »Les Ballons, Histoire de la locomotion aérienne depuis son origine jusqu'à nos jours, par M. Julien Turgan, Paris, Plon, 1851 [Rezension]«, in: ders.: *Œuvres complètes*, hg. v. Jean Guillaume u. Claude Pichois, Paris: Gallimard (Pléiade) 1984, 1245–1251.

Pascal, Blaise: *Œuvres complètes*, Paris 1954, Kommentar und Anmerkungen von Jacques Chevalier, Paris: Gallimard (Pléiade) 1954.

Rabelais: *Œuvres complètes*, hg. v. Mireille Huchon u.a., Paris: Gallimard (Pléiade) 1994.

Rocchi, Jean: *Giordano après le bûcher*, Paris: Complexe 2000.

Rostand, Edmond: *Cyrano de Bergerac. Comédie héroïque en cinq actes en vers*, Paris: P. Lafitte s.d.

Wilkins, John: *The Discovery of a World in the Moone. Or Discourse to prove that'tis Probable therer may be another Habitable World in that Planet*, London: Sparke & Forrest 1638.

Andreas Gryphius,
Großmüttiger Rechts-Gelehrter/Oder Sterbender Aemilius Paulus Papinianus

Christoph Becker

I. Ein redlicher Mann

Aliquis vir bonus nobis eligendus est, ac semper ante oculos habendus, ut sic tanquam illo spectante vivamus, & omnia, tanquam illo vidente, faciamus. Wir müssen einen redlichen Mann auswählen und ihn stets vor Augen halten, damit wir so gleichsam unter seinem Blick leben und alles so tun, daß er es gleichsam sieht.
(*Lucius Annaeus Seneca* [der jüngere *Seneca*; 4 v. Chr. bis 65 n. Chr.], Ad Lucilium epistulae morales, 11.8. Die im Literaturverzeichnis aufgeführte Oxforder Ausgabe der *Seneca*-Briefe an Lucilius bevorzugt zwar die Lesart *Aliquis vir bonus nobis diligendus est* – Wir müssen auf einen redlichen Mann achten. Im gegebenen Zusammenhang hat aber *diligendus* dieselbe Bedeutung wie *eligendus*).

Diesen Ausschnitt aus einem Brief des jüngeren *Seneca* (um 4 v. Chr. bis 65 n. Chr.) an den Freund *Lucilius* stellt im Jahre 1718 der aus Westfalen stammende und in Utrecht lehrende Rechtsgelehrte *Everardus Otto* (1686 bis 1756) als Leitsatz seiner Lebensbeschreibung des römischen Juristen *Aemilius Papinianus* voran (*Otto*, Papinianus, Rückseite des Titelblattes). Der Ausdruck »vir bonus« ist im alten Rom stehende Redewendung. Der »redliche Mann«, Eigennutz hinter das Wohl seiner Umwelt stellend, ist nicht nur im allgemeinen Muster für Lebensführung und Hilfe bei anstehender Entscheidung.

Ut enim leges omnium salutem singulorum anteponunt, sic vir bonus et sapiens et legibus parens et civilis offici non ignarus utilitati omnium plus quam unius alicuius aut suae consulit. Wie nämlich die Gesetze das Wohl aller dem Wohl einzelner voransetzen, so ist der redliche und verständige, der den Gesetzen gehorchende und mit der Bürgerpflicht wohlvertraute Mann mehr auf den Nutzen aller als auf den eines einzelnen oder seines eigenen bedacht.
(*Marcus Tullius Cicero* [106 v. Chr. bis 43 v. Chr.], De finibus bonorum et malorum libri quinque, 3.64).

Er ist es auch im besonderen Zusammenhang rechtlicher Beurteilung. Dort begegnet er beispielsweise, wenn in einem Vertrag einzelne Punkte offengelassen worden sind. Die endgültige Festlegung ergibt sich dann, ohne daß es neuerlicher Verständigung bedarf, aus fiktiver Einschätzung eines redlichen Mannes (*arbitrium boni viri*; siehe *Pomponius*, Digesten 17.2.6; *Proculus* Digesten 17.2.76 und 17.2.78). Als einen solchen *vir bonus* empfiehlt der holländische Autor durch das vorangeschickte Zitat eben den beschriebenen *Papinianus*. Schon vor der Lektüre des Buches erfährt so der Leser, welche Tugendhaftigkeit den Mann auszeichnet, dessen Werdegang der Autor abbildet.

Papinian galt von jeher seiner Nachwelt als die Personifikation von Recht-
schaffenheit und Rechtsgelehrtheit schlechthin. Ihm wurde der Ruhm zuteil, der
größte römische Jurist gewesen zu sein (*Dulckeit/Schwarz/Waldstein*, Römische
Rechtsgeschichte, § 34.III.2.a; *Hübner*, Papinianus; *Nörr*, Papinian, S. 308). Gar ge-
setzlich festgelegt erscheint *Papinian* als von allerschärfstem Geist (*acutissimi in-
genii vir*) und verdientermaßen die anderen überragend (*merito ante alios excel-
lens*) in einer kaiserlichen Konstitution des oströmischen Kaisers *Justinian* (482 bis
565) vom Jahre 529. Dieser Erlaß ging in den *Codex Iustinianus* ein, *Justinians* am
Ende des Jahres 534 als Gesetz verkündete Sammlung kaiserlicher Konstitutionen
der vergangenen Jahrhunderte (Codex 6.42.30). Der Ruhm *Papinians* beruht nicht
zum mindesten auf seiner Unbeugsamkeit, mit welcher er sich einer Vereinnah-
mung seiner Person von hervorragender Amtsstellung und rechtswissenschaftlicher
Autorität für Staatsstreich und Mord widersetzte und dafür mit dem Tode bezahlte.

II. Gehorsam hat Grenzen

Papinian erfüllte mit dem Zeugnis seines Lebens solche Anforderungen, wie sie im
Jahre 1723 *Johann Georg Döhler* an einen Richter stellte. Richter ist nach zeitgenössischer Anschauung im noch nicht nach seinen Gewalten gegliederten Gemeinwesen jeder Amtsträger, der Recht spricht oder die Geschicke von Dorf, Stadt oder
Land in Verwaltungsanordnungen lenkt. Ein öffentliches Amt also darf nach *Döhlers*
mahnender Schrift (sie ist auf Deutsch verfaßt und daher nicht allein an den stu-
dierten Amtsanwärter gerichtet) nur werden, wer auch unerträgliche Mühsal aus
den allgemeinen Umständen oder in persönlicher Bedrängnis erträgt und wer lieber den Tod leidet als Unrecht tut (*Döhler*, Schein und Seyn Des Richterlichen
Ambtes, S. 40ff., 102ff.). Er muß wie im zweiten vorchristlichen Jahrhundert der
Priester *Mattathias*, der Vater des *Judas Makkabaeus*, standhaft gegenüber miß-
brauchter Gewalt des Landesherrn bleiben und allein Gott fürchten (*Döhler*, S. 40f.,
verweisend auf 1 Makkabäer 2). Freilich schränkt *Döhler* den Vergleich insoweit
ein, als er die Radikalität des *Mattathias* in manchem als zu weit gehend bezeichnet. Drohungen des Landesherrn darf der Richter nicht weichen, vielmehr hat er
die lediglich zeitliche Pein gegen die ewige Marter und Qual abzuwägen, den har-
ten und absoluten Befehl des Fürsten zu mißachten und bei Verlust aller Ehre, des
zeitlichen Vermögens und gar des Lebens Gottes Befehl zu befolgen (*Döhler*,
S. 41f.). Schonungslos schildert *Döhler*, was es für den Alltag des Amtsträgers bedeutet, Widerwärtigkeiten und böse Zeiten auszuhalten. Es gibt üble Nachreden
ebenso wie Versuche, den Richter in seinem Amt zu ersetzen. Man macht ihm das
Leben sauer und schwer, kürzt ihm Besoldung und Nebenbezüge, überhäuft ihn
mit Arbeit. In Krieg, Hunger und Seuche fällt die drückendste Last auf den Richter.
Er muß standhalten, damit die Untertanen nicht verwildern. Bis ans Lebensende
verharrt der Richter im Amte, und nur sein Gewissen kann ihn zum Rücktritt ver-
anlassen (*Döhler*, S. 102ff.).

Aufrichtigkeit bis zum Letzten, wie von *Döhler* beschrieben, ist die von *Andreas Gryphius* in seinem Schauspiel »Papinian« (»Großmüttiger Rechts-Ge-
lehrter / Oder Sterbender Aemilius Paulus Papinianus. Trauer-Spil«) gefeierte Hal-

tung, an welcher ein historischer *Papinian* leiblich zugrundeging und geistig erstrahlte. Das Lob dieser Haltung und die Haltung selbst setzen voraus, daß es naturgegebenes Recht gibt, das noch über dem über die Gesetze erhabenen Fürsten steht, daß die Beschreibung des Fürsten mit *»legibus solutus«* sich allenfalls auf menschliche Satzungen beziehen kann. *Gryphius* verfaßte sein im Jahre 1659 publiziertes Drama vom großmütigen, das heißt heldenmütigen *Papinian* in der Zeit eines bereits entwickelten Absolutismus. Staatstheoretisch fand diese Staatsauffassung ihre besonders scharfe Ausprägung im »Leviathan« (1651) eines *Thomas Hobbes* (1588 bis 1679)

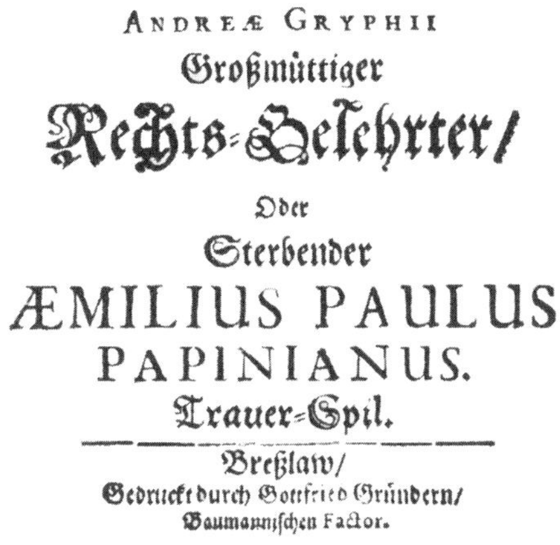

ANDREÆ GRYPHII

Großmüttiger

Rechts-Gelehrter/

Oder

Sterbender

ÆMILIUS PAULUS
PAPINIANUS.
Trauer-Spil.

Breßlaw/
Gedruckt durch Gottfried Gründern/
Baumannischen Factor.

Abbildung 1: Titelblatt der Ausgabe des Dramas vom Jahre 1659.

mit dem Postulat ausnahmslosen Gehorsams aller gegen die Anordnungen des einmal bestimmten Fürsten (*Hobbes*, Leviathan, Kapitel 18, 21, 26). Jene Zeit war die Zeit einer sich fortentwickelnden Naturrechtslehre und wird, obgleich die Frage nach Naturrecht jahrtausendealt ist, rückschauend als die Naturrechtsepoche schlechthin bezeichnet (hierher rechnet man das 17. und das 18. Jahrhundert). Sie unterscheidet den Menschen im Naturzustand vom Menschen in verfaßter Gesellschaft. Die von Menschenhand geschaffene Verfassung nutzt naturgegebene Gestaltungsmöglichkeiten. Diese Gestaltungsmöglichkeiten kann man für unbegrenzt halten. Das bringt den vollkommenen Absolutismus nach *Hobbes* hervor. Widersprüche zum Naturrecht macht der Inhaber der allerhöchsten Staatsgewalt allein mit seinem Gewissen aus.

Man kann aber statt dessen auch annehmen, daß Naturrecht der menschlichen Gesellschaft nur eine gewisse Bandbreite von Gestaltungsmöglichkeiten einräumt. Dann bleibt der Rahmen des Naturrechts immer mit Verbindlichkeit gewahrt. Hält das menschliche Recht die Bandbreite ein, ist es selbstverständlich gültig. Verletzt es hingegen die vom Naturrecht gezogenen Grenzen, so stellt sich heraus, daß auch die oberste Staatsgewalt gebunden ist und nicht in allem Gehorsam beanspruchen kann. Derartige Zuspitzung muß der Konflikt zwischen menschlichem Recht und Naturrecht allerdings nicht zwangsläufig annehmen. Denn gleichviel, ob Naturrecht den menschlichen Gestaltungsmöglichkeiten Bahnen vorgibt oder nicht, kann sich im Einzelfall eine naturrechtswahrende Beschränkung fürstlicher Machtfülle ergeben. Sie leitet sich daraus ab, daß der Fürst die ihm in einem fiktiven Vertrag von den künftigen Untertanen eingeräumte Macht nicht weitergehend auszuüben vermag, als es in eben dem Vertrag vorgesehen ist. Wo die Reichweite des Vertrages endet, wirkt dann trotz menschlicher Satzung noch das Naturrecht aus der Zeit vor der menschlichen Satzung fort, das Recht des freien Naturzustandes. Ein solches autonomieerhaltendes Zusammenwirken von Naturrecht und Vertrag, die Verbindung von Naturrecht und gesetztem Recht zu einem einheitlichen Regel-

werk, begegnet namentlich bei dem Niederländer *Hugo Grotius* (1583 bis 1645) in
seinem 1625 veröffentlichten Werk über das »Recht des Krieges und des Friedens«
(*De jure belli ac pacis libri tres*; dort 1.3.7ff., insbesondere 1.3.17.1).

Die Vorstellung einer Einheit von höherem, vor allem göttlichem Recht und
niedrigerer menschlicher Satzung ist freilich älter und fällt wohl mit der Reflexion
über menschliches Recht und Naturrecht beziehungsweise göttliche Satzung (was
immer eine jede Zeit unter diesen Dingen verstanden haben mag) überhaupt zusammen. Ein berühmtes, allerdings verhältnismäßig junges Beispiel ist um das Jahr
1225 *Eike von Repgows* Prolog zum Sachsenspiegel. Hiernach soll niemand sich
vom Recht abbringen lassen, weder durch Freigebigkeit noch durch drohendes
Leid. Denn Gott selbst ist das Recht. Ihm ist das Recht lieb. Alle, denen von Gott
die Macht zu richten gegeben ist, sollen ihres Amtes so walten, daß sie ein gnädi-
ges Gericht Gottes erwarten können. Manches irdisches Kümmernis des Recht Pfle-
genden mag darin inbegriffen sein. Ob dies auch die Verzweiflung eines Widerspruchs zwischen höchstem Befehl und Gottes Recht einschließt, ist offen.

III. Papinianus und Gryphius: Biographisches

Was mochte über beinahe eineinhalb Jahrtausende hinweg die Männer *Papinian*
und *Gryphius* zusammengeführt haben? Etwas von Unsterblichkeit hatte zweifellos
dabei seine Hand im Spiel – ein ewiges Angedenken *Papinians*, das bis zu *Andreas Gryphius* drang, und das dieser seinerseits für die Nachwelt stärkte. *Gryphius*
ließ sich von der Person des *Papinian* fesseln und wollte auch andere fesseln. Er
greift gar zu dem Hilfsmittel, daß er der Druckausgabe seines Trauerspiels vom Jahre 1659 in Kupfer gestochene Bildnisse der wichtigsten darin vorkommenden Personen beifügte, angefertigt nach Gemmen und Münzen, teils nach den Publikatio-
nen des am Ende des 16. Jahrhunderts wirkenden humanistischen Gelehrten *Fulvio
Orsini* (*Fulvius Ursinus*), teils aus eigener Sammlung.

I

AEMILIVS PAVLVS PAPINIANVS.
EX AMETHYSTO FVLVII VRSINI.

Abb. 2: Papinian. Nach einer Gemme. Aus der
Ausgabe des Dramas von 1659.

II

PLAVTIA.
EX AMETHYSTO FVLVII VRSINI.

Abb. 3: Plautia, Papinians Frau. Nach einer Gemme. Aus der Ausgabe des Dramas von 1659.

D·SEPTIMIVS SEVERVS.
EX NVMMO ÆNEO A·GRYPHII.

Abb. 4: Septimius Severus. Nach einer Münze.
Aus der Ausgabe des Dramas von 1659.

IVLIA.
EX NVMMO ARGENTEO A·GRYPHII.

Abb. 5: Julia Domna, zweite Frau des Septi-
mius Severus und Mutter von Caracalla und
Geta. Nach einer Münze. Aus der Ausgabe des
Dramas von 1659.

ANTONINVS CARACALLA.
EX NVMMO ARGENTEO A·GRYPHII.

Abb. 6: Caracalla. Nach einer Münze. Aus der
Ausgabe des Dramas von 1659.

GETA.
EX NVMMO ARGENTEO. A·GRYPHII.

Abb. 7: Geta. Nach einer Münze. Aus der Ausgabe des Dramas von 1659.

Einige wenige biographische Notizen sollen ein erstes gedankliches Bild von jedem
der beiden, Autor und Hauptfigur, vermitteln:

1. Aemilius Papinianus

Das Geburtsjahr des *Aemilius Papinianus* ist nicht genau bekannt. Man vermutet
allerdings, daß er ungefähr ein Altersgenosse des Kaisers *Septimius Severus* war. *Severus* wurde im Jahre 146 n. Chr. geboren und gelangte nach der Ermordung des
Pertinax im Jahre 193 an die Macht (*Pertinax* war erst im selben Jahr zur Macht
gelangt, nachdem *Commodus* gewaltsam vom Leben zum Tod befördert war). Un-

ter des *Septimius* Regentschaft gelangte *Papinian* in das Amt des *praefectus prae-torio*, des Obersten der kaiserlichen Garde. *Gryphius* verdeutscht dies mit der Be-zeichnung »Oberster Reichs-Hofemeister« (*Gryphius*, Papinian, Inhalt). Dieses in der Regel kollegial, nämlich mit zwei Personen besetzte Amt (über es Digesten 1.11), war Schlußpunkt einer Reihe von Staatsämtern, die *Papinian* bekleidete. Stationen seiner Laufbahn waren Stellungen als *advocatus fisci*, als *assessor* der Prätorianer-präfekten und als *magister libellorum*.

Letzteres heißt, daß er Vorsteher einer kaiserlichen Kanzlei »a libellis« war, wel-che die Anfragen von Privaten und von Amtsträgern zu Rechtsfragen bear-beitete. Jene Eingaben waren regelmäßig von einem bestimmten Rechtsstreit ver-anlaßt. Beantwortet wurden sie mit einem amtlichen Schreiben (*rescriptum*) das zwar auf den konkreten Fall bezogen war, aber zugleich mehr oder minder ge-nerelle Ausführungen enthielt. Den Reskripten als Untergruppe kaiserlicher Erlas-se (*Konstitutionen*) legte das Rechtsleben im Laufe der Zeit die gleiche Bedeu-tung bei, wie sie einem Gesetz der Volksversammlung zugekommen wäre. Die Reskripte wurden daher nicht allein wie alle anderen Erlasse auch im kaiserlichen Archiv aufbewahrt. Sie wurden rechtswissenschaftlich kommentiert und sowohl privat als auch offiziell gesammelt, zuletzt im *Codex Iustinianus*. Wieviele von diesen amtlichen Äußerungen *Papinian* zum Urheber hatten, wissen wir nicht, zu-mal das meiste verloren ging. Doch ordnet ein Fragment aus den Schriften des *Tryphonius*, eines Zeitgenossen *Papinians*, bewahrt in den Digesten *Justinians*, jener gewaltigen, mit Gesetzeskraft versehenen Zusammenstellung von Auszü-gen aus den rechtswissenschaftlichen Schriften der vorangegangenen Jahrhunder-te vom Jahre 533, ein kommentiertes Reskript ausdrücklich *Papinian* zu (*Trypho-nius*, Digesten 20.5.12.pr [»pr« steht für *principium*, den Einleitungssatz dieses Fragments]). Auf diese Weise tritt ungewöhnlicherweise die Person des Amtsträ-gers hinter dem Amt hervor. Darin steckt ein Hinweis auf die besondere Bedeutung des Mannes. Im übrigen schuf *Papinian* selbst ein großes wissenschaftliches Werk. Hiervon ließ *Justinian* vieles in die erwähnten Digesten übernehmen. Einen ersten Eindruck verschafft die einleitende Auflistung der für die Digesten ausgewerte-ten Schriften, worunter sich sechs Titel aus der Feder *Papinians* befinden (in der hier benutzten Ausgabe Mommsen/Krueger: S. 24). Einzelne Stücke überdauerten sogar im Original (Aemilii Papiniani ex libris responsorum et quaestionum frag-menta).

Sein letztes Amt als Prätorianerpräfekt brachte *Papinian* nicht allein den Ober-befehl über die der Macht am nächsten stehenden Truppe, sondern auch etliche weitere, den Juristen *Papinian* fordernde Aufgaben der kaiserlichen Verwaltung mit sich. In doppelter Hinsicht bewegte der Amtsträger *Papinian* sich so im Zen-trum der Macht. Denn nicht nur nahm der Amtsinhaber an der kaiserlichen Macht-fülle teil. Vielmehr hing umgekehrt ganz wesentlich von Gunst und Loyalität der Prätorianergarde ab, wer – unter mehr oder minder blutigen Begleitumständen – den römischen Kaiserthron als ein Militärmonarch erreichte und behielt. Kaiser ohne oder gar gegen den Willen der am Regierungssitz Rom liegenden Garde – *Gryphius* nennt sie »Läger« – zu sein, war ausgeschlossen. Zugleich bestand ver-mutlich eine uns heute nicht mehr ganz entschlüsselbare schwägerschaftliche Be-ziehung zum Kaiserhaus, und zwar über *Julia Domna* (Selbstmord 217), die zweite Frau des *Septimius Severus*, Mutter der Kaisersöhne *Bassianus* genannt (wohl wegen eines von ihm gern getragenen keltischen Kapuzenmantels) *Caracalla* (um 188 bis 217) und des *Geta* (189 bis 212).

Herausragende Dienststellung und etwaige Verwandtschaft mit dem Kaiserhaus – diese die Dienststellung begünstigend – zusammen bedeuteten freilich nicht nur Fülle an Gewalt, sondern zugleich auch persönliche Gefahr. Diese verwirklichte sich zu *Papinians* zeitlichem Schaden, nachdem *Septimius Severus* auf einem Feldzug in Britannien im Jahre 211 verstorben war und seine Söhne *Caracalla* und *Geta* gemeinsam die Herrschaft übernommen hatten. Nach zehnmonatiger Samtherrschaft, die auf eine Reichsteilung hinauszulaufen drohte, ließ *Caracalla* den Bruder am 26. Februar 212 beseitigen und veranstaltete breitangelegte Säuberungen. Denen fielen unter anderem *Papinian* und dessen gleichnamiger Sohn zum Opfer. Der jüngere *Aemilius Papinianus* war zu der Zeit Quästor, stand also am Anfang einer eigenen Karriere im Staatsdienst (über das Schicksal des jüngeren *Papinian* die Nachrichten bei *Aelius Spartianus*, Antoninus Caracalla, 3 und 4; Paulys Realenzyklopädie 1.1, Sp. 575, Nr. 106).

Trotz und wohl sogar gerade wegen des katastrophalen Endes seiner Lebensbahn wurde *Papinian* der Ruf des größten römischen Juristen zuteil. *Papinian* ist die Personifikation der Aufrichtigkeit und Unbeugsamkeit von Recht. Er starb als Märtyrer des Rechts, indem er sich, so die Überlieferung, weigerte, den Brudermord *Caracallas* mit der Autorität seines Amtes wie seines juristischen Sachverstandes zu rechtfertigen und damit zur Stabilisierung der Herrschaft *Caracallas* beizutragen (*Ankum*, Papiniano, ¿un jurista oscuro?, S. 34: »Esta muerte como martir de la justicia«). Umsonst erinnert der kaiserliche Beamte *Cleander* wohlmeinend *Papinian* daran, daß ein ähnliches Ansinnen auch an den jüngeren *Seneca* herangetragen worden war, nachdem *Nero* seine Mutter *Agrippina (die jüngere)* hatte beseitigen lassen. *Seneca* leistete seinerzeit den Dienst der öffentlichen Rechtfertigung. *Cleander* befindet sich im Glauben, die unzweifelhafte Integrität *Senecas* müsse das Verhalten *Papinian* empfehlen. *Papinian* hält *Senecas* Rechtfertigungsversuch indessen für einen nicht nachahmenswerten schweren Fehler, was *Cleander* zu dem schmerzlichen Ausruf nötigt: »Ach Götter! werther Freund! Er ringt nach seinem Tod.« (*Gryphius*, Papinian, III.449 bis 470 mit Anmerkung zu III.461). Auf den Vergleich bereitete *Gryphius* sein Publikum vor, indem er den Intriganten *Laetus* auf die Machtkämpfe *Agrippinas* mit *Nero* hinweisen ließ (*Gryphius*, Papinian, II.40 nebst Anmerkung).

Papinian geht lieber in den Tod, als daß er dem Gewaltherrscher Unrecht zu Recht verkehren hälfe. Seine bereits im Altertum empfundene unbedingte Autorität gelangt ein Jahrhundert und zwei Jahrhunderte nach seinem Tode in den sogenannten Zitiergesetzen (hierzu *Dulckeit/Schwarz/Waldstein*, Römische Rechtsgeschichte § 42.II) zum Ausdruck: Eine kaiserliche Anordnung *Konstantins des Großen* (um 280 bis 337) vom Jahre 321, das sogenannte Kassiergesetz, erklärte einige wissenschaftliche Entgegnungen zu Arbeiten *Papinians* für nicht mehr in gerichtlicher Auseinandersetzung als Argumentationsbelege verwendbar. Vielmehr sollte allein *Papinians* Aussage erheblich sein. Ein Gesetz der beiden Kaiser *Theodosius II.* und *Valentinian III.* vom Jahre 426 dann, das im engeren Sinne sogenannte Zitiergesetz, bekräftigte die Ungültigkeit der Kommentare zu *Papinian* und sah überdies vor, daß bei Gericht Argumente aus den Schriften eines Kreises von fünf Juristen ähnlich einem Gesetz vorgetragen werden konnten. Darunter befand sich der Name *Papinians*. Sofern die Schriften Meinungsverschiedenheiten ergaben, mußte man die Mehrheit ermitteln, und bei Gleichstand zählte die Ansicht *Papinians*. Kassiergesetz und Zitiergesetz sind aufgenommen in den *Codex Theodosianus* (unter 1.4.1 und 1.4.3 in der Zählung der Ausgabe von Mommsen); der *Codex Theodosianus* ist ähnlich dem ein Jahrhundert jüngeren *Codex Iustinianus* eine mit Gesetzeskraft ausgestattete Zusammenstellung der Kaiserkonstitutionen, von *Theodosius II.* im Jahre 438 für Ostrom erlassen und von *Valentinian III.* zum Jahresanfang 439 für Westrom übernommen.

2. Andreas Gryphius

Der Verfasser des »Großmütigen Papinian« erblickte im Jahre 1616 im schlesischen Glogau das Licht der Welt. Die heute polnische Hafenstadt an der Oder war im Spätmittelalter Hauptstadt des Herzogtums Glogau gewesen; dort entstand eine Linie der schlesischen Piasten. Die Stadt geriet im 14. Jahrhundert aus polnischer Herrschaft unter böhmische Oberhoheit. Im 16. Jahrhundert wurden Stadt und Herzogtum Glogau und überhaupt das böhmische Königreich habsburgisch. Die Einbettung Schlesiens in die habsburgische Monarchie ist auch noch der Zustand zu *Gryphius'* Zeiten (in der Mitte des 18. Jahrhunderts wird das Land durch die schlesischen Kriege preußisch werden). *Andreas* war das jüngste Kind eines in dritter Ehe mit einer um 32 Jahre jüngeren Offizierstochter verheirateten lutheranischen Archidiakons.

Im Alter von vier Jahren verliert *Andreas* seinen Vater. Ein Jahr darauf verheiratet die Mutter sich erneut mit dem Magister *Eder*, Lehrer am Glogauer Gymnasium. Elfjährig verliert *Andreas* im Jahre 1628 auch die Mutter. Gryphius wuchs, zur Krankheit neigend, inmitten des dreißigjährigen Krieges auf. Schlesien und zumal der Glogauer Landstrich war geplagter Schauplatz zahlloser Truppenbewegungen und Gefechte. Im Herbst des Jahres 1628 erreichte die Not des Krieges *Andreas* unmittelbar; die Protestanten mußten, wenn sie sich nicht zum katholischen Glauben bekannten, die Stadt verlassen, dabei einen Teil des Vermögens aufgeben und vor allem die Kinder mit deren Vermögen zurücklassen. Der Stiefvater nahm nun allerdings die von *Andreas'* Vater hinterlassene Bibliothek und manches andere bewegliche Gut mit aufs Dorf Driebitz. Diese Habe fiel später zu großen Teilen Plünderungen zum Opfer. Der in Glogau zurückgebliebene *Andreas* scheint durch eine Stiefschwester und durch die Großmutter von Mutterseite unterstützt worden zu sein. Mit Privatunterricht war der Besuch des neuerrichteten Jesuitengymnasiums zu vermeiden. Ein Jahr später konnte *Andreas* seinem Stiefvater aufs Land folgen. Den Versuch, im Jahre 1631 das Görlitzer Gymnasium zu beziehen, vereitelte der Krieg. Im selben Jahr vernichtete aber ein Großfeuer die Heimatstadt und damit auch das Jesuitengymnasium, welches zur Not als Ausbildungsstätte für *Andreas* in Frage gekommen wäre. Die Teile seines in Glogau gebliebenen Erbes verlor er in dieser Zeit durch Beschlagnahme, vermutlich als seine Großmutter starb. Zusätzlich traf am Beginn der dreißiger Jahre die Pest das verheerte Land.

Ein Ausweg ergab sich, als der Stiefvater Pfarrer im vom Kriege verschonten und von Flüchtlingen übervölkerten polnischen Fraustadt wurde, dabei die Aufsicht über das dortige Gymnasium erhielt und im Jahre 1632 *Andreas'* Einschreibung bewirken konnte. Die erste ihm Obdach gewährende Familie raffte die Pest dahin. Auch in der Familie des zum zweiten Mal verheirateten Stiefvaters sieht *Andeas* alljährlichen Tod, da sämtliche sechs Kinder tot geboren werden oder bald nach der Geburt sterben. Auf der Schule aber zeigte sich *Andreas Gryphius* als begabter Vortragender, Schauspieler und Dichter. Im Jahre 1634 legt *Andreas Gryphius* die Abschlußprüfung ab und geht mit einigen Schulkameraden zu weiteren Studien ans Danziger Akademische Gymnasium; den Unterhalt bestreitet er durch Hauslehrertätigkeit.

In der Danziger Zeit nun wendet *Gryphius* sich von der lateinischen Sprache als der Sprache seiner Dichtung ab und wendet sich der Muttersprache zu. Dieser Entschluß öffnet seiner Sprachkraft allen Raum, was auch ihm in der Anschauung der Nachwelt das Beiwort eines »Größten«, nämlich des größten Barockdichters Deutschlands vermittelt hat.

Nach einem kurzem Aufenthalt in Fraustadt begibt sich *Gryphius* im Jahre 1636 in das Haus Schönborn, um dort die Aufgabe eines Erziehers der beiden Söhne *Georg Schönborners*, eines im Ruhestand lebenden hohen Verwaltungsbeamten und staatswissenschaftlichen Autors zu übernehmen. Mit ihnen – und mit anderen jungen Schlesiern, deren Familien es sich leisten konnten, ihren Söhnen einen Studienaufenthalt außerhalb der Gefahren in der Heimat einzurichten – bezieht *Gryphius* im übernächsten Jahr die holländische Universität Leiden. Hier widmet er sich den philosophischen und juristischen wie auch den Studien der Natur. Bei Debattierübungen soll sich die Auffassung *Gryphius'* gezeigt haben, daß der Herrscher von Gottes Gnade her absolut herrsche, und nicht etwa durch Herrschaftsvertrag dem Volke verbunden sei, nachdem dieses durch Gesellschaftsvertrag als Einheit aus dem nur Individuen kennenden Stande des Naturrechts herausgetreten sei. Zu den Studien zählten des weiteren eine öffentliche Rede über die Eitelkeit aller Dinge »De rerum omnium vanitate« und eine Disputation »De igne non elemento«, darüber, daß Feuer kein Element sei (ausgerechnet diese Schrift scheint durch Brand untergegangen zu sein). Auch eigene Unterrichtstätigkeit gestattet man dem Magister *Gryphius* in Leiden. Zugleich setzte er seine bereits in der Danziger Zeit begonnene und in der Schönborner Zeit nicht unterbrochene Publikationstätigkeit fort. Im Jahre 1644 übernahm *Gryphius*, da der Krieg noch immer nicht enden wollte, die Aufgabe eines Reisebegleiters für den Stettiner Kaufmannssohn *Wilhelm Schlegel*. Ziele der zweijährigen Bildungsreise waren Frankreich und Italien. Auf der Rückreise verblieb *Gryphius* ein halbes Jahr in Straßburg, reiste dann den Rhein hinab, um über Stettin Ende 1647 wieder in Fraustadt anzulangen. Dort wartet er auf das Ende der Friedensverhandlungen. *Gryphius* lehnt Rufe an verschiedene Universitäten ab. Während der Fraustadter Zeit gründet er mit der Kaufmannstochter *Rosina Deutschländer* seine Familie. Allerdings werden von ihren Kindern vier bereits früh sterben, ein fünftes im Alter von fünf Jahren schwerste Behinderungen entwickeln.

Mit der Entwicklung gesicherter Friedensverhältnisse kehrt *Andreas Gryphius* im Jahre 1650 in seine Heimatstadt Glogau zurück. Er bekleidet dort das bis

Abb. 8: Andreas Gryphius. Kupferstich von Philipp Kilian.
Aus der Biographie von Szyrocki.

zum Lebensende (1664) ausgeübte Amt eines Landessyndikus, eines Rechtsberaters und Rechtsvertreters der Landstände auf dem Landtag des Fürstentums Glogau. In diesem Lebensabschnitt zeigt ihn der bekannte Kupferstich des Augsburger Kupferstechers Philipp Kilian (1628 bis 1693).

Die Bildnisüberschrift weist den in staatsmännischer Haltung dargestellten *Gryphius* als *Iurisconsultus, Philosophus et Status Equestris Ducatus Glogoviensis* (oder: *Glogoviae*) *Syndicus* aus, also als Rechtsgelehrten, Philosoph und Syndikus der Ritterschaft des Herzogtums Glogau, geboren 1616. Einer seiner Amtsvorgänger war jener *Georg Schönborner* gewesen, in dessen Haus *Gryphius* die Erzieherstelle angenommen hatte.

IV. Papinianus in Gryphius' Augen

1. Märtyrer Papinian

Gryphius war nicht der einzige Autor, der das historische Schicksal zum Stoff nahm. So sind des weiteren noch der Rechtsgelehrte *Gian (Giovanni) Vincenzo Gravina* (1664 bis 1718) und der Jesuit *Franz Neumayr* (1697 bis 1765). *Gravina* mit Il Papiniano, *Franz Neumayr* mit Papinianus Juris-Consultus (über das letztgenannte, lateinisch verfaßte Trauerspiel *Habersetzer*, Politische Typologie, S. 95ff.). Aber *Gryphius* war vermutlich der Verfasser mit der größten Publikumsbeachtung. Was mochte ihn zu dem Stoff geführt haben? In seinem ganzen dramatischen Werk wandte *Gryphius* sich stets Helden der Standhaftigkeit zu. Seine Tragödien beruhen auf der in jenem Leidener »*Vanitas*«-Vortrag thematisierten Empfindung, daß alles menschliche Sein und Wirken vergänglich sei, nicht aber die göttliche Ordnung, die der Mensch zu achten hat, selbst wenn die zeitlichen Umstände es ihm noch so schwer machen. Märtyrer und Heilige sind seine Helden, Menschen, die kompromißlos die richtige Überzeugung bis in den Tod vertreten. Sein Anliegen stellte *Gryphius* besonders deutlich in der Vorrede zu »Leo Armenius«, erstmals publiziert im Jahre 1650, kurz nach dem Ende des Dreißigjährigen Krieges, heraus. Dem Verfasser geht es, da »vnser gantzes Vatterland sich nuhmehr in seine eigene Aschen verscharret/ und in einen Schawplatz der Eitelkeit verwandelt«, darum, »die vergänglichkeit menschlicher sachen in gegenwertigem und etlich folgenden Trawerspielen vorzustellen« (Gryphius, Leo Armenius, Vorrede, S. 4).

Ein dieses Anliegen vertretender Held ist, obschon noch Heide, der antike Jurist *Papinian* (über die Anlage des »Papinian« als Märtyrerdrama: *Heckmann*, Elemente, S. 42ff.; *Raffy*, Le »Papinianus«; *Schings*, Die patristische, S. 185ff.). Großmütigkeit zeichnet ihn aus. Das ist edle Haltung nicht in der heutigen Bedeutung von Großzügigkeit mit Neigung zur Nachsichtigkeit, sondern im Sinne unerschütterlicher Prinzipientreue und Tapferkeit. Hiervon beseelte Menschen stehen allein. Kaum je wird jemand sie auf ihrem zwangsläufig zum körperlichen Untergang führenden Weg begleiten. Sie sind Radikale, von der Wurzel her durchdrungen von der Unverbrüchlichkeit einer Lebenseinstellung, die sich nicht kurzfristig an den aktuellen Lebensumständen ausrichtet. Sie wissen um die Vergänglichkeit von Glück im vordergründigen Sinne von *fortuna* (vgl. *Schings*, Die patristische, S. 185ff., 190, 192). Wo sie Hilfe erlangen könnten, schlagen sie sie aus, weil sie regelmäßig nur unter Einschränkung oder Aufgabe des angenommenen Prinzips zu erlangen ist. So verhält sich *Papinian*. Auf kein Angebot einer lebens- und standesrettenden Lösung geht er ein. Sei es die angebotene Unterstützung der Garde für einen Staatsstreich (*Gryphius*, Papinian, IV.375 bis IV.440), sei es die einen gedachten Herrschaftswunsch *Papinians* legitimierende eheliche Verbindung mit der *Septimius*-Witwe *Julia* (*Gryphius*, Papinian, V.1 bis V.36). *Gryphius* steigert die Unnachgiebigkeit noch darum, daß er *Papinian* nicht allein sein eigenes Leben, sondern auch noch dasjenige seines zu gleicher Größe erzogenen, für Gryphius allerdings noch im Kindesalter stehenden Sohnes hingeben läßt. Er läßt *Papinian* im Augenblick des Todes seines vor seinen Augen ermordeten Sohnes sagen, daß der grimme Zufall dem Sohn Jahr, Stand und was die Erde schätze, raube, ihm aber schenke, was der Sturm des Glücks nicht verletzen könne (*Gryphius*, Papinian, V.260ff.).

Es ist müßig, darüber zu spekulieren, ob die fortwährende Bedrohung der eigenen Existenz den Ausdrucksdrang und die Ausdrucksfähigkeit *Gryphius'* hervorrief oder ihm nur die Themen gab. In jedem Falle darf man wohl sagen, daß *Andreas* von klein auf erfuhr, welch unterschiedliche Gaben des Schicksals Füllhorn bereithält und daß es Wohlergehen und Verzweiflung, Beständigkeit und Verlust, Gestaltungsmacht und Ausgeliefertsein nicht gleichmäßig auf alle Menschen ergießt. Und des weiteren darf man wohl sagen, daß sein Werk, so wie es eben ist, nicht ohne die realen Erfahrungen *Gryphius'* von Menschen und ihrem Geschick zustandegekommen wäre. Nicht nur ist das Thema der Vergänglichkeit, der Eitelkeit und Leere allen irdischen Seins und Tuns das Thema des Barock schlechthin und daher der Leidener *Vanitas*-Vortrag zeittypisch, keinesfalls singulär. Sondern *Gryphius* hat in allen Rücksichten wirklich erlebt, daß nichts verläßlich ist, daß man sich an nichts und niemanden vollkommen binden kann – zwar ebenfalls nicht singulär, aber doch deutlicher, als es andere Zeitgenossen tun mußten. Keine Auseinandersetzung mit *Gryphius'* Schaffen verzichtet auf die Schilderung der düsteren Lebensverhältnisse

seiner Jugend. Bis hin zu den gutbürgerlichen Hausbüchern (zum Beispiel *Koenig,
Deutsche Litteraturgeschichte*; in seinem seit der ersten Auflage abgedruckten Vor-
wort vom Herbst 1878 »Dem deutschen Hause« erhoffte sich *Koenig*, daß sein Buch
Hausbuch und Erbbuch werden möge; die Zahl der Auflagen scheint seine Hoff-
nung erfüllt zu haben) bewahrt das kulturelle Gedächtnis im Falle von *Andreas
Gryphius* eine besonders enge Beziehung zwischen Erleben und Werk.

Eine Andeutung der eigenen Kriegserlebnisse *Gryphius'* scheint ein Satz zu enthalten, mit welchem *Caracalla* die Bedenken des *Papinian* zu zerstreuen sucht, um
ihn für die öffentliche Rechtfertigung des Brudermordes zu gewinnen. Es ist ein ka-
meradschaftlicher Appell an das Verständnis für militärische Notwendigkeit als Teil
der Staatsräson: »Hat/ wer dem Läger schafft/ nun ein so zart Gewissen.« (*Gryphius*,
Papinian, IV.179). Der Satz ergibt sich nicht notwendig schon aus dem Stoff, sondern *Gryphius* flicht ihn augenscheinlich eingedenk eigener Erfahrung ein.

2. Schlagworthafter Titel

Gryphius gibt seinem Drama über *Papinian* einen Titel, der nicht durch verhüllen-
de Wortwahl Neugier wecken will,
sondern schonungslos das Ende vorwegnimmt. *Papinian* ist todgeweiht,
er ist »Sterbender«. Nicht in dem allgemeinen Sinne, daß mit jeder Geburt ein endlicher Zeitraum bis zum
Tod beginnt und daher ein Prozeß
des Sterbens einsetzt, sondern in dem
Sinne, daß aus der Lebenszeit eines
Menschen nur noch ein verhältnismäßig kleines Stück übrig ist. Der Leser oder Zuschauer wird sich keine
Hoffnung darauf machen dürfen, daß
das Stück einen »guten« Ausgang würde nehmen können – nicht einmal
darauf, daß die Handlung auch nur
Ansätze zu einem möglichen anderen
Ausgang biete.

Der eingeleitete Geschehensgang
ist unumkehrbar. Es wird durch die
Gegenüberstellung im zweigeteilten
Titel auch sichtbar, daß die Unaus-
weichlichkeit seines Schicksals mit
der Charakterfestigkeit *Papinians* zu
tun haben muß. In ihr wird der
Schlüssel zu der Zwangsläufigkeit der
Entwicklung präsentiert. Es gibt
nichts für das Leben zu retten, weil
das in Standhaftigkeit und Unbestech-

Abb. 9: Hinrichtung Papinians nach Tötung seines Sohnes. Kupferstich von Johann Baptist Paravicini. Aus der Ausgabe des Dramas von 1659.

lichkeit ausgedrückte Lebensprogramm im hier zu findenden Tod gipfelt. Schon die bloße Aussicht auf »Rettung«, an mehreren Stellen des Dramas aufscheinend, ist Störung des Lebenszieles. Jedesmal wird sie vom Helden mit leichter Hand fortgewischt. Ein der Originalausgabe beigegebener Kupferstich von *Johann Baptist Paravicini* (in den fünfziger Jahren des 17. Jahrhunderts in Breslau tätig) nach einer Zeichnung von *Hans Using* (eines ebenfalls damals in Breslau lebenden Künstlers) zeigt *Papinians* Hinrichtung neben dem abgeschlagenen Haupt seines Sohnes. *Papinian* ist ungebunden. Ohne Gegenwehr, in freier Entscheidung beugt er das Haupt vor dem befehlenden Kaiser, um selbst den Todesstreich durch den bereits ausholenden Schergen entgegenzunehmen. Die Unerschütterlichkeit des Helden erlaubt es, den Titel auf seinen Namen und wenige Beiworte zu reduzieren. Der Name allein teilt wegen der Eindeutigkeit des mit ihm verbundenen Charakters schon das ganze Programm des Schauspiels mit, so wie überhaupt das Historiendrama oder das Heiligendrama sich auf die Benennung des Helden oder der Heldin beschränken kann, weil der Name für ein fest im historischen Bewußtsein der abendländischen Gesellschaft verwurzeltes Ereignis steht. Dies hatte sich bereits *William Shakespeare* zunutze gemacht (eine Konfrontation der Autoren lieferte schon im achtzehnten Jahrhundert *Elias Schlegel* in seiner »Vergleichung Shakespears und Andreas Gryphs«).

3. Schicksal Papinians als Bildungsgut

Die Faszination der historischen Person *Papinian* wird *Gryphius* vermutlich schon während des Studiums gespürt haben. Das Studium des Rechts bedeutete damals zuerst und vor allem das Studium des römischen Rechts in der Gestalt, die *Justinian* ihm mit dem *corpus iuris civilis* verliehen hatte. Denn das römische Recht war nicht allein in der Antike – noch vor *Justinians* Neugestaltung – in die römischen Provinzen gedrungen und dort unter germanischer Herrschaft weitergepflegt worden. Vielmehr war es seit dem hohen Mittelalter in der justinianischen Fassung an den neu entstehenden Hochschulen als Gegenstand scholastischer Durchdringung behandelt worden. Die Studenten nahmen diesen Gedankenschatz in ihre Lebensaufgaben mit und griffen immer wieder darauf zurück. So wurde es als ein gelehrtes, systematisches, vollständiges Recht die Grundlage und Klammer für alle Rechtsordnungen in ganz Europa. Dies war die sogenannte Rezeption des römischen Rechts. Örtliche Rechte, geschrieben oder nicht geschrieben, gingen zwar vor, bedurften aber der Vervollständigung durch das römische Recht und der Interpretation im Geiste der Lehre vom römischen Recht. Zugleich lebte das Kirchenrecht von jeher auf der Grundlage des römischen Rechts.

Der gebildete Zeitgenosse eines *Gryphius* wußte, auch wenn die Rechtswissenschaft nicht seine Disziplin war, welche Bedeutung das römische Recht hatte. Eine weitere Öffentlichkeit mußte zwangsläufig wenigstens ungefähr eine Vorstellung davon haben, daß die Regeln alltäglichen Handelns sich aus römischer Zeit herleiteten.

Auch damals wird freilich nicht jedem Theaterinteressierten oder jedem Gebildeten gerade der Name *Papinian* geläufig gewesen sein. Auf den – wie heute der Werbepsychologe sagen würde – Wiedererkennungswert allein durfte der Autor nicht bauen. Und doch wird man eine hinreichende Neugier unterstellen dürfen, die es einem Autor *Gryphius* – wie vielen anderen vor, neben und nach ihm auch – gestattete, historisch (oder auf Heiligenlegenden) gegründete Dramen in der berechtigten Hoffnung auf Wahrnehmung zu verfassen. Ganz im Gegenteil scheint es sogar so zu sein, daß Historiendramen sich generell geradezu als Publikumsmagneten erwiesen. Das Interesse muß dabei nicht notwendig durchweg ein antiquarisches gewesen sein. Der Stoff an sich und seine Darbietung, die Vorführung einer Zuspitzung von Schicksalen fesselte. Namentlich das Gryphius-Drama um *Papinian* war im 17. und 18. Jahrhundert beliebtes Aufführungsgut für die Wanderbühnen. Das Original erfuhr zu diesem Zweck zahlreiche Bearbeitungen, und diesen Bearbeitungen wurden die unterschiedlichsten Titel gegeben, wohl damit das Publikum nicht sogleich bemerkte, daß erst kürzlich ebender Stoff in der Nähe zu sehen und zu hören war (dazu *Maraka*, Tragoedia).

Bei den Adressaten der (anders als das Schauspiel selbst in Latein verfaßten) Widmungsrede zur ersten Druckausgabe des »Papinian« (im Nachdruck von 1984 auch mit moderner deutscher Übersetzung [S. 18*ff.]) jedenfalls ging *Gryphius* offensichtlich davon aus, daß zumindest in Umrissen Kenntnis von der historischen Begebenheit vorhanden war oder immerhin die Bereitschaft, sich mit der zum Verständnis notwendigen Offenheit auf das Drama einzulassen. Zwar mit der üblichen Höflichkeit eines Widmungsschreibers, aber in unüberbietbarer Direktheit empfiehlt *Gryphius* den Räten von Breslau – denn an sie geht die Widmungsadresse – das Vorbild *Papinian*, dabei sein Wissen bekundend, daß die Senatoren die dazugehörige Tugend besitzen. Der Appell an die Tugend dürfte vor allem auf das Zusammenspiel von Gerechtigkeitssinn (*iustitia*) und Stärke (*fortitudo*) zielen.

4. Wissenschaftliche Geschichtstreue und dramatische Umsetzung

Andreas Gryphius legt sich selbst größte Strenge beim Umgang mit der geschichtlichen Überlieferung auf. Die Druckfassung ist fast ein wissenschaftliches Werk. *Gryphius* gibt dem Schauspiel einen reichen Anmerkungsapparat mit Hinweisen zu Personen und geschichtlichen Umständen bei (*Gryphius*, Papinian, Kurtze Anmerckungen). Darin legt er seine Quellen offen; vornehmlich sind dies die Zeitzeugen *Dio Cassius*, *Herodianus* und ein vermutlich im 4. Jahrhundert lebender unbekannter Verfasser von Kaiserbiographien (*Historia Augusta*), der einige Stücke unter dem erdichteten Namen *Aelius Spartianus* aufsetzte (*Gryphius*, Papinian, Anmerkung I.39). *Gryphius* ist um höchste Transparenz bemüht. Er liefert eine gedrängte Inhaltsangabe zum Handlungsverlauf insgesamt (»Inhalt deß Trauer-Spils«) und eine zweite Inhaltsangabe zu den einzelnen Akten (»Kurtzer Begriff der Abhandlungen«).

Angesichts dieser vollkommenen Offenheit dürfte Rätselraten darüber unangebracht sein, ob *Gryphius* mit dem Drama um *Caracalla* und *Geta* Anspielungen auf einen bestimmten Fürsten seiner Zeit vorhat. Die erwähnte Widmungsadresse geht an den Breslauer Senat. Sie knüpft an den Titelhelden, nicht an seinen Widerpart an. Dies darf man wörtlich nehmen. Mit einer zusätzlichen verdeckten Botschaft müßte *Gryphius* sich selbst als großmütigen Juristen, der Gehorsamsverweigerung in bestimmten Situationen für richtig hält, anbieten – doch wem gegenüber? Wohl nicht dem jungen Kaiser *Leopold I.* (der Habsburger lebte von 1640 bis 1705; war Kaiser seit 1658). Wohl auch nicht seinem Vorgänger *Ferdinand III.* (lebte 1608 bis 1657). Es bleibt nur der schon beschriebene generelle Zusammenhang zwischen Werk und der Gesamterfahrung des dreißigjährigen Krieges mit allseits menschenverachtender Machtpolitik, in der Leben und Eigen nichts galten, verbunden mit den eigenen philosophischen und juristischen Studien, allenfalls noch die Beobachtung des englischen Bürgerkrieges der vierziger Jahre des 17. Jahrhunderts, dem indessen ein eigenes Drama (Carolus Stuardus) gilt.

Bemerkenswert ist des weiteren: *Gryphius* verbindet die Geschichtstreue mit antiken Dramenmustern. Er macht starken Gebrauch vom Chor, den er in verschiedenen Zusammensetzungen (die Rachegöttinnen eingeschlossen) als »Reyen« (also Reigen, Reihen) einführt (*Gryphius*, Papinian, nach »Kurtzer Begriff der Abhandlungen«: »In dem Trauer-Spil werden eingeführt«). Das Geschehnis ist auf einen einzigen Tag zusammengedrängt (*Gryphius*, Papinian, am Ende von »In dem Trauer-Spil werden eingeführt«: »Das Trauer- Spil beginnet mit dem Anbruch deß Tages/, wehret durch den Tag/ und endet sich mit Anfang der Nacht«). Es spielt sich im wesentlichen an einem einzigen Ort, im Kaiserpalast ab. Ein zweiter Ort ist zwar das Privathaus *Papinians* (Übersicht über die Handlungsorte: *Gryphius*, Papinian, Kurtze Anmerckungen, am Ende.). Das aber ist nicht wirklich eine Einschränkung des Einheitsprinzips. Denn der Wechsel in die Privatsphäre ist unvermeidlich, um die Person *Papinians* in ihrer Ganzheit sichtbar zu machen, um in den familiären Unterredungen zu zeigen, daß *Papinian* sich nicht nur in der Rolle des Amtsträgers (bei Hofe) durch Standhaftigkeit auszeichnet, sondern in seinem ganzen Wesen von Standhaftigkeit durchdrungen ist. Für Leser und Zuschauer ist so auch nur der Keim des Verdachts ausgeschlossen, daß *Papinian* Unbeugsamkeit möglicherweise nur deswegen mit der Macht seines Amtes heuchele, damit er dem Kaiser schade und dadurch, was nach den äußeren Umständen im Bereich des Möglichen lag, selbst den Kaiserthron erlange. Auf diese Weise hebt sich *Papinian* eindeutig vom Intriganten *Laetus* ab, desgleichen von den kameradschaftlich-nüchternen Hauptleuten, welche ihm die Unterstützung zum Staatsstreich zusagen, schließlich für den historisch Gebildeten außerdem von seinem im Schauspiel bereits auftretenden Nachfolger *Macrinus*, der eines Tages (dies ist dann nicht mehr Gegenstand des Dramas) tatsächlich aus der Position des *praefectus praetorio* für etwas mehr als ein Jahr die Kaisermacht an sich reißen wird.

Gryphius gliedert sein Schauspiel in »Abhandelungen«, nicht in Akte oder »Auffzüge«; vielmehr verwendet er den Begriff des Aufzuges für die Szenen (Bilder) (so in der Lokalisierung aller Szenen am Ende der »Anmerckungen«). Fünf solcher Abhandlungen hat der Autor eingerichtet. Diese Fünfzahl gilt als typisch für *Gryphius*. Bereits die erste Abhandlung zeigt, so beschrieb im neunzehnten Jahrhundert *Robert Koenig* das allgemeine Vorgehen *Gryphius'*, den Schluß auf; die zweite bis vierte Abhandlung bietet lange Monologe und reflektierende Dialoge; und in der fünften Abhandlung wird »durch eine Häufung des Allergreulichsten und Blutigsten ein Schlußeffekt erzielt« (*Koenig*, Deutsche Litteraturgeschichte, S. 276). Worte stehen im Mittelpunkt, nicht Taten. In der Gedrängtheit von Zeit und Raum ist das Gespräch der eigentliche Antrieb der Handlung. Es enthüllt Vorgänge davor, nimmt andere vorweg. Den Zuschauer oder Leser führt es unvermittelt in die entscheidendsten Augenblicke und entfaltet manches Mal höchste Rasanz, droht sich in der Atemlosigkeit von Einzeilern oder gar nur Halbzeilern zu überschlagen (zum Beispiel *Gryphius*, Papinian, III.415ff.; IV.259ff.). Wo die Gedanken ausgetauscht sind und weiteres nur überzeugungsschwächende Wiederholung würde, hält *Gryphius* die Rasanz aufrecht, indem er das nächste Ereignis wie eine Störung anfügt – so wenn die Hetzrede des *Laetus* unter Zeitnot gerät, weil *Geta* und *Julia* sich nahen (*Gryphius*, Papinian, II.161f.). Fast keine Regieanweisung enthält der Druck. Das Geschehen – gleichviel, ob körperlich darzustellen oder nicht – versteht sich von selbst oder wird in den Wortwechseln mitgeteilt.

5. Überhöhung des Opfers

Die Komprimierung des Geschehens in fünf an einem Tage sich abspielenden Akten ist ein Kunstgriff der Darstellung, keine eigentliche Abweichung von den historischen Gegebenheiten. In einem sehr wichtigen Punkt weicht *Andreas Gryphius* allerdings wesentlich weiter von seinen Quellen ab, als es die Darstellung unerläßlich macht. Gemeint ist die Rolle des Sohnes *Papinians*. Während er nach den Quellen zur Zeit der Säuberungsaktionen des Jahres 212 bereits im Amte eines Quästors steht, erscheint er im Gryphiusschen Drama als Knabe. *Papinian* selbst steht für *Gryphius*, wie er schon die vorausgeschickte Kurzschilderung zum ganzen Drama zeigt, im Alter von 36 Jahren (*Gryphius*, Papinian, Inhalt). *Gryphius* folgt insoweit dem Text einer silbernen Urne, welche angeblich *Papinians* Eltern dem Hingerichteten widmeten und deren Abbildung er als Kupferstich III dem Druck von 1659 beilegt.

 Papinians Geburt fiele hiernach in den Sommer des Jahres 175. Das ergäbe eine trotz eventueller verwandtschaftlicher Rücksichten höchst erstaunliche Karriere *Papinians*. Denn demnach hätte *Papinian* schon als Mittzwanziger *praefectus praetorio* des *Septimius* gewesen sein müssen, ganz zu schweigen von den vorangegangenen Ämtern. *Gryphius* nimmt sich die Freiheit zu dieser Verschiebung. Auf diese Weise zählt *Papinian* eher zur Generation der rivalisierenden Kaiserbrüder *Caracalla* und *Geta* als zur Generation des Kaiservaters *Septimius*. Dieser Generationenwechsel macht ihm eine weitere Konstellation plausibel, die dem Konflikt *Papinians* mit *Caracalla* eine zusätzliche persönliche Note verleiht und für sich genommen in einem Teil der Quellen eine gewisse Stütze findet: *Caracalla* und *Papinian* erscheinen als verschwägert. Ihre Ehefrauen *Plautilla* und *Plautia* sind Schwestern. *Caracalla* ließ jedoch noch zu Lebzeiten des kaiserlichen Vaters *Septimius* den gemeinsamen Schwiegervater *Plautianus* beseitigen und schickte *Plautilla* mit dem gemeinsamen Kind in die Verbannung (siehe *Herodianus*, 4.6, über Verfolgung der ehemaligen Caracalla-Ehefrau als einer Tochter des Plautianus; *Dio Cassius*, Epitome zu Buch 76 und 77; auf diese Autoren verweist *Gryphius*, Papinian, Anmerkung zu I.27). Daher wird *Caracalla* auf die Weigerung *Papinians*, seine Bluttat zu rechtfertigen, unter anderem mutmaßen, *Papinian* wolle den Schwiegervater und die Schwägerin rächen (*Gryphius*, Papinian, IV.169ff.).

 Die Verschwägerung von *Papinian* und *Caracalla* ist nur ein Detail. Sie gibt das Gegengewicht zur verwandtschaftlichen Beziehung zwischen *Papinian* einerseits und *Julia* sowie *Geta* andererseits. Denn die Verwandtschaft erstreckt sich für

Gryphius nicht auf *Caracalla*, weil er diesen für einen Stiefbruder *Getas* aus der ersten Ehe des *Septimius* und nicht für den ersten Sohn der *Julia* und damit für einen vollbürtigen Bruder *Getas* hält (*Gryphius*, Papinian, Inhalt). Den Aufwiegler *Laetus* läßt er von zwei Müttern der Kaiser *Geta* und *Bassianus* sowie von Stiefgeschwisterschaft sprechen (*Gryphius*, Papinian, II.25 und II.29). *Laetus* schildert das Machtstreben der *Geta*-Mutter *Julia* als einer dem *Bassianus* fremden Person (*Gryphius*, Papinian, II.31). *Gryphius* verläßt sich hier offensichtlich auf Spartianus, der *Julia* als *noverca* (Stiefmutter) bezeichnet (*Spartianus*, Antoninus Caracalla, 10.1).

Die Vervielfältigung und Gegensätzlichkeit der persönlichen Beziehungen erhebt *Papinian* über den Verdacht, seine Weigerung sei bloß familiären Motiven entsprungen und nicht einer moralischen Stärke. Die Symmetrie wird noch dadurch betont, daß nicht nur *Caracalla* den Gehorsam *Papinians* einfordert, sondern umgekehrt im ersten Akt, noch vor der Anbahnung des Brudermordes, *Julia* Bestätigung der Treue *Papinians* suchen zu müssen glaubte (*Gryphius*, Papinian, I.157ff.). *Papinian* versichert, beiden Brüdern gleichermaßen treu ergeben zu sein (I.189ff.).

Ungleich bedeutsamer ist die Einbeziehung des Sohnes *Papinians* in das Geschehen. Der Sohn wird vor den Augen *Papinians* getötet werden, weil *Papinian* bei seiner Verweigerung bleibt. *Papinian* wird die Tapferkeit des Sohnes preisen, um dann selbst sein Leben zu verlieren (*Gryphius*, Papinian, V.163 bis V.364). An dieser Stelle verdient die Inhaltsangabe im Wortlaut vorgestellt zu werden:

> »Inhalt deß Trauer-Spils.
> Aemilius Paulus Papinianus deß Römischen Käysers Severi geheimer Freund/ Käysers Bassiani Schwager/ seines Brudern Käysers Getae Verwandter/ aller dreyer Oberster Reichs-Hofemeister oder Praetorii Praefectus, wird in der höchsten Ehre von Neid/ Verleumbdung und und Verdacht angetastet/ nachmals als Käyser Bassianus seinen Stiff-Bruder Käyser Getam in den Armen der Mutter und Käyserlichen Wittib Juliae ermordet; angehalten den Bruder-Mord bey dem Römischen Rath und Läger zu entschuldigen. Weil er aber dise hochschändliche Unthat zu beschönen/ ungeachtet alles Versprechens Eigens-Nutzes/ angedräuter Gefahr/ Verlusts der Ehre und Güter/ ungeachtet aller einrede der Anverwandten/ Freunde/ und Käysers Bassian selbst/ großmütig verwidert wird er den Tod seines einzigen Sohnes anzuschauen/ und sein wohlverdintes Haubt mit bestürtzung deß gantzen Hofes und der Welt/ dem verfluchten Richt-beil zu unterwerffen gezwungen in dem XXXVI. Jahr/ zehenden Monats und vierdten Tage seines Alters den XXV. deß Hornungs/ als Burgermeister zu Rom gewesen/ M. Pompejus Asper und P. Aper, welcher Ambt auff das CCXII. Jahr nach der Geburt unsers Erlösers und Seligmachers einfällt.«

Großmütig widersetzt *Papinian* sich dem kaiserlichen Ansinnen. Nur die eigene Unbeugsamkeit unterwirft ihn dem Zwang, Zuschauer des Todes seines Sohnes zu werden und selbst dem »verfluchten Richtbeil« zu unterfallen. Der Zwang ist kein unwiderstehlicher. Er ist in freier Entscheidung gewählt. Der Zwang ist Konsequenz der Willensstärke *Papinians*. Es ist nicht die massenhafte Säuberung des Gemeinwesen, der das einzelne Opfer sich nicht entziehen könnte, sondern ein individuelles Schicksal, das *Papinian* bejahend annimmt. *Papinian* opfert seinen Sohn und sich. Und der Sohn ist in frühreifer Bevorzugung der Standhaftigkeit bereit, für die Sache zu sterben. Die Bereitschaft erklärt er, bestärkt durch seinen Vater sowohl vorausschauend (*Gryphius*, Papinian, IV.249ff., IV.359ff.) als auch im Augenblick des Todes (V.239ff.).

Vater und Sohn erbringen gemeinsam ein einzigartiges Opfer. Sie verschmelzen in ihrem Denken und daher auch in ihrem Schicksal zu einer einzigen und unerschütterlichen Person. Der Vater opfert den Sohn, wie *Abraham* aus Gehorsam gegenüber dem Höchsten den *Isaak* zu opfern bereit war (Genesis 22.1ff.) und – mehr noch – wie Gott den Menschensohn *Christus* wirklich opferte, um der Menschheit Heil zu spenden. Der Sohn *Papinians* gibt sich selbst hin für den Vater. Und bereits in dem Sohn gibt der Vater sich hin, was aber noch seine Konsequenz in der zusätzlichen Selbstaufopferung *Papinians* hat, weil die beiden nur geistig und nicht körperlich wesenseins sind. *Papinian* – und man wird hinzulesen müssen: mit und durch seinen Sohn – bezeichnet sich gar selbst ausdrücklich als das Sühneopfer für das Gemeinwesen:

> »Last Götter mich vor Fürst/ vor Rath/ Volck und Gemein/
> Vor Läger/ Land und Reich/ ein rein Sün-opffer seyn!«
> (*Gryphius*, Papinian, V.317f.).

Nicht der Christen Gott ist es, aber immerhin die Göttin der Gerechtigkeit, die *Papinian* in seinen letzten Worten besonders anspricht:

> »Kommt Hals und Brust ist bloß.
> Heilge Themis die du Sitten
> Ins Geblütt hast eingepflanzet;
> Die der grimmen Völcker wütten/
> Durch gemeines Recht umbschanzet;
> Und durch diß was du gesezt
> Dein gelibtes Rom ergetzt;
> Gönne daß Ich dir zu Ehren
> Dir/ die Ich jtzt sterbend grüsse;
> Die Ich annoch sterbend libe;
> Mein nicht schuldig Blutt vergisse.
> Und/ (wo Ich was bitten kan)
> Schaw diß Reich heilwertig an!«
> (*Gryphius*, Papinian, V.342 bis V.354).

Mit dieser Bitte um Heilspendung führt *Papinian* die Aufgabe des sich selbst Opfernden zum Schluß. Ohne daß eine Handlungsanweisung nötig wäre, weiß der Leser, daß nun das Richtbeil *Papinians* Haupt abschlägt. Das nächste Wort spricht der Scherge:

> »Geschehn!«
> (*Gryphius*, Papinian, V.355).

Das »verfluchte Beil« richtete *Papinian*. Bestürzt weist *Caracalla* den Schergen zurecht. Er hätte das Schwert benutzen müssen (*Gryphius*, Papinian, V.356; eben dazu auch eine Anmerkung *Gryphius'*). Der Zuschauer war auf das Richtbeil vorbereitet. Der Reigen der *Themis* und der Rasereyen (der vielnamigen Rachegöttinnen, der Erinnyen, Furien, Eumeniden, »Wohlmeinenden«; die vor allem in der Dreizahl auftreten, nämlich als *Megaira* die Neiderin, als *Alekto* die nie Aufhörende und als

Tisiphone die Rächerin des Mordes) hatte es am Ende des zweiten Aktes angekündigt:

> »Du steh Papinian!
> Sih kein bedräuen an!
> Erschrick vor keinem tödten!
> Durch das gezuckte Beil;
> Erlangst du Ruhm und Heil/
> und weichst den grimmen Nöthen.«
> (*Gryphius*, Papinian, II.535 bis II.540).

Gerade die Schmach des Richtbeiles ist es, die den höchsten Ruhm verursacht. Denn ein größeres kann das Opfer nicht sein, als wenn es sich ohne das mindestdenkbare Maß an Würde vollzieht. Nicht anders als mit dem *scandalum crucis* verhält es sich hier. *Christi* Opfertod erfuhr seine höchste Steigerung durch eben die niederträchtige Hinrichtungsart der Kreuzigung. Offen bleibt allerdings, ob die Gleichung so weit reicht, daß das Versöhnungsopfer *Papinians* gar eine Erlösung, eine Hebung der Gesellschaft auf eine höhere Stufe bedeutet. Und nicht nur eine Besänftigung der aufgebrachten Gottheit mit der Folge, daß lediglich der *status quo ante*, das frühere Gleichgewicht wiederhergestellt wird. Diese Frage wird der Leser und wird der Zuschauer für sich beantworten müssen. Dem Autor und Christen *Gryphius* selbst dürfte eine Darstellung *Papinians* als eines heidnischen Erlösers wohl zu sehr in die Nähe einer Gotteslästerung gegangen sein. Aber auch wer *Papinian* die Rolle eines Erlösers abspricht, wird möglicherweise in dem Schauspiel eine unangemessene Verwendung des Gedankens einer Nachahmung Christi (*imitatio Christi*) erblicken wollen (so *Nörr*, Papinian, S. 323).

Eher gegen eine Erlösung spricht der vom Chor der römischen Frauen im Hause *Papinians* vorgetragene Klage, wer denn nun die Unterdrückten schützen solle, den Witwen beistehen und die Verwaisten schützen (*Gryphius*, Papinian, V.479 bis V.480). Die Funktion des Rechts, gerade auch dem Schwächeren gleiche Teilhabe zu verschaffen, ist uralte Vorstellung. Man begegnet ihr bereits in der Nachrede auf der (zu Lebzeiten *Gryphius* freilich noch unentdeckten) Gesetzesstele des *Hammurapi* (Codex Hammurapi) aus dem achtzehnten Jahrhundert vor Christi Geburt. Die Klage gipfelt im allerletzten, hoffnungsleeren Satz der Tragödie:

> »Wir folgen grosser Mann höchst-klagend und gedencken
> Das Recht mit deiner Leich und Sohn ins Grab zu sencken.«
> (*Gryphius*, Papinian, V.541 bis V.542).

Fast möchte man mit einem dänischen Prinzen ergänzen:

> »Der Rest ist Schweigen.«
> (*William Shakespeare*, Hamlet. Prinz von Dänemark, 5. [letzter] Aufzug, 2. [letzte] Szene. Auch hier ist Schauplatz eine fürstliche Burg, nämlich Schloß Helsingör).

Doch bleibt die Klage des Chores zu sehr im Vordergrund des zeitlichen Geschehens, der physischen Ordnung, die Recht bewirkt. Die im Recht ruhende geistige Antriebskraft ist gestärkt und insofern die Gesellschaft gehoben. Es ist nicht vollkommenes Heil. Dieses konnte allein der göttliche Erlöser stiften und die tröstende Kenntnis, daß es bereits begann, war im damals noch heidnischen Rom nicht allgemein. Aber die ins äußerste getriebene Bewahrheitung von Recht ist ein Fort-schritt in der Entwicklung der Menschheit.

Das allerdings bringt auf der Bühne niemand mehr zu Gehör. Der Leser oder der Zuschauer wird diesen Schluß aus eigener Kraft ziehen müssen. Diese Kraft aufzubringen fällt nicht leicht. Selbst die Jünger *Christi*, denen aus ihrer Nähe zu *Jesus* doch das beste Verständnis für die erlösende Heilsbotschaft zuzutrauen wäre, hatten sie nicht sogleich beim Tode des Herrn. Aller Mut verließ sie schon vor und bei der Gefangennahme. Die Jünger sind am Ölberg wie gelähmt (*Markus* 14.37ff.; *Matthäus* 26.40ff.; *Lukas* 22.45f.), *Petrus* verleugnet seinen Umgang mit *Jesus* (*Markus* 14.66ff.; *Matthäus* 26.69ff.; *Lukas* 22.54ff.; *Johannes* 18.15ff.) und die Jünger zerstreuen (*Markus* 14.50ff.; *Matthäus* 26.56) beziehungsweise verstecken sich (*Johannes* 20.19).

V. Das ungebrochene Recht

1. Erlösung?

Nach dem soeben Gesagten teilt *Gryphius* bei aller Gewalt des dargestellten Ge-schehens die Botschaft von der ideellen Bewährung des Rechts und damit der Stei-gerung der Gesellschaft, bewirkt durch das Selbstopfer *Papinians*, am Ende nur be-hutsam, fast zweifelnd mit. Hätte *Gryphius* sich nicht auch in dieser letzten Konsequenz drastischer ausdrücken können, wo er doch auf größtmögliche Trans-parenz des Schauspiels wert legt? Er tat es. Nicht in den letzten Worten, sondern durchweg veranlaßt er den Leser und Zuschauer durch die Entwicklung von Ge-schehen und Gesprächen zur Abwägung des höchsten Gutes Recht gegen alle übri-gen Belange, ohne allerdings das Ergebnis vorzuschreiben. Er kann das Ergebnis nicht vorschreiben (weder im Verlauf noch am Schluß des Dramas) und muß es der Beurteilung des Lesers oder Zuschauers anheimstellen, weil es sich um die von ihm allein nicht lösbare Grundfrage der Gesellschaftsordnung handelt: Steht das Recht über allem oder die Herrschaft? Ist also insbesondere der Fürst über die Gesetze er-haben oder nicht? Das ist das oben (zu II) beschriebene Thema der Zeit. *Gryphius* legt Unterworfensein des Fürsten unter das Recht sehr nahe, gibt die Frage aber letzten Endes an die Gesellschaft zurück. Denn nur sie kann die Antwort geben, wenn die Antwort Lebenswirklichkeit sein oder werden soll, also mehr als bloß ei-ne Idealvorstellung.

Die folglich nur mutmaßliche Überlegenheit des Rechts wird zum Problem vom ersten Akt, ja vom ersten Satz der ersten Szene an. Die Szene besteht aus einem einzigen Monolog des Titelhelden. Vorahnend resümiert er seine bisherige Lauf-bahn im Dienste des Gemeinwesens nach unverbrüchlichen Regeln des Rechts (*Gryphius*, Papinian, I.1ff., insbesondere I.78ff.). Unentwegt und im höchstdenkba-ren Maße pflichtbewußt versieht er seinen Dienst. Stets kann der Rechtsuchende sich an ihn wenden. Durch und durch lauter ist *Papinian* für keine Falschheit an-fällig. Der christlichen Lehre begegnet der Heide *Papinian* rücksichtsvoll (I.85ff.). Er beteiligt sich nicht an blindwütiger Verfolgung, sondern will, daß Christen die-selben Rechte genießen, wie alle anderen Römer auch. Wenn Erniedrigung der

Christen neues Recht zu sein behaupten wolle, so sei solches Recht in Wahrheit nicht das heilige Recht (I.92), sondern zu verfluchen.

Wegen seiner unerschütterlichen Korrektheit, wegen seiner Weigerung, irgendwelche Zugeständnisse zu machen, sieht *Papinian* Gefahr für seine Person:

> »Wer die gemeine Noth
> zu lindern sich bemüht; sucht nichts als eigenen Tod.«
> (*Gryphius*, Papinian, I.153f.).

Aus Intrigen ist das Beil geschliffen, das durch seinen Hals zu gehen droht (*Gryphius*, Papinian, I.57). Der erste Akt endet mit dem Auftritt des Reigens der Hofleute, welche das Unheil beschwören, die persönliche physische und seelische Gefahr, welche in der Nähe der Macht lauert (I.373ff.). Wenn ein unvorbereiteter Leser oder Zuschauer bislang aus irgendeinem Grund an einen Ausgang geglaubt haben sollte, der dem Helden das Leben rettete, so ist spätestens jetzt jede Hoffnung zunichtegemacht.

2. Die Stärke des Rechts

Die Frage nach der Stärke des Rechts durch die Stärke des das Recht aufrechterhaltenden bewahrenden einzelnen Menschen ist beherrschendes Thema durch die Entwicklung der Gespräche in den folgenden Akten und findet ihre größte Verdichtung im Schlußakt mit der Doppelhinrichtung. *Gryphius* findet mehrere wiederkehrende Gesichtspunkte, um die Hoheit des Rechts zu demonstrieren: Herausragend ist einmal die Schwäche des Kaisers, der nicht wirklich die Kraft zur Ausübung von Eigenmacht verfügt. Herausragend ist zum anderen der felshafte Charakter *Papinians*, der nicht das mindeste Wanken zeigt, der nicht einmal auch nur eine geradlinige Entwicklung zur Standhaftigkeit erst noch vollziehen muß, sondern von Anbeginn unerschütterlich ist; der offensichtlich in der Erziehung des Sohnes schon einen Knaben zu gleicher Stärke geführt hat; der sich mit den Anschauungen des Vaters *Papinians* deckt, welcher alles Verständnis für die Hartnäckigkeit *Papinians* zeigt, mit der er sich weigert, dem Kaiser zu Gefallen zu sein. Herausragend ist zum dritten die allseitige und immer aufs neue fruchtlose Bemühung von Familie, Heer und Kaisermutter, der Hoheit des Rechts die persönlichen Interessen vorangehen zu lassen.

3. Zum ersten Gesichtspunkt (Die Schwäche des Fürsten)

Caracalla ist Inhaber der Macht, aber nicht wirklich Souverän. Er muß vom Intriganten *Laetus*, eines auf den Thron spekulierenden Höflings, gegen den kaiserlichen Bruder *Geta* aufgewiegelt werden (*Gryphius*, Papinian, II.1ff.). Unzuverlässigkeit und Machtstreben des Bruders wie seiner Mutter *Julia* sind die teils erdichteten, oder zumindest übertriebenen Vorhaltungen. Sogar die Anordnung des verstorbenen, vergöttlichten (III.110) Vaters *Septimius*, beide Söhne mögen die Herrschaft ausüben, zieht *Laetus* in Zweifel (II.57). Er packt *Caracalla* bei seinem Selbstbewußtsein und erklärt dem vor dem Recht Völkerrecht Zurückschreckenden (II.68): »Ein Fürst ist von dem Recht und allen Banden frey« (II.69). Völkerrecht ist in der Antike das bei allen Völkern jenseits bestimmter menschlicher Satzungen zu findende ewig wahre Recht, das Naturrecht (*Ulpianus*, Digesten 1.1.1.3 und 1.1.1.4). Der Kaiser kann zwar Satzungen geben und aufheben, wie später der kaiserliche Beamte *Cleander* gegenüber *Papinian* äußert (*Gryphius*, Papinian, III.483). Nicht aber, wie *Papinian* antworten wird, der Götter ewiges und der Völker Recht (III.486, III.490). *Caracalla* läßt sich im Gespräch mit *Laetus* unter Zeitdruck setzen und stolpert unüberlegt in einen gänzlich unvorbereiteten Disput mit *Geta* (II.161f., II.163ff.). In dessen Verlauf schilt *Julia* die beiden wie unartige Kinder: »Oh Kinder haltet inn!« (II.259).

Der Fürst ist nicht »*legibus solutus*«. Er ist mächtigeren Regeln, hier der Autorität der höheren Generation, unterworfen. Daß es gerade die Stiefmutter *Julia* ist, die ihn zurechtweist (der Vater *Septimius* wird freilich später als Geist ebenfalls erscheinen), wird man als eine Anspielung auf eine von (dem angeblichen) *Spartianus* überlieferte Begebenheit nehmen dürfen. Der Historiker berichtet, daß *Caracalla* seine Stiefmutter, die als schöne Frau galt, einmal lediglich nachlässig bekleidet antraf. Es regt sich Begierde in ihm und er spricht sie an: »Ich würde wollen, wenn ich dürfte«. *Julia* entgegnet: »Wenn es Dir gefällt, dann darfst Du. Oder weißt Du etwa nicht, daß Du der Herrscher bist und Gesetze gibst, nicht annimmst?« (*Aelius Spartianus*, Antoninus Caracalla, 10).

Weil es *Caracalla* an Entschlußkraft mangeln könnte, stichelt der Intrigant *Laetus*: »Verträgt der Fürst den Hohn?« (*Gryphius*, Papinian, II.261). Erst auf dieses Stich-Wort, fremdbestimmt, gebraucht *Caracalla* den Dolch und bleibt dabei den Worten des *Laetus* verhaftet: »Nimm hin vor diese Schmach!« (II.262).

Nach der Bluttat allein, verliert *Caracalla* die Fassung (*Gryphius*, Papinian, III.1ff.). Reue und Verzweiflung packen ihn, er ist, wie *Laetus* im Gespräch mit dem ihm ergebenen *Sabinus* feststellt (III.213ff.), nicht Herr der Lage, ein armseliger Verbrecher. Er klammert sich an die Hoffnung, daß Unruhen, namentlich im Heer, vielleicht mittels Rechtfertigung durch *Papinian*, mit Einbettung des Rechtsbruchs in das vorhandene Recht, unterdrückt werden könnten (III.204ff.). *Geta* soll zur Vermeidung des Geredes und ungünstigen Urteils der Gesellschaft ein Staatsbegräbnis erhalten (III.192ff.), wozu freilich die Initiative *Julia* schon längst eigenmächtig ergriffen hatte (III.61ff.). *Julia* sieht die Tötung nicht als Betätigung unumschränkter Entscheidungsgewalt des *Caracalla*, sondern als Ergebnis einer Verführung (III.169). Die Bestrafung des Anstifters verlangt sie, nicht diejenige des Täters. Das liegt nicht daran, daß man *Caracalla* als dem Fürsten keinen Rechtsbruch vorwerfen könnte. Denn dann wäre doch auch der (schlechte) Ratgeber gerechtfertigt. Vielmehr bleibt *Caracalla* außer Betracht, weil er nur gefügiges Werkzeug ist. Dem *Caracalla*, bloß der Knechte Diener, traut *Julia* nicht einmal Verantwortlichkeit zu (III.170ff.). Darauf erst und ausdrücklich wegen *Julias* Verlangen, fällt *Caracallas* Entschluß, *Laetus* zu beseitigen (III.183ff.).

Die wohl am tiefsten in die Seele eines Beteiligten schauende Stelle des Stücks ist die erschütternde Szene am Ende des vierten Aktes. Einsam auf seinem Stuhl eingeschlafen erlebt *Caracalla* in einem Traum den Geist seines Vaters *Septimius*, vereint mit dem Chor der Rasenden. Die Rachegöttinnen schmieden einen Dolch. Dem Talionsprinzip folgend, Gleiches mit Gleichem vergeltend, ersticht der zürnend urteilende, rächend strafende Vater den Sohn (*Gryphius*, Papinian, IV.441ff.). Die von *Papinian* vorgesehene Gewissensnot (IV.416) stellt sich auf ärgste Weise ein. Der Täter selbst empfindet sich als das notwendige Sühneopfer. Dies ist nicht Aufopferungswille, sondern quälende Last. Sterben muß er durch die Hand dessen, der ihn erzeugte; durch den *pater familias*, dem die grenzenlose Herrschaft über den Sohn zusteht. *Caracalla* spürt Urangst, die Furcht, daß der, der das Leben gab, es jederzeit wieder nehmen könne. Schlimmer kann Winzigkeit der eigenen Person nicht gefühlt werden. Sterben muß (nicht: darf) *Caracalla*, weil er göttliches Recht (*fas*) verletzte und die Gottheiten, zu denen auch der vergöttlichte Vater zählt, beleidigte.

Der Traum endet hier, weil *Caracalla* an seiner Existenz bricht. Aufs tiefste erniedrigt, verläßt der erwachte Kaiser schweigend die Bühne. Die Szene enthüllt, daß der auf der Gewissensebene (vielleicht mit *Hobbes'* Leviathan [oben zu II] erst dort, aber eben spätestens dort) packende Zwang, die Gesetze zu achten, den Fürsten ebenso scharf trifft, wie die staatliche Ordnung alle übrigen Individuen bindet. Selbst wenn es so sein sollte, daß der Fürst den Konflikt mit dem Recht allein in seinem Gewissen und nicht gegenüber einer staatlichen Einrichtung auszutragen habe, so handelt er unmöglich regelfrei. Er besitzt nicht die Leichtigkeit autokratischer Regelbestimmung. Die Handlungsfreiheit ist bloß eine förmliche im Verhältnis zu allen anderen Staatsgliedern. Diese Handlungsfreiheit kann der Fürst angesichts der auch ihn treffenden Beschränkungen des Rechts nicht materiell ausfüllen. Der Fürst ist sogar derjenige, welcher dem Recht am schonungslosesten ausgeliefert ist. Alle übrigen Mitglieder des Gemeinwesens können sich zusammentun und die Durchsetzungskraft von Recht im Rechtsbruch der Gewaltunterworfenen mit dem Risiko fürstlicher Maßregelung auf die Probe stellen. Der Fürst hingegen ist einsam. Er steht ausschließlich dem Recht gegenüber. Niemand hat eine mit der seinen vergleichbare Position inne. Wenn auch die Strafe der Götter für den rechtbrechenden Fürst zuweilen lange auf sich warten läßt oder nie eintritt (so die *Papinian* den Staatsstreich anbietenden Gardisten: *Gryphius*, Papinian, IV.413), entgeht er ihr doch nicht. Denn wenigstens im marternden Gewissen tritt sie ein, wie *Papinian* hervorgehoben (*Gryphius*, Papinian, IV.416; siehe oben) und früher der Chor der Hofleute eindringlich beschrieben hatte (III.647ff.).

Für den verzagenden Kaiser ist alles weitere nur noch Automatismus. Wie schon lange sich abzeichnend (siehe nur *Gryphius*, Papinian, IV.187ff.: Erwägungen des *Caracalla*; IV.259: Sorge der *Plautia*), büßt im folgenden und letzten Akt *Papinians* Sohn sein Leben ein, und nachdem dies einmal geschehen, kann es für *Caracalla* auch keinen Halt mehr vor dem Leben des Helden geben, der lebend die Sympathien des Volkes haben würde (V.297ff.). Wie wenig *Caracalla* das Geschehen beherrscht, zeigt seine Fassungslosigkeit darüber, daß der Scherge das Beil statt des Schwertes benutzte (V.356ff.).

4. Zum zweiten Gesichtspunkt (Der Fels *Papinian*)

Caracalla selbst bezeichnet *Papinian* als »Wunder unsrer Zeit« (*Gryphius*, Papinian, III.209). *Papinian* ist der einzige, den der Ränkespieler Laetus fürchtet (III.246). Die erste Begegnung *Caracallas* mit *Papinian* verläuft erwartungsgemäß für den Kaiser fruchtlos. Die zweite wird bereits die tödliche sein. Durch nichts ist der be-

fehlsverweigernde Prätorianerpräfekt zu gewinnen. Verärgert entläßt *Caracalla* seinen ersten Mann aus der Beratung, nicht ohne *Papinian* angedroht zu haben, daß
er ihn, dem er Wahn und Selbstüberschätzung vorwirft (*Gryphius*, Papinian, IV.146,
IV.186), des Amtes entheben könne (IV.183 bis IV.186). Die anschließenden, eigentlich nicht wahrnehmbaren Gedanken des Kaisers macht *Gryphius* durch Äußerung gegenüber einem Mitglied des Hofstaates hörbar. *Caracalla* sinniert, wie er
Papinian zum Einlenken bewegen könne. Kein noch so rohes Mittel einschließlich
Androhung, den Sohn zu töten, scheint ihm tauglich, wenn nicht der erdichtete
Vorwurf der Verräterschaft hinzutritt (*Gryphius*, Papinian, IV.195f.; der Vorwurf er-
hoben V.175ff.).

    Papinian selbst bedient sich des Bildes von Diamant, Klippe und Felsen, um
die Beständigkeit und Unverletzlichkeit im Tosen der Rechtlosigkeit als das höchste und damit sein Ziel zu verdeutlichen (*Gryphius*, Papinian, IV.289, V.150f.). »Wir
können diß und mehr behertzt und freudig tragen«, ermuntert er den im Familien-
kreis (*Gryphius*, Papinian, IV.292). Der Satz beschließt die Szene verzweifelten Ver-
suches seiner Ehefrau *Plautia*, ihn umzustimmen. *Papinian* ist unerschütterlich.
Man möchte diesen Fels *Petrus* nennen, wie den Mann, auf den *Christus* seine Kirche baute (*Matthäus* 16.18; *Johannes* 1.42).

    Um die Kraft der ausgetauschten Worte – es ist alles gesagt – nicht durch Wie-
derholung zu schwächen, läßt *Gryphius* die Handlung vorwärtsdrängen. Vom Kaiser für einen letzten Versuch entsandt erscheint *Macrinus* (*Gryphius*, Papinian,
IV.293ff.). *Papinian* bleibt bei der Gehorsamsverweigerung. Für diesen Fall ist
Macrinus bereits zum Nachfolger *Papinians* ernannt (er wird im Jahre 217 *Caracalla* beseitigen lassen und den Thron bis zum Jahre 218 selbst besetzen). *Macrinus* teilt *Papinian* die Amtsenthebung mit und, Stück für Stück alle Amtsgeräte
zurückfordernd, entkleidet er ihn sichtbar aller Zeichen seiner Stellung, so wie die
Soldaten *Christus* vor der alle letzte Würde raubenden Kreuzigung entkleideten
(*Markus* 15.24; *Matthäus* 27.35; *Lukas* 23.34; *Johannes* 19.23f.). *Papinian* gibt alles
leichten Herzens hin (*Gryphius*, Papinian, IV.315ff.).

    Wenn *Papinian* und sein Sohn im Kreise der Familie von Ehre und Ruhm der
Beständigkeit, die ihnen über allen übrigen irdischen Gütern stehen, sprechen
(*Gryphius*, Papinian, IV.249 ff.), so ist das nicht ein vordergründiges Glück, sondern
der Versuch, den am Zeitlichen haftenden Angehörigen einen ihnen begreiflichen
Halt zu gewähren. Um der Sache willen verhält *Papinian* sich so, wie er sich verhält. *Papinian* sieht lieber sich und sein ganzes Haus zugrundestürzen, als daß er
das Recht nur um ein Haar abzukürzen werde (*Gryphius*, Papinian, III.481f.). Er
kann dies nicht etwa deswegen sagen, weil ihn die Größe seiner Gedanken ge-
fühllos gemacht hätte. Er ist zutiefst ergriffen – und diese Szene ist wohl die am
stärksten ergreifende –, als der Sohn im Angesicht des Todes sich an ihn wirft und
von den Soldaten fortgerissen werden muß (*Gryphius*, Papinian, V.249). Und diese
Ergriffenheit trägt ihn, den Gehorsam Verweigernden, zum Opfer: »so stirb mein
Kind!« (V.257). *Papinian* weiß in uneinnehmbarer Fassung: »du stirbst! doch sonder
Schande!« (V.251). Ohne Rücksicht auf die Gefahr für sich preist *Papinian* den Sieg
des Sohnes durch den Tod (V.260ff.). Der Spott des Fürsten kann ihm nichts anhaben (V.265ff.), so wie der Spott der Knechte und der Menge *Jesus* nur erhöhte, nicht
erniedrigte.

Alles ist in den Worten *Papinians* gegenüber *Cleander* enthalten:

»Ich muß das heil'ge Recht vor tausend Fürsten ehren.«
(*Gryphius*, Papinian, III.474).

5. Zum dritten Gesichtspunkt (Bemühung um Umkehr)

An der felsenfesten Standhaftigkeit scheitern alle Bemühungen seiner Umgebung: Namentlich *Caracalla* selbst, der *Papinian* im persönlichen Gespräch zu gewinnen sucht (*Gryphius*, Papinian, IV.110ff.), die in einer Mischung aus militärischer Verbundenheit und Opportunismus ihren Arm für eine Thronfolge bietenden Soldaten (IV.375ff.), die berechnende Machtfrau *Julia*, die über einen Kämmerer *Papinian* Ehe und Samtherrschaft anbietet (V.1ff.). Keiner von ihnen begreift die Größe *Papinians* wirklich. Sie haben keine wirklich ernst zu nehmende Alternative anzubieten. *Papinian* nimmt nichts an, so wie *Jesus* die Waffenhilfe des *Petrus* zurückwies (*Markus* 14.47; *Matthäus* 26.51ff.; *Lukas* 22.50f.; *Johannes* 18.10f.). Deutlich erscheint dem Zuschauer die Größe der Verweigerung den Machenschaften vorzuziehen.

Die empfindlichste Kollision allerdings findet in den familiären Gesprächen statt, vor (*Gryphius*, Papinian, III.257ff.; IV.197ff.; V.37ff.) und nach dem Tode (V.365ff.). Es drohen und es treten ein der Verlust von Lebenssinn und Beistand für Hinterbliebene und Schwache. *Plautias* Sorgen um das Wohlergehen von Mann und Kind und ihre Furcht vor der Trostlosigkeit des Witwenstandes steht gegen *Papinians* Unnachgiebigkeit, seine wie Uneinsichtigkeit wirkende erhabene Fernsicht. Dasselbe gilt im Verhältnis zu *Hostilius* und *Eugenia*, den Eltern *Papinians*. Das doppelte Selbstopfer *Papinians* und seines Sohnes läßt die Ehefrau und Mutter *Plautia* stumm zusamenbrechen (*Gryphius*, Papinian, V.529). *Eugenia* bezeichnet sich als »lebend-Todte« (V.536) – so wie *Sophokles* in »Antigone« den Boten über *Kreon* sagen ließ, daß er lebendig tot sei (Vers 1167). Schließlich beklagt der Schlußchor der römischen Frauen den körperlichen Untergang des Mannes *Papinian* und darin die Vernichtung des Rechts, verstanden als wirkend nur durch seinen fortgenommenen Vertreter.

Hier fällt die Abwägung der Güter schwer. Hier stehen Leser und Zuschauer vor der eigentlichen Tragik des Stücks. Der Titelheld steht im Dilemma zwischen Verantwortung gegenüber Angehörigen und Rechtsuchenden und Verantwortung gegenüber dem Prinzip Recht. Ohne die Hilfsbedürftigkeit der Angehörigen und aller Rechtsuchenden war das Dilemma zwischen Recht und Gehorsam noch kein wirkliches. Der Gehorsam gegenüber dem Fürsten hatte deutlich hinter den stärker bindenden Gehorsam gegenüber dem Recht zurückzutreten. Wenn indessen Familie und alle übrigen Menschen, denen doch die Verbindlichkeit des Rechts als lebensschützender Mantel zugute kommen soll, unter der Unumstößlichkeit von Recht zu leiden haben, scheint die Situation unlösbar.

Gryphius weist die Lösung dadurch, daß er vor dem Tode die Sprechenden eigentlich aneinander vorbeireden und nach dem Tode die Klagen an *Papinians* Anliegen, das gar kein persönliches ist, vorbeigehen läßt. Es ist gar nicht die Frage, ob Fürsorge für Angehörige oder allgemein Fürsorge für Schwache der Gesellschaft, auch rechtlicher Beistand, jeweils individuell gewährt, gegen das überindividuelle Prinzip Recht stehen. Vielmehr handelt es sich um Unvergleichbares. Bevorzugung des Prinzips »Recht als unumstößliche Größe« ist kein Nein gegen Fürsorge, weil diese Werte ohne Konkurrenz in verschiedenen Welten liegen – der eine (Recht überhaupt) in überzeitlicher Ordnung, der andere (Fürsorge für die augenblicklich Fürsorgebedürftigen) in zeitlicher Welt. Auch wenn die Angehörigen sich nicht das absolute Prinzip zu eigen machen, so können sie es doch verstehen. So wie die Soldaten nicht enttäuscht sind, sondern Bewunderung für Tapferkeit und Ruhm ausrufen, als *Papinian* ihre Hilfe ablehnt (*Gryphius*, Papinian, IV.431). Der Vater *Papinians* zeigt Verständnis (V.71ff.) und auch die Ehefrau *Plautia* (IV.286). Doch ertragen können sie die allzu drückende Last nicht (V.141ff.; IV.286).

Auch unter diesem dritten Gesichtspunkt bleibt die Standhaftigkeit in der Entscheidung für das Recht die wohl nicht von einem jeden verlangte, aber für den, der die Kraft dazu hat, richtige Lösung.

6. Antwort

Und damit lautet die von *Andreas Gryphius* nahegebrachte Antwort: Das Recht ist unbeugsam und weicht nicht vor den Anforderungen des Tages. Und sei es der Fürst, der dies verlange. Wer es nicht über sich bringt, den Gehorsam zu verweigern, wird von *Gryphius* keinen Vorwurf erfahren. Wer aber sich zur Verweigerung entschließt, darf gewiß sein, richtig zu handeln.

Quellen und Literatur:

1. Das besprochene Werk selbst:

Andreas Gryphius, *Großmüttiger Rechts-Gelehrter/ Oder Sterbender Aemilius Paulus Papinianus.* Trauer-Spil, Breßlaw, ohne Jahr [1659], Nachdruck Bern/Frankfurt am Main/Nancy/New York, 1984. Das Druckjahr nimmt man allgemein mit 1659 an, weil die im Band enthaltene Widmungsrede Gryphius' auf September 1659 datiert ist.

Weitere Ausgaben im vorbezeichneten Nachdruck, S. 36'f. Am bequemsten erreichbar die fortwährend neu aufgelegte Reclam-Ausgabe von Ilse-Marie Barth mit dem Nachwort von Werner Keller: **Andreas Gryphius**, *Papinian*, Stuttgart 1965.

2. Zu Papinian und seiner Zeit:

a) Neuzeitliches:

Hans Ankum, *Le laconisme extrême de Papinien*, in: *Estudios de Histora del Derecho Europeo. Homenaje al profesor G. Martinez Diez*, Band 1, Madrid, 1992, Seiten 43ff.

Hans Ankum, *Papinians Lehre zum legatum per praeceptionem*, in: Klaus Slapnicar (Hrsg.), *Tradition und Fortentwicklung im Recht*. Festschrift zum 90. Geburtstag von Ulrich von Lübtow, Rheinfelden/Berlin, 1991, S. 77ff.

Hans Ankum, *Papiniano, ¿un jurista oscuro?*, in: *Seminarios Complutenses de Derecho Romano (Abril-Junio 1989), I. Cuestiones de Jurisprudencia y Proceso*, Madrid, ohne Jahr (1990), Seiten 33ff.

Emilio Costa, *Papiniano. Studio di Storia Interna el Diritto Romano.* 4 Bände, Bologna 1894 bis 1899, Nachdruck Roma, 1964.

Gerhard Dulckeit/Fritz Schwarz/Wolfgang Waldstein, *Römische Rechtsgeschichte*, 9. Aufl., München, 1995, §§ 34.III.2.a und 42.II.3.

Heinz Hübner, »Papinianus«, in: *Lexikon der Alten Welt*, Band 2, Zürich/München, 1990, Sp. 2215.

Jörs, *Aemilius Papinianus*, in: Georg Wissowa (Hrsg.), *Paulys Realencyclopädie der classischen Altertumswissenschaft.* Neue Bearbeitung, Erster Band. Erster Halbband: Aal bis Alexandros, Stuttgart, 1893, Sp. 572–575 (= Nr. 105).

Wolfgang Kunkel, *Herkunft und soziale Stellung der römischen Juristen*, 2. Auflage, Graz/Wien/Köln (Böhlau), 1967, Nachdruck Köln/Weimar/Wien, 2001, S. 224ff.

Dieter Nörr, *Papinian und Gryphius. Zum Nachleben Papinians*, in: Zeitschrift der Savigny-Stiftung für Rechtsgeschichte. Romanistische Abteilung, 83 (1966), 308 bis 333.

Everardus Otto, *Papinianus, Sive De Vita, Studiis, Scriptis, Moribus Et Morte Aemilii Papiniani*, Jurisconsultorum Coryphaei, Diatriba, Lugduni Batavorum, 1718.

Amalia Sicari, *Leges venditionis. Uno studio sul pensiero giuridico di Papiniano*, Bari, 1996.

Wilhelm Simshäuser, *Papinians Beitrag zur Begründung einer Rechtsscheinhaftung im klassischen römischen Recht*, in: *Iuris Vincula. Studi in Onore di Mario Talamanca*, Napoli, 2001, S. 487ff.

Leopold Wenger, *Die Quellen des römischen Rechts*, Wien, 1953, S. 512ff.

ohne Verfasserangabe, »Aemilius Papinianus« [betreffend den Sohn Papinians], in: Georg Wissowa (Hrsg.), *Paulys Realencyclopädie der classischen Altertumswissenschaft.* Neue Bearbeitung, Erster Band. Erster Halbband: Aal bis Alexandros, Stuttgart, 1893, Sp. 575 (= Nr. 106).

b) Antikes:

Cassius Dio, deutsche Ausgabe seines Werkes: *Römische Geschichte*, übersetzt von Otto Veh, Band V. Epitome der Bücher 61–80, Zürich/München, 1987, Epitome von Buch 77 und von Buch 78 (S. 377 bis 386).

Herodianus, *Geschichte des Kaisertums nach Marc Aurel*, griechisch und deutsch, mit Einleitung, Anmerkungen und Namensindex von Friedhelm L. Müller, Stuttgart, 1996.

Aelius Spartianus (vorgeschobener Name eines im 4. Jahrhundert lebenden unbekannten Verfassers), *Antoninus Caracalla*, in: *Scriptores Historiae Augustae*, Edidit Ernestus Hohl, Volumen I, Leipzig, 1971, S. 183ff. Eine deutsche Übersetzung des Spartian liegt vor in: *Die Kaisergeschichte der sechs Schriftsteller: Aelius Spartianus, Julius Capitolinus, Aelius Lampridius, Vulcatius Gallicanus, Trebellius Pollio, Flavius Vopiscus*, übersetzt und mit Anmerkungen begleitet von C. August Cloß, Drittes Bändchen, Stuttgart, 1857, S. 281ff.

Aelius Spartianus, *Antoninus Geta*, ebenda, S. 194ff. In der deutschen Ausgabe S. 297ff.

c) Literarisches:

Gian (Giovanni) Vincenzo Gravina, *Il Papiniano*, erstmals 1712 in Neapel in Gravinas Tragedie Cinque erschienen; spätere Ausgabe beispielsweise Giovanni Vincenzo Gravina, Tragedie Cinque. Premesso il suo Libro della Tragedia, In Venezia, 1740, S. 167ff.

Franz Neumayr, *Papinianus Juris-Consultus. Tragoedia Acta Ludis Autumnalibus Anno MDCCXXXIII*, in: Franz Neumayr, *Theatrum Politicum Sive Tragoediae Ad Commendationem Virtutis Et Vitiorum Detestationem Olim Ludis Autumnalibus Nunc Typo Datae*, Augustae Vind. & Ingolstadii, 1760, S. 121ff.

3. Quellen des römischen Rechts:

Ausgabe der justinianischen Digesten (533 n. Chr.; Auszüge aus juristischer Literatur zusammenstellend): *Corpus Iuris Civilis, Volumen Primum, Institutiones*. Recognovit Paulus Krueger. Digesta. Recognovit Theodorus Mommsen. Retractavit Paulus Krueger, 17. Auflage, Berolini, 1963, fortlaufend nachgedruckt.

Ausgabe des justinianischen Codex (534 n. Chr.; Neufassung einer Sammlung kaiserlicher Erlasse, welche Justinian schon im Frühjahr 529 in Kraft gesetzt hatte.): *Corpus Iuris Civilis. Volumen Secundum. Codex Iustinianus*. Recognovit et retractavit Paulus Krueger, 11. Aufl., Berlin, 1954, fortlaufend nachgedruckt.

Aemilii Papiniani ex libris responsorum et quaestionum fragmenta, in: S. Riccobono/J. Baviera/C. Ferrini/J. Furlani/V. Arangio-Ruiz (Hrsg.), *Fontes iuris romani antejustiniani*. Pars altera. Auctores, Florentinae, 1968, S. 433ff.

Ausgabe des *Codex Theodosianus* (438 n. Chr.): *Theodosiani libri XVI cum constitutionibus Sirmondianis*, Edidit cum apparatu P. Kruegeri Th. Mommsen, Volumen I, Pars posterior, Berolini, 1905, Nachdruck Dublin/Zürich, 1971.

4. Römische Literatur:

Marcus Tullius Cicero, *De finibus bonorum et malorum libri quinque*. Recognovit L.D. Reynolds, Oxonii, 1998.

Lucius Annaeus Seneca, *Ad Lucilium epistulae morales*, Recognovit L.D. Reynolds, Oxonii, 1965.

5. Über Gryphius und sein Werk:

Walter Benjamin, *Ursprung des deutschen Trauerspiels*, Frankfurt am Main, 1972.

Willi Flemming, *Andreas Gryphius. Eine* Monographie, Stuttgart/Berlin/Köln/Mainz, 1965.

Erika Geisenhof, *Die Darstellung der Leidenschaften in den Trauerspielen des Andreas Gryphius*, Diss. Heidelberg 1958.

Karl-Heinz Habersetzer, *Politische Typologie und dramatisches Exemplum. Studien zum historisch-ästhetischen Horizont des barocken Trauerspiels am Beispiel von Andreas Gryphius' Carolus Stuardus und Papinianus*, Stuttgart, 1985.

Herbert Heckmann, *Elemente des barocken Trauerspiels*, Darmstadt (später München), 1959.

Robert Koenig, *Deutsche Litteraturgeschichte*, I. Band, 23. Aufl., Bielefeld/Leipzig, 1893, S. 276ff.

Angeliki Maraka, *Tragoedia genandt Der Grossmüthige Rechtsgelehrte Aemilius Paulus Papinianus oder Der Kluge Phantast und wahrhaffte Calender-Macher*, Diss. Berlin (Freie Universität), 1970.

Jean-Louis Raffy, *Le »Papinianus« d'Andreas Gryphius (1616–1664). Drame de martyr et sécularisation du théâtre en Allemagne au XVIIe siècle*, Berne/Francfort-s. Main/New York/Paris/Vienne, 1992.

Hans Schings, *Die patristische und stoische Tradition bei Andreas Gryphius. Untersuchungen zu den Dissertationes funebres und Trauerspielen*, Köln/Graz, 1966.

Elias Schlegel, *Vergleichung Shakespears und Andreas Gryphs*, Leipzig, 1741, Nachdruck Leicester, 1964.

Albrecht Schöne, *Emblematik und Drama im Zeitalter des Barock*, München, 1964.

Marian Szyrocki, *Andreas Gryphius. Sein Leben und Werk*, Tübingen, 1964.

ohne Verfasserangabe, *Andreae Gryphii Lebens-Lauff*, in: *Schlesisches Historisches Labyrinth Oder Kurtzgefaste Sammlung Von hundert Historien*, Breßlau/Leipzig, 1737, Nr. 100 (S. 805ff.).

6. Sonstiges:

Codex Hammurapi; ins Deutsche übersetzte Ausgabe in: Richard Haase, *Die keilschriftlichen Sammlungen in deutscher Fassung*, Wiesbaden, 1979, S. 29ff.

Johann Georg Döhler, *Schein und Seyn Des Richterlichen Ambtes / Das ist Kurtze doch gründliche Unterweisung / Wie ein junger Mensch und Studiosus Welcher dereinst ein Richterliches Ambt antreten, und in Cantzleyen und Gerichts-Stuben sich gebrauchen lassen will/ oder darein gezogen wird/ Sich darzu anschicken/ was er vorher oder bey seinem Amt noch lernen und wissen/ auch was vor Qualitäten er haben müsse?*, Coburg, 1723.

Hugo Grotius, *De jure belli ac pacis libri tres, Hagae Comitis, 1680. Ausgabe in deutscher Sprache: Hugo Grotius, De jure belli ac pacis libri tres. Drei Bücher vom Recht des Krieges und des Friedens.* Paris 1650, Neuer deutscher Text von Walter Schätzel, Tübingen, 1950.

Andreas Gryphius, *Leo Armenius*, Stuttgart, 1996.

Thomas Hobbes, *Leviathan*, London/New York, 1975. Deutsche Ausgabe: Thomas Hobbes, *Leviathan. Oder von Materie, Form und Gewalt des kirchlichen und bürgerlichen Staates*, herausgegeben und eingeleitet von Jacob Peter Mayer, Zürich/Leipzig, 1936, fortlaufend nachgedruckt.

Sachsenspiegel (um 1225). Überliefert in zahlreichen Textvarianten, was eine Vielzahl moderner Editionen ergibt. Leicht erreichbare Ausgabe in heutiger deutscher Sprache: Eike von Repgow, *Der Sachsenspiegel*, herausgegeben von Clausdieter Schott, 3. Aufl., Zürich, 1996. Der Übertragung zugrundeliegend: *Sachsenspiegel Landrecht*, herausgegeben von Karl August Eckhardt, 3. Aufl., Göttingen, 1973, und Sachsenspiegel Lehnrecht, herausgegeben von Karl August Eckhardt, Göttingen, 1956, Nachdruck Hannover, 1989.

William Shakespeare, *Hamlet. Prinz von Dänemark*, übersetzt von August Wilhelm von Schlegel, Frankfurt am Main, 1980.

7. Bildnisse:

Bildnisse von Papinian, Plautia, Septimius Severus, Julia, Caracalla, Geta in der ersten Ausgabe des Dramas vom Jahre 1659 (siehe oben).

Dem Papinian-Portrait in der Gryphius-Ausgabe von 1659 ähnlicher Stich von Fritzsch in: Peter Mortzfeld, *Die Porträtsammlung der Herzog August Bibliothek Wolfenbüttel*, Reihe A, Band 18: Abbildungen Pap-Pl, München/London/New York/Paris, 1991, Seite 5 (Bild A 15750); dazu Beschreibung: Peter Mortzfeld, Die *Porträtsammlung der Herzog August Bibliothek Wolfenbüttel. Biographische und bibliographische Beschreibungen mit Künstlerregister*, Band 6: Mi-Po. A 14103-A 16880, München, 2001, S. 238.

Weitere Bildnisse von Caracalla und Geta bei German Hafner, *Bildlexikon antiker Personen*, Düsseldorf, 2001 (zuvor: Prominente der Antike. 337 Portraits in Wort und Bild, Düsseldorf/Wien, 1981), S. 78, 125.

Bildnis von Andreas Gryphius bei Marian Szyrocki, *Andreas Gryphius. Sein Leben und Werk*, Tübingen, 1964, nach S. 8. Weitere Fundstellen bei Flemming, S. 228. Vorlage zum Kupferstich war ein Ölgemälde. Dieses soll in der Stadtbibliothek Breslau bewahrt worden sein.

Chamfort: *Früchte der vollendeten Zivilisation*
Maximen, Gedanken, Charaktere und Anekdoten

Hans Peter Balmer

Weg mit diesen Fragmenten, wenn die Vollkommenheit kömmt!
Lavater

Moralistik

Im Verlauf der Neuzeit stellt sich zusehends dringlicher die Frage, ob es möglich
sei, ob erforderlich und wünschenswert, das Verhalten der Menschen im ganzen zu
begreifen und auf Einsicht und Begriff eine umfassende Lebensordnung abzu-
stellen. Jene philosophisch-literarische Richtung, die den historischen Vorgang der
kritischen Differenzierung im Auf und Ab von Humanismus, Reformation, Aufklärung und Revolution am getreuesten wiedergibt, ist jene, welche man sich, wenngleich nicht unumstritten, Moralistik zu nennen gewöhnt und als ein wesentlich eu-
ropäisches Phänomen zu erforschen begonnen hat. Moralisten widmen sich den
menschlichen Dingen. Als Künstlerphilosophen können sie zugleich sich ausdrücken und so erst die Angelegenheiten des Menschen mitteilen und Wirkung ausüben. Ihr Denken formt sich an der Erfahrung und bleibt daher in Bewegung. Die
Moralisten sind keine Moralprediger, keine doktrinären Ethiker. Normen relati-
vieren sie: den Buchstaben auf den Geist, den Sabbat auf den Menschen, das Gesetz auf das Leben. Sie reflektieren, was sie sehen, die *mores, les mœurs*: Sitten,
menschliche Verhältnisse, Lebensweisen. Und an Wahrnehmung und Reflexion setzen sie die Befähigung, gewissermaßen Blitze aufleuchten zu lassen, geschliffene
Aperçus, in deren Licht schlagartig eine jeweilige Situation hell wird. In solcherlei
verbalen Fulgurationen – Aphorismen, Maximen, Sentenzen – verdichten sie in ge-
drängtester Form den zentralen geistigen Daseinsakt: das Interpretieren als freiheitliche Daseinsorientierung.

Bahnbrechend wirken die »Essais« des Michel de Montaigne aus dem ausgehenden 16. Jahrhundert. Darin ist ausgeführt, wie umrisshaft die ganze Moralphiloso-
phie aus einem beliebigen Menschenleben herauszuholen ist, trägt doch jeder einzelne die Gesamtform des Menschseins in sich. Eben diesen Versuch macht
beispielgebend Montaigne, sich selbst zu schildern und auf diese Weise der allgemein menschlichen Grundverfassung überhaupt innezuwerden, um ihr zu entsprechen und also ohne Ausflüchte loyal zu leben.

Was Montaigne vorgegeben hat – die Orientierung an der *condition humaine* –
das bildet auch die Grundlage jener »Pensées« (1670) genannten Fragmentensamm-
lung, welche Blaise Pascal hinterlässt, als er Mitte des 17. Jahrhunderts neunund-
dreißigjährig stirbt. Der Mathematiker und Physiker stellt den stets schematisieren-

den Naturwissenschaften die Wissenschaften vom Menschen gegenüber. Sie, die *sciences des mœurs* verfahren frei. Sie bedienen sich der Intuition und des Feinsinns, des Geschmacks und der Urteilskraft. Sie hängen an Eloquenz, an Sprachkunst, an möglichst lebendiger Kommunikation. Das Menschsein wird so verhandelt, seine Begrenztheit und sein Potential, das, was darin angelegt, was damit ausgesagt, von Anfang an mitbedeutet ist in der *condicio humana* (von *dicere* = sagen abgeleitet, noch nicht patristisch von *condere* = gründen, schaffen). Darüber, in immer neuen Anläufen, geht die Rede, fragmentarisch, aphoristisch, appellativ. Die wahre Moral, so heißt es folglich, spotte über die Moral, und der Philosophie spotten, das eben sei wahrhaft Philosophieren. Von den Wirklichkeiten und Möglichkeiten des im letzten unzugänglichen Menschen werden höchstens Aspekte sichtbar. Niemals jedoch entsteht ein umfassendes Bild. Das Dasein bleibt, jenseits aller Festlegungen, uneinholbare Lebendigkeit. Eine Moral, deren Buchstaben diese Offenheit nicht als überlegen achten wollte, von der wäre zu sagen, sie töte.

Im moralistischen Diskurs erodieren die idealistischen Konzepte, allen voran der Entwurf strahlender Tugendhaftigkeit eines gottähnlich glücklichen Lebens aus reiner Vernunft. Francesco Guicciardini und Niccolò Machiavelli im Florenz der Medici sowie Baltasar Gracián im spanischen Siglo de Oro gehen dazu über, dem Machtstreben Rechnung zu tragen und im einzelnen illusionslos anzugeben, wie Menschen ihr Leben tatsächlich zu führen pflegen, miteinander, gegeneinander. Schließlich macht im 17. Jahrhundert in Frankreich der infolge der misslungenen Fronde des Princes depotenzierte Hochadelige La Rochefoucauld (»Réflexions ou Sentences et Maximes Morales«, 1665) vollends unübersehbar, dass die wirklichen Verhaltensweisen sich durch ihre komplexe Motivation großenteils dem Bewusstsein und bloß rationalen Maßstäben entziehen. Eine Heterogenität wird sichtbar und eine Dynamik, die eine einheitliche Antwort auf die Frage nach der menschlichen Befindlichkeit kaum mehr zulässt. Um jener Stabilisierung in Aufrichtigkeit, Authentizität und gesicherter Identität, wonach die Ethik verlangt, überhaupt eine Chance zu belassen, bedarf es der Aufmerksamkeit gegenüber allem Menschlichen in seiner gesamten virtuellen Lebendigkeit und einer entsprechend kunstgerecht geübten Mitteilungsform.

In neuartiger nahezu soziologischer Schilderung der überaus unterschiedlichen und weithin erbärmlichen Umstände, worin die Menschen unter dem Absolutismus Ludwigs XIV. zu leben haben, erprobt sich der aus dem Bürgertum in den niederen Amtsadel aufgestiegene Jurist La Bruyère (»Die Charaktere oder Die Sitten des Jahrhunderts«, Les caractères ou les mœurs de ce siècle, 1688–1694). An Stelle von Konvention und Mode versucht, in quasi protoexistenzieller Revolte, der redliche einzelne nurmehr seinem Naturell nachzuleben, wenngleich kommunikativ, in gegenseitiger Verständigung. Skeptisch gegenüber jener Affektdämmung und Leidenschaftsmodellierung, wie sie der Modernisierungsprozess im Dienste von Gelderwerb, Eigentumsbildung und arbeitsteiliger beruflicher Funktion immer rücksichtsloser einfordert, sucht der Moralist zwischen der sich abzeichnenden bürgerlichen Lebensgestaltung und dem außer Geltung geratenen aristokratisch-feudalistischen Standesethos nach einem neuen Weg.

»Habe Mut«, so tönt es bald einmal, »habe Mut, dich deines eigenen Verstandes zu bedienen«. Selbstdenken, gewiss; doch sind es, jenseits rationalistischer Verkürzungen, ebenso die Empfindungen, die es in Worte zu bringen, die Bedürfnisse, für die es die richtigen Begriffe zu finden gilt. Und also verdeutlicht ein Gewitzter wie Georg Christoph Lichtenberg das Horazische *sapere aude* zu: »Habe Mut zu denken, nehme Besitz von deiner Stelle«.

Zunehmender Zersplitterung und Auflösung war, obgleich symbolisch, mit einer vermittelnden ästhetischen Kultur zu begegnen, welche einigermaßen Sinne und Geist aufeinander abstimmt: ingeniöse Sprachkunst, rhetorische Enthymeme, aphoristische Formen, die den Konflikten in kreativer Weise zu entsprechen und eine gewaltfreie Verständigung anzubahnen vermögen.

Bei aller Anlehnung besonders an die englische Aufklärung ruft unbestechlich bereits Vauvenargues (»Maximen und Reflexionen«, 1746) in Erinnerung, dass die zivilisatorischen und kulturellen Errungenschaften keineswegs in direkter Proportion zur Freiheit sich entwickeln müssen. Vor allen Dingen schien ihm, dass der wahre schöpferische Geist nicht dem Kopf allein sich verdankt. Die großen Gedanken entspringen im Herzen: *les grandes pensées viennent du cœur*. Und erst kraft stimmiger Gedanken und Gefühle stiften sich Beziehungen zwischen dem Menschlichen, erwächst Tatkraft, Gerechtigkeit und, am Ende, die Erfüllung der bedeutendsten aller Anlagen des Menschen: sich zu freuen.

Revolution

Was denn eigentlich unter Auflärung rechtens zu verstehen sei, was Mündigkeit besage und Emanzipation, und auf welchen Wegen sie am besten erreicht werde, darüber herrschte bereits im *Siècle des lumières* selbst Streit. Äußerstenfalls konnte sogar die Auffassung aufkommen, dass die Aufklärung (1750–1789) an ihrer praktischen Realisierung gescheitert sei, nämlich in dem Umsturz der Revolution wie er sich in Frankreich ereignet, in dem Jahrzehnt von 1789 bis 1799. Was da bekanntlich begonnen hatte als Emanzipation aus autoritären Strukturen und übergegangen war zur Proklamation der Menschenrechte, zur *Déclaration des droits de l'homme* am 26. August 1789, das endete, wie alle Welt weiß, entsetzlich, in Terror (1793/94), einem barbarischen Despotismus, schierem Autoritarismus, der Blut vergoss, ungehemmt, wie eine reißende Bestie, die niemand anzuhalten wagt. Blut floss, von Zigtausenden, das Blut der Widersetzlichen nämlich als der in Sachen Freiheit, Gleichheit und Brüderlichkeit vermeintlich Unaufgeklärten: *Sois mon frère ou je te tue!* Sei mein Bruder, oder ich bringe dich um. (Ein Slogan, einer von vielen, die Chamfort geprägt hat.)

Ein deutscher Denker, ein Idealist wie Hegel hat indes die Französische Revolution an der Wende vom achtzehnten zum neunzehnten Jahrhundert rundweg für welthistorisch erklärt. Was sich damals begab, erschien dem Philosophen aus dem Herzogtum Württemberg als ein herrlicher Sonnenaufgang. Tagesanbruch. Ein frischer Morgen. Neubeginn. Endlich sei die Wahrheit in der moralisch-politischen Sphäre lebendig geworden. Zu guter Letzt werde die Weltgeschichte begreifbar: als die reelle Theodizee. Was in der Zeit erscheine, das sei, recht verstanden, oder vielmehr, vernünftig begriffen, nicht weniger als die Rechtfertigung des Absoluten.

Ungleich skeptischer wollte einige Dekaden später Friedrich Nietzsche, der schonungslose Dichterdenker aus dem Sächsischen Pfarrhaus, an eben dem welthistorischen Ereignis der Großen Revolution einen Gegensatz zur Aufklärung entdecken. Damit es überhaupt zu der Volkserhebung kommen konnte, habe es nicht so sehr eines ominösen Weltgeistes, sehr wohl aber der verführerischen Propaganda einzelner bedurft: namentlich des Einatzes des witzigen Chamfort. Diese Sicht der Dinge war nicht neu. Bereits im Revolutionsjahr 1796 hatte ein Anonymus (wohl Konrad Engelbert Oelsner) in der Monatsschrift »Klio«, einem Organ deutscher Jakobiner, hervorgehoben, in welcher Weise der französische Moralist auf die Bildung der öffentlichen Meinung vor der Erstürmung der Bastille eingewirkt habe. Chamfort habe »eine Menge nützlicher Wahrheiten« so prägnant formuliert, dass sie einschlugen wie Blitze und in Windeseile sich verbreiteten und unvergesslich festsaßen. Und in der Tat: »Friede den Hütten! Krieg den Palästen!« – so hat noch der jugendliche deutsche Dichter Georg Büchner aufgefangen, dabei allerdings mit Bedacht die Reihenfolge umgedreht, was in der Tat Chamfort den aufständischen Zeitgenossen als aggresive kämpferische Parole vorgegeben hatte: *Guerre aux châteaux! Paix aux chaumières!* Und den Aristokraten, die nach dem 14. Juli 1789 bekümmert fragten, was denn nun aus der Bastille werde, soll Chamfort erwidert haben, sie könne nur kleiner und schöner werden. *Small is beautiful*, man weiß es.

Wer nun ist dieser witzige, schlagfertige, geistreiche Chamfort? Seine Herkunft wie auch etliche weitere Daten und Fakten seiner Biographie bleiben im dunkeln. Er ist 1741, am 6. April, geboren, in der Auvergne, bei Clermont(-Ferrand), der Geburtsstadt Pascals, ohne Mutter und Vater zu kennen, als Findelkind. Getauft auf den Namen Sébastien-Roch Nicolas, wurde er von Pflegeeltern aufgezogen, Krämer waren sie, und sie haben sich wohl durchaus liebevoll gekümmert. Als der wirkliche Vater wird ein hoher Aristokrat vermutet, möglicherweise ein Domherr der Sainte-Chapelle in Clermont; Chamfort selbst äußert sich in diese Richtung. Der Klerus war es jedenfalls, der – zu einer Zeit noch weitgehenden Analphabetismus – den intelligenten Jungen als Stipendiaten ins Collège des Grassins aufnahm. Es war ein Internat in Paris, für Knaben aus armen Verhältnissen, eine Art kleines Seminar. Die Zöglinge wurden dort in Soutanen gesteckt und in kirchlichem Sinne formiert. Sébastien war ein glänzender, aber offenbar nicht dankbar devoter Schüler. Bereits seiner schulischen Umgebung, den Lehrern, Präfekten und Prinzipalen, setzt er zu, aufmüpfig, kaum kompromissbereit. Er fliegt von der Schule. Und wird nachsichtig wieder aufgenommen. Mit den niederen geistlichen Weihen, als Abbé, wenngleich ohne Neigung zu geistlichem Beruf und kirchlicher Laufbahn, geht er ab. Eines nur rufe die Natur ihm zu: Sei unabhängig! wird er später notieren.

Zunächst betätigte er sich als Hauslehrer, so auch in Köln beim Grafen Van Eyck, weiters als Gelegenheitsschriftsteller (mitunter auch als Verfasser von Predigten) und als Vorleser und Privatsekretär verschiedener adeliger, teils fürstlicher Personen, wie etwa des Prinzen Condé und sogar der Schwester des Königs, was beträchtliche Pensionen einbrachte und Unterbringung im Palais-Royal. Er schreibt fürs Theater. 1764 wird sein komischer Einakter »Die junge Indianerin« (La Jeune Indienne) von der Comédie Française gegeben. Seither gehört Chamfort, wie er als Autor nun sich nennt, zur *République des lettres*, zur Literatengesellschaft, zusammen mit Berühmtheiten wie d'Alembert, Marmontel, Duclos. Es folgen weitere nach der Mode orientalisch kaschierte adelskritische Theaterstücke (»Der Kaufmann von Smyrna«, Le marchand de Smyrne, 1770; »Mustapha et Zéangir, ou l'amitié fraternelle, anecdote ottomane«, 1776). Es folgen sonstige literarische Produktionen. Lobreden auf Dichter des Grand Siècle, Molière (1769) und La Fontaine (1774), der eine wie der andere nicht so sehr als zeitenthobene Klassiker denn als durchaus zeitbezogene Moralisten gewürdigt. Die Elogen gewinnen jedesmal akademische Preise. Derart erfolgreich findet der attraktive und gewandte Chamfort Zutritt zu den Salons der feinen Damen wie Mme Suzanne Necker, Mme Isabelle de Charrière, Mme Helvétius. Und 1781 schafft er es, einen der streng abgezählten Fauteuils, die Nummer 6, in der Académie Française einzunehmen. Nach fünf Jahren bringt Monsieur de Chamfort es gar zum Kanzler dieser 1635 gegründeten, durch Kardinal Richelieu protektierten, berühmtesten aller französischen Akademien. Doch auch da entzieht er sich. Erste Überschattungen treten auf. Wohl als Folge einer nicht kurierbaren Syphilis-Infektion, die er sich Mitte zwanzig zugezogen hatte, büßt Chamfort Gesundheit und sein strahlendes Aussehen ein. In einem Frankreich, zerrissen zwischen Aufklärungsidealen und antiquierter Frömmelei, verfällt er mehr und mehr der Apathie und Hoffnungslosigkeit.

Gleichwohl beginnt er, der *homme de lettre*, der *philosophe*, auf Seiten der Republikaner mitzuarbeiten an Mirabeaus Streitschriften gegen den Erbadel (»Considérations sur l'ordre de Cincinnatus«, 1786) und, völlig selbstvergessen, gar eigens gegen die Akademien (»Discours contre les académies«, 1791). Es entbrannte der Kampf um die Gleichberechtigung des bislang benachteiligten Dritten Standes, der, wie es polemisch hochgerechnet auf die ganze damalige Welt heißen konnte, ›achtzig Millionen Menschen gegen die siebenhunderttausend Privilegierten‹. Den Kampf heizt er an, indem er dem Abbé Sieyès – Kanonikus zuvor und Generalvikar von Chartres – die Schlagzeilen zu dem zündendsten vorrevolutionären Pamphlet formuliert: *»Qu'est-ce que le Tiers-État?«* (1789). Einem flammenden Menetekel gleich wird hier die zentrale politische Frage plakatiert: »Was ist der Dritte Stand? Alles. Was ist er bisher gewesen? Nichts. Was verlangt er? Etwas zu sein.« Derart lapidar stellt sich das Begehren des Bürgertums nach Gleichsetzung mit der Nation (»Wir sind das Volk!«). Verlangt ist die vertragliche Ableitung alles Rechts und aller Gewalt im Staat von keiner anderen Autorität als allein vom Volk. »Die Menschen«, kommentiert der Moralist in einem Brief (1790), »die Menschen gingen auf dem Kopf, und sie gehen auf den Beinen; ich bin's zufrieden: Fehler werden sie immer haben, Laster auch; aber nurmehr die der Natur, nicht länger die monströsen Entstellungen einer monströsen Regierung«. Chamfort verlässt endgültig seine zahlreichen aristokratischen Gönner und Freunde, beraubt sich damit ihrer sämtlichen Zuwendungen wie auch der königlichen Staatspension, wird zum mittellosen Volksvertreter, zum Journalisten und Chronisten der Revolution, schließlich zum Sekretär des Jakobinerklubs.

Als die Revolution entgleist, ihre Agenten denunziatorisch werden, die Anführer terroristisch, als allein in Paris täglich sechzig bis siebzig Menschen hingerichtet werden, einmal innerhalb von vier Tagen gar über eintausend, die sogenannten Septembermorde, zur Zeit also der jakobinischen Schreckensherrschaft (*la Terreur*), erhebt Chamfort laut Einspruch. Er wagt es, Robespierre und Marat zu lästern. Die vorgebliche Brüderlichkeit der Despoten brandmarkt er als die von Kain und Abel, Eteokles und Polyneikes. Es folgt das Ende, die Katastrophe. Chamfort, obgleich seit 1792 Konservator der Nationalbibliothek, wird verhaftet, eingekerkert, entlassen. Er unternimmt einen Selbsttötungsversuch. Er tut es in mehreren Anläufen, mittels Pistole und Rasiermesser, an Kopf, Kehle, Handgelenk, ebenso grässlich wie ungeschickt. Er diktiert blutüberströmt dem herbeigerufenen Polizeikommissar sein Testament. Er erklärt, er habe eher als freier Mann sterben, denn als Sklave sich in eine Haftanstalt zurückführen lassen wollen. Er sei ein freier Mann, und nie wieder werde man ihn lebendig in ein Gefängnis schaffen. Chamfort stirbt an den Folgen seines Suizidversuchs ein halbes Jahr später, am 13. April 1794, wenige Tage nach Dantons und etlichen seiner Montagnards Enthauptung unter dem Fallbeil der Guillotine. Die nämlichen Umstände haben, wie man weiß, weitere Intellektuelle in den Selbstmord getrieben, beispielsweise auch einen Condorcet. Der Tod Chamforts scheint wie der des stoischen Philosophen Seneca (und der des jüngeren Cato oder gar der Tod des Sokrates) äußerstes Bekenntnis zu sein. Dieser Tod ist seither immer wieder dargestellt und von der Literatur aufgegriffen worden. So auch in Ugo Foscolos moralistisch und rousseauistisch inspiriertem Briefroman »Letzte Briefe des Jacopo Ortis« (Ultime lettere di Jacopo Ortis, 1802), den allerdings Stendhal kritisierte als eine schwerfällige Imitation von Goethes Jugendwerk »Die Leiden des jungen Werthers« (1774).

Früchte

Im Auf und Ab vor seinem Tod mit vierundfünfzig Jahren hatte Chamfort, innerlich distanziert gegenüber den gesellschaftlichen Zuständen und Unternehmungen, (trotz allem wohl nicht vorbehaltlos demokratisch, geschweige denn proletarisch identifiziert,) über Jahre hin, hauptsächlich zwischen 1780 und 1788, auf Zetteln aphoristische Notizen niedergeschrieben und geordnet in Zettelkästen abgelegt. Es spielte sich ab so ähnlich wie seinerzeit bei Blaise Pascal. Aus den Aufzeichnungen, so weit erhalten (und nicht beseitigt und unterschlagen), wurde ein Jahr nach des Autors Tod von einem befreundeten Schriftsteller – Pierre-Louis Ginguené (1748–1816) hieß er – ein Werk veröffentlicht, das Chamfort seither als letzten und in mancherlei Hinsicht schockierendsten der klassischen Moralisten Frankreichs denkwürdig macht. Fürwahr.

Spöttisch, ja bissig verspricht der Titel: »Früchte der vollendeten Zivilisation«. Und die Unterzeile kündigt an, was darin an Kurzprosa zusammengetragen ist und wie die etwa eintausendvierhundert Texte angeordnet sind: Auf die acht Kapitel des ersten Teils ›Maximen und Gedanken‹ folgen in einem zweiten Teil ›Charaktere und Anekdoten‹. Was angeführt wird, sind lauter sogenannte einfache Formen. Davon verweisen die ersten drei auf Vorgänger, nämlich die Maxime auf La Rochefoucauld, die Gedanken auf Pascal und die Charaktere auf La Bruyère. Mit dem zuletzt genannten Element, der Anekdote, ist durch Chamfort noch eine Innovation zum Formenkreis der Moralistik hinzugebracht. Er schlägt damit einen Bogen zurück bis zur kynischen Popularphilosophie der griechischen Antike. Bereits Friedrich Schlegel wie sodann auch Nietzsche haben eben deswegen Chamfort zuerkannt, Philosoph zu sein über bloße Schulweisheit hinaus.

Die lebensnahe Anekdote steht für einen eigenen, kaum entbehrlichen Weg der ethischen Orientierung: den kurzen Weg durch treffende Beispiele, *breve et efficax iter per exempla*. Urmodell ist der Protokyniker Diogenes selbst, der, in einer Tonne bedürfnislos lebend, an den zu ihm hintretenden Weltenherrscher Alexander, keinerlei Ehrerbietung, nur den einen Wunsch wendet: Geh mir aus der Sonne! Und auch Winke mit der Blendlaterne gibt Diogenes redivivus alias Chamfort auf der mitunter verzweifelten Suche nach einem, der den Namen Mensch verdient. Eine einzeilige Anekdote lautet so: »Ein Arzt sagte: ›Nur die Erben zahlen gut‹.« In knappster Form ist so die Geldgier entdeckt, die auf den Tod eines Menschen spekuliert, seitens des Arztes wie seitens der Erben. Eine andere Anekdote – eine immerzu zitierte seither – schildert, wie Madame, die Tochter des Königs, einmal die Hand eines ihrer Kindermädchen betrachtete, dann die Finger zählte, dann verwundert sagte ›Wie? Sie haben auch fünf Finger, ganz wie ich?‹, und dann zur Sicherheit noch einmal zählte.

Eine mehr wölfische als menschliche Gesellschaft ist es, was Chamfort zu Gesicht bekommt; einen Wald voller Diebe nennt er sie: *un bois rempli de voleurs*. Seine pessimistische Betrachtungsweise, ungeachtet Montaignes (beziehungsweise Senecas) Mahnung näher bei dem Misanthropen Timon als bei dem gelasseneren Diogenes, verschärft sich mitunter bis ins unverhohlen Zynische hinein. Als ob es nicht makaber, nicht barbarisch wäre, berichtet Chamfort, dass jemand äußerte (Duclos vielleicht oder Diderot), er möchte erleben, wie der letzte König erwürgt wird mit dem Darm des letzten Priesters. Auch dies trotz allem das prägnante Beispiel einer Anekdote. Drastisch beleuchtet sie das Begehren des bisher rechtlosen Dritten Standes, es möchten die beiden anderen Stände, die Adeligen und die Prälaten, aufeinander losgehen und sozusagen sich selbst aufheben und das Feld räumen für die Citoyens.

Hinter Chamforts »Produits de la Civilisation perfectionée« ist an vielen Stellen der Autor selbst zu bemerken. Die Aufzeichnungen sichert er gern als Augenzeugenberichte ab. Unverkennbar figuriert unter der Majuskel M... Chamfort *lui-même*. Einfluss nimmt aus dem Hintergrund sodann vor allem Jean-Jacques Rousseau mit seinem Kulturpessimismus. Voltaire hingegen ist nicht ganz so bestimmend, jedenfalls nicht mit allzu viel aufklärerischem Fortschrittsenthusiasmus. Jenes, worauf in zentraler Weise die Bewegung der Aufklärung setzte, der Glaube an die Perfektibilität, an den zivilisatorischen Fortschritt und vor allem das Zutrauen in die moralische Vervollkommnung des Menschen selbst, wie in höchsten Tönen etwa von Condorcet gefeiert, das alles ist hier in Frage gestellt. Entgegen den hochfliegenden Erwartungen bleibt doch der Mensch, was er ist: unvollkommen, unbehaust, zerrissen zwischen Natur und Gesellschaft. Gesellschaftliches erscheint als künstlich, reduziert insgesamt zu einer bloßen Zuflucht, nämlich vor der nach wie vor gegebenen vielfachen Bedrängtheit durch die Natur. Ein heilloses Hin und Her zwischen Gesellschaft und Natur, darin beruht das geschichtliche Elend, das Dilemma der menschlichen Lage. Sie erscheint kaum weniger aussichtslos als nachmals bei den Denkern des Absurden. Nicht als ein Sisyphos, aber als ein Ixion, sinnlos und qualvoll aufs Rad geheftet, wird bestraft, wer törichterweise Wolken umarmt. Aber wer könnte schon leben, ohne Wolken zu umarmen, frei von allen Illusionen?

Immerhin stehen Wege offen, einerseits die Ruhe in einsamer Zurückgezogen-
heit zu suchen und andererseits auf der Basis der Menschenrechte eine vernünfti-
ge, eine freiheitliche und gerechte Gesellschaft zu errichten. Beides bleibt gleichwohl verfänglich. Denn das Glück ist damit noch längst nicht gemacht. Das Glück
ist vielmehr eine schwierige Sache, so schwierig, dass es kaum in einem selbst und
unmöglich außerhalb sich findet. Wie schmerzlich das klingt, gewiss. Wie nüchtern
aber auch, gemessen an der stoischen Maximalforderung, der einzelne habe sich
selbst glücklich zu machen. Chamforts glücksskeptische Sentenz hat noch Arthur
Schopenhauer seinen »Aphorismen zur Lebensweisheit« (1851) als Motto vorangestellt. Obendrein verträgt die stets in Antinomien sich zeigende Wirklichkeit durchaus keinerlei Vereinseitigung. Widerstrebende Kräfte wie Vernunft und Leidenschaft, Kritik und Illusion, Reflexivität und Tatkraft bleiben immerzu auf dem Plan.
Alles ist Stückwerk, alles vermischt. Nichts ist einheitlich, nichts ist rein: *Tout est
mixte. Rien n'est un, rien n'est pur.*

Als der disparaten Lage angemessen gilt die pragmatische Orientierung an Maximen. Sie nämlich erlaubt am ehesten eine umsichtige und geschmeidige Lebensführung. Maximen sind Spiegelungen von Beobachtungen. Die Sentenzen werden
geschliffen und mitgeteilt, um den Leser zu ermuntern, seinerseits möglichst weiter zu gehen. Derart zuredend wird der Autor in der Tat zum Menschenprüfer, einem sokratischen, mäeutischen. Was erbracht wird, erst noch und immer neu, das
ist, über Einsichten und Erkenntnisse hinaus, letztlich Arbeit an sich selbst, ist Bildung der Person. Da sind nun welche, die eine Maxime annehmen, um sich die
Beobachtungen zu ersparen, die den Autor zum sentenziösen Resultat geführt haben. Es sind die Stumpfen ohne eigene Initiative. In der unintelligenten Anwendung wird der Maxime fälschlich eine Allgemeinheit unterstellt, eine Prinzipialität,
als sei sie unverrückbar höchster Leitsatz, *maxima propositio, maxima regula.* Der
Verfasser, sofern nicht selbst mittelmäßig, wollte aber keine Vorschriften machen
und keine Gesetze geben. Indes finden sich auch Kompetente. Sie erfassen intuitiv
Ähnlichkeiten und Unterschiede. Sie differenzieren. Ihrem Urteil ist klar, unter welchen Umständen eine Sentenz auf diesen oder jenen Fall anwendbar ist, ob mehr
oder minder, ob überhaupt nicht. Die methodischen Hinweise ergänzt Chamfort mit
einem Vergleich aus dem Bereich der Naturwissenschaft: ihre Klassifizierungen, so
sehr sie auch Kombinations- und Beobachtungsgabe erfordern, entstammen – und
das ist immer zu beachten – dem Wunsch nach Vereinfachung. Ingeniosität stellt
sich unter Beweis, indem sie überall die individuellen Modalitäten zu berücksichtigen versteht und nicht geistlos an fixen Einteilungen haftenbleibt. Bloß mechanisch
ist nichts auszurichten. Für die Lebensführung haben Maximen vielmehr ungefähr
die Bedeutung der Regeln in der Kunst. Gesteigerte Lebendigkeit verlangt selbstverständlich, ganz so wie meisterliches Schaffen, Klugheit, Geschmack, Urteilskraft,
Geist, kurzum, die schöpferische Anverwandlung des Überindividuell-Typischen.
Erforderlich ist stets der kreative Umgang mit jeglicher Direktive.

Chamforts hermeneutische Anmerkungen – um dies hier anzufügen – bestätigen glänzend, was die Forschung als kennzeichnend für die Moralistik überhaupt
herausgestellt hat, dass sie nämlich, vor aller inhaltlichen Festlegung, auf Mitspra-
che angelegt ist. Der moralistische Autor will dem Leser weder als überlegene Autorität gegenübertreten, noch als neutraler Informant, sondern ganz wesentlich als

seinesgleichen, von Ich zu Du. Die der Autorintention angemessene Rezeption verfährt weder vollziehend noch enthebend. Sie verläuft dialogisch.

Zu einer gewissen Verhärtung wird es in der Praxis ohnehin kommen. Fatalerweise stellt sich ein Ultimatum, nämlich: entweder Amboss oder Hammer sein zu müssen, Schläge einzustecken oder auszuteilen. Unter Menschen, sagt eine von Chamforts bekanntesten, traurigsten, schwärzesten Maximen, unter Menschen hat das Herz keine Chance, es muss sterben oder versteinern; französisch in einprägsamer Allitteration: *le cœur se brise ou se bronze.*

Als Gegenmittel – und das ist nicht ganz unproblematisch, wie es später in Nietzsches Zarathustra nicht unproblematisch ist – wird das Lachen beschworen, der Ausbruch, der Lasten abschüttelt, erleichtert, befreit und erheitert, gelegentlich aber auch Verbitterung nur übertönt oder auf Kosten anderer geht, sie angreift und verletzt, böse oder blöde. Wie auch immer, der Tag, an dem man nicht gelacht hat, wird zum verlorenen Tag. Das ist eine Sorge, die die Moralisten haben, die sie mitunter zu Satirikern werden und in karnevalesken Interpretationen sozusagen vorgreifen lässt. Schon La Bruyère mahnt, man müsse sich beeilen zu lachen, und zwar auch bevor man glücklich sei, aus der Befürchtung heraus, zu sterben ohne je gelacht zu haben. Lachen ist, so unsinnig es klingt, gewissermaßen der Ernstfall der Humanität. Es ist seit Aristoteles das Kennzeichen, das den Menschen vom Tier unterscheidet. Rabelais, Geistlicher, Anatom, Arzt, Dichter, in seinem überschäumenden Pentychon von »Gargantua und Pantagruel« (1532/35), einem fünfbändigen satirischen Riesenroman ausgelassener Lebenslust, wiederholt es ausdrücklich für die beginnende Neuzeit: *rire est le propre de l'homme.* Und da das Lachen gleichwohl nicht die bestverteilte Sache der Welt, sondern mitunter ein eher knappes Gut ist, so besteht in der Tat ein Teil berechtigter Selbstsorge darin, nicht unter jene zu geraten, die bei Rabelais die Agelasten heißen, jene Finsterlinge, die nicht lachen.

Im übrigen sind es hohe Erwartungen, schwindelerregend mitunter, die Chamfort an die Gesellschaft heranträgt: Anteilnahme, echte Empfindungen, ehrliche Gespräche, freigebige Mitteilung, Vergnügen, Solidarität, Liebe, Freundschaft. Die Öffentlichkeit hingegen erlaubt gewöhnlich nur eine einseitige, rollenhafte, ziemlich unfruchtbare Selbstentfaltung. Die Institution Ehe wird – auch in der Tradition aristokratischer Preziosität – persifliert, sozusagen dankend abgewiesen als ein zu vollkommener Zustand für die Unvollkommenheit des Menschen. Schließlich werden Maximen erwogen, epikureische, die in »genießen und genießen lassen, ohne sich oder sonst jemandem zu schaden«, ja im »Tu, was du willst« die ganze Moral umschreiben. Solcherlei Freigeisterei ist Bestandteil des französischen Esprit von jeher, schon bei François Villon, und erst recht, seit François Rabelais von Thélème erzählte, der Utopie einer gänzlich freien Sozietät. »In der Liebe«, um einen einzelnen Aphorismus wörtlich anzuführen, »ist alles wahr, alles falsch. Sie ist das einzige Ding, über das man nichts Absurdes sagen kann.« Das schließt nach Tradition und Zeitumständen auch libertinistische Aspekte ein, dergestalt etwa, dass abwärts des Nabels was hehr und heilig ist aufhöre, wie es das italienische Sprichwort will: *Sotto umbilico ne religione ne verità.* Ernsthaft, jenseits sozusagen von ›Scherz, List und Rache‹, eröffnet sich in alledem ein gewissermaßen präromantisches Ethos der Sensibilität. Es lässt keinerlei Ausflüchte zu, keine Trivialitäten. Es weist, ungeachtet aller scheinbarer Libertinage, einen wenig bequemen Weg: den Weg anhaltender Erschütterlichkeit und stetig sich verfeinernden Erlebens. Wohin es vorausdeutet, ein solches Ethos der Sensibilität, das ist nicht mehr und nicht weniger als die wechselseitige Durchklärung von Geist und Sinnen. »Empfinden macht denken«, gewiss. Und ebenso gewiss macht denken empfinden.

Der Rest

Chamfort, der einbekennt, seine frühesten Schmerzen seien ihm »zum Panzer geworden gegen die folgenden«, steht da als ein Mensch in seinem Widerspruch. Für einen Pessimisten hat man ihn erkannt und einen Menschenhasser, ähnlich dem Alceste in Molières Verskomödie »Le misanthrope« (1667). Doch ist er es, wenn überhaupt, aus anfänglich großer Liebe, möglicherweise übergroßer Liebe zum Leben und den Menschen. Der Moralist aus der Auvergne bekennt, wer mit vierzig kein Menschenfeind sei, der habe die Menschen nie geliebt. Damit gibt er, kaum anders in diesem Punkt als Jean-Jacques Rousseau, den typischen Fall jener beinahe unvermeidlichen Widerfahrnisse, die bereits Plato in einer sozusagen moralistischen Schlüsselstelle eines seiner Dialoge dem Sokrates in den Mund gelegt hat. Hass auf Menschen stelle sich ein, wird da gemahnt, sowie einer allzu naiv seinesgleichen vertraut, um dann, und sogar seitens vermeintlicher Freunde, mit Unzuverlässigkeit und Boshaftigkeit fortwährend vor den Kopf gestoßen zu werden. Daraus erhellt, wie unerläßlich Menschenkenntnis ist. Sie ist es, die laut Sokrates davor gefeit macht, falsche Schlüsse zu ziehen.

Chamfort nun tut sich etwas zugute, sich selbst nicht zuwidergehandelt zu haben und seinem Denken und Charakter treu geblieben zu sein. Modell der Klugheit liefert das Bild des Adlers, einsam und kühn in der Luft. Gleichwohl ist er sich völlig im klaren, dass auch bei ihm die Ungereimtheiten Oberhand haben. Sein Leben, so gesteht er ein, sei ein einziges Geflecht von augenfälligen Gegensätzlichkeiten zu seinen Prinzipien. Geradezu konfessorisch listet er auf: »Ich liebe die Fürsten nicht, und bin befreundet mit einer Fürstin und einem Fürsten. Man kennt meine republikanischen Grundsätze, und mehrere meiner Freunde haben monarchische Orden. Ich liebe die freiwillige Armut und verkehre mit reichen Leuten. Ich weiche allen Ehrenbezeigungen aus, und doch sind einige zu mir gekommen. Die Literatur ist fast mein einziger Trost, und ich verkehre nicht mit Schöngeistern und gehe nicht zur Akademie. Man nehme hinzu, dass mir Illusionen für die Menschen unentbehrlich zu sein scheinen, und ich lebe ohne Illusionen; ich halte die Leidenschaften für wertvoller als die Vernunft und weiß gar nicht mehr, was Leidenschaften sind«. Soviel aus den Chamfortschen Konfessionen. Die Unentbehrlichkeit der Affekte, ihre Lebensdienlichkeit war gegen die platonische wie stoische Doktrin zuvor seit Montaigne immer wieder bekräftigt worden; nicht zuletzt und besonders einflussreich auch von Alexander Pope in seinem »Essay on Man« (1732/34). Durchaus in Kenntnis dieser Tradition, in erster Linie jedoch aus persönlicher Einsicht hat Chamfort, ein Mensch, laut Nietzsche, »reich an Tiefen und Hintergründen der Seele, düster, leidend, glühend«, an einer Stelle angemerkt, er habe seine Leidenschaften niedergekämpft, etwa so wie einer sein Pferd, da er es nicht zu lenken weiß, erschlägt. Ein Verhalten, um nichts weniger töricht als etwa das eines Chemikers, der sein Feuer auslöschen wollte. Alsdann ist kein Vorankommen mehr und kein Bestehen.

Chamfort, der in erstaunlichem Maß Bescheid weiß, hört, eben deswegen, in unbeugsamer Redlichkeit allmählich auf, gesprächig zu sein. Tag und Tag erweitert die Liste der Dinge, über die er nicht spricht. Und als der Philosophischste gilt in jedem Fall der Schweigsamere, derjenige, »dessen Liste am längsten ist«. Die Wendung ins Schweigen, die Abkehr von Teilnahme und Gemeinschaft, wie sie auch von vielen anderen modernen Literaten (Hölderlin, Hofmannsthal, Benn, Saint-Exupéry, Camus, Celan, Hildesheimer) bekannt ist, erklärt sich nicht nur als das Eingeständnis einer epochalen Not. Das Schweigen ist schlechterdings nicht zu umgehen, und das Ungesagte ist von äußerster Bedeutung. Zugleich ist Schweigen aber gefährlich.

In einer Szene, einem kurzen Wortwechsel zwischen einem Türhüter (*un Suisse de porte*) und Monsieur D'Alembert wird auf groteske Weise deutlich, wie lächerlich und doch beinahe unbedingt die lebendige Sprache Wirklichkeit setzt:

Der Türhüter: Monsieur, wohin möchten Sie?
D'Alembert: Zu Monsieur de ...
Der Türhüter: Warum sprechen Sie nicht mit mir?
D'Alembert: Man wendet sich an Sie, mein Lieber, wenn man wissen will, ob der Herr zu Hause ist.
Der Türhüter: Nun, also?
D'Alembert: Ich weiß, dass er zu Hause ist. Ich bin mit ihm verabredet.
Der Türhüter: Das ist egal; man hat mich immer anzusprechen. Spricht man nicht mit mir, so bin ich nichts.

In der Tat! Welche Probe auf die grundlegende Kondition, die Erwägung, schlechterdings nicht angesprochen sich zu erleben. Wer nicht spricht und mit niemandem, der ist kein Mensch.

Inmitten revolutionärer Umwälzung bezeugt Chamforts Leben und Denken das moralistische Engagement auf bestürzende Weise. Die Gleichheit, die Freiheit und die Brüderlichkeit, nach denen so lange gesucht, um die in Aufklärung und Revolution so schmerzlich gerungen wurde, sie hängen vor aller politisch-sozialer Etablierung doch an wirksamen Versuchen wechselseitiger Verständigung.

Insofern damit ein Weg gewiesen ist, der auch oder sogar in erster Linie literarisch-symbolisch zu beschreiten ist, setzen unmittelbar an Chamfort und die die französische Moralistik die Brüder Schlegel an; August Wilhelm zunächst in einer ausführlichen Rezension (1796); ein Jahr später Friedrich, indem er mit einer Reihe »Kritischer Fragmente« (1797) die Aphoristik in der deutschen Literatur eigenständig macht. In Verbindung mit Novalis und Schleiermacher wird die fragmentarische Schreibweise richtunggebend für die Romantik. Sie erweist sich als die Bewegung auf indirekte, durch Ironie und Witz aufgeladene und zusätzlich umgeleitete Bedeutung des Unendlichen hin. Damit verliert sich allerdings die moralistische Intention auf Verständigung über die menschlichen Angelegenheiten zugunsten dessen, was in der romantischen Begrifflichkeit sehr bezeichnend Divinisieren heißt. Darin klingt der Bezug auf die *res divinae*, die göttlichen Dinge an, wenngleich es zum Konzept gehört, dass sie selbstverständlich nie verfügbar werden, sondern im Gegenteil nunmehr die gesamte Literatur und das menschliche Wirklichkeitsverständnis überhaupt zu einer uneinholbaren, nie zu vollendenden Annäherung ans wahre Ganze als dem Unendlichen machen. Darin einbegriffen ist, was Novalis die ›Teleologie der Revolution‹ nennt, die Transformation des historischen Geschehens ins Geistige. So erst sollen Mündigkeit und Freiheit vollendet werden, in unausgesetztem Bestreben nach kosmopolitischer Universalität, Völkerrecht, Weltrepublik, ewigem Frieden.

Gegenüber den romantisch überschwenglichen Postulaten ist Georg Christoph Lichtenberg (1742–1799) als der eigentliche deutsche Statthalter der moralistischen Aphoristik anzusehen. Er ist zudem ziemlich genau Lebensaltersgenosse von Chamfort und hat wie dieser seine Aufzeichnungen selbst nicht veröffentlicht. Lichtenberg ist ein Glücksfall in der deutschen Literatur, ein Autor voller Witz und Humor. Sein Akzeptieren oder Verwerfen ist nie total, immer gelassen, oftmals heiter lächelnd. Ob es besser wird, wenn es anders wird, das vermag er so wenig wie sonst jemand in Aussicht zu stellen. Und dennoch kann er mit Festigkeit versichern: Es muss anders werden, wenn es gut werden soll.

Wird so Chamfort und das, wofür er steht, in ein bewundernswertes Gleichgewicht zurückgebracht, so verliert sich dies wieder bei den beiden deutschen Denkern, die, Künstler-Philosophen der eine wie der andere, der moralistischen Linie folgen: Schopenhauer und Nietzsche. Für den ersteren bleibt die Welt insgesamt und unabänderlich im argen; das beste ist, sie zu überwinden. Nietzsche, der mit derlei negativ-resignierender Einstellung aufräumen möchte, begrüßt in Chamfort einen der bedeutendsten Vorläufer seiner eigenen Bestrebungen: nämlich des Sieges über den Geist der Schwere, einer – so wörtlich – ›Heiligung des Lachens‹ und der Sehnsucht nach Steigerung des Menschlichen.

Mitten im Zweiten Weltkrieg, 1944, hat der Algerienfranzose Albert Camus parallel zu seinem Sisyphos-Essay, an Chamfort angeknüpft. In einem Vorwort zu den »Maximen und Anekdoten«, in einer bedenkenswerten, obgleich überspitzten Auslegung wird so aus dem Zeitgenossen der Großen Revolution der Moralist der Revolte und insofern der aufschlussreichste unter den französischen Moralisten. Anders als La Rochefoucauld, der Grandseigneur des 17. Jahrhunderts, in seinen gestochenen Maximen, vergleichbar aber dem modernen Romancier Stendhal, gehe Chamfort dazu über, ganz konkret Portraits und Situationen zu skizzieren. Solchermaßen entstehe ein den Stoffen, Figuren und Kommentaren und allen Einzelheiten insgesamt überlegenes Werk, eine ›Komödie der mondänen Welt‹, andererseits, dank einer Geschichte und einem Helden, das wahre Buch einer erschütternden Erfahrung, wie es nur größten Künstlern gelinge, insofern sie nicht den wahren Lebensstoff dem Artifiziellen preisgeben.

Mit anderen Worten, was Camus bei Chamfort findet, das sind nicht so sehr Maximen, das ist im Umriss ein Roman. Wie ein Satiriker beschreibe er eine in leerer Etikette erstarrte Gesellschaft. Und inmitten dieser ›Marionetten‹ schildere Chamfort sich selbst. Ein Roman der Verweigerung, das sei es, was er habe schreiben wollen. Und er gelange auf diese Weise dahin, die ganze unverfälschte Erfahrung der Revolte zu machen. Er richte, in einer Art verzweifelter Heiligkeit, den Aufstand gegen sich selbst. Daher ende er im Schweigen, in der Absage ans einzige, was ihm noch geblieben war, das sprachliche Kunstwerk. Dies, dass der Roman, obwohl geplant und angegangen, denn doch nicht ausgearbeitet wurde, beruhe auf einer Ästhetik, die beharrlich dazu führe, die Kunst selbst zu verneinen.

Kurzum, Chamforts Leben und Werk erscheint Camus als eine Tragödie der Moral. Dem Abenteuer einer idealen Gerechtigkeit hingegeben, habe er das mit allem Handeln untrennbar verbundene Unrecht mit seinem Herzen nicht vereinbaren können und eher sich selbst als anderen geschadet. Unfähig, sich von der – wie Camus sich ausdrückt – ›Versuchung‹ durch das Absolute mit der Hilfe der Menschen zu befreien, sei Chamfort schließlich nurmehr das Sterben geblieben.

In verändertem Zusammenhang gelangt, gut dreißig Jahre später, der Kultursemiotiker Roland Barthes erneut zur fragmentarischen Rede. Linguistisch beschlagen, übt er sie selbst in einem zutiefst skeptischen, einzigartig auf das Selbst reflektierenden essayistischen Werk. Wiederum ist das Schreibbare ausdrücklich das Romaneske ohne den Roman. Denn dieses Schöpferische in der Beschränkung auf romanhaftes Produzieren, ohne einen Roman zu gestalten, das entspricht jenem unsicheren, unreinen Subjekt, als das, im Gefolge Montaignes schließlich auch Barthes sich einbringt. Das allerdings ist eine literarische Produktivität, unternommen in dem philosophischen Bestreben, unablässig jeglicher Verfestigung irgend eines Diskurses entgegenzuwirken. Insofern ist es – auch hier – ein Abenteuer, das denn doch über die Zeichen hinausgeht und die Sprache. Es ist das Abenteuer auf der Suche nach uns selbst. Und das ist wahrlich ein Abenteuer, denn die Problematik des Menschen, die bleibt bestehen.

Systematische Bibliographie

Chamfort, Œuvres, 4 Bde., hg. Pierre-Louis Ginguené, Paris 1795.
–, Produits de la civilisation perfectionée: Maximes et pensées, Caractères et anecdotes, hg. Pierre Grosclaude, 2 Bde., Paris 1953, [Referenzausgabe, krit.; enth. Bibliographie, Ikonographie, Index analytique (II, 336–346) und Index nominum (ebd. 347–377)].
–, Œuvres, hg. C. Roy, Paris 1960 [textliche Neuordnung; zur Wirkungsgeschichte 397–411].
–, Produits de la civilisation perfectionée: Maximes, Pensées, Caractères et Anecdotes, hg. Jean Dagen, Paris 1968.
–, Früchte der vollendeten Zivilisation, Maximen, Gedanken, Charakterzüge, frz.-dt., hg. R.-R. Wuthenow, Stuttgart 1977 [Auswahl].
–, Ein Wald voller Diebe, Maximen, Charaktere, Anekdoten, Nördlingen 1987.

Montaigne, Michel de: Essais, 3 Bde., Bordeaux 1580/Paris 1588.
–, Œuvres complètes, hg. Albert Thibaudet/Maurice Rat, Paris 1962.
–, Essais, hg. Hans Stilett, Frankfurt a.M. 1998.

Pascal, Blaise: Pensées, Paris 1670.
–, Pensées, hg. Louis Lafuma, 3 Bde., Paris 1952.
–, Gedanken, hg. Jean-Robert Armogathe, Stuttgart 1997.

La Rochefoucauld, Réflexions ou Sentences et Maximes morales, [La Haye 1664], Paris 1665.

–, Œuvres complètes, hg. L. Martin-Chauffier/J. Marchand, Paris 1964.
–, Maximen und Reflexionen, frz.-dt., hg. Jürgen von Stackelberg, München 1987.

La Bruyère, Les Caractères, Paris 1688.
–, –, hg. R. Garapon, Paris 1962.
–, Die Charaktere oder Die Sitten des Jahrhunderts, hg. G. Hess, Leipzig 1940, ²1978.

Vauvenargues, Introduction à la connaissance de l'esprit humain, Paris 1746.
–, –, hg. J. Dagen, Paris 1981.
–, Gedanken und Grundsätze, hg. H. Meister, Heidelberg 1949.

Die französischen Moralisten, hg. Fritz Schalk, Bremen 1962, München 1973 [enthält vollständige deutsche Übersetzung u.a. von La Rochefoucauld, Vauvenargues, Chamfort].
Moralistes du XVIIe siècle, hg. Jean Lafond, Paris 1992.

Sekundärliteratur

Arnaud, Claude: *Chamfort, Biographie, suivie de soixante-dix maximes, anecdotes, mots et dialogues inédits, ou jamais réédités,* Paris 1988.

Balmer, Hans Peter: *Camus und Chamfort, Zum Ethos der Moralisten,* in: H.R. Schlette/F.J. Klehr (Hgg.), *Helenas Exil, Albert Camus als Anwalt des Griechischen in der Moderne,* Stuttgart 1991, 121–161.

Buisson, François-Albert: Art. Chamfort, in: Grente, Georges/Moureau, François: *Dictionnaire des lettres françaises, Le xviiie siècle,* Paris 1960, S. 292–296.

Camus, Albert: *Introduction aux »Maximes« de Chamfort,* in: ders., *Essais,* hg. R. Quillot/L. Faucon, Paris 1965, S. 1099–1109.

Conejo, Didier: *Problèmes chamfortiens, Biographie, réception, texte,* Florenz 1992.

Foscolo, Ugo: *Ultime lettere di Jacopo Ortis,* o.O. 1802.

Frank, Bruno: *Chamfort erzählt seinen Tod,* [wohl nur ein Einleitungskapitel geschrieben und publiziert], in: Neue Rundschau, 1945 (?)

Hess, Gerhard: *Chamfort* (1953), in: ders., *Gesellschaft, Literatur, Wissenschaft,* München 1967, 134–148.

List-Marzolff, Renate: *Sébastien-Roch Nicolas Chamfort, Ein Moralist im 18. Jahrhundert,* München 1966.

Palinurus [i.e. Cyril Connolly], *The Unquiet Grave,* dt. *Das Grab ohne Frieden,* Frankfurt 1982.

Poulet, Georges: *Études sur le temps humain,* Bd. 2, *La distance intérieure,* Paris 1952, S. 56–69.

Renwick, John: *Chamfort devant la postérité*: 1794–1984, Oxford 1986.

Rigdway, R.S.: *Camus's favourite moralist*, in: Studies on Voltaire 199 (1981), 363–373.

Rosso, Corrado: *Chamfort*, in: *Dizionario critico della letteratura francese*, dir. Franco Simone, Turin 1972, Bd. 1, S. 215–217.

Rühle-Gerstel, Alice: *Friedrich Schlegel und Chamfort*, in: Euphorion 24 (1922), S. 809–860.

Teppe, Julien: *Chamfort: Sa vie, son œuvre, sa pensée*, Paris 1950.

Balmer, Hans Peter: *Philosophie der menschlichen Dinge, Die europäische Moralistik*, Bern/München 1981.
–, *Nietzsches Erschließung der europäischen Moralistik*, in: *Perspektiven der Philosophie*, Neues Jahrbuch 7, 1981, S. 9–24.
–, *Lebendigkeit und Bedingtheit, Der moralistische Faktor in der praktischen Philosophie*, in: Freiburger Zeitschrift für Philosophie und Theologie 32, 1985, S. 491–507.
–, *Weisheit der untröstlichen Tröster, Der Diskurs der Moralisten*, in: A. Assmann (Hg.) *Weisheit*, München 1991, 525–536.
–, Art. Condicio humana, in: *Historisches Wörterbuch der Rhetorik*, hg. W. Jens/G. Ueding, Bd. I, Tübingen/Darmstadt 1992, Sp. 337–348.
–, *Moralistische Ethik*, in: A. Pieper (Hg.), *Geschichte der neueren Ethik*, Tübingen/ Basel 1992, Bd. 1, 1–25.

Dagen, Jean: *La morale des moralistes*, Paris 1999.

Delft, Louis van: *Littérature et anthropologie*, Paris 1993.

Fricke, Harald/Meyer, Urs (Hgg.): *Abgerissene Einfälle*, München 1998.

Göttert, Karl-Heinz: *Kunst der Sentenzen-Schleiferei, Zu Nietzsches Rückgriff auf die europäische Moralistik*, in: Deutsche Vierteljahrsschrift für Literaturwissenschaft und Geistesgeschichte 67 (1993), S. 717–728.

Lüthe, Rudolf: *Der Philosoph als Moralist*, in: Zeitschrift für philosophische Forschung 36 (1982), S. 59–63.

Mydlarski, Henri: *Les moralistes des Lumières et la Bible*, in: *Le Siècle des Lumières et la Bible*, hg. Y. Bealval/D. Bourel, Paris 1986, S. 625–647.
–, *Les moralistes des Lumières, Une macro-lecture*, in: Revue des sciences humaines 81 (1989), S. 59–75.

Schulz-Buschhaus, Ulrich: *Moralistik und Poetik*, Hamburg 1997.

Stackelberg, Jürgen von: *Französische Moralistik im europäischen Kontext*, Darmstadt 1982.

Stierle, Karlheinz: *Sprache und menschliche Natur in der klassischen Moralistik Frankreichs*, Konstanz 1985.

Stölzel, Thomas: *Rohe und polierte Gedanken, Studien zur Wirkungsweise aphoristischer Texte*, Freiburg Br. 1998.

Strosetzki, Christoph: *Moralistik und gesellschaftliche Norm*, in: P. Brockmeier/H. Wetzel (Hg.), *Französische Literatur in Einzeldarstellungen*, Bd. 1, Stuttgart 1981, S. 177–223.

Vollhardt, Friedrich: *Selbstliebe und Geselligkeit, Untersuchungen zum Verhältnis von naturrechtlichem Denken und moraldidaktischer Literatur im 17. und 18. Jahrhundert*, Tübingen 2001.

Wentzlaff-Eggebert, Harald: *Lesen als Dialog, Französische Moralistik in texttypologischer Sicht*, Heidelberg 1986.

Werle, Peter: Art. Moralistik, in: *Reallexikon der deutschen Literaturwissenschaft*, hg. Harald Fricke, Berlin/New York 2000, 633–636.

Wolff, Erwin: *Dichtung und Prosa im Dienste der Philosophie, Das philosophisch-moralistische Schrifttum im 18. Jahrhundert*, in: *Neues Handbuch der Literaturwissenschaft*, hg. K. v. See, Bd. 12, Europäische Aufklärung, Wiesbaden 1984.

Zimmer, Robert: *Die europäischen Moralisten zur Einführung*, Hamburg 1999.

Friedrich Schiller: *Wallenstein*

Helmut Koopmann

In der Mitte des Dramas, auch zur Mitte des Dreißigjährigen Krieges, wird Generälen und anderen Gästen Wallensteins im Rathaus zu Pilsen ein Fest gegeben. Der Anlaß ist nicht ganz gewöhnlich: Fürstenhüte werden ausgeteilt, Güter neu zugeschlagen. Es sind Güter der Gegner Wallensteins, auch solche seiner früheren Gönner, die ihn fallengelassen haben. Und wenn das, so scheint es, auch mehr aus Übermut heraus geschieht und aus einem berauschten Wunschdenken heraus, so könnten, wie wir hören, diese Wünsche durchaus Wirklichkeit werden: wenn nämlich die Generäle sich eidlich, schriftlich zu unbedingter Treue Wallenstein gegenüber verpflichten sollten: dann will er bleiben, obwohl der Wiener Hof ihn forthaben will. Um Wallensteins Kommandogewalt derart zu sichern, hat Wallensteins Schwager, Graf Terzky, ein Schreiben aufgesetzt, das nun unter den Generälen und Obristen zirkulieren soll – die Generäle sollen sich verpflichten, sich auf keine Weise von ihm zu trennen und ihm alles, »bis auf den letzten Blutstropfen, aufzusetzen«, unter einer Bedingung: »soweit nämlich *unser dem Kaiser geleisteter Eid es erlauben wird*«.[1] Ein Treuebekenntnis mit Vorbehalt, doch es scheint akzeptabel zu sein, denn das höhere Rechtsgut, der dem Kaiser gegebene Eid, ist vorrangig gewahrt vor dem Gehorsam Wallenstein gegenüber, den das Schreiben den Generälen abverlangt, und so erklären sie sich denn auch bedenkenlos bereit, dieses Blatt nach dem Festmahl zu unterschreiben. Nur einer zögert: Max Piccolomini. Unruhe kommt auf, als er die Unterschrift auf den nächsten Tag verschieben will; der betrunkene Illo, Wallensteins Vertrauter, der den »Welschen«, also den beiden Piccolomini ohnehin nicht traut, redet von einer Hintertür, die deren »zärtliche Gewissen« beruhigen müsse; er selbst verachtet lautstark das ganze Rückversicherungsgetue – und macht so auf etwas aufmerksam, das eigentlich verschleiert bleiben sollte. Ausgerechnet der des Schreibens unkundige General Tiefenbach spricht sein heute sprichwörtlich gewordenes »vor Tische las mans anders« aus, sagt, daß vorher »eine Klausel« dringestanden habe »von Kaisers Dienst«. In der Tat: sie fehlt auf dem Blatt, das zur Unterschrift herumgereicht wird. Ausgerechnet Max Piccolomini, der Wallenstein wie seinen Vater verehrt, unterschreibt endgültig nicht. Illo, besinnungslos vor Wut und Trunkenheit, zieht seinen Degen, aber er wird rechtzeitig entwaffnet, bevor er Unheil anrichten kann. Man geht zu Bett – bis auf Octavio und Max Piccolomini: Octavio, der insgeheim Kaisertreue, der das üble Spiel längst durchschaut hat, klärt seinen Sohn über den betrügerisch eingefädelten Verrat am

---

[1] Schillers Werke. Nationalausgabe. Achter Band. Wallenstein. Hg. v. Hermann Schneider und Lieselotte Blumenthal. Weimar 1949. S. 137 [P IV,1]. Im folgenden in Klammern nur die Akt- und Szenenangaben: WL = Wallensteins Lager, P = Die Piccolomini, WT = Wallensteins Tod.

Kaiser auf, auch darüber, daß Wallenstein schon Verhandlungen mit den Schweden hinter dem Rücken des Kaisers aufgenommen habe. Das alles ist großes Theater, die furiosen Wortwechsel steigern die Szene ins Spektakulär-Grandiose. Wallenstein scheint auf dem Zenit seines Kriegerlebens angekommen zu sein: das Heer ist ihm mitsamt den Generalen blind ergeben – geblendet von Wallensteins Ruhm, seiner Unverwundbarkeit, seinem Charisma, seiner disinvoltura.

Doch der Höhepunkt wird zugleich zum Wendepunkt. Denn ein tödlicher Verdacht kommt auf, ein mörderischer Vorwurf ist nicht mehr hinwegzuwischen: Betrug ist im Spiel, Verrat, um die Legitimität dieses Helden-Daseins ist es geschehen, und mehr als das: Vertrauen, die innerste Bastion des Menschen, ist unterminiert, und niemand ist fortan davon frei. Wer ist Wallenstein? Ein Verräter am Kaiser, obwohl er bis dahin nichts von dem ominösen Schreiben weiß? Die Generäle auf ihre Weise ebenfalls Verräter am Kaiser, weil sie den ihm geleisteten Eid nicht mehr anerkennen? Oder sind diejenigen Verräter, die diese Eidesformel betrügerisch in die Kopie, die den Generälen nach Tische vorgelegt wurde, nicht aufgenommen haben? Sind alle diese Verrätereien gleichzusetzen – wenn man sie denn so bezeichnen will? Aber hat nicht auch der Wiener Hof Verrat an Wallenstein geübt, als er ihn demütigte und fallenließ? Wo ist Ordnung, wo das rechte Handeln? Wo ist das Gute, wo das Böse, wo ist Wahrheit, wo ist Betrug? Der Lachende hat die furchtbare Nachricht nur noch nicht empfangen, heißt es einmal bei Brecht (*An die Nachgeborenen*). Doch andere kennen sie: so der ältere Piccolomini, der zum Schein mitunterschrieben hat – und der bereits den kaiserlichen Brief mit der Ächtung und Verurteilung Wallensteins in seiner Hand hält. Gibt es auch einen Verrat, der den Bruch des dem Kaiser geleisteten Eides durch ein noch höheres Rechtsgut als notwendig, als ethisch legitimierte Handlung rechtfertigen kann – wenn es nämlich darum geht, den Frieden nach so vielen Jahren der kriegerischen Verwüstungen wiederherzustellen? Aber was ist der gebrochene Eid wert, wenn er am Ende vielleicht doch nur Wallenstein und dessen Willen zur Macht gedient haben sollte? Was gilt ein Eid, wenn sich herausstellt, daß er einem Tyrannen geleistet wurde? Wer wagt hier noch über Recht und Unrecht zu entscheiden? Die Schwärze des Verrats verdüstert fortan alles, niemand ist mehr davon frei. Wallensteins Sterne scheinen sich zu verdunkeln, als sie gerade erneut zu strahlen beginnen. Offenbart sich hier nicht plötzlich der schamloseste Egoismus eines Emporkömmlings, sein skrupelloser Machttrieb, wo vom Wohl des Ganzen die Rede ist? Nur Max Piccolomini hat einen Kompaß, der ihm den richtigen Weg zeigt. Er sagt: »Ich kann / In solchen Sachen nur dem eignen Licht, / Nicht fremdem folgen«.

Der Zuschauer, derart tief verunsichert, hat noch mit einer anderen Unsicherheit zu tun, denn er weiß ja zu diesem Zeitpunkt noch gar nicht so recht, worum es bei alledem denn nun eigentlich geht, und deutlich gesagt bekommt er es auch jetzt nicht. Aber Schiller führt bei allem Wortgepolter eine Regie, die untergründig dem äußeren Geschehen fast zuwiderläuft, denn da schleichen sich Mitteilungen ein, die man überlesen könnte und die man doch keinesfalls ignorieren darf: wir erfahren das Wesentliche fast beiläufig. Das Drama scheint in Belanglosigkeiten abzudriften, die Handlung tritt zeitweise geradezu auf der Stelle – aber da holt der Dramatiker zu einer Volte aus, die ihresgleichen sucht. Auf dem Höhepunkt des Festes, als Buttler, Illo, Graf Terzky, allesamt Vertraute Wallenseins, schon den Betrug an den anderen geglückt glauben, als Buttler von Treue spricht und damit die Treue zu Wallenstein meint, nicht die zum Kaiser, als er gesteht, daß nicht »leichte Ursach« ihn vom »langgewohnten Ehrenpfade« treibe, als Illo und Terzky entschlossen sind, nicht nur den Herzog bei Ehren, also in seinem Amte zu erhalten, sondern dem Kaiser in seinem eigenen Wien Bedingungen zu machen, als Terzky triumphierend feststellt: »Unsre Sachen stehen gut« – da ruft er nach dem Kellermeister, der aufgehen lassen solle, was er habe, die besten Weine, denn heute gelte es, und Buttler weiß wie eigentlich jeder, der an dieser exaltierten Festlichkeit teil hat: » Es ist ein großer Augenblick der Zeit«. Und inmitten des allgemeinen Trubels, inmitten des Bedientenschwatzes, der nicht wenig aufgeregten Siegessicherheit der Verschwörer und dem Auf- und Abgewoge der Festlichkeit, in der alles in Bewegung ist, Spielleute von Terzkys Regiment über den Schauplatz und um die Tafel herumziehen, als die aufwartenden Pagen und Bedienten hin und her eilen, inmitten also des »wilden Lebens« kommentiert der Kellermeister, nach dem Terzky gerufen hat, das Geschehen mit skeptischer Ernüchterung. Neben ihm steht Neumann, der Adjudant Terzkys, der das Falsifikat verfertigt hat, also eingeweiht ist in die betrügerische Verschwörung, und er muß sich anhören, was der Kellermeister über das denkt, was hier geschieht, und er sagt es deutlich genug:

> Es geht zurück
> Mit diesem edeln Haus – Kein Maß noch Ziel!
> Und die durchlauchtige Verschwägerung
> Mit diesem Herzog bringt uns wenig Segen. [P IV,5]

Neumann respondiert irritiert: »Behüte Gott! Jetzt wird der Flor erst angehn«, nachdem erneut Burgunder verlangt ist, die siebzigste Flasche schon, doch der Kellermeister setzt sein Raisonnement fort:

> Meint Er? Es ließ’ sich vieles davon sagen.
> [...]
> Sie wollen gar zu hoch hinaus. Kurfürsten
> Und Königen wollen sies im Prunke gleich tun,
> Und wo der Fürst sich hingetraut, da will der Graf,
> Mein gnädger Herre, nicht dahinten bleiben.

Größenwahn also, Maßlosigkeit, Hybris und tolle Verblendung: ein Leben, in das Verwirrung hineingekommen ist, in dem das *mundus vult decipi* gilt. Die Welt verlangt es ohnehin nach Täuschung und Betrug, und mit dessen Hilfe soll es aufwärts gehen um jeden Preis. Wo befinden wir uns, ist die Generalität außer Rand und Band geraten? Wie soll das enden? Ist der etwas miesepetrige, griesgrämige Kellermeister eine Kassandra, ein Prophet, der nur zu deutlich voraussieht, was schließlich aus alledem werden wird? Oder ist er bloß ein Störenfried im weinseligen Festlichkeitstaumel? In dem Augenblick, da der Kellermeister das »wilde Leben« zu durchschauen meint, kommt ein Bedienter, bedeutet dem Kellermeister, daß man nach dem großen Kelch verlange, dem »reichen, güldnen, mit dem böhmschen Wappen, / Ihr wißt schon welchen, hat der Herr gesagt«.

Er hat es in sich. Es ist in der Tat ein ganz besonderer Kelch, der da aus dem Dunkel hervorgeholt wird, und wir hören in zureichender Ausführlichkeit, was auf ihm zu sehen ist. Eine kleine dramatische Einlage also, etwas Retardierendes, so

scheint es, ein Exkurs in vielleicht gänzlich Nebensächliches hinein. Solche Digres-
sionen kennt man aus der Welt der großen Epik – aber was soll diese hier, auf dem
Höhepunkt eines Dramas? Was hat es mit dem Becher überhaupt auf sich? Gerät
Schiller mit seiner dramatischen Fädenknüpferei einen Moment lang ins hoffnungs-
los Abseitige?

Keineswegs – denn was es mit dem Becher auf sich hat, hören wir sofort. Zunächst geht es, was das Bild auf dem Kelch angeht, ums Vergangene. Der Kelch
wurde angefertigt zur Königskrönung Friedrichs – gemeint ist Kurfürst Friedrich V.
von der Pfalz, mit dem es als König von Böhmen ein böses Ende nahm: sein Heer
wurde von der kaiserlichen Armee 1620 vernichtend geschlagen. Aber plötzlich
wird seine Geschichte zur unheimlichen Prophetie – denn will nicht auch Wallenstein König von Böhmen werden? Wie wird das ausgehen? Es gibt höchst beunru-
higende Vorzeichen, fatale Ähnlichkeiten. Als das Heer des damaligen Königs von
Böhmen, also des Kurfürsten Friedrich von der Pfalz, vernichtet wurde, saß dieser
gerade bei einem Gastmahl, das er bestellt hatte. Jetzt soll der Becher erneut ein
Gastmahl zieren – wird mit dem Kelch, dem schönen Prachtstück aus der Prager
Beute, das Unglück auch über Wallenstein kommen, wie dazumal über Friedrich
von Böhmen? Wird nicht auch Wallenstein vernichtet werden, zermalmt von dem,
was er nicht als sein Schicksal anerkennen will?

Doch noch sieht es nicht danach aus. Zunächst erfahren wir in diesem scheinbar geradezu an den Haaren herbeigezogenen Beispiel einiges über die Hintergründe der böhmischen Geschichte. Raffinierter kann man die Historie vergangener Zeiten nicht nutzen, als es hier geschieht. Denn da wird illustriert, was kommen
wird. Neumann, der getreue Kopist des ungetreuen Schreibens, fragt sich hinein in
das, was auf dem Becher dargestellt ist. Es sind, so hören wir, »kluge Dinge zier-
lich drauf gebildet«:

> Gleich auf dem ersten Schildlein, laßt mal sehn!
> Die stolze Amazone da zu Pferd,
> Die übern Krummstab setzt und Bischofsmützen,
> Auf einer Stange trägt sie einen Hut,
> Nebst einer Fahn, worauf ein Kelch zu sehn.
> Könnt Ihr mir sagen, was das all bedeutet?

Der Kellermeister gibt Auskunft:

> Die Weibsperson, die Ihr da seht zu Roß,
> Das ist die Wahlfreiheit der böhmschen Kron.
> Das wird bedeutet durch den runden Hut
> Und durch das wilde Roß, auf dem sie reitet.
> Des Menschen Zierat ist der Hut, denn wer
> Den Hut nicht sitzen lassen darf vor Kaisern
> Und Königen, der ist kein Mann der Freiheit.

Der Hut auf der Stange – in *Wilhelm Tell* wird Schiller das Symbol noch einmal ver-
wenden, und wir wissen: das ist ein uraltes Herrschaftszeichen. Der Kellermeister
mißversteht das ein bißchen, weil er den Hut für ein Freiheitssymbol hält, aber der
Zuschauer von damals dürfte sofort Bescheid gewußt haben: es ist Böhmen, das
sich damals über die katholische Kirche hinweggesetzt hatte. Aber eben das ist

auch Wallensteins Absicht, sein politisches Programm. Doch was soll der Kelch auf der Fahne? Das ist, wie der Kellermeister erklärt, die böhmische Kirchenfreiheit, ein Vorrecht, das sich die Väter »übern Papst« erstritten haben. Und die darüber schwebende Rolle? Sie steht, wie der Kellermeister weiß, für den dem Kaiser Rudolf abgezwungenen böhmischen Majestätsbrief, der neben dem alten auch den »neuen Glauben« sichert – »ein köstlich unschätzbares Pergament«. Es ist also, mit anderen Worten, die Geschichte Böhmens, die dort auf dem Becher in zierlichen Bildern beschrieben ist, das böse Ende eingeschlossen: daß Pfalzgraf Friedrich »Kron und Reich verloren«, der böhmische Majestätsbrief vom Kaiser selbst zerschnitten, die Glaubensfreiheit beendet wurde. Neumann ist tief beeindruckt, daß der Kellermeister in des Landes Chronik so gut bewandert ist. Er sieht freilich nicht, was der aufmerksame Zuschauer nur zu bald erkennt – auf dem Kelch ist ein Menetekel abgebildet. Es wird Wallenstein ähnlich ergehen wie dem unglückseligen Friedrich. Die Geschichte Böhmens als Böhmens Zukunft – die Wallensteins eingeschlossen.

Auf dem Kelch ist noch ein zweites Schildchen zu sehen: es ist die Geschichte vom Prager Fenstersturz und damit die Geschichte vom Anfang des 30jährigen Krieges am 23. Mai 1618. Das war das Ende einer langen Friedenszeit vor einem Krieg, der nun schon sechzehn Jahre dauert. Hier, auf dem Kelch, wird also der Anfang aller Dinge in diesem Drama, wird der Brunnen der Vergangenheit aufgedeckt. Was wir da hören, ist alles andere als nur Bedientenschwatz, ist »Austausch von Urfakten«, wie Thomas Mann das einmal genannt hat, allenfalls zu vergleichen mit Urwissen, wie das in Wagners *Ring des Nibelungen* die Nornen oder auch Mime und der Wanderer preisgeben. So ist die soldatische Festlichkeit hintergründig geschwärzt, die kommende Katastrophe durch eine historische Parallele gleichsam schon prophetisch zur Kenntnis gebracht, bevor sie sich überhaupt andeutet. Die Katastrophe: Wallensteins Sturz, sein Tod. Der Fall eines Mächtigen, wie ihn Schiller schon in seiner *Geschichte des Dreißigjährigen Kriegs* beschrieben hatte.

*

Die Geschichte dieses Krieges kannte er nur zu gut. Und keine andere Figur hat den Dramatiker Schiller mehr beschäftigt als Wallenstein, keine anderer ist genialer portraitiert worden als er. Kaum begreiflich, daß Schiller anfangs so sehr zögerte, und vor allem: daß er ausgiebig herumsuchte, bis er zu dem Stoff fand, aus dem sein berühmtestes Drama werden sollte. Schiller wollte anfangs etwas, das historisch gesehen weit zurücklag; er suchte nach einem »nationellen Gegenstand«, dachte an ein Heldengedicht über Friedrich II. – aber dessen Zeit, das 13. Jahrhundert, war ihm zu unvertraut, und so kam er wieder auf den 30jährigen Krieg zurück, den der Historiker kannte – das war die Geschichte der Reformation, aber das war noch mehr: es war ein Stück »Menschheitsgeschichte«, denn in ihm verbanden sich politische und nationale, poetische und philosophische Ideen zu einer neuen Einheit. Er dachte zwischendurch zwar auch auf Anregung seines Freundes Körner an ein Heldengedicht in antikem Kostüm, wollte sich als »homerisierender Dichter« versuchen – im Hintergrund geisterte noch die Vorstellung herum, es den griechischen Dichtern gleichtun zu können, ein Wunschtraum, den Schiller bis zu seinem vorletzten Drama, bis zur *Braut von Messina*, immer wieder neu geträumt hat. Aber er zweifelte damals, war sich nicht sicher, ob er imstande sei, »ein lebendiges Gan-

zes« einer Zeit zu umfassen und darzustellen. Am ehesten war noch der 30jährige
Krieg ein geeignetes Reservoir, denn dort konnte der Dramatiker von dem Historiker am besten profitieren.

Von Wallenstein war anfangs allerdings nicht die Rede. Schiller interessierte sich
vielmehr für Gustav Adolf. Doch der war bei näherem Zusehen keine tragische Figur, und so kam Schiller erst am Schluß dieser Vorgeschichte auf Wallenstein. Aber
auch das Wallenstein-Drama, dieser Ausschnitt aus der Geschichte des 30jährigen
Krieges, interessierte Schiller, so scheint es, zunächst eher theoretisch und mehr aus
ästhetischen Gründen: der Artist war gefordert, mit der Riesenstoffmenge fertig zu
werden, Bewegung in ein Drama zu bringen, dessen Handlungsverlauf ständig ins
Stocken zu geraten schien, einen Helden zu modellieren, der als Zauderer sich
selbst quasi immer wieder im Wege stand, der nichts tat und der deswegen auch
eigentlich als dramatischer Held reichlich ungeeignet war. Nein, Schiller mochte anfangs seinen Wallenstein überhaupt nicht, ihn reizte nur das dramatische Experiment und nichts anderes, nachdem er seine philosophische Bude geschlossen und
mit Kant abgeschlossen hatte. Er wußte, daß Historienstücke immer noch beliebt
waren. Aber er wußte auch, daß er den gewaltigen Stoff zusammendrängen mußte, um ein bühnenfähiges Drama auf die Bretter bringen zu können. *Wallensteins
Lager*, der erste Teil der Trilogie, war ursprünglich nur als Vorspiel gedacht, sollte
eigentlich »Die Wallensteiner« heißen und nicht mehr als eine Exposition liefern.
Diese Exposition sollte freilich nicht nur für Kolorit aus der Zeit des 30jährigen
Krieges sorgen, sondern war, was die Organisation des Stoffes anging, ein ungemein kühnes dramaturgisches Unternehmen. Ob es gelingen würde, war Schiller
aber selbst zweifelhaft.

Es gab auf seiner Seite denn auch einige lautstarke Klagen. So schrieb er am 28.
November 1796 an seinen Freund Körner: »Der Stoff und Gegenstand ist so mehr
außer mir, daß ich ihm kaum eine Neigung abgewinnen kann; er läßt mich beyna-
he kalt und gleichgültig [...] [ich] behandle [...] den Hauptcharacter, bloß mit der reinen Liebe des Künstlers [...]. Auf dem Weg den ich jetzt gehe kann es leicht geschehen, daß mein Wallenstein durch eine gewiße Trockenheit der Manier sich von
meinen vorhergehenden Stücken gar seltsam unterscheiden wird. Wenigstens habe
ich mich bloß vor dem Extrem der Nüchternheit, nicht wie ehmals vor dem der
Trunkenheit zu fürchten«.[2] So der skeptische, unsichere, an sich zweifelnde Autor.

Doch haben wir recht gelesen? Zu fürchten wovor? Nüchternheit? Trockenheit
der Manier? Kälte und Gleichgültigkeit in der Darstellung Wallensteins? Wir glauben
unseren Augen nicht zu trauen, denn an Szenen voll prallen Lebens fehlt es gewiß
nicht. Was tritt nicht alles auf im ersten Teil des Dramas! Kürassiere und Arkebusie-
re, Scharfschützen und Konstabler, Trompeter und reitende Jäger, Dragoner und
Ulanen, ein Soldatenjunge und eine Marketenderin, Bauern, Bürger und ein Kapuziner, vor allem aber umhergetriebene Soldateska, das wirbelt hier unaufhörlich
durcheinander. Alle Welt hat sich eingefunden: der eine kommt aus Hibernien, der
andere ist ein Wallone, der dritte ein Welscher, der vierte einer aus der Schwyz,
noch ein anderer kommt aus Wismar, dazu treten Kroaten, Lothringer, Irländer, Ti-

---

    [2]   Schillers Werke. Nationalausgabe. Neunundzwanzigster Band. Briefwechsel. Schillers Brie-
         fe 1.11.1796–31.10.1798. Hg. v. Norbert Oellers und Frithjof Stock. Weimar 1977. S. 18.

roler auf, wieder andere stammen aus Schottland – es ist großes Welttheater. Da wird gehandelt und geschachert, ein Jäger schäkert mit einem Mädchen, ein Bürger wird mit Hilfe einer Weinflasche zu den Soldaten rekrutiert, ein Kroat wird übers Ohr gehauen, ein Spitzbube betrügt die Marketenderin, da ist ein Bauer, der mit falschen Würfeln spielt – er kommt um Haaresbreite um den Galgen herum, und nicht viel besser droht es dem Kapuziner mit seiner sonderbaren Säkularpredigt zu ergehen, den nur die Kroaten vor einem ebenso plötzlichen wie unfreiwilligen Ableben retten. Dazwischen werden Geschichten vergangener Schlachten und Landbesetzungen erzählt, wird erzählt von des Friedländers wilder Jagd. Das bewegte Lagerleben, in dem es so hoch hergeht, endet mit wildem Kriegsgesang: »Wohlauf, Kameraden, aufs Pferd, aufs Pferd! / Ins Feld, in die Freiheit gezogen«. Wohl keiner der Sänger ahnt, daß sie damit zugleich schon ihr Totenlied singen; doch zu deutlich ist vom Schatzgräber, der endlich sein eigenes Grab sich gräbt, die Rede: ein erstes verdüsterndes Licht, das in diese derbe Unbeschwertheit hineinfällt. Andere werden nur allzubald folgen.

Wallenstein ist auch da. Und obwohl er gar nicht auftritt, wird in den Berichten und Schlachtenerzählungen seiner Soldaten etwas spürbar von seiner grenzenlosen Macht über andere. Es ist der Glanz seiner Persönlichkeit, sein Charisma, das alle verführt, blendet, besiegt. Er hat unendliches Kriegsglück gehabt, keine Kugel konnte ihm etwas anhaben. Er segelt auf dem Schiff der Fortuna, und im Augenblick segelt er noch hoch vor dem Wind. Aber er hat auch mit dem Teuflischen zu tun, dessen ist sich einer der Jäger nur zu gewiß. Und dann seine dubiosen Prophetien, sein Vorauswissen, aus den Sternen bezogen, das graue Männlein, das ihn visitiert: etwas von der unheimlichen Aura um Wallenstein wird ebenfalls schon deutlich, vom sich immer wieder verdunkelnden Glanz, von den Irritationen, die von ihm ausgehen.

Es muß dieses Zweideutige in seinem Charakter gewesen sein, das Schiller zunehmend gereizt haben mag. Wallenstein ist jenseits von Gut und Böse, oder besser: er ist beides zugleich. Ein mächtiger Herr, mit magischer Gewalt über die Menschen ausgestattet; er läßt niemanden kalt. Er polarisiert die Welt in Anhänger und Feinde, aber er bleibt jedem, Freund und Feind, ein Rätsel. Er scheint alles zu durchschauen – nur ihn durchschaut man nicht. Er selbst glaubt sich dem Jupiterstern und der Venus zugehörig, die den tückischen Mars, den alten »Schadenstifter«, isolieren und ohnmächtig machen. In der Tat, Wallenstein hat etwas Jupiterhaftes an sich, es ist seine Gottgleichheit, wie sie das Lager sieht, und das gibt ihm, so meint er, seine nachtwandlerische Sicherheit.

> Nichts ist gemein in meines Schicksals Wegen,
> Noch in den Furchen meiner Hand. Wer möchte
> Mein Leben mir nach Menschenweise deuten?

fragt er [WT V,4] und gibt bereits selbst die Antwort: niemand vermag es. Doch er ist bei allem Draufgängertum ein Fatalist, traut den Sternen mehr als den Menschen und mehr auch als sich – und glaubt ihnen am Ende doch nicht, als ihre Konjunktion bedrohlich wird und die Sterne seinen Untergang verkünden. Er ist der Schrecken der Bauern, der Schrecken auch des Kaisers – und ist doch von Schwermut und Zweifelsucht geplagt, umwölkt von Melancholie, ein endlos Zaudernder, einer, der die Tat bedenkt und dann vor ihr zurückschreckt, der sich in seinen selbst-erdachten Plänen verfängt, und er, dessen Soldaten die Freiheit hochleben lassen, die sie unter ihm haben, weiß am besten, daß es einen freien Willen nicht gibt.

> Saturnus' Reich ist aus, der die geheime
> Geburt der Dinge in dem Erdenschoß
> Und in den Tiefen des Gemüts beherrscht,
> Und über allem, was das Licht scheut, waltet.

sagt Wallenstein seinem Sterndeuter [WT I,2], der Malefico also »unschädlich, machtlos, in cadente domo«. Aber er irrt sich, gräßlich. Mars regiert die Stunde, Saturns Reich ist in der Tat aus, aber es ist eigentlich Wallensteins Reich, mit dem es aus ist. Denn *er* ist eine saturnische Existenz, das Saturnische ist in *ihm*, tief, als Zweifelsucht, als Unberechenbarkeit und als das verträumte Zögern, das ihn immer stärker beherrschen wird. Es ist saturnische Melancholie, die ihn umfängt, das Brütende und Ungewisse, auch das Richtungs- und Steuerlose. Fast unmittelbar nach der astrologischen Szene am Anfang des dritten Teils gerät er mit sich selbst ins Gespräch:

> Wärs möglich? Könnt ich nicht mehr, wie ich wollte?
> Nicht mehr zurück, wie mirs beliebt? Ich müßte
> Die Tat *vollbringen*, weil ich sie *gedacht*,
> Nicht die Versuchung von mir wies [...]? [WT I,4]

In der Tat: er kann nicht mehr zurück. Aber voran kann er auch nicht, weiß sich in seinem eigenen Netz »verderblich [...] umstrickt«, weiß sich – ein rätselhafter Vers – verklagt vom »Doppelsinn des Lebens«. Sein eigentlicher Feind ist unsichtbar – er wohnt in seiner eigenen Brust. »Weiß doch niemand, an wen der glaubt«, so spiegelt sich das Saturnische in den Augen anderer. Saturn wird seine Kinder verschlingen – Saturn ist auch Chronos, den Zögerer holt die Zeit ein, er kommt zu spät, immer. »Nacht muß es sein, wo Friedlands Sterne strahlen«, meint er – aber sie verlöschen.

Schon im *Lager* war etwas spürbar geworden von der Bedrohlichkeit der politischen Situation: von Wallensteins Unwille zur Insubordination, von der Spannung in der Beziehung zum kaiserlichen Hof in Wien; von Verschwörung ist die Rede und von Wallensteins Selbstherrlichkeit. Der zweite Teil, *Die Piccolomini*, in Pilsen spielend, setzt fort, was das *Lager* eröffnete: »Der Fürst ist Kaiser«, erkennt Questenberg, die alte Perücke, aus Wien vom Kaiser gesandt, und wenn Wallenstein in der zweiten Szene des zweiten Aktes endlich selbst erscheint, hat sich das Unheil bereits zusammengebraut: ein Ungewitter zieht über ihm herauf. Wien will ihn entmachten. Wallenstein soll sich aber, so wollen es seine Getreuen, seiner Absetzung widersetzen, und so kommt es zu eben jener Versammlung der Generäle, die mit dem durch Täuschung erreichten Treuegelöbnis Wallenstein gegenüber endet. Doch seine Gegenspieler haben seinen Sturz schon beschlossen. Ein kaiserlicher Urteilsspruch hat ihn für vogelfrei erklärt, und so wird er denn isoliert, eingegrenzt, immer stärker umgarnt, von den Wankelmütigen und den Glücksrittern unter seinen Gefolgsleuten verlassen und schließlich umgebracht, vergebens gewarnt von Seni, dem Sternendeuter, der auf die grausenhaften Zeichen hinweist, die das nahe Unheil verkünden.

Wallensteins Tod hatte im astrologischen Zimmer begonnen. Und eigentlich hatte da noch alles glänzend ausgesehen: Jupiter und Venus nahmen den verderblichen, tückischen Mars in die Mitte, und Wallenstein glaubte zu erkennen, daß nun das Reich des Lichts anbräche, die glückbringenden Lumina, von keinem Malefico beleidigt, über ihm stünden – »Glückseliger Aspekt!«, hatte er freudig ausgerufen. Freilich, die Stunde hätte genutzt werden müssen, aber Wallensteins »Jetzt muß /Gehandelt werden, schleunig, eh die Glücks-/Gestalt mir wieder wegflieht überm Haupt« ist eine Forderung an sich selbst, die er nicht erfüllen wird. »Denn stets in Wandlung ist der Himmelsbogen«, das weiß er auch – und am Ende erscheint nicht Jupiter, sondern »ein greulich Zeichen« im Haus des Lebens, Wallensteins strahlender Stern wird von einem Unhold umlauert – »die Zeichen stehen grausenhaft, nahe, nah / Umgeben dich die Netze des Verderbens«, ruft sein Sterndeuter aus. Wallenstein will nicht hören. Aber daß für ihn das Ende der Zeiten gekommen ist, das weiß er selbst, als er den Himmel betrachtet:

> Am Himmel ist geschäftige Bewegung,
> Des Turmes Fahne jagt der Wind, schnell geht
> Der Wolken Zug, die Mondessichel wankt,
> Und durch die Nacht zuckt ungewisse Helle.
> – Kein Sternbild ist zu sehn! Der matte Schein dort,
> Der einzelne, ist aus der Kassiopeia,
> Und dahin steht der Jupiter – Doch jetzt
> Deckt ihn die Schwärze des Gewitterhimmels! [WT V,3]

Der Stern – das war auch der Stern, der in sein Leben strahlte, der Stern des Freundes Max. »Er versinkt in Tiefsinn und sieht starr hinaus«, lautet Schillers Kommentar zu diesen Zeilen. Die bösen Zeichen mehren sich: Gräfin Terzky träumt, daß eine rote Decke sich über Wallenstein lege – ein Todestraum. Seine goldene Kette, Geschenk des Kaisers, zerbricht. Wallenstein meint zwar, daß der Neid des Schicksals durch den Tod seines Freundes Max gesättigt sei – doch wenn er sagt »Ich denke einen langen Schlaf zu tun«, dann erkennt jeder den Doppelsinn dieser Worte. Es ist der Todesschlaf, der ihn umfangen wird. Etwas Visuelles gibt den Grundakkord: Schwarz ist die dominante Farbe im dritten Teil des Dramas. Schon zu Anfang steht Wallenstein vor einer großen schwarzen Tafel. Später erkennt er: es ist sein Dämon, der um sein Haupt »die schwarzen Flügel schlägt«. Er weiß sich verraten von Octavio Piccolomini, von der »Höllenkunst« in dieses »schwarzen Heuchlers Brust«. Als Wallenstein umgebracht werden soll, schreckt Gordon vor dem »schwarzen Mord« zurück. Wallensteins letzter Blick in den Himmel vor seinem Todesschlaf ist der Blick in die Gewitterschwärze, die heraufzieht. Ausgerechnet Buttler, der anfangs so Getreue, verlockt durch einen von Octavio in Aussicht gestellten Grafentitel, gekränkt durch einen früheren Brief Wallensteins mit einem schlechten Urteil über ihn, von dem er durch Octavio jetzt erfährt – ausgerechnet Buttler vollstreckt des Kaisers Urteil. Und Octavio Piccolomini empfängt einen kaiserlichen Brief, der an den *Fürsten* Piccolomini gerichtet ist. Doch der Preis, den er zahlte, war hoch: er hat seinen einzigen Sohn, Max, verloren. Wallensteins Untergang – ein Weltenende.

> Dies Haus des Glanzes und der Herrlichkeit
> Steht nun verödet, und durch alle Pforten
> Stürzt das erschreckte Hofgesinde fort.
> Ich bin die Letzte drin, ich schloß es ab,
> Und liefre hier die Schlüssel aus. [WT V,12]

sagt die Gräfin Terzky, als Wallensteins Leichnam in einem roten Teppich fortgetragen worden ist und sich ihr Angsttraum also erfüllt hat. Dann nimmt sie Gift, einen freien und mutigen Tod dem entehrten Leben vorziehend. Der Schluß dieses Dramas gehört zu den großartigsten Schlüssen in der deutschen dramatischen Literatur.

*

Das Thema des Verrats ist zentrales Thema in den *Piccolomini* und erst recht in *Wallensteins Tod*. Verrat, Heuchelei, Abtrünnigkeit, Aufruhr selbst im Szenario des Himmels. Ist Wallenstein das, für was er gilt, ist er ein Verräter? In einer Hinsicht ist er es gewiß: er hat den Gedanken an die Tat verraten. So lesen wir:

> In meiner Brust war meine Tat noch mein:
> Einmal entlassen aus dem sichern Winkel
> Des Herzens, ihrem mütterlichen Boden,
> Hinausgegeben in des Lebens Fremde,
> Gehört sie jenen tückschen Mächten an,
> Die keines Menschen Kunst vertraulich macht. [WT I,4]

Das mag er selbst verantworten. Aber wirklicher Verrat ist das Furchtbarste, was Wallenstein schuldig machen könnte, und Max, sein geliebter Freund, der am Ende den Tod suchen wird, Max weiß, was das heißt. Er sagt zu Wallenstein:

> Seis denn. Behaupte dich in deinem Posten
> Gewaltsam, widersetze dich dem Kaiser,
> Wenns sein muß, treibs zur offenen Empörung,
> Nicht loben werd ichs, doch ich kanns verzeihn,
> Will, was ich nicht gut heiße, mit dir teilen.
> Nur – zum *Verräter* werde nicht! Das Wort
> Ist ausgesprochen. Zum Verräter nicht!
> Das ist kein überschrittnes Maß! Kein Fehler,
> Wohin der Mut verirrt in seiner Kraft.
> O! das ist ganz was anders – das ist schwarz,
> Schwarz, wie die Hölle! [WT II,2]

Da ist sie wieder, die Schwärze der Hölle, die Schwärze des Verrats. Aber ist Wallenstein wirklich ein Verräter? In der *Geschichte des Dreißigjährigen Kriegs* sicherlich nicht. Schillers Urteil dort ist eindeutig: »Durch Mönchsintriguen verlor er zu Regensburg den Kommandostab, und zu Eger das Leben; durch mönchische Künste verlor er vielleicht, was mehr war als beydes, seinen ehrlichen Namen und seinen guten Ruf vor der Nachwelt. Denn endlich muß man, zur Steuer der Gerechtigkeit, gestehen, daß es nicht ganz treue Federn sind, die uns die Geschichte dieses außerordentlichen Mannes überliefert haben; daß die Verrätherey des Herzogs und sein Entwurf auf die Böhmische Krone sich auf keine streng bewiesene

Thatsache, bloß auf wahrscheinliche Vermuthungen gründen. Noch hat sich das Dokument nicht gefunden, das uns die geheimen Tiebfedern seines Handelns mit historischer Zuverlässigkeit aufdeckte, und unter seinen öffentlichen allgemein beglaubigten Thaten ist keine, die nicht endlich aus einer unschuldigen Quelle könnte geflossen seyn. Viele seiner getadeltsten Schritte beweisen bloß seine ernstliche Neigung zum Frieden; die meisten andern erklären und entschuldigen das gerechte Mißtrauen gegen den Kaiser, und das verzeihliche Bestreben, seine Wichtigkeit zu behaupten. Zwar zeugt sein Betragen gegen den Churfürsten von Bayern von einer unedlen Rachsucht und einem unversöhnlichen Geiste; aber keine seiner Thaten *berechtigt* uns, ihn der Verrätherey für überwiesen zu halten. Wenn endlich Noth und Verzweiflung ihn antreiben, das Urtheil wirklich zu verdienen, das gegen den Unschuldigen gefällt war, so kann dieses dem Urtheil selbst nicht zur Rechtfertigung gereichen; so fiel Wallenstein, nicht weil er Rebell war, sondern er rebellirte, weil er fiel«, lautet das Resümee Schillers in seinem Wallenstein-Portrait.[3] Doch der Schiller der Dramentrilogie urteilt anders, härter, zugleich weniger eindeutig. Wallenstein bleibt auch im Drama das, was Schiller schon in seiner *Geschichte des Dreißigjährigen Kriegs* als sein Stigma benannt hatte: »ein gleich undurchdringliches Geheimniß« für Freund und Feind.[4] Er war die einzige Hoffnung des Kaisers und wurde zugleich seine ärgste Bedrohung. Er droht vom Kaiser abzufallen und am Kaiser zum Verräter zu werden, was halbwegs nachvollziehbar wäre, aber er droht sich mit den Schweden zu verbünden – und wir wissen nicht recht, warum. War er den Krieg leid und wollte er ein Friedensfürst sein? Oder wollte er nur seine eigene Macht vergrößern, da er wußte, daß der Kaiser auf ihn und sein Heer angewiesen war, wollte er immer nur mehr haben aus »unbezähmbarer Ehrsucht«, war er ein unverläßlicher Partner und tatsächlich der Länder Geißel – oder wollte er eine *vita nuova* bringen, war er ein Freiheits- und Friedensverkündiger, der sich gegen die Macht einer tyrannischen Kirche auflehnte, die mit dem Kaiser unzertrennbar verbunden war? Doch heiligt der Zweck die Mittel, war der Betrug an seinen Generälen nicht auch ein Verrat? Das Militär hat harte Strafen für Insubordination, und wenn Wallenstein sich darüber hinaus gegen Treu und Glauben vergeht, als Rebell am Ende jede Ordnung in Frage stellt, ist er dann nicht ein irrationaler Despot, ein größenwahnsinnig gewordener Emporkömmling, der höchst Irdisches und nichts sonst haben möchte, Besitz, Macht, Geltung? Aber andererseits: die Kaisertreuen, die ihn schließlich umbringen, müssen den Verräter Wallensteins ihrerseits verraten. In der *Geschichte des Dreißigjährigen Kriegs* hat Schiller die Situation, die sich für die Kaisertreuen unter den Gefolgsleuten Wallensteins ergab, prägnant geschildert. Er schrieb: »Man hatte die Wahl zwischen Verrätherey und Pflicht, zwischen dem rechtmäßigen Herrn und einem flüchtigen, allgemein verlassenen Rebellen; wiewohl der letztere der gemeinschaftliche Wohlthäter war, so konnte die Wahl doch keinen Augenblick zweifelhaft bleiben. Man verbindet sich fest und feierlich zur Treue gegen den Kaiser, und diese fodert die schnellsten Maßregeln gegen den öffentlichen Feind. Die Gelegenheit ist günstig, und sein böser Genius hat

---

3   Schillers Werke. Nationalausgabe. Achtzehnter Band. Historische Schriften. Zweiter Teil. Hg. v. Karl-Heinz Hahn. Weimar 1976. S. 329.

4   Ebd. S. 323.

ihn von selbst in die Hände der Rache geliefert. Um jedoch der Gerechtigkeit nicht in ihr Amt zu greifen, beschließt man, ihr das Opfer lebendig zuzuführen; und man scheidet von einander mit dem gewagten Entschluß, den Feldherrn gefangen zu nehmen. Tiefes Geheimniß umhüllt dieses schwarze Komplott [...]«.[5]

Wieder die Schwärze, die Nacht, das Uneinsehbare, das nicht mehr zu Rechtfertigende, das Böse, diesmal auf seiten der Feinde Wallensteins. Aber das Drama ist auch hier härter und zugleich ungewisser. Wallenstein wird nicht gefangen, er wird ermordet – und Octavio Piccolomini, der Anstifter, spricht sein »Ich bin an dieser ungeheuren Tat / Nicht schuldig«. Ist er nun schuldig oder nicht? Wo ist gut, wo ist böse, wo ist Gerechtigkeit, wo Rache, wo Hybris, wo Friedenssehnsucht? Schiller läßt uns bis zum Schluß der Tragödie im Dunklen.

*

Die Literaturwissenschaft tut es auch – sie ist zwiespältig geblieben. Es gibt deutliche Stimmen für Wallenstein, und sie argumentieren, daß Wallensteins Denken gegen das Überlieferte gerichtet sei, gegen die geltende Ordnung, die er nicht anerkenne, im Gegensatz zu seinem Gegenspieler Octavio Piccolomini, der sich als ein Verteidiger der Ordnung enthülle, als Vertreter des eigentlich erstarrten Lebens, des Förmlichen. Wallenstein aber verachte das und denke an lebendiges Leben; dahinter verberge sich eine Erfahrung der Geschichtlichkeit, die neu sei, und Wallenstein sei ein Vertreter dieses Neuen und wolle das ewig Alte nicht anerkennen. Damit sei Wallenstein aber nicht allein auf Kampf und Krieg aus, sondern seine Pläne seien von der Idee des Friedens bestimmt, von der Vorstellung eines neuen Reiches, das er sich wie zu den Zeiten Vergils als ein Friedensreich erträume. So sei er denn auch nicht untreu geworden, er habe vielmehr über die erstarrte Konvention hinauswollen und deswegen Bilder eines neuen Lebens entworfen. Im Zentrum stehe immer bei ihm jene Idee des neuen Lebens, die zwar zum Scheitern verurteilt sei, aber als Idee deswegen nicht widerlegt werde. Die Erfahrung der Geschichtlichkeit und die Einsicht in den Wandel der Geschichte sei freilich eine Erfahrung nicht des 17. Jahrhunderts, sondern eine zeitgenössische Erfahrung Schillers – um 1790 lasse sich auch im Denken Goethes etwas Ähnliches verfolgen. Die Befürworter Wallensteins sind zum Teil sogar noch einen Schritt weitergegangen. So lautet eine Stellungnahme: »In dem Maße, in dem sich der Held des Dramas als Anwalt des Neuen gegen die Macht der Gewohnheit und gegen das Recht der Besitzenden wendet, nur weil es ein Gewohnheitsrecht ist, spürt man die Nähe zur Ideenwelt der Französischen Revolution. Die Idee des Neuen im Denken Wallensteins gewinnt Gestalt in einem neuen Reich, das er schaffen will, um das veraltete des Kaisers abzulösen«.[6]

Aber dazu hat es auch eine Gegenrede gegeben; jene, die Wallenstein für schuldig halten, sehen in der eben vorgetragenen Interpretation eine modische Literaturauslegung, sehen darin den politischen Standpunkt der 70er Jahre dokumentiert.

---

[5] Ebd. S. 323.
[6] Walter Müller-Seidel: Die Idee des neuen Lebens: eine Betrachtung über Schillers *Wallenstein*. In: The Discontinuous Tradition. Studies in German Literature in Honour of Ernest Ludwig Stahl. Edited by P.F. Ganz. Oxford 1971. S. 79–98.

Wallensteins Weg, so sagen also die anderen, sei eine Entwicklung zur wachsenden Beschränkung seiner eigenen Ansicht. Sein Blickfeld werde immer enger, er sehe nur noch das Nächste, was zu tun sei. Vor allem aber enthalte seine Lebenssicht nicht die Idee eines neuen Lebens, zumal mit keinem Wort bei Schiller davon die Rede sei, und man könne aus dem Haß gegen das Alte, der bei Wallenstein zweifellos zu diagnostizieren sei, noch kein Eintreten für die Sache eines neuen Lebens erschließen. Und diese Argumentation, die Wallenstein also schuldig spricht, beruft sich darauf, daß den Klassikern nichts verhaßter gewesen sei als die Nichtachtung von Treu und Glauben – und schon deswegen gerate Wallenstein ins Zwielicht, weil er in Frage stelle, was einfach nicht in Frage zu stellen sei. Wallenstein nehme zwar die Chance wahr, emporzukommen, aber das Ende des Dramas lehre, daß der Weltordnung wieder zur Geltung verholfen werde und daß die Nemesis sich erfülle. Wallenstein gerate dadurch ins Zwielichtige und Zweideutige, ja er werde schließlich ins moralische Unrecht gesetzt; er sei ein irrational-despotischer Revolutionär und alles andere als ein Vorkämpfer der sittlichen Humanität. Er sei und bleibe ein Emporkömmling, der vornehmlich nach Besitz, Macht und Geltung strebe – und das verurteile das Drama eindeutig.

Wer hat recht? Beide, keiner, jeder ein bißchen? Aber vielleicht ist diese Frage am Ende unerheblich, zumal sie eben doch nicht eindeutig zu beantworten ist. Steht nicht etwas ganz anderes im Zentrum des Dramas? Schillers Leistung, was die Geschichte der deutschen Literatur im 18. Jahrhundert angeht, ist klar zu benennen: er hat von allen Dichtern seiner Zeit den wichtigsten Schritt getan in der Entwicklung vom Handlungsdrama zum Charakterdrama – die Handlung war ihm schon in seinem früheren Werk geradezu nebensächlich gewesen bis hin zur Möglichkeit mehrfacher Schlußszenen, aber die Charaktere waren immer ausdrucksvoller geworden, bunter, freilich auch in sich immer heterogener. Im *Wallenstein*-Drama ist der Held der Tragödie mehr als das: er ist dunkler als alle seine Vorgänger, rätselhafter in seiner Widersprüchlichkeit, und so bleibt er, bis zu seinem Tode. Aber ist Wallenstein nicht mehr als er selbst, ist er nicht bei aller Einzigartigkeit tief eingebettet in seine Zeit und deren Denken? Natürlich – bis auf ganz geringfügige Anachronismen, die Schiller sich geleistet hat. Doch wir erfahren nicht nur von geschichtlicher Wirklichkeit, sondern etwas über das Wesen der Geschichte selbst – und das ist die wohl entschiedenere Neuerung, wenn wir sie denn so bezeichnen wollen, in Schillers Drama. Es geht nicht nur um den Glaubenskrieg zwischen Protestanten und Katholiken, um die eigentümlichen Kommandostrukturen in der Welt der Heere, sondern es geht, wenn von Wallensteins Zwiespältigkeit, den Dunkelheiten und den nicht auflösbaren Rätseln seines Charakters die Rede ist, auch um die Dunkelheiten, Rätsel und die nicht auflösbaren Widersprüche der Geschichte selbst. Schiller ist Realist genug, um zu wissen, daß die Geschichte damals von großen Männern gemacht wurde. Geschichte: das waren nicht Volksaufstände oder Massenbewegungen, sondern das waren die Taten Einzelner, und eben das machte die Geschichte gelegentlich berechenbar. Aber wo ein Charakter wie Wallenstein auftrat, war sie unberechenbar, oder andersherum: weil sie unberechenbar war, konnte Wallenstein so hoch aufsteigen. Charakter und Geschichte stehen in einem geradezu dialektischen Bezug. Denn wir wissen ja so ganz genau nicht, ob die Geschichte unberechenbar ist, weil Wallenstein ihr nicht zu steuern vermag, oder ob

Wallenstein ihr nicht steuern kann, weil sie unberechenbar geworden ist. Doch wie dem auch sei: das Eine ist nicht ohne das Andere, und so ist *Wallenstein* nicht nur ein Höhepunkt des Charakterdramas, sondern ist in einem ganz anderen Sinne als die früheren Historienstücke ein Geschichtsdrama. Fügen wir gleich hinzu: ein melancholisches, ein pessimistisches.

Man muß ermessen, was das für Schiller bedeutete. Wenige Jahre zuvor hatte der Historiker noch Siegesfanfaren geblasen. Wie triumphal hatte das alles geklungen, was er in seiner Antrittsvorlesung über das Studium der Universalgeschichte verkündet hatte! Gelernt hatte er seine Geschichtswissenschaft vor allem bei Kant und seiner *Idee zu einer allgemeinen Geschichte in weltbürgerlicher Absicht*: Dessen aufklärerische Forderung ging dahin, »ein sonst planloses Aggregat menschlicher Handlungen, wenigstens im großen, als ein System darzustellen«, nicht mehr nur, wie der Historiker August Ludwig Schlözer in seiner damals sehr bekannten *Vorstellung einer Universal-Historie* 1772/73 geschrieben hatte, es bei den bloßen Fakta zu belassen. Geschichte: sie erfüllte einen vernünftigen Zweck, war von aufgeklärter Gradlinigkeit, und das System der Geschichte, wie Kant das also nannte, war gleichbedeutend mit Fortschritt, es führte vom Schlechteren zum Besseren und war ein Weg »zur Vollkommenheit«; das Prinzip, das dahinter sichtbar wurde, war das von Ursache und Wirkung, von Mittel und Absicht. Der Universalhistoriker war dann erfolgreich, wenn es ihm gelang, »ein teleologisches Prinzip in die *Weltgeschichte*« zu bringen:[7] es war der philosophische Verstand, der die isolierten Fakta, der »diese Buchstücke miteinander« verkettete und »das Aggregat zum System« erhob, zu einem vernunftmäßig zusammenhängenden Ganzen«.[8] Und so verkündete Schiller im Jahr der Französischen Revolution, am 26. Mai, in ungebrochener Aufklärungsgläubigkeit: »Unser *menschliches* Jahrhundert herbey zu führen, haben sich – ohne es zu wissen oder zu erzielen – alle vorhergehenden Zeitalter angestrengt. Unser sind alle Schätze, welche Fleiß und Genie, Vernunft und Erfahrung im langen Alter der Welt endlich heimgebracht haben«.[9]

Die Geschichte ein System, ein vernunftmäßig zusammenhängendes Ganzes? Gründlicher könnte der Widerruf nicht gewesen sein, den Schiller mit seinem *Wallenstein* präsentierte. 1789 also noch die Siegesfanfaren einer ihrer selbst so sicheren Geschichtsinterpretation – zehn Jahre später ein Geschichtsdrama, das an Düsternis seinesgleichen sucht. Nicht Wallenstein, die Geschichte selbst ist das eigentliche Thema des Dramas, und wir werden Zeuge ihrer rätselhaften Schrecknisse. Nicht der philosophische Kopf regiert sie, sondern es sind die Sterne, die für das ebenso Zweideutige wie letztlich Verwirrend-Undurchschaubare der Geschichte stehen. Ja, Wallenstein ist des Glückes abenteuerlicher Sohn, und das Rad der Fortuna bringt ihn hinauf und stürzt ihn von seinem Höhepunkt in den Abgrund, in sein Ende.

---

7 Schillers Werke. Nationalausgabe. Siebzehnter Band. Historische Schriften. Erster Teil. Hg. v. Karl-Heinz Hahn. Weimar 1970. S. 374.
8 Ebd. S. 373.
9 Ebd. S. 375f.

> Auch des Menschen Tun
> Ist eine Aussaat von Verhängnissen,
> Gestreuet in der Zukunft dunkles Land, [P II,6]

sagt Wallenstein selbst. Nirgendwo sonst hat Schiller sich deutlicher von der aufgeklärten Geschichtsauffassung des 18. Jahrhunderts distanziert als in diesem Drama.

Was hat Schiller zu solchem Geschichtspessimismus bewogen, der vorwegnimmt, was das 19. Jahrhundert dann in extenso prägen wird? Schiller wußte um die Gefahr, daß man sein Drama als Historiengemälde alten Zuschnitts mißverstehen könnte, und so hat er in seinem *Prolog* dem vorzubauen gesucht. Der Bezug zur eigenen Zeit ist offenkundig: in seinen Tagen, so meint er, ende eine Friedenszeit, die mit dem Ausgang des 30jährigen Krieges anfing. Wir erinnern uns noch einmal an den goldenen Becher, auf dem der Anfang des damaligen Unglücks, der Prager Fenstersturz, der Beginn des 30jährigen Krieges, so deutlich abgebildet war. 1648 begann endlich eine Friedenszeit – doch sie endete in Schillers Jahren. Was beendete sie? Die Antwort lag für Schiller auf der Hand: die Französische Revolution. Mit ihr war die Friedenszeit aufgekündigt, mit ihr der Glaube an die am Schluß einer jeden Tragödie wiederherzustellende Ordnung zerbrochen. In jedem früheren Drama Schillers war diese Ordnung bestätigt worden, in den *Räubern* so gut wie in *Fiesko*, in *Kabale und Liebe* so gut wie in *Don Karlos*. Sie wurde wiederhergestellt, die wiedererrichtete Ordnung war das Ziel der Nemesis, nur so und nicht anders konnte ein Drama enden, wenn es nicht bloß historisches Klamaukstück sein wollte. Aber wenn es am Schluß von *Wallensteins Tod* heißt: »Dem *Fürsten* Piccolomini«, dann wissen wir, daß da allenfalls äußerlich eine Ordnung wiederhergestellt wurde: in Wirklichkeit hat der Schlechtere den Besseren verdrängt – Heinrich Heine wird in seinem *Romanzero,* fünfzig Jahre später, Dutzende von Beispielen für den Sieg des Schlechteren über das Bessere als das bringen, was die Geschichte eigentlich ausmacht. Auch das sind pessimistische Geschichtserfahrungen des 19. Jahrhunderts.

Schillers Drama, 1800 als Buch erschienen: ein Stück an einer Zeitenwende, an einer Zeitenschwelle, einer Übergangszeit, mit der das sichere und stabile 18. Jahrhundert endet, mit der das unsichere, steuerlose 19. Jahrhundert beginnt, ein Jahrhundert, das, wie Jacob Burckhardt einmal gesagt hat, das Jahrhundert der Revolution werden sollte. Eigentlich hatte *Don Karlos* schon ein wenig das Ende einer Zeit eingeläutet, *Wallenstein* tut es ein zweites Mal. Mit der Französischen Revolution beginnt für Schiller eine höchst fragwürdige Moderne, endet die alte Ordnung der Dinge, und eine neue ist nicht in Sicht – von daher ist verständlich, daß Schiller sich in den folgenden Dramen tief in den Bereich der Historie zurückflüchtet, in die Zeit der *Maria Stuart*, in die der englisch-französischen Kriege mit seiner *Jungfrau von Orleans*, in das mittelalterliche Messina mit seiner *Braut von Messina*, mit *Wilhelm Tell* in eine längst vergangene Phase der Schweizer Geschichte: von einer neuen Staatsordnung ist nie wieder mehr die Rede. Auch sein nicht vollendetes letztes Drama, *Demetrius*: das Leben eines Usurpators, die Geschichte noch einmal ein Rad, von dem derjenige, der aufgestiegen ist, wieder hinabstürzt. Ein zyklischer Geschichtsverlauf, wie er später von Geschichtstheoretikern des 19. Jahrhunderts wie Ernst von Lasaulx, Nikolaj Danilevskj, Karl Vollgraff, aber auch schon kurz nach 1830, dem Jahr der Julirevolution, von Heine beschrieben wurde – bis hin zu

Spengler und zu Toynbee. Bei Schiller also nicht mehr die klare Linearität der Ge-
schichtsvorstellungen der Aufklärungszeit, die Geschichte vielmehr als immer wiederkehrende Katastrophe: auch Schillers Zeitgenossen haben das so verstanden.
Humboldt hat gesagt, daß Schiller Wallensteins Familie zu einem Haus der Atriden
gemacht habe, »wo das Schicksal haust, wo die Bewohner vertrieben sind«, und hat
von einer verödeten Stätte gesprochen. Hegel hat wohl die düsterste Interpretation
gegeben, als er schrieb, daß in *Wallenstein* ein gewaltiges und unversöhnliches
Schicksal am Werke sei, das keinen Ausbruch gestatte, und er hat hinzugesetzt: »Der
unmittelbare Eindruck nach der Lesung *Wallensteins* ist ein trauriges Verstummen
über den Fall eines mächtigen Menschen, unter einem schweigenden und tauben
Schicksal. Wenn das Stück endigt, so ist Alles aus, das Reich des Nichts, des Todes
hat den Sieg behalten, es endigt nicht als eine Theodizee .... es steht nur Tod gegen Leben auf, und unglaublich! abscheulich! Der Tod siegt über das Leben. Das
ist nicht tragisch, sondern entsetzlich«. Goethe freilich hat hier nicht das politische
Drama gesehen, sondern hat zum Schluß der Trilogie gesagt, »daß alles aufhört politisch zu seyn und blos menschlich wird«; das Historische selbst sei nur ein leichter Schleier, wodurch das rein Menschliche durchblicke. Das klingt versöhnlicher,
ist ein Votum eher aus dem Geist des Lessingschen Zeitalters. Wer hat recht? Die
Frage ist bis heute offen.

Sicher ist nur, daß Schillers Wallenstein von seiner Aktualität im 20. Jahrhundert
nichts verloren hat. 1969 inszenierte Hansgünther Heyme in Köln seine eigene Wal-
lensteinversion – sie wanderte dann durch ganz Europa. Er hatte das Drama radikal gekürzt, *Wallensteins Lager* integriert in die beiden anderen Teile, und im Zentrum stand die Frage, die auch heute eine höchst aktuelle ist, nämlich die Frage
nach dem Krieg als Mittel der Machterhaltung. Der Osten inszenierte damals sehr
viel vorsichtiger. Aber selbst in der werkgetreuen Darbietung von Solters am Deutschen Theater in Berlin war ein Thema die »Selbstüberforderung eines Technokra-
ten der Macht«.[10] Schiller hat das Seinige getan, um den historischen Stoff seinen
Zeitgenossen verständlich und aktuell zu machen. Wir müssen wohl das Unsrige
tun, um Schillers Drama in seiner Aktualität zu vermitteln. Aber das sollte nicht
schwerfallen. Vielleicht gilt auch für Schiller das, was Albert Camus einmal über
Kafka gesagt hat: »Seine ganze Kunst besteht darin, den Leser zum Wiederlesen zu
zwingen«.

---

[10]   Claudia Albert: Schiller im 20. Jahrhundert. In: Schiller-Handbuch hg. v. Helmut Koop-
        mann. Stuttgart 1998. S. 773–794. Hier S. 788.

Johann Wolfgang von Goethe
»Die Wahlverwandtschaften«

Ursula Regener

Über die »Wahlverwandtschaften« zu sprechen ist mit der Kunst Mignons vergleichbar. Es ist ein Eiertanz. In der Fülle der Sekundärliteratur begegnen immer wieder die gleichen Belegstellen, als blicke einen dieser Text mit hundert Augen an und verbiete jedes weitere Zitat, weil es sowieso schon mehrfach isoliert wurde. Wie oft hat man den Eingangssatz über Eduard, den »reichen Baron im besten Mannesalter« schon gehört, der mit seinem »so nennen wir« zwischen Erzähler und Leser ironische Distanz zum Erzählten vereinbart?

Und wem wären die unzähligen Symbolträger dieser Kunstwelt nicht schon beim ersten Lesen fast auf die Nerven gegangen? In jedem Namen des Figurenquartetts ein Otto – vorwärts wie rückwärts zu lesen, des Erzählers übrige Buchstaben- und Namensspiele, Eduards Lieblingsbeschäftigung des »Pfropfens«, sein Narzissmus und damit verbunden seine egozentrischen Projektionen, seiner Gattin Erotik kompensierende Mooshütte, die gemeinschaftliche (Miss-)Deutung des chemischen Gleichnisses, Ottiles Essstörung, Charlottes Umgruppierung der Grabsteine auf dem Kirchhof, die gräfliche Theorie einer Phasenehe, Lucianes Affen – alles und noch mehr in zahlreichen Aufsätzen aus- bis überinterpretiert. Als der Roman 1809 erschien, urteilten die Erstleser zumindest hinsichtlich seiner zeitgeschichtlichen Aktualität unisono:

»In diesem Roman ist, wie im alten Epos, alles was die Zeit Bedeutendes und Besonderes hat, enthalten, und nach einigen Jahrhunderten würde man sich hieraus ein vollkommenes Bild von unserem jetzigen täglichen Leben entwerfen können.« (Solger, HA VI 637) – »Es ist der großartigste Blick auf diese verwirrte Zeit« (Savigny, Brief an Georg Friedrich Creuzer vom 24.10.1809) – »Uebrigens wollen wir unserm Herrgott und seinem Diener Göthe danken, daß wieder ein Theil untergehender Zeit für die Zukunft in treuer ausführlicher Darstellung aufgespeichert ist.« (Arnim, HA VI 642) – Weniger Einigkeit herrschte und herrscht über die »durchgreifende Idee«, nach der der Roman laut Goethe »gearbeitet« sei (Gespräch mit Eckermann, 1827, HA VI 627). Aber schon in Goethes Eigenkommentaren diffundiert diese Idee, bevor überhaupt offziell (in einem Akt nachträglicher Glättung) von ihr die Rede ist.

Einmal will er »sociale Verhältnisse und die Conflicte derselben symbolisch gefaßt dar[]stellen« (1808 im Gespräch mit Riemer, HA VI 620). Ein anderes Mal »eine chemische Gleichnisrede zu ihrem geistigen Ursprunge zurückführen« (Selbstanzeige in Cottas »Morgenblatt«, 1809, HA VI 621). Dann wieder sind ihm »die tief leidenschaftliche Wunde, die im Heilen sich zu schließen scheut, ein Herz, das zu genesen fürchtet« wichtig (Tag- und Jahreshefte, 1809, HA VI 625), oder er betont das 6. Gebot (Brief an Zauper, 1821, HA VI 625) und den »Triumph des Sittlichen« (Gespräch mit Riemer, 1809, HA VI 622). Dass die genannten Bereiche Ästhetik, Ethik, Natur- und Sozialwissenschaft zum Diskursvolumen der »Wahlverwandtschaften« beitragen, steht außer Frage. Dass sie aufgrund ihrer verschiedenen Strukturen auch durch gewagteste Analogiebildungen nicht zur Deckungsgleichheit zu bringen sind, lässt die Lektüre schon sehr bald vermuten. Ob sie alle an der Gestaltung einer »durchgreifenden Idee« beteiligt sind oder diese eher zutexten, wird sich ebenfalls erweisen.

Eduard, »unser« »reicher Baron im besten Mannesalter«, ist nicht gerade das, was man einen Sympathieträger nennt. Im Gegenteil, der Erzähler gibt nicht nur mit seinem Distanzierungsversuch »so nennen wir«, sondern auch durch vielerlei Details seiner Vita zu verstehen, dass wir es nicht mit dem stärksten Charakter, sondern einem zweiten Werther zu tun haben:

> Sich etwas zu versagen, war Eduard nicht gewohnt. Von Jugend auf das einzige, verzogene Kind reicher Eltern, die ihn zu einer seltsamen, aber höchst vorteilhaften Heirat mit einer viel älteren Frau zu bereden wußten, von dieser auch auf alle Weise verzärtelt, indem sie sein gutes Betragen gegen sie durch die größte Freigebigkeit zu erwidern suchte, nach ihrem baldigen Tode sein eigner Herr, auf Reisen unabhängig, jeder Abwechslung, jeder Veränderung mächtig, nichts Übertriebenes wollend, aber viel und vielerlei wollend, freimütig, wohltätig, brav, ja tapfer im Fall – was konnte in der Welt seinen Wünschen entgegenstehen!
> Bisher war alles nach seinem Sinne gegangen [...]. (HA VI 249)

Er lebt mit seiner ebenfalls in die besten Jahre gekommenen Jugendliebe Charlotte in zweiter Ehe bewusst zurückgezogen auf seinem Landsitz. Beide vertreiben sich die Zeit mit der Aufzeichnung seiner Memoiren, mit Gärtnereien, Parkgestaltung, Leseabenden und dilettantischem Musizieren, also Beschäftigungen, die ein bezeichnendes Licht auf das »beste Mannesalter« werfen. Diese Idylle übt in ihrer Isoliertheit und Rückwärtsgewandtheit Tätigkeiten des Lebensabends ein. Da die »besten Jahre« aber nicht nur den Wende-, sondern immer auch den Höhepunkt eines Lebens markieren, liegt es nahe, die Lebensform des Paares zumindest als nicht altersgemäß, vielleicht sogar als zwanghaft zu betrachten.

Worin liegt der Zwang? Eine Antwort findet sich ebenfalls gleich zu Beginn des Romans, als Eduard den Kirchhof, über den doch der direktere Weg zu Charlotte führt, rechts liegen lässt und den umständlicheren Anstieg »durch anmutiges Gebüsch« wählt. Schon im zweiten Kapitel erfährt man, dass Eduard den Weg über den Kirchhof überhaupt zu »vermeiden pflegt« und, als er ihn aus Zeitgründen doch wählt, verwundert ist,

> daß Charlotte auch hier für das Gefühl gesorgt habe. Mit möglichster Schonung der alten Denkmäler hatte sie alles so zu vergleichen und zu ordnen gewußt, daß es ein angenehmer Raum erschien, auf dem das Auge und die Einbildungskraft gerne verweilten. (HA VI 254)

Mit anderen Worten, sie hat – einer zeitgenössischen Mode der Friedhofs- und Grabgestaltung folgend – alle Grabsteine von den Gräbern genommen, diese an Kirchhofsmauer und Kirchensockel verbannt und die Einzelgräber in eine ebene, anmutige, begehbare und überdies mit Klee besäte Nutzfläche verwandelt (vgl. HA VI 361). Das alles nicht nur, um bei Eduard unangenehme Gedanken an den Tod quasi an den Rand zu drängen, sondern wohl auch aus eigenem Unbehagen bei der Ansicht von Friedhöfen.

Walter Benjamin hat als erster auf die biographische Substanz dieser Todesangst aufmerksam gemacht. In seinem Essay über »Goethes Wahlverwandtschaften« schreibt er:

> Die Abneigung des Dichters gegen den Tod und gegen alles, was er bezeichnet, trägt ganz die Züge äußerster Superstition. Es ist bekannt, daß bei ihm niemand je von Todesfällen reden durfte, weniger bekannt, daß er niemals ans Sterbebett seiner Frau getreten ist. Seine Briefe bekunden dem Tode des eigenen Sohnes gegenüber dieselbe Gesinnung. (Benjamin, S. 88)

Norbert Bolz, der für das Goethe-Handbuch auch die jüngste Forschung aufgearbeitet hat, kann zudem darauf aufmerksam machen, dass die Entstehungsgeschichte der »Wahlverwandtschaften« von Krankheits- und damit Todeserfahrungen des Verfassers gezeichnet ist. (Ich ergänze die Unbestimmtheitsstellen seiner Darstellung mit Bezug auf Volker Hesses Studie: Vermessene Größen. Goethe im Wandel seiner äußeren Gestalt und seiner Krankheiten, Rudolstadt und Jena 1997, S. 61):

> Diesem Roman gingen entscheidende Veränderungen im Leben G.s voraus. Nur mühsam überstand er 1801 eine schwere Krankheit <Gesichtsrose>, um 1805 <Angina und Schmerzen im ganzen Körper, Nierenkolik> erneut zu erkranken. Dazwischen erstreckte sich eine Phase der Depression und stark gedrosselten Produktivität. 1803 starb Herder, 1805 Schiller, 1808 G.s Mutter. 1806 wird – eine Folge der Schlacht von Jena und Auerstedt – Weimar von den napoleonischen Truppen besetzt und geplündert; und Goethe heiratet nach siebzehnjährigem Zögern Christiane Vulpius, die Mutter seines Sohnes. Daß all dies G. zur schmerzlichen Anerkennung des Realen in seiner Eigenmacht gezwungen habe, hat man vielfach zurecht bemerkt. Nicht zufällig gebraucht er seither den Begriff ›dämonisch‹ zur Weltbeschreibung. (Bolz, S. 152–153)

Hinzuzufügen ist der Tod der Herzogin Anna Amalias 1807. So gilt denn Goethes gesprächsweise gegenüber Eckermann geäußerte Bemerkung

> Es ist in den ›Wahlverwandtschaften‹ überall keine Zeile, die ich nicht selber erlebt hätte, und es steckt darin mehr, als irgend jemand bei einmaligem Lesen aufzunehmen im Stande wäre. (Goethes Gespräche, Bd. 7, S. 8–9)

auch oder insbesondere angesichts einer ästhetisch verbrämten Kirchhofshysterie. Dass diese aber gleichsam eine kulturhistorisch verbürgte Denkungsart im 18. Jahrhundert ist, bestätigt die Lektüre der Lessingschen und Winckelmannschen Schriften über antike Todesabbildungen, die Schiller 1793 nochmals aufgreift, um in seinem Programmgedicht »Die Götter Griechenlandes« die Position der Klassik zu umreißen.

> Damals trat kein gräßliches Geripppe
> Vor das Bett des Sterbenden. Ein Kuß
> Nahm das letzte Leben von der Lippe,
> Seine Fackel senkt' ein Genius. (Schillers Werke, Nationalausgabe, Bd. 2, S. 365)

Zurück zu den »Wahlverwandtschaften«: Eduards und Charlottes Parkidylle steht somit von Anfang an unter dem Vorzeichen der Verdrängung des Todes. Der Preis, den die Eheleute hierfür zahlen, ist hoch. Man könnte ihn auf den Nenner »Verdrängung des Lebens« bringen. Durch Eduards Lieblingsbeschäftigung, das Pfropfen, und Charlottes Landschaftsgestaltung machen sich die verdrängten vitalen und erotischen Anteile aber schon geltend, bevor diese Isolation aus anderer Motivation aufgehoben wird. Dabei indiziert Eduards Pfropfen (sieht man einmal von der naheliegenden Kopulationsmetaphorik ab), weil durch dieses Vorgehen Altes verjüngt und Junges veredelt wird, seinen Weg aus der Midlifecrisis, und Charlottes Mooshütte kann mit etwas Phantasie als Vorausdeutung auf ihre späte Mutterschaft gelesen werden.

Zunächst aber durchkreuzt das Leben selbst die Konservierungsbemühungen des Paares, indem es an die Verantwortung anderer Personen gegenüber erinnert. Eduard will seinem Freund und langjährigem Wegbegleiter das Gefühl der Arbeitslosigkeit ersparen, Charlotte ihre Nichte aus einem Erziehungssystem befreien, das ihrer Persönlichkeitsentwicklung schadet. Eduards Fazit »Wenn wir nur etwas, das uns Sorge macht, aus unserer Gegenwart verbannen können, da glauben wir schon, nun sei es abgetan« (HA VI 252), bezieht der aufmerksame Leser doch einigermaßen erleichtert auf die bisher wahrgenommene Gesamtverdrängung und betrachtet diese als überwunden. Strategien der »Entfernung« begegnen aber auch weiterhin auf Schritt und Tritt.

Mit Eduards Freund Otto hält aber erst einmal zeitgenössische Professionalität Einzug in den dilettantisch verhunzten Park. Der Hauptmann, ein »Mann[] von [...] Kenntnissen, [...] Talenten und Fertigkeiten« (HA VI 244), führt nicht nur Eduard und Charlotte, sondern auch den heutigen Leser in den Stand der Wissenschaften ihrer Zeit ein. Kaum angekommen, vermisst er die Gegend mit einer Magnetnadel und fertigt nach diesen Messungen eine topographische Karte, die Eduard als »neue Schöpfung« betrachtet (vgl. HA VI 260–261). Diese Karte offenbart zunächst vor allem eins: das Planlos-Unbeholfene von Charlottes Bemühungen, die sich im Einzelnen verlieren. Daneben straft diese Karte alle späteren Versuche ab, aufgrund der Lektüre eine verbindliche Karte der Parklandschaft zu zeichnen. Bei einem solchen Verfahren kommt jeder (vielleicht, weil die Magnetnadel fehlt) zu einem anderen Ergebnis.

Systematisch kümmert sich der Hauptmann danach um die Buchhaltung des Anwesens. Eduard unterbreitet er dabei folgende Regel, die seine bisherige Unordnung der gleichen Kritik aussetzt, die an Charlotte geübt wurde:

> Nur Eines laß uns festsetzen und einrichten: trenne alles, was eigentlich Geschäft ist, vom Leben! Das Geschäft verlangt Ernst und Strenge, das Leben Willkür. (HA VI 266)

Als alle Unterlagen »rubriziert in bezeichneten Fächern« liegen (HA VI 267), gilt des Hauptmanns Rat der Hausapotheke und damit auch der Unglücks- und Todesprävention. Charlotte wird durch dieses allgemeine Aufräumen wieder einmal angeregt, »alles Schädliche, alles Tödliche zu entfernen«. Und weil sie über die Chemie ihres Haushalts Aufklärung verlangt, kommt es zur gemeinsamen Lektüre von Werken »physischen, chemischen und technischen Inhalts« (vgl. HA VI 269). Doch statt über »die Bleiglasur der Töpferwaren [und den] Grünspan kupferner Gefäße« (HA VI 268) erfährt sie etwas über das chemische Phänomen der »Wahlverwandtschaft« und das nicht aus der Fachliteratur, sondern durch den frei dozierenden Hauptmann.

Dieses Gespräch kann als Musterfall dilettantischen Missverstehens betrachtet werden. Als Charlotte beim Stichwort »Verwandtschaft« aufmerkt und an ihre Vettern denkt, wird sie von Eduard belehrt:

> »Es ist eine Gleichnisrede, die dich verführt und verwirrt hat,« sagte Eduard. »Hier wird freilich nur von Erden und Mineralien gehandelt, aber der Mensch ist ein wahrer Narziß; er bespiegelt sich überall gern selbst«. (HA VI 270)

Charlotte aber will mehr über diese »Verwandtschaft« erfahren, so dass der Hauptmann auf das, was er »vor zehn Jahren gelernt« hat, zurückgreifen muss. Dieses Wissen stellt er bezeichnenderweise unter den Vorbehalt, es sei möglicherweise längst überholt. Und Eduard bekräftigt die unsichere Gesprächsbasis mit einer verblüffend aktuellen Bemerkung:

> »Es ist schlimm genug, [...] daß man jetzt nichts mehr für sein ganzes Leben lernen kann. Unsre Vorfahren hielten sich an den Unterricht, den sie in ihrer Jugend empfangen; wir aber müssen jetzt alle fünf Jahre umlernen, wenn wir nicht ganz aus der Mode kommen wollen.« (HA VI 270)

Charlotte, wiewohl sie sich besinnt, dass von »leblosen Dingen die Rede ist«, hört trotzdem nicht auf, für chemische Vorgänge Analogien im gesellschaftlichen Leben zu suchen. Die Unvermischbarkeit von Öl und Wasser vergleicht sie z.B. mit der Unvereinbarkeit der Stände. Als dann die Rede auf das Phänomen der Scheidung kommt, reagiert sie sogar emotional:

> »Kommt das traurige Wort,« rief Charlotte, »das man leider in der Welt jetzt so oft hört, auch in der Naturlehre vor?« (HA VI 273)

Diese unsachgemäße Rezeption wird aber, so Goethe in seiner Selbstanzeige, von der Metaphorik der Naturlehre selbst gesteuert, die »sich sehr oft ethischer Gleichnisse bedient, um etwas von dem Kreise menschlichen Wesens weit Entferntes näher heranzubringen« (Selbstanzeige in Cottas »Morgenblatt«, HA VI 621). Und so wird dann von der Reaktion von Kalkerde-Luftsäure auf Schwefelsäure, munter direkt auf die Gesprächsteilnehmer geschlossen:

> Am Ende bin ich [Eduard] in deinen Augen der Kalk, der vom Hauptmann, als einer Schwefelsäure, ergriffen, deiner anmutigen Gesellschaft entzogen und in einen refraktären Gips verwandelt wird (HA VI 274–275),

womit dann die »arme Luftsäure« (Charlotte) allein zurückbliebe.

Angesichts solchen Mutwillens verweist der Hauptmann mehrfach auf sein »chemisches Kabinett«, weil chemische Kenntnisse durch Versuche viel besser und unverfänglicher als durch jedes »schreckliche Kunstwort« erworben werden könnten. So geht er auch gerne auf Eduards Vorschlag ein, das Phänomen der doppelten Wahlverwandtschaft statt mit »Kunstwörtern« mit bedeutungsneutralen Buchstaben auszudrücken:

AB + CD ? AC + BD

Doch sind die Buchstaben, die in den zeitgenössischen Chemiebüchern zur Veranschaulichung allgemeiner Theorien dienen, noch offener für Bedeutungszuweisungen. Eduard, der doch zuvor um weniger verfängliche Beispiele geworben hatte, nutzt den Mangel an anschaulicher Festlegung, um die Buchstaben den Anwesenden zuzuordnen:

> Du stellst das A vor, Charlotte, und ich dein B; denn eigentlich hänge ich doch nur von dir ab und folge dir wie dem A das B. Das C ist ganz deutlich der Kapitän, der mich für diesmal dir einigermaßen entzieht. Nun ist es billig, daß, wenn du nicht ins Unbestimmte entweichen sollst, dir für ein D gesorgt werde (HA VI 276),

woraus dann genauso unvermittelt folgt, dass Ottilie die Gesellschaft komplettieren müsse.

Dass die neue Verbindung der Analogie gemäß dann AD + BC (Charlotte-Ottilie; Eduard-Hauptmann) heißen müsste, nimmt dabei keiner mehr wahr. Die Figuren selbst folgen der chemischen Formel: A (Charlotte) wählt C (den Hauptmann) und E (Eduard) wählt D (Ottilie).

> Indem nun Charlotte mit dem Hauptmann eine gemeinsame Beschäftigung fand, so war die Folge, daß sich Eduard mehr zu Ottilien gesellte. (HA VI 289)
> [...] eigentlich war die Neigung dieser beiden ebensogut im Wachsen als jene (HA VI 298).

Die Zweifel an der Zulässigkeit von Analogiebildungen zwischen chemischer und sozialer Welt bleiben trotz dieser wachsenden Neigung.

Die sehr junge Ottilie kommt als nur scheinbar unbeschriebenes Blatt in den Park. Briefe der Vorsteherin ihrer Erziehungsanstalt und des Gehilfen haben »das so schöne[] und liebe[] Kind« bereits eingeführt:

> Sie ist nach wie vor bescheiden und gefällig gegen andere; aber dieses Zurücktreten, diese Dienstbarkeit will mir nicht gefallen. [...] Auch kann ich ihre große Mäßigkeit im Essen und Trinken nicht loben. (HA VI 263)
> Was nicht aus dem Vorhergehenden folgt, begreift sie nicht. Sie steht unfähig, ja stöckisch vor einer leicht faßlichen Sache, die für sie mit nichts zusammenhängt. Kann man aber die Mittelglieder finden und ihr deutlich machen, so ist ihr das Schwerste begreiflich. [...] sie schreibt langsam und steif, wenn man so will, doch nicht zaghaft und ungestalt [...] sie weiß vieles und recht gut; nur wenn man sie fragt, scheint sie nichts zu wissen. (HA VI 264–265)

Kurz: Der Gehilfe vergleicht sie mit einer »verschlossenen Frucht«.

Dem in die besten Jahre gekommenen Trio empfiehlt sie sich vor allem durch eine Schönheit, die ihre gesellschaftlichen Defizite vergessen macht:

> Schönheit ist überall ein gar willkommener Gast. Sie schien aufmerksam auf das Gespräch, ohne daß sie daran teilgenommen hätte.
> Den andern Morgen sagte Eduard zu Charlotten: »Es ist ein angenehmes, unterhaltendes Mädchen.«
> »Unterhaltend?« versetzte Charlotte mit Lächeln; »sie hat ja den Mund noch nicht aufgetan.«
> »So?« erwiderte Eduard, indem er sich zu besinnen schien, »das wäre doch wunderbar!« (HA VI 281)

Im Grunde erscheint sie wie eine Personifikation des anfänglichen Parkidylls, eine ästhetische Größe, die ihre fehlende altersgemäße Reife kompensiert und Anlass bietet, das intellektuelle Niveau, das sich ohnehin (siehe Chemiekapitel) als brüchig erwies, wieder zu senken:

> Bei ihren Unterhaltungen schienen sie zu bedenken, was Ottiliens Teilnahme zu erregen geeignet sein möchte, was ihren Einsichten, ihren übrigen Kenntnissen gemäß wäre. (HA VI 283)

Worüber nun gesprochen, was nun vorgelesen wird, erfährt man bezeichnenderweise nicht.

Ottilie entwickelt unter diesem Entgegenkommen die größte Dienstbeflissenheit. D.h. sie überwindet zwar bis auf die »Mäßigkeit im Essen und Trinken« ihre in der Erziehungsanstalt entwickelte Verweigerungshaltung, findet aber zu keinem eigenen Leben.

> Gegen jedermann war sie dienstfertig und zuvorkommend; daß sie es gegen [Eduard] am meisten sei, das wollte seiner Selbstliebe scheinen. Nun war keine Frage: was für Speisen und wie er sie liebte, hatte sie schon genau bemerkt; wieviel er Zucker zum Tee zu nehmen pflegte und was dergleichen mehr ist, entging ihr nicht. Besonders war sie sorgfältig, alle Zugluft abzuwehren, gegen die er eine übertriebene Empfindlichkeit zeigte und deshalb mit seiner Frau, der es nicht luftig genug sein konnte, manchmal in Widerspruch geriet. Ebenso wußte sie im Baum- und Blumengarten Bescheid. Was er wünschte, suchte sie zu befördern, was ihn ungeduldig machen konnte, zu verhüten (HA VI 289).

Keiner findet dieses Verhalten, das heute im Zusammenhang mit der Essstörung gesehen und sofort therapeutisch behandelt würde, besorgniserregend. Zu sehr scheint Ottilies selbstvergessene Unterwürfigkeit einem zeittypischen Rollenverständnis zu entsprechen, zu kurios ist die sich anbahnende Liebesgeschichte, um die sich bald noch mehr unterhaltsame Anekdoten ranken. Nur ganz am Rande steht, was man für eine Psychoanalyse des »Liebes«verhältnisses unbedingt braucht: nämlich dass Eduards Erscheinung Ottilie in früher Kindheit so lebhaft beeindruckt hat, dass sie sich in »Charlottens Schoß versteckte«. Dies Erlebnis fällt in »die ersten Epochen der Neigung Eduards zu Charlotten« (HA VI 290), würde von Freud als ödipal motiviert verstanden, kann aber von dem vaterlosen Kind Ottilie nicht als Entwicklungsphase überwunden werden. In ihrer Affinität zu älteren Männern (neben Eduard auch zum Grafen, in dessen Gegenwart »die Welt [ihr] erst recht wünschenswert« wird, HA VI 413) spiegelt sich die fehlende Vaterfigur. Ihre frühe Einsicht, dass das Leben ihr doch nicht geben kann, was sie sich so »lebhaft« wünscht, scheint zu begründen, warum sie ihre Bedürfnisse ab diesem Zeitpunkt in jeder Hinsicht zurückstellt oder verdrängt. So geprägt (oder »beeindruckt«) entzieht sie sich und gibt der Welt das Gefühl, vor ihr zu versagen.

Halten wir fest: Ottilies äußere Schönheit trägt entscheidend dazu bei, dass ihre pathologischen Züge gerne übersehen werden. Dabei sprechen sowohl ihre hohe Anpassungsfähigkeit als auch ihre Essstörung für eine gestörte Persönlichkeitsentwicklung. Adaptionsvermögen und Verweigerung einer ausreichenden Ernährung stehen in gleicher Weise für den Mangel an Selbstwertgefühl. Sie zeigen, dass Ottilie um ihre angenehme Erscheinung keine Grenzen ziehen kann, die es ihr ermöglichen würden, sich in ein selbstbewusstes Verhältnis zu ihrer Umwelt zu setzen. Und so wirkt sich die Begegnung ausgerechnet mit dem stets zu Projektionen aufgelegten Eduard für sie verhängnisvoll aus.

Deutete Eduards Narzissmus nicht seinerseits auf eine psychopathologische Störung, die verantwortliches Handeln ausschließt, wirkte sein Umgang mit ihr wie eine systematische Destabilisierung eines ohnehin instabilen jungen Menschen. Heute würde man von einem Missbrauchsdelikt sprechen. Ob Eduard schuldfähig ist oder nicht, spielt hinsichtlich der Auswirkungen seines Verhaltens aber keine Rolle.

Ottilie lässt sich von ihm in psychologisch hoch bedeutsamen Szenen das Amulett ihres Vaters abnehmen, verwandelt als zweites wichtiges Persönlichkeitsmerkmal neben der Herkunft, ihre Schrift der Eduards an, musiziert im Gleichklang seiner Fehler, kümmert sich schließlich, als Eduard die konfliktträchtige Szene verlassen hat, wie eine Mutter um sein Kind, bis es ihr auf einer Kahnfahrt ertrinkt, und lebt in einem Grade Eduards Leben, dass sie für ihr eigenes blind wird oder besser gesagt bleibt. Wie kann aus einer solch heillosen Gestalt eine Heilige werden?

Das Blindheitskriterium gewinnt an Bedeutung, wenn man bedenkt, dass Ottilies Namenspatronin die Schutzheilige der Blinden ist. Von Geburt an blind wurde sie nach der Legende durch das Wasser bei der Taufe sehend. Sie gilt daher als Quellheilige und wird bei Augenleiden angerufen. Ikonographisch wird sie mit einem Stab und einer aufgeschlagenen Bibel dargestellt, die mit zwei großen Augen – den Augen Gottes – verziert ist. Ihr linker Fuß steht auf einem Lindwurm, dem Symbol für die dunklen Mächte, die sie durch ihren Glauben bezwungen hat.

Im Roman ist Charlotte die erste, die sich wieder um klare Verhältnisse bemüht (das allerdings erst, nachdem feststeht, dass der Hauptmann aus beruflichen Gründen aus der Parkidylle ausscheidet):

> »Was uns bevorsteht, ist ziemlich klar,« versetzte Charlotte mit einiger Bewegung, und da sie die Absicht hatte, ein für allemal sich auszusprechen, fuhr sie fort: »Du liebst Ottilien, du gewöhnst dich an sie. Neigung und Leidenschaft entspringt und nährt sich auch von ihrer Seite. [...]«
>
> »Hier vorauszusehen, [...] bedarf es wohl keiner großen Weisheit, und soviel läßt sich auf alle Fälle gleich sagen, daß wir beide nicht mehr jung genug sind, um blindlings dahin zu gehen, wohin man nicht möchte oder nicht sollte. Niemand kann mehr für uns sorgen; wir müssen unsre eigenen Freunde sein, unsre eigenen Hofmeister. Niemand erwartet von uns, daß wir uns in ein Äußerstes verlieren werden, niemand erwartet, uns tadelnswert oder gar lächerlich zu finden.« (HA VI 341–342)

Mit Rücksicht auf das Verständnis ihrer Umwelt will sie zur Ausgangssituation zurück und ihre Ehe mit Eduard retten. Dafür müsste Ottilie die Gemeinschaft verlassen. Wer sich aber entfernt, ist Eduard und zwar unter der erpresserischen Bedingung, dass Ottilie bei Charlotte bleibe.

Die schockierende Bestandsaufnahme des ersten Romanteils wird im zweiten Teil nun schrittweise durch andere Interpretationen ersetzt. Locker eröffnet der Erzähler die Möglichkeit neuer Wahlverwandtschaften im Fluss des Lebens und Erzählens:

> Im gemeinen Leben begegnet uns oft, was wir in der Epopöe als Kunstgriff des Dichters zu rühmen pflegen, daß nämlich, wenn die Hauptfiguren sich entfernen, verbergen, sich der Untätigkeit hingeben, gleich sodann schon ein Zweiter, Dritter, bisher kaum Bemerkter den Platz füllt und, indem er seine ganze Tätigkeit äußert, uns gleichfalls der Aufmerksamkeit, der Teilnahme, ja des Lobes und Preises würdig erscheint. (HA VI 360)

Und es beleben verschiedene junge, attraktive und charakterstarke Männer den Park. Dies allerdings, ohne dass eine Verbindung zu einer der beiden Zurückgebliebenen, besonders zu Ottilie gelänge. Überhaupt scheint das chemische Gleichnis ausgedient zu haben. Nacheinander erscheinen ein vielversprechender junger Architekt, dann der Gehilfe aus dem Pensionat, später ein weltgewandter Lord. Problemkomplexe, die der erste Teil hinterlassen hat, werden durch diese Figuren neu beleuchtet oder gar gelöst.

So greift das erste Kapitel des zweiten Teils die Frage der Kirchhofsumgestaltung wieder auf. In der Kritik der Dorfgemeinschaft manifestiert sich das Gewaltsame dieses vermeintlich nur ästhetischen Aktes. Es

> hatten schon manche Gemeindeglieder früher gemißbilligt, daß man die Bezeichnung der Stelle, wo ihre Vorfahren ruhten, aufgehoben und das Andenken dadurch gleichsam ausgelöscht; denn die wohlerhaltenen Monumente zeigen zwar an, wer begraben sei, aber nicht, wo er begraben sei, und auf das Wo komme es eigentlich an, wie viele behaupteten. (HA VI 361)

Die das behaupten, sehen sich ihrer Möglichkeit beraubt, sich um ihre Toten zu versammeln oder dereinst neben ihnen begraben zu werden. Die Schwachstelle jedes Zeichensystems (seine Arbitrarität) wird hier thematisiert und damit die Grundlage der zeitgenössischen Allegorie-Symbol-Diskussion. Denn indem die individuelle Herkunft eines Zeichens verleugnet wird, tritt es ein ins Reich der Beliebigkeit. Charlotte kümmert das nicht, wenn sie entgegnet:

> Ihre Argumente haben mich nicht überzeugt. Das reine Gefühl einer endlichen allgemeinen Gleichheit, wenigstens nach dem Tode, scheint mir beruhigender als dieses eigensinnige, starre Fortsetzen unserer Persönlichkeiten, Anhänglichkeiten und Lebensverhältnisse. (HA VI 363)

Und der Architekt setzt sich über Ottilies Einwand, »ohne irgend etwas, das der Erinnerung entgegen käme, sollte das alles vorübergehen?« mit Vorschlägen zur lebensnäheren Gestaltung der Grabskulpturen hinweg. Charlotte wiederum macht diese ästhetischen Vorsorgen für den Todesfall, obwohl sie überhaupt nicht zu ihrem Ausgangsargument passen, zum Trumpf im Streit mit dem Rechtsgelehrten:

> Das Bild eines Menschen ist doch wohl unabhängig; überall, wo es steht, steht es für sich, und wir werden von ihm nicht verlangen, daß es die eigentliche Grabstätte bezeichne. (HA VI 364–365)

Sie rückt hiermit von ihrem Ausgangspunkt – der wohltuenden Nivellierung im Zeichen – entschieden ab. Jetzt ersetzt also die individuelle Wiedererkennbarkeit des Bezeichneten im Zeichen den Verlust des Bezugspunktes. Ein Verhältnis überzeugenderer Ähnlichkeit als es alle bisherigen Analogiebildungen zustande gebracht hätten, tritt an die Stelle eines funktionalen Bezuges (Ortsbezeichnung). Der Rest eines Unbehagens bleibt dennoch: es stört Charlotte, dass die Büsten »auf etwas Entferntes, Abgeschiedenes« deuten und sich auf ihr Gegenwartsverhältnis störend auswirken (HA VI 365). Trotzdem wird ihre automatische Reaktion auf Konflikte – das Entfernen – immer fragwürdiger.

Während nun der Architekt an seiner Idee einer gegenwartskompensierenden

Zeichensprache arbeitet, indem er die Kapelle mit Engeln ausmalt, die Ottilie zunehmend ähnlich sehen, reflektiert Ottilies Tagebuch:

> Es gibt mancherlei Denkmale und Merkzeichen, die uns Entfernte und Abgeschiedene
> näher bringen. Keins ist von der Bedeutung des Bildes. Die Unterhaltung mit einem ge
> liebten Bilde, selbst wenn es unähnlich ist, hat was Reizendes, wie es manchmal etwas
> Reizendes hat, sich mit einem Freunde streiten. Man fühlt auf eine angenehme Weise,
> daß man zu zweien ist und doch nicht auseinander kann. (HA VI 369)

Um sich Eduard zu vergegenwärtigen, kommt sie sogar ohne »Merkzeichen« aus:

> Wenn sie sich abends zur Ruhe gelegt und im süßen Gefühl noch zwischen Schlaf und
> Wachen schwebte, schien es ihr, als wenn sie in einen ganz hellen, doch mild erleuch
> teten Raum hineinblickte. In diesem sah sie Eduarden ganz deutlich [...]. Die Gestalt, bis
> aufs kleinste ausgemalt, bewegte sich willig vor ihr, ohne daß sie das mindeste dazu tat,
> ohne daß sie wollte oder die Einbildungskraft anstrengte. (HA VI 422–423)

Die Suggestivkraft des im Erinnerungsbilde Anwesenden nutzt auch Eduard, der
sich ja dank seiner Bedingung, dass Ottilie im Park zu verbleiben habe, diese an
jedem Ort ihres Wirkens vorstellen kann. Er, der ohnehin die stärkste Affinität entwickelt, wenn sein Gegenüber sich distanziert gibt (HA VI 321), setzt sich über die
Logik der »Weltmenschen« hinweg, »daß Entfernung solche Empfindungen abstumpfen, so tief eingegrabene Züge auslöschen« könne (vgl. HA VI 451).

Und so halten (Charlotte zum Trotz) beide aneinander fester denn je, gerade
weil sie sich nicht sehen, aber auf innere Bilder zurückgreifen können. Man muss
sich bewusst halten, dass all diese Strategien der Lebensintensivierung durch die
Kirchhofsdebatte grundiert und auch perspektiviert werden.

Charlotte, die schon ahnte, dass »Entfernung [...] nicht allein hinreichend sein
[würde], ein solches Übel zu heilen« (vgl. HA VI 331), kapituliert schließlich und
will zugunsten ihrer Nichte auf Eduard verzichten (und sich, wenn es sich fügt, mit
dem Hauptmann verbinden). Zu dieser Umdeutung von Entfernung in Vergegenwärtigung tragen übrigens auch die Inszenierungen und Wiederbelebungen von
großen Werken der Malerei bei, zu denen der Graf anregt, als Charlottes Tochter
Luciane »Leben« in den verschlafenen Park bringt (HA VI 392). Und des Lords Camera obscura, mit deren Hilfe die kartographischen Bemühungen des Hauptmanns
perfektioniert werden, ermöglicht, dass die Damen »in ihrer Einsamkeit die Welt [...]
bequem [...] durchreisen [können], Ufer und Häfen, Berge, Seen und Flüsse, Städte, Kastelle und manches andre Lokal, das in der Geschichte einen Namen hat, vor
sich vorbeiziehen [...] sehen. (HA VI 430)

Dass all diese ästhetischen Operationen Konsequenzen der im ersten Teil offensichtlich werdenden Gestaltungs- und Deutungswillkür sind und diese nicht aufheben, liegt auf der Hand. Damit auch, dass es wohl nicht damit getan ist, die Medien der Lebenssuggestion in Richtung Fotografie oder Film zu verbessern, sondern
dass es vielmehr darauf ankommt, den Tod in den Blick zu bekommen. Da jeder
Gedanke an ihn von den Figuren so sorgfältig vermieden wird, begegnet er auf der
Handlungsebene. Nachdem es an Ottilies Geburtstag ein Unglück mit einem
Scheintoten gegeben hat, ist der erste der stirbt, der alte Geistliche, der das wahlverwandtschaftliche Kind Otto tauft. Er entschläft bezeichnenderweise, als Mittler
zu lange redet.

So unmittelbar Geburt und Tod, Sarg und Wiege nebeneinander zu sehen und zu denken, nicht bloß mit der Einbildungskraft, sondern mit den Augen diese ungeheuern Gegensätze zusammenzufassen, war für die Umstehenden eine schwere Aufgabe, je überraschender sie vorgelegt wurde. Ottilie allein betrachtete den Eingeschlummerten, der noch immer seine freundliche, einnehmende Miene behalten hatte, mit einer Art von Neid. Das Leben ihrer Seele war getötet; warum sollte der Körper noch erhalten werden? (HA VI 422)

Diesem Toten folgt das sonderbare Kind Otto. Die Umstände seines Lebens und Ablebens sind gleichermaßen verwunderlich. Gezeugt in einer Nacht, in der seine Eltern in Gedanken an ihre Wahlpartner wie gebannt sind und trotzdem zueinander finden, ähnelt es dem Hauptmann und Ottilie mehr als seinen leiblichen Eltern. Für Eduard ist die Schwangerschaft kein Grund, Ottilie aufzugeben und Verantwortung für seine Familie zu übernehmen. Diese träte er leichten Herzens an den ab, dem Otto ohnehin mehr gleicht: dem Hauptmann. (HA VI 453)

Otto wächst aber niemanden so recht ans Herz, und so droht sich in ihm das Waisenschicksal Ottiles zu wiederholen, die sich seiner denn auch am meisten annimmt. An dem Tag, an dem der Hauptmann Charlotte das Anliegen Eduards vortragen und Charlotte selbst einen Heiratsantrag machen will, dringt der ungeduldige Eduard in den Park ein und beobachtet Ottilie beim Lesen. Otto liegt neben ihr. Eduard dringt zu ihr vor, Ottilie, die Eduard abzuwarten bittet, verspätet sich über diese Zusammenkunft und wählt den kürzeren Rückweg über das Wasser. Dabei entgleiten ihr Buch, Ruder und Kind. Als nur noch der Tod des Kindes festgestellt werden kann, reagieren Charlotte und der Hauptmann nach einer schweigend durchwachten Nacht unglaublich rational. Der Hauptmann, dem es vor seinem »erstarrten Ebenbild« graust (HA VI 459) und der ein »solches Opfer [...] zu ihrem allseitigen Glück« für nötig hält (vgl. HA VI 461), trägt Eduards Anliegen, sich scheiden zu lassen und Ottilie zu heiraten, vor. Charlotte, die in der Sprache des Schicksals ihren eigenen Plan wiedererkennt, sich aber vorwirft, ihr »Zaudern« habe den Tod des Kindes herbeigeführt, willigt in die Scheidung ein. Einmal, weil sie in Eduards »Eigensinn« nun doch »wahre Liebe« zu erkennen vermag (HA VI 460), zum anderen, um Ottilie eine neuerliche Traumatisierung zu ersparen:

> Wie soll sie leben, wie soll sie sich trösten, wenn sie nicht hoffen kann, durch ihre Liebe Eduarden das zu ersetzen, was sie ihm als Werkzeug des wunderbarsten Zufalls geraubt hat? (vgl. HA VI 460–461)

Einzig für Ottilie ist die Tragödie des Kindes Anlass, innezuhalten und ihr Leben zu überprüfen (statt den Tod nur zu betrachten). Dabei entwickelt die für blind Gehaltene ungeheure Hellsicht. Sie stellt selbst den Bezug her zwischen dem Tod ihrer Mutter und dem Tod Ottos. Sie beschreibt, dass ihre Verwaisung (und damit der Verlust emotionaler Verbundenheit) ihr Leben unter ein »Gesetz« gestellt habe, das Charlottes Vorstellungen und Forderungen entspricht. Sie weiß, dass diese Fremdbestimmung im Moment ihrer gehorsamen Aneignung aufgehoben wurde und dies die Gesetze ihres Lebens geworden sind, ihre »Bahn«. In dem Moment, da Charlotte bereit ist, sie aus dieser »Bahn« zu entlassen, macht sie dieser klar, dass solche Setzungen nicht aufhebbar oder entfernbar sind, dass sich hier nach Maßgabe des »Gesetzes« ein autonomer, integrer Kern entwickelt hat, eine Person. Und diese Person widersetzt sich (wie später Hilarie in den »Wanderjahren«) weiterer Lenkung und Lebensplanung von Seiten dritter:

> Eduards werd ich nie! Auf eine schreckliche Weise hat Gott mir die Augen geöffnet, in welchem Verbrechen ich befangen bin. Ich will es büßen; und niemand gedenke mich von meinem Vorsatz abzubringen! Darnach, Liebe, Beste, nimm deine Maßregeln. (HA VI 462–463)

Ottilie, der das Ruder, das sie nie in der Hand hatte, der Text, der nicht ihrer war und das Kind, dessen Mutter sie nicht ist, entglitten sind, fühlt sich in der Folge wie befreit. Sie verliert ihre Untertänigkeit und beschließt eine Existenz als Erzieherin.

Doch ist diese Wandlung nicht in dem Maße Produkt einer Hypnose, wie Ottilie Charlotte glauben machen will. Ottilies Augen sind schon vorher nicht mehr ganz verschlossen gewesen. Gibt eine Notiz aus ihrem Tagebuch Aufschluss, dass sie das Paradox der Mündigkeit rational erfasst hat, wenn sie die Abhängigkeit zur Maxime ihres Willens macht: »Freiwillige Abhängigkeit ist der schönste Zustand, und wie wäre der möglich ohne Liebe« (HA VI 397), so liefert nach der Geburt Ottos ihr Wunsch, dieses Kind möge in der Obhut s e i n e r Eltern aufwachsen, den ersten Anhaltspunkt zum Verzicht auf Eduard.

> Ottilie fühlte dies alles so rein, daß sie sichs als entschieden wirklich dachte und sich selbst dabei gar nicht empfand. Unter diesem klaren Himmel, bei diesem hellen Sonnenschein ward es ihr auf einmal klar, daß ihre Liebe, um sich zu vollenden, völlig uneigennützig werden müsse [...]. Aber ganz entschieden war sie für sich, niemals einem andern anzugehören. (vgl. HA VI 425)

Worauf sie nicht verzichten will, ist ihr Gefühl – das Gefühl, das in früher Kindheit, als die Mutter stirbt, durch Charlottes »Gesetz« ersetzt wurde, das als Liebe zu Eduard wiederkehrt und dieses »Gesetz« wieder verdrängt. Nun ist sie im Begriff, »Gesetz« und Gefühl in Einklang zu bringen, das Gefühl in ihr Selbstverständnis zu integrieren.

Dieser Prozess wird in dem Moment gestört, als der Lord Vor- und Nachteile eines Lebens ohne festen Wohnsitz schildert und dabei in Ottilie das Bild eines heimatlos irrenden Eduard entsteht. Hier reagiert sie emotionaler, ja sogar geschockt, weil sie ihr bislang für rein gehaltenes Gefühl in einen Schuldzusammenhang gestellt sieht und wohl überhaupt erkennt, dass Gefühle nicht immer integer sind. So entschließt sie sich

> koste, was es wolle, zu [Eduards] Wiedervereinigung mit Charlotten alles beizutragen, ihren Schmerz und ihre Liebe an irgendeinem stillen Orte zu verbergen und durch irgendeine Art von Tätigkeit zu betriegen. (vgl. HA VI 433)

Als dann wegen ihrer Zusammenkunft mit Eduard Otto sterben muss, verschärft sie – wie gesehen – ihr Maßnahmen und will »das Gefühl« nicht mehr nur »verbergen« und »betriegen«, sondern als »Verbrechen« büßen, es – mit Charlotte zu sprechen – entfernen.

Auf dem Weg zum Pensionat wird die vermeintlich wieder Gefühllose von Eduard (ihrem Gefühl) eingeholt, sein Anblick zeigt ihr, dass sie sich überfordert hat. Beide kehren zu Charlotte zurück und kommen zur Ruhe, die noch durch Ottilies Schweigegelübde unterstrichen wird. Das »Entfernen« wird aufgegeben, Nähe gesucht und als »bewußtloses, vollkommenes Behagen« beschrieben. Ob dies als Heilung Ottilies im Sinne einer gelungenen Integration ihrer Emotionalität betrachtet werden kann, ist die Frage.

Zu bald fällt ihr Umfeld zurück in frühere Heiratspläne, Verhaltensweisen und Gewohnheiten, die den Anschein erwecken, »als ob noch alles beim alten sei« (HA VI 479). Was auf jeden Fall »beim Alten« bleibt, ist die Selbstverständlichkeit, mit der Ottilies Krankheits- und Todeszeichen nicht wahrgenommen werden. Und so kann Ottilie im Versteck des schönen Scheins wochenlang die Nahrung verweigern, ohne dass selbst Eduard etwas bemerkt. Dass sie just in dem Moment stirbt, als Mittler das 6. Gebot erläutert (HA VI 482–483), ist eine Koinzidenz, die noch einmal an das Gesetz erinnert, dem Ottilie sich unterworfen hat. Ihrer Heiligsprechung steht die Forschung mit Befremden und Skepsis gegenüber, man sieht hier gerne einen letzten Akt ästhetischer Willkür, vermutet gar, dass mit Ottilie die Poesie selbst sakralisiert werde. Was sie zur Heiligen macht, erfährt man, wenn man die ästhetische Textur »entfernt« und damit zur Ethik zurückkehrt.

Nicht Ottilies Unterbringung in einer Kapelle, nicht ihre durch das Deckengemälde garantierte Unsterblichkeit, die ganz der gewünschten individuellen Zeichensprache entspricht, legitimiert diese Heiligung, sondern dass Ottilie ihre Augen öffnet für höhere Zusammenhänge. Sie übernimmt die Verantwortung für eine »Schuld«, in die sie unbedarft und blind geraten ist. Aus der Erkenntnis ihrer Verstrickung zieht sie die Konsequenz zu verzichten.

Dass sie sich gegen ihre willkürlich deutende und restaurative Umgebung nicht durchsetzen kann und keinen anderen Weg findet als den Rückzug in eine psychisch längst überwundene Krankheit gehört nicht zu den Merkmalen ihrer Heiligkeit, sondern geht zu Lasten einer Gesellschaft, deren Kultur manchmal (verzeihen Sie das Wort) über Leichen geht.

Literaturverzeichnis:

Goethes Werke. Hamburger Ausgabe in 14 Bänden. Textkritisch durchgesehen und mit Anmerkungen versehen von Erich Trunz, Hamburg: Christian Wegener, 1948ff. (HA).

Goethes Gespräche. Hg. von Woldemar Freiherr von Biedermann, Band 1–10. Leipzig 1889–1896.

Goethe/Schiller: *Entwurf eines Schemas über Dilettantismus* (1799). In: *Werke.* Hg. im Auftrage der Großherzogin Sophie von Sachsen. Verlag Hermann Böhlau, Weimar 1887–1919, Erste Abtheilung, Bd. 47, S. 299ff.

Adler, Jeremy: *»Eine fast magische Anziehungskraft«. Goethes »Wahlverwandtschaften« und die Chemie seiner Zeit.* München 1987.

Baumann, Gerhart: *Goethe »Über den Dilettantismus«.* In: *Euphorion* 46 (1952), S. 348–369.

Walter Benjamin: *Goethes »Wahlverwandtschaften«.* In: W.B.: *Illuminationen.* Frankfurt am Main, 2. Aufl. 1980, S. 63–135.

Bolz, Nobert: *Die Wahlverwandtschaften*. In: *Goethe-Handbuch in vier Bänden.* Hg. von Bernd Witte, Bd. 3, Stuttgart, Weimar 1997, S. 152–186.

Bolz, Norbert (Hg.): *Goethes »Wahlverwandtschaften«. Kritische Modelle und Diskursanalysen zum Mythos Literatur.* Hildesheim 1981.

Borgstedt, Thomas: *Ottilie oder das Ende der Willkür* (noch unveröffentlichtes Vortragsmanuskript).

Brude-Firnau, Gisela: *Lebende Bilder in den »Wahlverwandtschaften«: Goethes »Journal intime« vom Oktober 1806.* In: *Euphorion* 74 (1980), S. 403–416.

Gerndt, Siegmar: *Idealisierte Natur. Die literarische Kontroverse um den Landschaftsgarten des 18. und frühen 19. Jahrhunderts in Deutschland.* Stuttgart 1981 (Parkkarte S. 146).

Stefanie Geissler-Latussek: *Der Landschaftsgarten in Goethes Roman »Die Wahlverwandtschaften«. Erneuter Versuch einer Kartographie.* in: *Goethe-Jahrbuch* 109 (1992), S. 69–76 (Parkkarte S. 74).

Hörisch, Jochen: *Die Begierde zu retten. Zeit und Bedeutung in Goethes »Wahlverwandtschaften«,* in: *Eingebildete Texte. Affairen zwischen Psychoanalyse und Literaturwissenschaft.* Hg. von J.H. und Georg-Christoph Tholen, München 1985, S. 78–90.

Lennartz, Rita: *»Von Angesicht zu Angesicht«: Lebende Bilder und tote Buchstaben in Goethes »Die Wahlverwandtschaften«.* In: Helmut J. Schneider, Ralf Simon, Ralf Wirtz (Hg.): *Bildersturm und Bilderfluten um 1800: Zur schwierigen Anschaulichkeit der Moderne.* Bielefeld 2001, S. 145–183.

Lindemann, Klaus: *›geebnet‹ und ›verglichen‹ – der Friedhof in Goethes »Wahlverwandtschaften«.* In: *Literatur für Leser,* 1984, S. 15–24.

Nemec, Friedrich: *Die Ökonomie der »Wahlverwandtschaften«,* München 1973 (= Münchner Germanistische Beiträge 10) (Parkkarte zw. S. 44 und 45).

Niedermeier, Michael: *Das Ende der Idylle. Symbolik, Zeitbezug, ›Gartenrevolution‹ in Goethes Roman »Die Wahlverwandtschaften«.* Berlin, Bern, Frankfurt am Main, New York, Paris, Wien 1992.

Rösch, Ewald (Hg.): *Goethes Roman »Die Wahlverwandtschaften«.* Darmstadt 1975.

Schwan, Werner: *Goethes »Wahlverwandtschaften«. Das nicht erreichte Soziale.* München 1983.

Vaget, Hans Rudolf: *Dilettantismus und Meisterschaft. Zum Problem des Dilettantismus bei Goethe: Praxis, Theorie, Zeitkritik.* München 1971.

Vaget, Hans Rudolf: *Ein reicher Baron. Zum sozialgeschichtlichen Gehalt der »Wahlverwandtschaften«.* In: *Jahrbuch der deutschen Schillergesellschaft* 24 (1980), S. 123–161.

Wellbery, David: *»Die Wahlverwandtschaften« (1809). Desorganisation symbolischer Ordnungen.* In: *Goethes Erzählwerk. Interpretationen.* Hg. von Paul Michael Lützeler und James E. McLeod, Stuttgart 1985, S. 291–318.

Wiethölter, Waltraud: *Legenden. Zur Mythologie von Goethes »Wahlverwandt-schaften«*. In: *DVjs* 56 (1982), S. 1–64.

Zons, Raimar Stefan: *Ein Denkmal voriger Zeit. Über die »Wahlverwandtschaften«*. In: Norbert **Bolz** (Hg.): *Goethes »Wahlverwandtschaften«. Kritische Modelle und Diskursanalysen zum Mythos Literatur*. Hildesheim 1981, S. 323–352, hier S. 341–346.

Licht und Farbe: Goethes Farbenlehre

Gert-Ludwig Ingold

> Es geht doch nichts über die Freude die uns das Studium der Natur gewährt. Ihre Geheimnisse sind von einer unergründlichen Tiefe; aber es ist uns Menschen erlaubt und gegeben, immer weitere Blicke hineinzutun. Und grade daß sie am Ende doch unergründlich bleibt, hat für uns einen ewigen Reiz, immer wieder zu ihr heranzugehen und immer wieder neue Einblicke und neue Entdeckungen zu versuchen.
>
> Goethe zu Eckermann, 15.7.1831

1. Goethe experimentiert für Damen

Morgen vor genau 246 Jahren[1], am 30. Januar 1757, kam in Berlin Louise Prinzessin von Hessen-Darmstadt zur Welt. Gut 18 Jahre später wird sie mit dem wenig jüngeren Carl August verheiratet und damit zur Herzogin von Sachsen-Weimar und Eisenach. Im Oktober 1775 reisen die beiden von Karlsruhe, wo die Hochzeit stattgefunden hatte, nach Weimar und beziehen dort ein provisorisches Fürstenhaus – das Weimarer Schloss war im Jahr zuvor abgebrannt und inzwischen noch nicht wieder aufgebaut. Nur einen Monat später, am 7. November 1775, trifft Johann Wolfgang Goethe in Weimar ein und bleibt, von vielen kürzeren und einigen längeren Reisen abgesehen, bis an sein Lebensende dort.

Anlässlich von Louises Geburtstagen verfasst Goethe Huldigungsgedichte und es finden Aufführungen und Maskenzüge unter Goethes Regie oder mit seiner Beteiligung statt. Ein besonderes Geburtstagsgeschenk gibt es 1808, denn am 30. Januar jenes Jahres widmet Goethe der Herzogin sein Werk *Zur Farbenlehre*, das er auf eine Stufe mit dem *Faust* stellte, unter anderem mit den Worten:

> Denn hätten Ew. Durchlaucht nicht die Gnade gehabt, über die Farbenlehre so wie über verwandte Naturerscheinungen einem mündlichen Vortrag Ihre Aufmerksamkeit zu schenken; so hätte ich mich wohl schwerlich im Stande gefunden, mir selbst manches klar zu machen, manches auseinander Liegende zusammenzufassen und meine Arbeit, wo nicht zu vollenden, doch wenigstens abzuschließen. (WA II 1, VII)

Goethe bezieht sich hier auf die Mittwochsgesellschaft, die ab Oktober 1805 mittwochs vormittags im Gartenzimmer seines Hauses am Frauenplan zusammenkommt. Dieser kleine Kreis besteht aus einigen Damen um die Herzogin, darunter auch Frau von Stein und Schillers Gemahlin. Goethe hält den Damen Experimen-

---

[1] Überarbeitete Fassung eines am 29. Januar 2003 gehaltenen Vortrags.

talvorträge, wie er dies gerne früher schon bei anderen Gelegenheiten getan hat, und bringt ihnen seine Gedanken über die Farben näher.

Morgen vor 195 Jahren widmete also Goethe der Herzogin Louise seine *Farbenlehre*, und wir wollen dies zum Anlass nehmen, uns etwas genauer mit diesem Werk zu beschäftigen.

2. Goethes Faible für Farben

Da im Folgenden Goethe als Naturforscher im Vordergrund stehen soll, lohnt es sich, einen Blick in das *Lexikon der Naturwissenschaftler* zu werfen. Dort findet man unter dem Stichwort »Goethe« einen Eintrag von etwa zweidreiviertel Spalten, der längenmäßig nur von einem einzigen Forscher, Charles Darwin, übertroffen wird und das auch nur um eine Zeile. Goethes Eintrag beginnt folgendermaßen:

> **Goethe,** *Johann Wolfgang* von, deutscher Naturforscher, Naturphilosoph und Dichter, *28.8.1749 Frankfurt a.M., †22.3.1832 Weimar, …

womit wir uns auch die Lebensdaten Goethes wieder in Erinnerung gerufen haben. Goethe wäre sicher sehr zufrieden damit gewesen, zunächst als Naturforscher und -philosoph bezeichnet zu werden und erst in zweiter Linie als Dichter. So stellt Goethe fest, dass man ihn, im Vaterland und auch wohl auswärts, als Dichter kenne und beklagt dann das mangelnde Interesse, das seine naturwissenschaftlichen Arbeiten gefunden haben. Goethe schreibt:

> … daß ich aber mit großer Aufmerksamkeit mich um die Natur in ihren allgemeinen physischen und ihren organischen Phänomenen, emsig bemüht und ernstlich angestellte Betrachtungen stetig und leidenschaftlich im Stillen verfolgt, dieses ist nicht so allgemein bekannt, noch weniger mit Aufmerksamkeit bedacht worden. (WA II 6, 126)

Auf seine botanischen Studien bezogen bemerkt Goethe, dass er einen bedeutenden Teil seiner Lebenstage hierfür verwendet habe, und Entsprechendes lässt sich auch über seine Arbeiten in anderen Bereichen der Naturforschung wie der Zoologie, der Geologie, der Mineralogie und der Meteorologie sagen. Ganz besonders trifft dies aber auf seine Beschäftigung mit dem Phänomen Farbe zu, wie sich allein schon aus dem Umfang seiner hierzu verfassten Schriften ergibt, zu denen eben auch die *Farbenlehre* gehört.

Vor allem während der zweiten Hälfte seines langen Lebens hat Goethe sich mehr oder weniger intensiv mit Farben beschäftigt. Aber bereits als junger Student der Jurisprudenz hörte er in Leipzig unter anderem Physik-Vorlesungen bei Winckler, der vor allem für seine Arbeiten zur Elektrizität bekannt war, und bekam dort auch optische Versuche zu sehen. Allerdings scheint er sich später weniger an den physikalischen Inhalt der Experimente als an äußerliche Aspekte zu erinnern:

> Die Gestelle waren sämmtlich blau angestrichen; man brauchte ausschließlich blaue Seidenfäden zum Anknüpfen und Aufhängen der Theile des Apparats: welches mir auch immer wieder, wenn ich über blaue Farbe dachte, einfiel. Dagegen erinnere ich mich nicht, die Experimente, wodurch die Newtonische Theorie bewiesen werden soll, jemals gesehen zu haben; … (WA II 4, 292)

Goethes naturwissenschaftliches Interesse wandte sich zunächst der Geologie, der Botanik und der Anatomie zu.

Anlässlich seiner Harzreise Ende 1777 macht Goethe beim Abstieg vom Brocken eine Beobachtung, die er viele Jahre später in der *Farbenlehre* als Beispiel für farbige Schatten folgendermaßen beschreibt:

> Auf einer Harzreise im Winter stieg ich gegen Abend vom Brocken herunter, die weiten Flächen auf- und abwärts waren beschneit, die Heide von Schnee bedeckt, alle zerstreut stehenden Bäume und vorragenden Klippen, auch alle Baum- und Felsenmassen völlig bereift, die Sonne senkte sich eben gegen die Oderteiche hinunter.
>
> Waren den Tag über, bei dem gelblichen Ton des Schnees, schon leise violette Schatten bemerklich gewesen, so mußte man sie nun für hochblau ansprechen, als ein gesteigertes Gelb von den beleuchteten Theilen widerschien.
>
> Als aber die Sonne sich endlich ihrem Niedergang näherte, und ihr durch die stärkeren Dünste höchst gemäßigter Strahl die ganze mich umgebende Welt mit der schönsten Purpurfarbe überzog, da verwandelte sich die Schattenfarbe in ein Grün, das nach seiner Klarheit einem Meergrün, nach seiner Schönheit einem Smaragdgrün verglichen werden konnte. Die Erscheinung ward immer lebhafter, man glaubte sich in einer Feenwelt zu befinden, denn alles hatte sich in die zwei lebhaften und so schön übereinstimmenden Farben gekleidet, bis endlich mit dem Sonnenuntergang die Prachterscheinung sich in eine graue Dämmerung, und nach und nach in eine mond- und sternhelle Nacht verlor. (DT 75)

Goethe war nicht der erste, der farbige Schatten beschrieb. So hatte der Comte de Buffon bereits Mitte des 18. Jahrhunderts dieses Phänomen beobachtet und in seiner *Histoire naturelle* beschrieben, es allerdings nicht korrekt interpretiert. Etwa hundert Jahre später, also schon nach Goethe, freute sich Eugène Delacroix darüber, dass er farbige Schatten in seinen Gemälden richtig wiedergegeben hatte, bevor er das Phänomen zum ersten Mal bewusst wahrnahm:

> J'ai fait toute ma vie du linge assez vrai de ton. Je découvre un jour, par un exemple évident, que l'ombre est violette et le reflet vert.
>
> Voilà des documents dont un savant serait peut-être fier ; je le suis davantage d'avoir fait des tableaux d'une bonne couleur, avant de m'être rendu compte de ces lois.

> Ich habe mein ganzes Leben lang Wäsche immer ziemlich richtig im Ton getroffen. Eines Tages entdeckte ich an einem überzeugenden Beispiel, daß der Schatten violett und der Reflex grün sei.
>
> Ein Gelehrter wäre vielleicht stolz auf diese Entdeckung. Ich bin noch stolzer, Bilder in richtiger Farbe gemalt zu haben, bevor ich mir über diese Gesetze klar war.

Für die Impressionisten spielte die Farbe eine noch größere Rolle, und so überrascht es nicht, dass man in der Heuschober-Serie von Claude Monet eine Darstellung farbiger Schatten findet. Im Gemälde *Meule, Soleil couchant* wirft der in das rote Licht der untergehenden Sonne getauchte Heuschober einen Schatten, der von Grüntönen dominiert wird.

Die Beschäftigung mit der Kunst anlässlich seiner ersten Italienreise war für Goethe der Auslöser für ein tieferes Interesse für Farben. Die Verwendung der Farbe in der Malerei schien ihm noch sehr ungenügend verstanden zu sein, und er kam zum Schluss, dass diesen Fragen von der Seite der Natur beizukommen sei

(WA II 4, 292). Hierbei mag er auch von Leonardo da Vinci und dessen wissenschaftlichem Zugang zur Malerei beeinflusst worden sein, den er im Frühjahr 1788 bei der Lektüre der da Vinci'schen Abhandlung über die Malerei kennen lernte.

Lassen wir Goethe selbst über den weiteren Lauf der Dinge berichten, damit er auch als Dichter gebührend in Erscheinung treten kann:

> Als ich mich nun von Seiten der Physik den Farben zu nähern gedachte, las ich in irgend einem Compendium das hergebrachte Capitel, und weil ich aus der Lehre wie sie dastand, nichts für meinen Zweck entwickeln konnte; so nahm ich mir vor, die Phänomene wenigstens selbst zu sehen, zu welchen Hofrath Büttner, der von Göttingen nach Jena gezogen war, den nöthigen Apparat mitgebracht und mir ihn nach seiner freundlich mittheilenden Weise sogleich angeboten hatte. Es fehlte nur also noch an einer dunklen Kammer, die durch einen wohlverschlossenen Fensterladen bewirkt werden sollte; es fehlte nur noch am *Foramen exiguum*, das ich mit aller Gewissenhaftigkeit, nach dem angegebenen Maß, in ein Blech einzubohren im Begriff stand. (WA II 4, 293)

Einen typischen Versuchsaufbau zeigen Skizzen, die Goethe im Jahr 1792 angefertigt hatte und von denen eine hier schematisch abgebildet ist. Durch ein kleines Loch im Fensterladen fällt ein dünner Lichtstrahl auf ein Prisma, das das Licht bricht und in das Spektrum zerlegt.

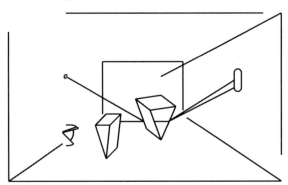

> Die Hindernisse jedoch, wodurch ich abgehalten ward die Versuche nach der Vorschrift, nach der bisherigen Methode anzustellen, waren Ursache, daß ich von einer ganz andern Seite zu den Phänomenen gelangte und dieselben durch eine umgekehrte Methode ergriff, die ich noch umständlich zu erzählen gedenke.
> [...]
> Hofrath Büttner, der alles was er von Büchern und Instrumenten besaß, gern mittheilte, verlangte jedoch, wie es einem vorsichtigen Eigenthümer geziemt, daß man die geborgten Sachen nicht allzulange behalten, daß man sie zeitig zurückgeben und lieber einmal wieder auf's neue borgen solle. Er war in solchen Dingen unvergessen und ließ es, wenn eine gewisse Zeit verflossen war, an Erinnerungen nicht fehlen. Mit solchen wollte er mich zwar nicht unmittelbar angehen; allein durch einen Freund erhielt ich Nachricht von Jena: der gute Mann sei ungeduldig, ja empfindlich, daß ihm der mitgetheilte Apparat nicht wieder zugesendet werde. Ich ließ dringend um einige Frist bitten, die ich auch erhielt, aber auch nicht besser anwendete: denn ich war von ganz anderem Interesse festgehalten. Die Farbe, so wie die bildende Kunst überhaupt, hatte wenig Theil an meiner Aufmerksamkeit, ob ich gleich ungefähr in dieser Epoche, bei Gelegenheit der

Saussurischen Reisen auf den Montblanc und des dabei gebrauchten Kyanometers, die Phänomene der Himmelsbläue, der blauen Schatten u.s.w. zusammenschrieb, um mich und andre zu überzeugen, daß das Blaue nur dem Grade nach von dem Schwarzen und dem Finstern verschieden sei. (WA II 4, 293)

Goethe bezieht sich an dieser Stelle auf die Besteigung des Mont Blanc durch den Genfer Gelehrten Horace Bénédict de Saussure, der über 25 Jahre von dieser Unternehmung geträumt und einen Preis für die Erstbesteigung des höchsten Bergs Europas ausgesetzt hatte. Am 8. August 1786 bezwangen Jacques Balmat und Michel-Gabriel Paccard schließlich den Berg. Ein Jahr später, Goethe weilt gerade in Rom, steht dann auch de Saussure auf dem Gipfel, in Begleitung von 18 Führern und Trägern sowie seinem Kammerdiener, die sehr unwillig viereinhalb Stunden dort ausharren müssen bis de Saussure seine verschiedenen Experimente, unter anderem die erwähnten Messungen des Himmelsblaus, abgeschlossen hat. Bei dieser Expedition stellte de Saussure auch detaillierte Beobachtungen der Farbe der Schatten an.

Doch kehren wir zurück zu Goethes Bericht und den büttnerschen Prismen:

So verstrich abermals eine geraume Zeit, die leichte Vorrichtung des Fensterladens und der kleinen Öffnung ward vernachlässigt, als ich von meinem Jenaischen Freunde einen dringenden Brief erhielt, der mich auf's lebhafteste bat, die Prismen zurückzusenden, und wenn es auch nur wäre, daß der Besitzer sich von ihrem Dasein überzeugte, daß er sie einige Zeit wieder in Verwahrung hätte; ich sollte sie alsdann zu längerm Gebrauch wieder zurück erhalten. Die Absendung aber möchte ich ja mit dem zurückkehrenden Boten bewerkstelligen. Da ich mich mit diesen Untersuchungen sobald nicht abzugeben hoffte, entschloß ich mich das gerechte Verlangen sogleich zu erfüllen. Schon hatte ich den Kasten hervorgenommen, um ihn dem Boten zu übergeben, als mir einfiel, ich wolle doch noch geschwind durch ein Prisma sehen, was ich seit meiner frühsten Jugend nicht gethan hatte. Ich erinnerte mich wohl, daß alles bunt erschien, auf welche Weise jedoch, war mir nicht mehr gegenwärtig. Eben befand ich mich in einem völlig geweißten Zimmer; ich erwartete, als ich das Prisma vor die Augen nahm, eingedenk der Newtonischen Theorie, die ganze weiße Wand nach verschiedenen Stufen gefärbt, das von da in's Auge zurückkehrende Licht in soviel farbige Lichter zersplittert zu sehen.

Aber wie verwundert war ich, als die durch's Prisma angeschaute weiße Wand nach wie vor weiß blieb, daß nur da, wo ein Dunkles dran stieß, sich eine mehr oder weniger entschiedene Farbe zeigte, daß zuletzt die Fensterstäbe am allerlebhaftesten farbig erschienen, indessen am lichtgrauen Himmel draußen keine Spur von Färbung zu sehen war. Es bedurfte keiner langen Überlegung, so erkannte ich, daß eine Gränze nothwendig sei, um Farben hervorzubringen, und ich sprach wie durch einen Instinct sogleich vor mich laut aus, daß die Newtonische Lehre falsch sei. Nun war an keine Zurücksendung der Prismen mehr zu denken. Durch mancherlei Überredungen und Gefälligkeiten suchte ich den Eigenthümer zu beruhigen, welches mir auch gelang. Ich vereinfachte nunmehr die mir in Zimmern und im Freien durch's Prisma vorkommenden zufälligen Phänomene, und erhob sie, indem ich mich bloß schwarzer und weißer Tafeln bediente, zu bequemen Versuchen. (WA II 4, 295)

Zur Veranschaulichung dieser Phänomene fügte Goethe der *Farbenlehre* eigens dafür angefertigte Farbtafeln bei, die blaue und gelbe Lichtsäume zeigen, wie sie Goethe an der Grenze zwischen weißen und schwarzen Flächen beobachtete.

Da ich in solchen Dingen gar keine Erfahrung hatte und mir kein Weg bekannt war, auf dem ich hätte sicher fortwandeln können; so ersuchte ich einen benachbarten Physiker, die Resultate dieser Vorrichtungen zu prüfen. Ich hatte ihn vorher bemerken lassen, daß sie mir Zweifel in Absicht auf die Newtonische Theorie erregt hätten, und hoffte sicher, daß der erste Blick auch in ihm die Überzeugung von der ich ergriffen war, aufregen würde. Allein wie verwundert war ich, als er zwar die Erscheinungen in der Ordnung wie sie ihm vorgeführt wurden, mit Gefälligkeit und Beifall aufnahm, aber zugleich versicherte, daß diese Phänomene bekannt und aus der Newtonischen Theorie vollkommen erklärt seien. Diese Farben gehörten keineswegs der Gränze, sondern dem Licht ganz allein an; die Gränze sei nur Gelegenheit, daß in dem einen Fall die weniger refrangiblen, im andern die mehr refrangiblen Strahlen zum Vorschein kämen. (WA II 4, 297)

Bereits Newton hatte die Kantenspektren beobachtet, die Goethe so sehr an der newtonschen Theorie zweifeln ließen, und zwar nicht nur an schwarz-weißen Kanten, sondern Kanten verschiedenster Farben. Die entsprechenden Aufzeichnungen finden sich in einem Notizbuch aus Newtons Studienzeiten, das dieser mit dem Titel *Certain Philosophical Questions* überschrieben hatte. Dieses Notizbuch, das zu Goethes Zeit nicht zugänglich war, enthält auch eine Skizze, die hier schematisch wiedergegeben ist.

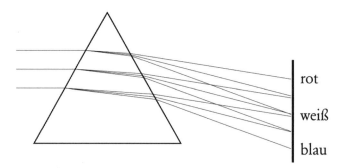

Mit ihrer Hilfe lassen sich die goetheschen Beobachtungen erklären. Das von links auf das Prisma fallende Licht wird durch drei, als Striche dargestellte, Lichtstrahlen repräsentiert, die durch Brechung an den Seiten des Prismas in die Spektralfarben von Rot bis Blau auffächern. Auf dem Schirm rechts kommt es im mittleren Bereich zu einer Überlagerung aller Spektralfarben, die als Weiß wahrgenommen wird. Nur an den Rändern kann man Farben beobachten. Am oberen Rand ist der vom oberen Teil des einfallenden Lichts am schwächsten gebrochene Anteil als rot-oranger Saum zu sehen, während am unteren Rand der am stärksten gebrochene Anteil des unteren Teils des einfallenden Lichts einen blauen Saum erzeugt. Eine solche Erklärung wird der »benachbarte Physiker« Goethe gegeben haben. Goethe, nicht überzeugt, schließt:

Ich war nunmehr auf mich selbst zurückgewiesen; ... (WA II 4, 299)

Der entscheidende Blick durch das Prisma hatte vermutlich im Januar 1790 stattgefunden. Wie R. Sölch argumentiert, muss bezweifelt werden, dass bei dieser Gelegenheit schon der entscheidende Durchbruch in Goethes Verständnis der Farben

geschafft wurde, denn zunächst beschäftigte sich Goethe lediglich mit der Farbe
Blau. Im Mai 1791 erschien unter dem Titel *Über das Blau* sein erstes Werk zum
Thema Farben, dessen Anfang an die saussurischen Beobachtungen erinnert:

> Auf den höchsten Gebirgen erscheint der Himmel bey Tage hochblau, bey Nacht schwarz
> wie Ebenholz. (WA II 5.2, 44)

Erst am 18. Mai 1791 schreibt er an Herzog Carl August

> Noch kann ich mit lebhafter Freude melden, daß ich seit gestern die Phänomene der Far-
> ben wie sie das Prisma, der Regenbogen, die Vergrößerungsgläser pp zeigen auf das ein-
> fachste Principium reducirt habe. Vorzüglich bin ich durch einen Widerspruch Herders
> dazu animirt worden der diesen Funcken herausschlug. (WA III 9, 261)

Zum Blau tritt nun als Gegenspieler die Farbe Gelb. Hier begegnet uns zum ersten
Mal das Konzept der Polarität, das in der goetheschen Farbenlehre eine zentrale
Stellung einnimmt, wie wir später noch sehen werden. Diese neue Idee ist wesentlicher Bestandteil der *Beiträge zur Optik*, deren erster Teil bereits im August
1791 erscheint. Ein zweiter Teil folgt im Februar des darauf folgenden Jahres.

Auch während des Feldzugs in Frankreich, zu dem er Herzog Carl August begleitet, macht Goethe Farbbeobachtungen. Es machte ihm »die größte Freude dasjenige hier unter freiem Himmel so frisch und natürlich zu sehen, weßhalb sich die
Lehrer der Physik schon fast hundert Jahre mit ihren Schülern in eine dunkle Kam-
mer einzusperren pflegten« (WA I 33, 29). Dennoch entstehen gerade in dieser Zeit
die bereits erwähnten Dunkelkammerskizzen.

Nach der Belagerung von Mainz im Sommer 1793 besuchte Goethe seinen
Schwager Schlosser. Die beiden »besprachen gar manches, auch er mußte einen
Vortrag meiner Farbenlehre aushalten« (WA I 33, 326). Zu dieser Zeit denkt Goethe
wohl noch an eine interdisziplinäre Zusammenarbeit. Er berichtet

> … wie eine Gesellschaft verschiedenartiger Männer zusammen arbeiten und jeder von
> seiner Seite mit eingreifen könnte, um ein so schwieriges und weitläufiges Unternehmen
> fördern zu helfen. Ich hatte den Philosophen, den Physiker, Mathematiker, Mahler, Me-
> chaniker, Färber und Gott weiß wen alles in Anspruch genommen; dieß hörte er im All-
> gemeinen ganz geduldig an, als ich ihm aber die Abhandlung im Einzelnen vorlesen
> wollte, verbat er sich's und lachte mich aus: ich sei, meinte er, in meinen alten Tagen
> noch immer ein Kind und Neuling, daß ich mir einbilde, es werde jemand an demjeni-
> gen Theil nehmen, wofür ich Interesse zeige, es werde jemand ein fremdes Verfahren bil-
> ligen und es zu dem seinigen machen, es könne in Deutschland irgend eine gemeinsa-
> me Wirkung und Mitwirkung statt finden! (WA I 33, 327)

Die Farben sind inzwischen für Goethe zu einem dauerhaften Arbeitsgebiet geworden. Manchmal beschäftigt er sich monatelang täglich mit ihnen. Die Arbeit kulmi-
niert schließlich in der Veröffentlichung der *Farbenlehre* in den Jahren 1808–1810.
Allerdings findet dieses Werk keine günstige Aufnahme, so dass Goethes Interesse
an Farben deutlich nachlässt. Eine Ausnahme bildete der Physiker Thomas Johann
Seebeck, dessen Name uns heute vor allem durch einen nach ihm benannten ther-
moelektrischen Effekt geläufig ist. Seebeck war im Sommer 1802 nach Jena gezogen
und schloss sich dem dortigen Kreis der Romantiker an, zu denen auch der romantische Physiker Johann Wilhelm Ritter gehörte. Seebeck machte gegen Ende 1803

Goethes Bekanntschaft und während eines längeren Aufenthalts Goethes in Jena im August und September 1806 experimentierten beide täglich fast zwei Wochen lang gemeinsam. Es ist vor allem dem Kontakt mit Seebeck zuzuschreiben, dass Goethe sich nach der Enttäuschung über die schlechte Aufnahme seiner *Farbenlehre* doch wieder Farbphänomenen zuwandte. Im Mittelpunkt des Interesses von Seebeck und Goethe standen die so genannten entoptischen Farben, die bei Polarisationsexperimenten an doppelbrechenden Kristallen entstehen. Die Zusammenarbeit der beiden kam erst zu einem Ende nachdem Seebeck 1818 nach Berlin gezogen war.

Auch danach noch blieb Goethes Interesse an Farben erhalten. Die letzten schriftlichen Zeugnisse hiervon sind zwei Briefe Goethes an Sulpice Boisserée vom 17. Januar und vom 25. Februar 1832, die die Optik des Regenbogens zum Thema haben. Keinen Monat später, am 22. März 1832, stirbt Goethe.

Was mag die Ursache dafür sein, dass Goethe letztendlich während der gesamten zweiten Hälfte seines Lebens mehr oder weniger viel Zeit für die Beschäftigung mit Farben opferte? Sicherlich spielte für Goethe der visuelle Sinn eine herausragende Rolle, er wird daher gelegentlich als Augenmensch bezeichnet. Allerdings muss diese Aussage etwas genauer spezifiziert werden, da, wie H.J. Becker argumentiert, Goethes räumliches Sehen gestört war. Hinweise hierauf finden sich in der Metamorphose der Pflanze, die lineare Strukturen betont, oder Kristallzeichnungen von Goethes Hand, denen ein dreidimensionaler Charakter völlig fehlt. Becker führt diesen Umstand auf die Probleme bei Goethes Geburt zurück, über die letzterer schreibt:

> … denn durch Ungeschicklichkeit der Hebamme kam ich für todt auf die Welt, und nur durch vielfache Bemühungen brachte man es dahin, daß ich das Licht erblickte. (WA I 26, 11)

Dennoch, oder vielleicht gerade wegen dieser Umstände, war Goethes visueller Sinn in anderer Hinsicht besonders ausgeprägt. In der *Farbenlehre* betont Goethe die Rolle der Farbe gegenüber der Form

> Nunmehr behaupten wir, wenn es auch einigermaßen sonderbar klingen mag, daß das Auge keine Form sehe, indem Hell, Dunkel und Farbe zusammen allein dasjenige ausmachen, was den Gegenstand vom Gegenstand, die Theile des Gegenstandes von einander, für's Auge unterscheidet. (WA II 1, XXX)

Und wenig später schreibt er

> Wir können in der Finsterniß durch Forderungen der Einbildungskraft uns die hellsten Bilder hervorrufen. (WA II 1, XXXII)

Diese Fähigkeit war bei Goethe bekanntermaßen sehr stark ausgeprägt. Ein Beispiel gibt sein Bericht von der Italienischen Reise. Bei der Überfahrt von Sizilien nach Neapel kommt das Schiff in eine prekäre Lage. Außerdem geplagt von Seekrankheit zieht sich Goethe in seine Kajüte zurück:

> Ich legte mich halb betäubt auf meine Matratze, doch aber mit einer gewissen angenehmen Empfindung, die sich vom See Tiberias herzuschreiben schien: denn ganz deutlich schwebte mir das Bild aus Merians Kupferbibel vor Augen. (WA I 31, 232)

Entsprechend sind Verse wie die folgenden aus *Jägers Abendlied* durchaus auch wörtlich zu nehmen:

Im Felde schleich' ich still und wild,
Gespannt mein Feuerrohr.
Da schwebt so licht dein liebes Bild
Dein süßes Bild mir vor. (WA I 1, 99)

Goethe vermeidet es, seine Veranlagung allzu öffentlich werden zu lassen. Immerhin besteht die Gefahr, dass sie als Krankheit interpretiert wird und dies seiner Farbenlehre schadet. Sicherlich hat diese Veranlagung aber dazu beigetragen, dass
Goethe einige subjektive Farberscheinungen wesentlich stärker wahrgenommen
hat, als dies üblicherweise der Fall ist. Die Beschreibung der farbigen Schatten im
Harz ist ein Beispiel hierfür. Ein weiteres Beispiel, diesmal für Gegenfarben, wird
ebenfalls in der *Farbenlehre* gegeben:

> Als ich gegen Abend in ein Wirthshaus eintrat und ein wohlgewachsenes Mädchen mit
> blendendweißem Gesicht, schwarzen Haaren und einem scharlachrothen Mieder zu mir
> in's Zimmer trat, blickte ich sie, die in einiger Entfernung vor mir stand, in der Halb-
> dämmerung scharf an. Indem sie sich nun darauf hinwegbewegte, sah ich auf der mir
> entgegenstehenden weißen Wand ein schwarzes Gesicht, mit einem hellen Schein um-
> geben, und die übrige Bekleidung der völlig deutlichen Figur erschien von einem schö-
> nen Meergrün. (DT 52)

Lassen wir es dahingestellt sein, ob die Stärke des Effekts auf Goethes visuelle Veranlagung oder sein Interesse an dem Mädchen zurückzuführen ist. Wie stark diese
Gegenfarben bei Goethe auftraten wird jedoch deutlich, wenn er schließlich an-
merkt

> Übrigens werden sich diese Erscheinungen dem Aufmerksamen überall, ja bis zur Unbe-
> quemlichkeit zeigen. (DT57)

Diese Ausführungen dürften genügen, um verständlich zu machen, dass Farben für
Goethe eine bedeutende Rolle spielten und dass ihm subjektive Farberscheinungen
selbstverständlich waren, die anderen kaum auffallen würden.

3. Der weite Bogen der Farbenlehre

Die *Farbenlehre* besteht aus drei Teilen: dem didaktischen, dem polemischen sowie dem historischen Teil. Im ersten Teil stellt Goethe seine Farbenlehre im eigentlichen Sinne vor. Er beschreibt eine Vielzahl von Experimenten und Beobachtungen, die systematisch geordnet werden und aus denen als Ziel der Bemühungen
das so genannte Urphänomen abgeleitet wird.

Im polemischen Teil legt Goethe dar, warum er Newtons Farbtheorie für falsch
hält. Er bezieht sich dabei auf Isaac Newtons erstes Buch der Optik, also nur einen
Teil des newtonschen Werks zu diesem Thema, bearbeitet diesen jedoch sehr de-
tailliert.

Im historischen Teil schließlich gibt Goethe einen beeindruckenden Abriss der
Geschichte der Farbenlehre bis in seine Zeit, der umfangreiche Lektüren erforder-
te. Dabei nahm Goethe auch größere Mühen auf sich, um an seltene Literatur zu
gelangen. Wie Goethe in der Einleitung zum historischen Teil ausführt, versuchte
er, einen Mittelweg zwischen objektiver und wertender Darstellung zu finden.

Das Werk *Zur Farbenlehre* ist viel zu umfangreich, als dass wir es hier im Detail behandeln könnten. Es soll uns vielmehr darauf ankommen, die zentralen Ideen Goethes zu diskutieren und das Verhältnis zu Newtons Zugang sowie den Überlegungen von Goethes Zeitgenossen und deren Nachfolgern bis in die heutige Zeit etwas zu beleuchten.

Bevor wir genauer auf Goethes Ideen eingehen, wollen wir an einem Beispiel die Spannweite des Problems, das sich Goethe vorgenommen hat, aus heutiger Sicht in aller Kürze illustrieren. Wir wählen hierzu den Regenbogen, obwohl dieses Phänomen in Goethes *Farbenlehre* bemerkenswert stiefmütterlich behandelt wird.

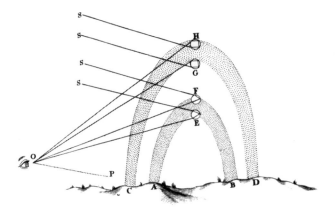

Die Illustration aus Newtons *Optik* zeigt die geometrischen Verhältnisse bei der Entstehung des Regenbogens durch Brechung und Reflexion des Sonnenlichts in den Wassertropfen. Beim ersten Regenbogen werden die Lichtstrahlen nur einmal reflektiert, während der seltener zu sehende, zweite Regenbogen eine weitere Reflexion erfordert. Diese Aspekte des Regenbogens lassen sich vollständig im Rahmen der physikalischen Optik beschreiben und haben streng genommen nichts mit Farben zu tun, sondern nur mit der Wellenlänge des betreffenden Lichts oder, wie Newton noch phänomenologisch feststellte, mit der Brechbarkeit der jeweiligen Lichtstrahlen. Um die Farberscheinung des Regenbogens wahrzunehmen, bedarf es eines Beobachters, wie er durch das Auge links in Newtons Abbildung symbolisiert ist.

Hier ergibt sich allerdings ein Problem. Viele Lebewesen, unter anderem die meisten Säugetiere, sind nahezu oder vollständig farbenblind und können daher einen Regenbogen nicht in der Weise wahrnehmen, wie wir das tun. Andere Lebewesen wiederum, Bienen oder bestimmte Fische, haben eine andere oder differenziertere Farbwahrnehmung. Mit einer gewissen Berechtigung kann man daher sagen, dass ein Regenbogen ohne menschliche Wahrnehmung nicht existiert, zumindest nicht, wenn wir darunter genau den uns vertrauten Regenbogen verstehen.

Wenn wir jetzt konkret den Menschen betrachten, so wird im nächsten Schritt das von den Regentropfen reflektierte Sonnenlicht in der Netzhaut absorbiert und dort einer ersten neuronalen Verarbeitung unterworfen. Hier beginnt also die Domäne der Neurophysiologie, deren Aufgabe es auch ist, die weitere Verarbeitung der Signale im Gehirn zu beschreiben. Obwohl diese Vorgänge zumindest teilweise spezifisch für den Menschen sind, unterliegen sie den Gesetzen der Physik. Insbesondere lässt sich die Verarbeitung in Abhängigkeit vom Spektrum des einfallenden Lichts beschreiben. Allerdings können bei der Verarbeitung kompliziertere Operationen auftreten, die sich dann als subjektive Farberscheinungen äußern. Wir haben als ein Beispiel bereits die farbigen Schatten kennen gelernt.

Streng genommen können wir aber immer noch nicht von bewusster Farbwahrnehmung reden, wie es der Fall ist, wenn wir einen Regenbogen sehen. Hier gibt es einen Bruch in der Kette, denn es ist unklar, wie ein neurologischer Gehirnzustand mit einem Bewusstseinszustand zusammenhängt. Gelegentlich wird die Ansicht vertreten, dass dieser Zusammenhang vom Menschen prinzipiell nicht erfassbar sei.

Machen wir den Schritt zum Bewusstsein, so kommen wir in die Domäne der Psychologie, die unter anderem die Wirkung von Farben auf den Menschen beschreibt. Im Fall des Regenbogens können schließlich noch kulturelle Aspekte hinzukommen, die dem Regenbogen eine mystische oder religiöse Bedeutung geben.

Diesen weiten Bogen von der Optik als Teilgebiet der Physik bis hin zur Psychologie der Farbwahrnehmung, die in der *Farbenlehre* im Kapitel über die sinnlich-sittliche Wirkung von Farben behandelt wird, versucht Goethe im didaktischen Teil zu spannen und hierfür eine einheitliche Beschreibung zu geben.

4. Von der Farbe zum Licht

Bevor wir etwas detaillierter auf die Ideen der goetheschen Farbenlehre eingehen, wollen wir einige grundsätzlichere Aspekte von Goethes Wissenschaftsverständnis betrachten. Das folgende Zitat aus dem Vorwort zur *Farbenlehre* gibt Aufschluss über Goethes Sicht des Verhältnisses zwischen Licht und Farben:

> Die Farben sind Thaten des Lichts, Thaten und Leiden. In diesem Sinne können wir von denselben Aufschlüsse über das Licht erwarten. (WA II 1, IX)

Bemerkenswert ist, dass bereits Newton auf der ersten Seite seiner 1704 erschienenen *Optik* eine ähnlich anthropomorphisierende Darstellung des Lichts gegeben hat:

> Das kleinste Licht oder Lichttheilchen, welches getrennt von dem übrigen Lichte für sich allein aufgefangen oder ausgesandt werden kann, oder allein etwas thut oder erleidet, was das übrige Licht nicht thut, noch erleidet, – dies nenne ich einen Lichtstrahl. (N5)

Diese beiden Zitate deuten aber auch auf die wesentlichen Unterschiede zwischen Goethe und Newton hin. Goethes Weg führt von den Farben, also einer menschlichen Sinnesempfindung, zum Licht und damit zur gesamten Natur, denn »wir müssen uns beide [also Licht und Farben] als der ganzen Natur angehörig denken: denn sie ist es ganz, die sich dadurch dem Sinne des Auges besonders offenbaren will.« (WA II 1, IX) Newton dagegen ging den umgekehrten Weg. Die gerade definierten Lichtstrahlen haben »eine gewisse Kraft und Fähigkeit, die Empfindung dieser oder jener Farbe zu erregen.« (N 81)

Wenn, wie Goethe im Vorwort weiter ausführt, Farben und Licht untereinander in dem genausten Verhältnis stehen, könnte man vermuten, dass beide Wege letztlich äquivalent sind. Allerdings ist dies wegen des bereits beschriebenen Bruches der Kette zwischen optischer Erscheinung und bewusster Wahrnehmung keineswegs offensichtlich. Aber unabhängig hiervon implizieren die verschiedenen Ausgangspunkte von Newton und Goethe charakteristische Unterschiede in der jeweiligen Methodik.

Wie bereits bemerkt, basieren die goetheschen Überlegungen auf menschlichen Sinneserfahrungen, d.h. Erfahrungen, die jeder machen kann. Obwohl es sich hier um subjektive Eindrücke handelt, geht Goethe davon aus, dass diese unter der Voraussetzung gesunder Sinne objektiv behandelbar sind. Dementsprechend unterscheidet Goethe zwischen den physiologischen Farben, die dem gesunden Sinne zukommen, und den pathologischen Farben. Die Erfahrbarkeit für jeden ist Goethe ein wichtiges Anliegen, und so demonstriert er gerne seine optischen Experimente, nicht nur in der Mittwochsgesellschaft, sondern auch bei anderen Gelegenheiten. In diesem Sinne ist es durchaus kein Fehler, bei der Lektüre der *Farbenlehre* ein Prisma bereitliegen zu haben, um einige von Goethes Beobachtungen nachzuvollziehen – Beobachtungen, die Freude machen und dem Leser Einblicke in die Faszination des Themas Farbe vermitteln.

Aufgrund seines Ansatzes ist Goethe sehr an einer möglichst direkten Verknüpfung von Sinneserfahrung und Naturverständnis gelegen. Daraus folgen unmittelbar zwei Forderungen, die nicht in Einklang mit einem modernen naturwissenschaftlichen Zugang zu bringen sind.

Ein erstes Hindernis auf dem Weg zu einem möglichst unmittelbaren Naturverständnis liegt für Goethe in der mathematischen Abstraktion, die dem newtonschen Zugang eigen ist. Allerdings träfe der daraus abgeleitete Vorwurf an Newton eher auf dessen Arbeiten zur Mechanik als auf seine *Optik* zu. Inwieweit die Mathematik als Hindernis angesehen werden muss, hängt natürlich auch von dem eigenen Vorwissen auf diesem Gebiet ab, das bei Goethe kaum vorhanden war. Insofern muss Goethe aus Sicht der zeitgenössischen Physiker als Dilettant erschienen sein, wobei dieses Wort hier, entsprechend dem damaligen Gebrauch, durchaus nicht grundsätzlich negativ zu verstehen ist, zumal auch Amateure gelegentlich nützliche wissenschaftliche Beiträge leisten können. Bemerkenswert in diesem Zusammenhang ist, dass einige Romantiker und Zeitgenossen Goethes wie Novalis und von Arnim über eine solide mathematische und physikalische Ausbildung verfügten.

Gegen Goethes Ansicht spricht, dass eine mathematische Naturbeschreibung von großem Nutzen sein kann. Der Regenbogen mag hier nochmals als Beispiel dienen. Die uralte Frage, ob es denn neben dem ersten und zweiten auch einen dritten Regenbogen gebe, kann mit dem entsprechenden physikalischen und mathematischen Verständnis beantwortet werden. Hatte man jahrhundertelang buchstäblich in der falschen Richtung gesucht, nämlich mit der Sonne im Rücken, so zeigte schließlich die Rechnung, dass ein dritter Regenbogen nahe der Sonne zu finden ist.

Des Weiteren lehnt Goethe komplizierte Versuchsaufbauten, wie er sie bei Newton zu sehen glaubt, ab. Allein die Idee, dass Newton in einer Dunkelkammer experimentiert, in die das Sonnenlicht nur durch ein kleines Loch auf ein Prisma fällt,

ist ihm ein Gräuel. Um so mehr muss ihn der Regenbogen irritieren, der das newtonsche Spektrum in freier Natur erzeugt, ohne dass ein Hell-Dunkel-Gegensatz in
offensichtlicher Weise ins Spiel kommt. An die Maxime des einfachen Versuchsauf-
baus hält sich aber selbst Goethe nicht immer. So ist der Apparat, mit dessen Hilfe
er zusammen mit Seebeck die entoptischen Farben beobachtet, letztlich nicht weniger komplex als ein typischer Versuchsaufbau bei Newton. Zweifelsohne liefert
Goethe aber die poetischeren Versuchsbeschreibungen. Im Gedicht *Entoptische
Farben* finden wir die Verse

Spiegel hüben, Spiegel drüben,
Doppelstellung, auserlesen;
Und dazwischen ruht im Trüben
Als Krystall das Erdewesen. (WA I 3, 101)

Wenn Goethe schreibt »Mikroskope und Fernröhre verwirren eigentlich den reinen
Menschensinn.« (WA I 42.2, 174), so hindert ihn das nicht daran, bei seinen botanischen Untersuchungen ein Mikroskop zu Hilfe zu nehmen. Dennoch bevorzugt
er zur Untersuchung der Natur die menschlichen Sinne:

Der Mensch an sich selbst, insofern er sich seiner gesunden Sinne bedient, ist der größte und genauste physikalische Apparat, den es geben kann; und das ist eben das größte
Unheil der neuern Physik, daß man die Experimente gleichsam vom Menschen abge-
sondert hat, und bloß in dem, was künstliche Instrumente zeigen, die Natur erkennen, ja
was sie leisten kann dadurch beschränken und beweisen will. (WA II 11, 118)

Dagegen ist die Untersuchung von Naturvorgängen mit komplizierten Apparaten
für Goethe eine Vergewaltigung der Natur:

Die Natur verstummt auf der Folter; ihre treue Antwort auf redliche Frage ist: Ja! ja! Nein!
nein! Alles Übrige ist vom Übel. (WA II 11, 152)

Greifen wir dieses Bild vom Dialog mit der Natur auf! Für die Natur ist der Mensch
nicht speziell; dieser Umstand wurde ja gerade durch den Nachweis der Existenz
des Zwischenkieferknochens, auf den Goethe so stolz war, untermauert. Die Natur
bietet uns daher die ganze Vielfalt der Naturphänomene als Gesprächsthema an,
auch wenn wir davon nur einen geringen Teil mit unseren Sinnen wahrnehmen
können. Es ist also an uns, ob wir uns auf diesen Teil beschränken wollen oder ob
wir unsere Fähigkeit zum Gespräch mit präzise konzipierten experimentellen Auf-
bauten und mathematischer Abstraktion erweitern und somit mit der Natur in einen breit angelegten Dialog treten wollen.

Gerade beim Thema Farben wird zu Beginn des 19. Jahrhunderts deutlich, dass
es Phänomene gibt, die der menschlichen Wahrnehmung nicht oder nur sehr
schlecht zugänglich sind. Im Jahre 1800 berichtete Friedrich Wilhelm Herschel von
Experimenten, mit denen er die Existenz von Strahlen jenseits des roten Endes des
Spektrums, die so genannte Infrarotstrahlung, nachgewiesen hatte. Diese Strahlung
ist unsichtbar und kann höchstens als Wärme empfunden werden. Ein Jahr später
meldet der romantische Physiker Johann Wilhelm Ritter in einem Siebenzeiler in
den *Annalen der Physik*, dass er auch Strahlen jenseits des blauen Endes des Spektrums, also die Ultraviolett-Strahlung, nachgewiesen habe. Motiviert zu diesen Experimenten wurde Ritter durch das Polaritätskonzept, das für Goethes Farbenlehre

so zentral ist und auf das wir nachher noch eingehen werden. Demnach sollte aus der Existenz von Strahlung jenseits des Roten auch die Existenz von Strahlung jenseits des Blauen folgen. Am 22. Februar 1801 war er mit dem Nachweis erfolgreich gewesen, einen Tag später ist Ritter bei Goethe, um unter anderem über die schellingsche Philosophie zu diskutieren und am 25. Februar führen die beiden gemeinsam optische Experimente durch.

Aber nicht nur die Einschränkung der Naturphänomene auf das unmittelbar Erfahrbare, sondern auch die Vermeidung jeglicher mathematischer Abstraktion stellt ein nicht zu unterschätzendes Problem dar, ist es doch gerade letztere, die so erfolgreich präzise Vorhersagen erlaubt. Hierin liegt eine tiefe Motivation für naturwissenschaftliches Arbeiten, da die Fähigkeit zu zuverlässigen Vorhersagen eine wesentliche (Über-)Lebenshilfe darstellen kann.

Letztendlich gilt es hier, eine Abwägung zwischen Vorhersagekraft und Erfahrungsnähe zu treffen. Angesichts der Erfolge der Naturwissenschaften scheint die Antwort leicht zu fallen. Dennoch kann Goethes Sicht nicht einfach ignoriert werden. Gerade in Bereichen wie der Quantentheorie, die unserer Erfahrungswelt sehr fern liegen, ergeben sich daraus selbst für Physiker unter Umständen Probleme, wie die Diskussion über die Interpretation der Quantentheorie zeigt. Und Stichworte wie Wissenschaftsgläubigkeit und Technikfeindlichkeit weisen ebenfalls auf die Problematik einer Wissenschaft hin, die sich weit von der unmittelbaren Erfahrungswelt entfernt hat.

Lassen wir uns jetzt unabhängig von diesen Überlegungen auf Goethes Zugang ein. Nachdem er die menschlichen Sinne in den Vordergrund stellt, überrascht es nicht, wenn er schreibt:

> Das Höchste wäre: zu begreifen, daß alles Factische schon Theorie ist. Die Bläue des Himmels offenbart uns das Grundgesetz der Chromatik. Man suche nur nichts hinter den Phänomenen; sie selbst sind die Lehre. (WA II 11, 131)

Die Aufgabe besteht dann zunächst darin, Ordnung in die Vielfalt der Phänomene zu bringen. Zu diesem Zweck teilt Goethe die Farben in verschiedene Klassen ein, die er nach absteigender Subjektivität ordnet. Die erste Abteilung bilden daher die physiologischen Farben, zu denen die bereits erwähnten farbigen Schatten ebenso gehören wie die Nachbilder. Eine zweite Abteilung bilden die physischen Farben, die für Goethe wegen ihrer Flüchtigkeit noch als recht subjektiv eingestuft werden. In diese Abteilung gehören die Farben, »zu deren Hervorbringung gewisse materielle Mittel nöthig sind, welche aber selbst keine Farbe haben, und theils durchsichtig, theils trüb und durchscheinend, theils völlig undurchsichtig sein können.« (DT 136) Diese Farben werden durch physikalische Vorgänge wie Reflexion, Beugung, Brechung und Interferenz erzeugt. In der dritten Abteilung schließlich finden wir die chemischen Farben, die sich durch ihren zeitlichen Bestand auszeichnen.

Wesentliches Ziel dieser Ordnung ist es, das so genannte Urphänomen zu identifizieren, das Goethe folgendermaßen definiert:

> Wir nennen sie Urphänomene, weil nichts in der Erscheinung über ihnen liegt, sie aber dagegen völlig geeignet sind, daß man stufenweise, wie wir vorhin hinaufgestiegen, von ihnen herab bis zu dem gemeinsten Falle der täglichen Erfahrung niedersteigen kann. (DT 175)

Das Urphänomen stellt also gewissermaßen die Essenz aller Phänomene dar.

Im Rahmen der *Farbenlehre* identifiziert Goethe als Urphänomen die Erzeugung von Farbe aus Licht und Finsternis mit Hilfe trüber Mittel, also mehr oder weniger durchsichtiger Medien. Dies kann ein Prisma sein oder zum Beispiel die Erdatmosphäre, die das Himmelsblau oder das Abendrot hervorruft. Das Urphänomen ist hier also eigentlich ein physikalischer Prozess und dementsprechend wird es in der Abteilung über die physischen Farben eingeführt. Nachdem die Physiker diese optischen Phänomene anders und erheblich erfolgreicher erklären können was die Vorhersagekraft anbetrifft, so ist es nicht erstaunlich, dass sich Goethe deren massiven Widerspruch einhandelte. Darüber hinaus sollen ja aus dem Urphänomen alle Farberfahrungen, wozu beispielsweise auch die symbolische und mystische Bedeutung von Farben gehört, ableitbar sein. Dass eine solche Verbindung zwischen objektiv beschreibbaren physikalischen Phänomenen und mystischen Deutungen existieren soll, lässt den Physiker nur noch misstrauischer werden.

Für Goethe geht die Bedeutung dieses Urphänomens jedoch noch weit über die Farbthematik hinaus. Im Buch Suleika lesen wir in dem Gedicht *Wiederfinden* unter anderem die Verse:

Als die Welt im tiefsten Grunde
Lag an Gottes ew'ger Brust,
Ordnet' er die erste Stunde
Mit erhabner Schöpfungslust,
Und er sprach das Wort: Es werde!
Da erklang ein schmerzlich Ach!
Als das All mit Machtgebärde
In die Wirklichkeiten brach.

Auf that sich das Licht: so trennte
Scheu sich Finsterniß von ihm,
Und sogleich die Elemente
Scheidend auseinander fliehn.
Rasch, in wilden wüsten Träumen
Jedes nach der Weite rang,
Starr, in ungemess'nen Räumen,
Ohne Sehnsucht, ohne Klang.

Stumm war alles, still und öde,
Einsam Gott zum erstenmal!
Da erschuf er Morgenröthe,
Die erbarmte sich der Qual;
Sie entwickelte dem Trüben
Ein erklingend Farbenspiel,
Und nun konnte wieder lieben
Was erst auseinander fiel. (WA I 6, 188)

Hier finden wir das Urphänomen in kosmischen Dimensionen wieder, das die Liebe ermöglicht, die, im Kontext des Buchs Suleika, die Getrennten und, viel allgemeiner, die polaren Gegensätze in der Welt vereinigt, wie dies die Farben mit den Gegensätzen Licht und Dunkelheit tun.

5. Polarität und Steigerung

Das Prinzip der Polarität spielte für Goethe eine zentrale Rolle. Deshalb stellte er an den Anfang seiner Vorträge in der Mittwochsgesellschaft die Idee der

> Dualität der Erscheinung als Gegensatz:
> Wir und die Gegenstände,
> Licht und Finsterniß,
> Leib und Seele,
> Zwei Seelen,
> Geist und Materie,
> Gott und die Welt,
> Gedanke und Ausdehnung,
> Ideales und Reales,
> Sinnlichkeit und Vernunft,
> Phantasie und Verstand,
> Sein und Sehnsucht.
>
> Zwei Körperhälften,
> Rechts und links,
> Athemholen.
>   Physische Erfahrung:
> Magnet. (WA II 11, 164)

Der Zusammenhang zur *Farbenlehre* wird hier durch den Gegensatz von Licht und Finsternis hergestellt. In der *Farbenlehre* selbst tritt die Dualität in Form der Polarität auf, die sich als Gegensatzpaar von Plus und Minus beschreiben lässt

Plus.	Minus.
Gelb.	Blau.
Wirkung.	Beraubung.
Licht.	Schatten.
Hell.	Dunkel.
Kraft.	Schwäche.
Wärme.	Kälte.
Nähe.	Ferne.
Abstoßen.	Anziehen.
Verwandtschaft mit Säuren.	Verwandtschaft mit Alkalien. (DT 696)

Die Assoziation mit Elektrizität liegt nahe, einem Phänomen, dem gerade in jener Zeit eine besondere Faszination innewohnt. Die Veröffentlichung der galvanischen Arbeiten über zuckende Froschschenkel liegt noch nicht sehr lange zurück, und der Zusammenhang zwischen tierischer Elektrizität und der Elektrizität voltascher Batterien ist noch keineswegs klar, was die Romantiker in Jena, unter ihnen Ritter, zu manchen Spekulationen über das Verhältnis von Materie und Geist anregt.

Doch kehren wir zurück zu Goethes Überlegungen: Ausgehend vom Gegensatz von Licht und Nichtlicht oder Schwarz und Weiß entsteht nun mit Hilfe des Urphänomens das polare Paar Gelb und Blau, übrigens gerade die Werther-Farben. Das Gelb entsteht durch Mäßigung des Weißen während das Blau dem Schwarzen so verwandt ist, dass es Goethe in Italien gefiel »zu behaupten: das Blaue sei keine Farbe!« (WA II 4, 290)

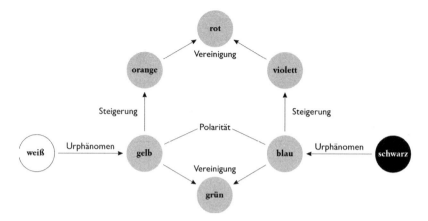

In einem zweiten Schritt kommt das Prinzip der Steigerung ins Spiel. Goethe be-
obachtet, dass durch Verdichten oder Verdunkeln eine Verschiebung ins Rote auftritt.
Diese Abhängigkeit der Farbe von der Lichtintensität, die heute unter dem Namen
Bezold-Brücke-Effekt bekannt ist, wird Goethe aufgrund seiner visuellen Veranla-
gung wohl vertraut gewesen sein. Durch die Steigerung wird so aus dem Gelb das
Orange und aus dem Blau das Violett, die sich schließlich im Rot vereinigen.

Auf der anderen Seite wird der Farbkreis durch das Grün geschlossen, das
durch eine Mischung des reinen Gelb und des reinen Blau entsteht. Sieht man Weiß
und Schwarz, die ja für Licht und Nichtlicht stehen, nicht als Farben an, so erhält
man sechs Farben, die den goetheschen Farbkreis bilden. Hierbei werden drei der
sechs Farben, nämlich Gelb, Blau und Rot als elementar bezeichnet. Obwohl Goethe mit dieser Dreifarbentheorie nicht alleine dasteht, ist es doch bemerkenswert,
dass er das Grün als zusammengesetzt ansieht und in diesem Zusammenhang Newton attackiert:

> Man bemerke, wie listig der Verfasser [also Newton] auftritt. Er nimmt hier sein homoge-
> nes Grün, da doch Grün als eine zusammengesetzte Farbe durchaus anerkannt ist. (PT
> 494)

Auf diese Weise ist im Dreieck Gelb-Blau-Rot nur ein polares Paar enthalten, der
gleichwertige Partner zum Rot fehlt. Dennoch stellt Goethe an anderer Stelle die
vier Farben Gelb, Blau, Rot und Grün auf eine Stufe:

> Was die deutsche Terminologie betrifft, so hat sie den Vortheil, daß wir vier einsylbige,
> an ihren Ursprung nicht mehr erinnernde Namen besitzen, nämlich Gelb, Blau, Roth,
> Grün. Sie stellen nur das Allgemeinste der Farbe der Einbildungskraft dar, ohne auf et-
> was Specifisches hinzudeuten. (DT 610)

In diesem Zusammenhang sind Untersuchungen von Berlin und Kay interessant,
die darauf hinweisen, dass die Anzahl der einfachen Farbbegriffe (*basic color
terms*) vom Entwicklungsgrad der Sprache abhängt. Es gibt in jedem Fall Worte für
Weiß und Schwarz. Mit zunehmender Entwicklung kommt Rot hinzu, dann Gelb
oder Grün. Erst in der nächsten Stufe erscheint ein Begriff für Blau. Daher stellt sich
die Frage, ob Grün nicht mindestens so elementar ist wie Blau.

Wie wir gesehen hatten, spielen die menschlichen Sinneserfahrungen bei Goethes Zugang zu den Farben die zentrale Rolle. Es verwundert daher nicht, dass sein Farbkreis geeignet ist, eine ganze Reihe von subjektiven, d.h. physiologischen Farberscheinungen zu beschreiben. Die wesentliche Eigenschaft des Farbkreises ist, dass die Komplementärfarben gegenüber liegen. Dies erlaubt sofort, die geforderte Farbe, wie Goethe sie nennt, zum Beispiel bei den farbigen Schatten oder bei den Nachbildern abzulesen. Wir erinnern uns an die violetten Schatten im gelblichen Ton des Schnees oder später die smaragdgrünen Schatten an dem von der untergehenden Sonne in Purpur getauchten Brocken oder auch an das scharlachrote Mieder des Mädchens, das nach ihrem Wegtreten in einem schönen Meergrün erschien.

Doch die Interpretation des Farbenkreises geht weit über die Anwendung auf subjektive Farben hinaus. Goethe diskutiert die Wirkung von Farben und wendet diese Erkenntnisse bei der Gestaltung der Zimmer in seinem Haus am Weimarer Frauenplan an, indem er die Farbe der Tapeten nach der Bestimmung des jeweiligen Zimmers auswählt. Abschließend spricht Goethe im didaktischen Teil die symbolische Bedeutung der Farben an und weist auf eine mystische Interpretation des Farbenkreises hin. Allerdings fasst er sich in der *Farbenlehre* bei diesem Thema sehr kurz, er will sich nicht dem Verdacht der Schwärmerei aussetzen (DT920). Tatsächlich kann der Erklärung physiologischer Farben mit Hilfe des Farbkreises und dessen mystischer Interpretation nicht derselbe Grad an Objektivität zugestanden werden. Auch Goethe ist sich bewusst, dass Farbensymbolik kulturellen Eigenheiten gehorcht.

Es ist interessant, Goethes Farbkreis mit anderen Farbschemata zu vergleichen, die vor Goethe oder auch zu seiner Zeit in Gebrauch waren. Bereits Aristoteles vertrat die Ansicht, dass die Farben aus Schwarz und Weiß hervorgehen. Ähnlich wie bei Goethes Urphänomen entstehen bei ihm Gelb, Rot und Blau, wenn man Licht oder Dunkelheit durch ein halbdurchlässiges Medium ansieht. Goethes Farbenlehre weist daher einige aristotelische Züge auf.

Auch der Jesuit François d'Aguilon favorisierte in seiner *Optica* von 1613 noch ein mehr oder weniger lineares Farbschema, in dem zwischen Schwarz und Weiß die drei Hauptfarben Gelb, Rot und Blau aufgereiht sind. Dieses Schema ist auf der folgenden Seite zusammen mit zwei Kupferstichen von Peter Paul Rubens aus dem gleichen Werk abgebildet.

Erst Newton bringt eine neue Idee ins Spiel, indem er das Sonnenspektrum, das für ihn aus sieben Farben besteht, zu einem Ring schließt. Ein wesentlicher Unterschied zu Goethe besteht darin, dass bei Newton auch das Innere des Kreises eine Bedeutung hat, da dort die Farben liegen, die man aus den Regenbogenfarben mischen kann. Dieses Konzept fehlt bei Goethe völlig, er wollte im polemischen Teil auch nicht näher darauf eingehen: »Wir müssen einem jeden Leser überlassen diese neue Quäkelei bei dem Verfasser selbst zu studiren.« (PT 594) Hier tritt wieder der entscheidende Unterschied zwischen Goethe und Newton zutage. Während Goethe das weiße Licht als grundlegend ansieht, sind es für Newton die Spektralfarben. Newton gelang es mit seinem Farbschema immerhin, ein Phänomen der subjektiven Farbwahrnehmung zu erklären, nämlich die Existenz von metameren Farben. Dies sind Farben, die Mischungen verschiedener Spektralfarben darstellen,

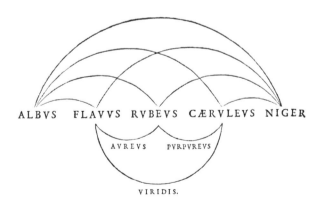

jedoch den gleichen Sinneseindruck hervorrufen. Das hier gezeigte, newtonsche Farbschema ist im Übrigen erstaunlich nahe an dem modernen Schema der *Commission Internationale de l'Eclairage*.

Bei Goethe sind Weiß und Schwarz als Repräsentanten von Licht und Nichtlicht keine Farben. Dadurch kann aus der linearen, aristotelischen Anordnung ein Farbkreis werden. Einen alternativen Ansatz schlug der Maler Philipp Otto Runge vor, der eine Zugabe zum didaktischen Teil der *Farbenlehre* in Form eines Briefes lieferte. Runge konstruierte eine Farbkugel, bei der Schwarz und Weiß an den Polen zu finden sind. Goethes Farbkreis bildet den Äquator und dazwischen findet man Farben in variierender Helligkeit. Auf diese Weise konnte Runge zum Beispiel auch Brauntöne, die bei Goethe fehlen, auf der Farbkugel darstellen.

6. Vom Licht zur Farbe

Während Goethes Weg von der Farbe zum Licht ging, war Newtons Ausgangspunkt das Licht. Für ihn war es eine physikalische Eigenschaft des homogenen Lichts, nämlich seine Brechbarkeit, die die Farbe bestimmt. Auch wenn er in seiner *Optik* subjektive Farberscheinungen bewusst ausschloss, hatte Newton damit durchaus umfangreiche Erfahrungen gemacht. Vieles davon hat er in seinem Notizbuch aus der Zeit am Trinity College festgehalten. Im Gegensatz zu Goethe interessierte sich Newton unter anderem für die Verarbeitung der Nervensignale nach ihrer Erzeugung in der Netzhaut und bemerkte, dass sich die Sehnerven der beiden Augen im Gehirn kreuzen. Auch Farberscheinungen durch Druck auf den Augenhintergrund waren ihm aus eigener Erfahrung bekannt.

Mit seinem analytischen Zugang legte Newton den Grundstein nicht nur für die physikalische Beschreibung von Licht, sondern auch für das Verständnis der subjektiven Farbempfindung. Die metameren Farben wurden bereits erwähnt. Aber auch für die Erforschung der Farbwahrnehmung im 19. und 20. Jahrhundert spielten Newtons Arbeiten eine kaum zu überschätzende Rolle, da sie durch die objektive Beschreibung eines optischen Stimulus erst die Untersuchung subjektiven Sehens ermöglichten. Auch wenn Newtons Zugang abstrakter ist als Goethes, so war er in der Folge jedoch um ein Vielfaches fruchtbarer.

Durch die Mächtigkeit des newtonschen Zugangs zu physikalischen Problemstellungen nicht nur in der Optik, sondern vor allem in der Mechanik erwarb sich dieser ein Ansehen, das auch noch lange nach seinem Tod eher einer Verehrung gleichkam. Dies führte gerade in Bezug auf das Verständnis von Licht zu einer Stagnation der Entwicklung, die erst zu Beginn des 19. Jahrhunderts durch Arbeiten vor allem von Thomas Young neuen Schwung bekam. Insofern ist Goethes Kritik nicht ganz unberechtigt. Zur Charakterisierung des polemischen Teils verwendet er im Vorwort der *Farbenlehre* ein »heiteres Gleichnis«, wie er sagt:

> Wir vergleichen die Newtonische Farbentheorie mit einer alten Burg, welche von dem Erbauer anfangs mit jugendlicher Übereilung angelegt, nach dem Bedürfniß der Zeit und Umstände jedoch nach und nach von ihm erweitert und ausgestattet, nicht weniger bei Anlaß von Fehden und Feindseligkeiten immer mehr befestigt und gesichert worden.
>
> So verfuhren auch seine Nachfolger und Erben. Man war genöthigt, das Gebäude zu vergrößern, hier daneben, hier daran, dort hinaus zu bauen; genötigt durch die Vermehrung innerer Bedürfnisse, durch die Zudringlichkeit äußerer Widersacher und durch manche Zufälligkeiten.
>
> Alle diese fremdartigen Theile und Zuthaten mußten wieder in Verbindung gebracht werden durch die seltsamsten Galerien, Hallen und Gänge. Alle Beschädigungen, es sei von Feindes Hand, oder durch die Gewalt der Zeit, wurden gleich wieder hergestellt. Man zog, wie es nöthig ward, tiefere Gräben, erhöhte die Mauern, und ließ es nicht an Thürmen, Erkern und Schießscharten fehlen. Diese Sorgfalt, diese Bemühungen brachten ein Vorurtheil von dem hohen Werthe der Festung hervor und erhielten's, obgleich Bau- und Befestigungskunst die Zeit über sehr gestiegen waren, und man sich in andern Fällen viel bessere Wohnungen und Waffenplätze einzurichten gelernt hatte. Vorzüglich aber hielt man die alte Burg in Ehren, weil sie niemals eingenommen worden, weil sie so manchen Angriff abgeschlagen, manche Befehdung vereitelt und sich immer als Jungfrau gehalten hatte. Dieser Name, dieser Ruf dauert noch bis jetzt. Niemanden fällt es auf, daß der alte Bau unbewohnbar geworden. Immer wird von seiner vortrefflichen Dauer, von seiner köstlichen Einrichtung gesprochen. Pilger wallfahrten dahin; flüchtige Abrisse zeigt man in allen Schulen herum und empfiehlt sie der empfänglichen Jugend zur Verehrung, indessen das Gebäude bereits leer steht, nur von einigen Invaliden bewacht, die sich ganz ernsthaft für gerüstet halten.
>
> Es ist also hier die Rede nicht von einer langwierigen Belagerung oder einer zweifelhaften Fehde. Wir finden vielmehr jenes achte Wunder der Welt schon als ein verlassenes, Einsturz drohendes Alterthum, und beginnen sogleich von Giebel und Dach herab es ohne weitere Umstände abzutragen, damit die Sonne doch endlich einmal in das alte Ratten- und Eulennest hineinscheine ... (WA II 1, XIII)

Dieses Gleichnis kann eher als Kritik an Newtons Nachfolgern denn als Kritik an Newtons physikalischen Arbeiten akzeptiert werden. Unabhängig davon muss bezweifelt werden, dass sich Goethe mit seiner Polemik auf Newtons *Optik* einen Gefallen getan hat, da Polemik im Allgemeinen nicht als ein taugliches Mittel des naturwissenschaftlichen Diskurses angesehen wird. Selbst Achim von Arnim schreibt in einem Brief an Wilhelm Grimm, den jüngeren der Brüder, am 25. Juni 1811:

> Eine übellaunige Stunde oder ein mißmuthiger Freund stellen einem oft eine Erfindung, die mit Lust empfangen und mit Sorgfalt durchgeführt worden, als völlig unwürdig dar, es bedarf dazu keiner Gegengründe; und ich verwundre mich durchaus nicht, daß Göthe soviel Zeit seinen Dichtungen abstahl und sie auf die Farbenlehre verwendete, ungeach-

tet er das, was er darin sagen wollte und worüber ich aus Mangel an Versuchen durchaus nichts zu sagen weiß, vielleicht auf ein paar Bogen viel deutlicher aussprechen konnte, als hier mit einer unnützen Berührung von vielen Dutzend Büchern, die eigentlich
nicht dahingehören, und mit einer Streiterei gegen Neuton, Euler etc., die seiner unwür-
dig ist und die wissenschaftlichen Leser von dem Buche zurückschreckt, geschehen ist.
(Steig, S. 129)

Interessanterweise entwickelt sich die Optik und die Physiologie des Sehens in der
Zeit, in der sich Goethe mit den Farben beschäftigt, gerade in England entscheidend weiter. Dies ist dem Arzt und Physiker Thomas Young zu verdanken. Zu
Newtons Zeit war die Natur des Lichts noch ungeklärt und es wurde darüber diskutiert, ob es Lichtteilchen gebe oder ob es sich um die Fortpflanzung einer Welle
handele. Newton neigte zu Ersterem, betonte aber immer wieder, dass seine Theorie der Farben hiervon unabhängig sei. Im 18. Jahrhundert hatte sich, unter anderem aufgrund der Autorität Newtons, das Teilchenbild weitestgehend durchgesetzt.
Für Goethe war die Frage nach der Natur des Lichts freilich irrelevant, so dass es
ihn nicht interessierte, als Thomas Young das Wellenbild propagierte. Young hatte
es nicht leicht, sich mit seinen Vorstellungen, die erst einige Zeit später in Frankreich experimentell bestätigt wurden, gegen die überlieferte newtonsche Meinung
durchzusetzen. Und dennoch ist die aus einer Rezension der *Farbenlehre* im *Quar-
terly Review* vom Januar 1814, die allgemein Young zugeschrieben wird, hervorge-
hende Meinung sehr deutlich:

Our attention has been less directed to this work of Mr. von Goethe, by the hopes of ac-
quiring from it any thing like information, than by a curiosity to contemplate a striking
example of the perversion of the human faculties, in an individual who has obtained
enough of popularity among his countrymen, by his literary productions, to inspire him
with a full confidence in his own powers, and who seems to have wasted those powers
for the space of twenty years, by forcing them into a direction, in which he had originally
mistaken his way, for want of profiting by the assistance of a judicious guide.

– Goethe, ein Dichter auf Abwegen.

Thomas Young verdanken wir unter anderem die Einsicht, dass das Licht in der
Netzhaut in drei verschiedene Spektralbereiche zerlegt wird. Hier folgt Young dem
Weg vom Licht zur Farbe und legt damit die Grundlage für die Entwicklung der
Physiologie des Sehens im 19. und 20. Jahrhundert. Aber auch an diesen Arbeiten
Youngs zeigt Goethe kein Interesse.

Wie ging die Entwicklung nach Young und Goethe weiter? Zunächst entwickelten sich parallel zwei Schulen, die sich mehr oder weniger direkt auf Ideen von
Young bzw. Goethe zurückführen lassen.

Zum einen ist dies die Dreifarbentheorie, die auf dem von Young entwickelten
Modell der Netzhaut mit drei auf verschiedene Farben empfindlichen Rezeptoren
beruht. Diese Theorie wurde von James Clerk Maxwell und insbesondere von Hermann von Helmholtz weiter ausgebaut. Wie wir heute wissen, liefert die Young-
Maxwell-Helmholtz-Theorie eine korrekte Beschreibung der Wahrnehmung von
Lichtsignalen in der Netzhaut. Allerdings wird die Zuordnung der Rezeptoren zu
Farben zugunsten einer Charakterisierung durch Wellenlängen nicht mehr verwendet, da sie in diesem frühen Stadium der neuronalen Verarbeitung irreführend
ist.

Eine zweite Schule hat ihre Wurzeln bei dem Physiologen Johann Evangelista Purkinje, in dessen Schrift *Beiträge zur Kenntnis des Sehens in subjektiver Hinsicht* Goethe Ideen vorfand, die den seinen verwandt sind. Ewald Hering, ein Schüler und der Nachfolger Purkinjes als Physiologieprofessor in Prag entwickelte ein Vierfarbenmodell, bei dem neben dem Paar Schwarz-Weiß noch zwei Farbpaare, nämlich Blau-Gelb und Rot-Grün existieren. Dabei tritt Polarität in dem Sinne auf, dass es keine Mischfarben gibt, die zum Beispiel als ein bläuliches Gelb oder ein rötliches Grün anzusprechen wären, während Mischfarben wie gelbliches Grün oder rötliches Blau existieren. Hier finden wir Goethes Polarität wieder, wobei zum Paar Blau-Gelb eben auch das Paar Rot-Grün tritt und die konsequente Anwendung der goetheschen Idee der Polarität zu einem Vierfarbenmodell statt Goethes Dreifarbenmodell führt. Die Abwesenheit der Mischfarben zwischen den polaren Farben ist bereits im goetheschen Farbkreis durch die Abwesenheit der newtonschen »Quäkeleien«, dem Unterschied zwischen Farbkreis und Farbscheibe, zum Ausdruck gebracht. Aber auch Newtons Farbscheibe steht keineswegs im Widerspruch zu Herings Vorstellungen, da in der Mitte das Weiß zu finden ist.

Es ist bemerkenswert, dass das heutige Verständnis der Farbwahrnehmung von beiden Schulen Gebrauch macht. Während die Dreifarbentheorie in der Netzhaut ihre Anwendung findet, wird die weitere Verarbeitung der Signale durch ein modifiziertes Hering'sches Vierfarbenmodell dominiert, bei dem die neuronale Aktivität von den polaren Paaren Blau-Gelb und Rot-Grün bestimmt wird.

7. Zu den Nebenwirkungen

Am Ende sei noch ein Wort zu den Nebenwirkungen einer Lektüre der *Farbenlehre* gestattet. Goethe behandelt in seinem Werk ein interdisziplinäres Thema *par excellence*. Lässt man sich auf dieses Thema ein, so besteht die Möglichkeit, dass es einen mit seinen vielen Facetten – Kunst, Literaturgeschichte, Wissenschaftsgeschichte, Physik, Physiologie, Psychologie und vieles mehr – so schnell nicht wieder loslässt, denn in dieser Interdisziplinarität liegt gerade die Faszination der goetheschen *Farbenlehre*. Allerdings wäre der Ansatz, den er seinem Schwager Schlosser 1793 vorgestellt hatte und bei dem die Teildisziplinen mit ihren Eigenheiten wohl stärker zu ihrem Recht gekommen wären, vermutlich eher von Erfolg gekrönt gewesen. In jedem Fall steht hier Goethes Appell zur interdisziplinären Arbeit über die Grenzen von Natur- und Geisteswissenschaften hinweg, die an Universitäten selbstverständlich sein sollte und es doch nicht immer ist.

Beziehen wir abschließend eine Aufforderung Albert Einsteins aus dessen Rezension eines Buches von Hermann von Helmholtz mit dem Titel »Zwei Vorträge über Goethe« nicht auf das Buch von Helmholtz, sondern auf Goethes *Farbenlehre*:

Lieber Leser! Resümiert wäre profanisiert. Selber lesen!

Ganz im goetheschen Sinne kann sich der Lesen so seinen eigenen, unmittelbaren Eindruck verschaffen.

An dieser Stelle möchte ich Dr. Bernadette Malinowski herzlich danken, die ein gemeinsames, interdisziplinäres Seminar anregte, das sich schließlich dem Thema »Farben und Licht in ästhetischer und physikalischer Perspektive« widmete. Dieses Seminar hatte die gerade beschriebenen Nebenwirkungen zur Folge.

Literatur:

Johann Wolfgang v. Goethe: *Goethes Werke.* Weimarer Sophien-Ausgabe, Weimar 1887–1919. (im Text zitiert als WA gefolgt von der Abteilungs- und Bandnummer sowie der Seitenzahl; sofern auf nummerierte Paragraphen des didaktischen oder polemischen Teils Bezug genommen wird, werden diese mit DT bzw. PT und der entsprechenden Nummer zitiert). Eine gut lesbare Auswahl der optischen Schriften von Goethe gibt auch: *Goethes Farbenlehre*, ausgewählt und erläutert von Rupprecht Matthaei. Ravensburg 1998.

François d'Aguilon: *Optica.* Antwerpen 1613.

Werner G.K. Backhaus, Reinhold Kliegl u. John S. Werner (Hg.): *Color Vision.* Berlin 1998.

Hans Joachim Becker: Sitz.ber. Bay. Akad. Wiss., Math.-Nat. Klasse 1991, S. 1–15.

Brent Berlin u. Paul Kay: *Basic color terms: their universality and evolution.* Berkeley 1969. Siehe z.B. auch **Jules Davidoff, Ian Davies u. Debi Roberson:** Nature **398**, 203–204 (1999).

Frederick Burwick: *The Damnation of Newton: Goethes Color Theory and Romantic Perception.* Berlin 1986.

R.A. Crone: Documenta Ophthalomologica 96, 1–282 (1999).

Eugène Delacroix: *Œuvres Littéraires, I, Études esthétiques.* Paris 1923. Deutsche Übersetzung von Julius Meier-Graefe. Leipzig 1912.

John Gage: *Kulturgeschichte der Farbe.* Leipzig 2001.

David H. Hubel: *Eye, brain, and vision.* New York 1995.

Margaret Livingstone: *Vision and art: The biology of seeing.* New York 2002.

J.E. McGuire u. Martin Tamny: *Certain Philosophical Questions: Newton's Trinity Notebook.* Cambridge 1983.

Isaac Newton: *Optik* (= Ostwalds Klassiker der exakten Wissenschaft, Band 96). Frankfurt 2001. (im Text zitiert als N gefolgt von der Seitenzahl). Die Abbildungen auf den Seiten [[[Abb. 3]]] und [[[Abb.6]]] sind der lateinischen Ausgabe *Optice, sive de reflexionibus, refractionibus, inflexionibus et coloribus lucis: libri tres*, Lausanne, Genf 1740 entnommen.

Keld Nielsen: Historical Studies in the Physical Science **20**, 107–178 (1989); ibid. **21**, 317–397 (1991).

Georges Roque: *Art et Science de la Couleur.* Nîmes 1997.
R. Sauermost (Red.): *Lexikon der Naturwissenschaftler.* Heidelberg 2002.

Reinhard Sölch: *Die Evolution der Farben.* Ravensburg 1998.

Reinhold Steig: *Achim von Arnim und Jacob und Wilhelm Grimm.* Bern 1970.

Walter D. Wetzels: *Johann Wilhelm Ritter: Physik im Wirkungsfeld der deutschen Romantik.* Berlin 1973.

Bildnachweise: S. [[[Abb. 3]]], [[[Abb. 5]]], [[[Abb. 6]]]: Universitätsbibliothek Augsburg.

Leopoldo Alas (Clarín): »La Regenta«

Thomas M. Scheerer

I. Späte Rezeption

Beginnen wir mit einem kräftigen »Einerseits«, »Andererseits«:

Einerseits mag man bedauern, dass die Rezeption dieses wichtigsten spanischen Romans der realistisch-naturalistischen Epoche durch allerlei äußere Hindernisse gehemmt und verzögert wurde. Schon vor dem Erscheinen im Jahre 1884 hatte der Autor Leopoldo Alas, einer der prominentesten Journalisten seiner Zeit (der das hochtönende Pseudonym »Clarín«, »Signaltrompete«, führte), in Briefen geargwöhnt, was dann eintrat: Die Kollegen der schreibenden Zunft straften den Konkurrenten mit weitgehendem Verschweigen seines Romans (vgl. Vilanova 2001, 13ff.). Daß der erhoffte große Erfolg beim lesenden Publikum zunächst ausblieb, mag auch dem Hirtenbrief des örtlichen Bischofs geschuldet sein, der Unmoral und Kirchenfeindlichkeit des Werks brandmarkte (zur kritischen Rezeption Tintoré 1987). Als nächstes hatte der Autor sich auch noch mit dem Vorwurf auszusetzen, er habe Flauberts *Madame Bovary* plagiiert (Endress 1972). Als der berühmtere Kollege Benito Pérez Galdós im Jahre 1901 ein überaus wohlwollendes Vorwort zur Neuausgabe verfasst, wird Clarín nur noch wenige Monate zu leben haben, und sein Roman wird, auch in Galdós' Lob, bereits als Dokument einer historisch gewordenen Epoche verstanden (Text in: Tintoré 1987, 322–334). Ohne die weiteren Rezeptionshindernisse im Einzelnen nachzuvollziehen, kann man doch festhalten, dass erst in den 60er Jahren des Zwanzigsten Jahrhunderts eine spürbare literaturwissenschaftliche Beschäftigung mit *La Regenta* einsetzt. Diese verzögerte und lückenhafte Rezeption blieb lange wirksam. Gero von Wilperts *Lexikon der Weltliteratur* verzeichnet noch 1968 den Roman nicht im Band *Werke*; eine komparatistische Dissertation aus dem Jahre 1986 behandelt unter dem Titel *Emma Bovary und ihre Schwestern* elf Figuren des Typs »unverstandene Frau« von Balzacs Julie d'Aiglemont bis zu Thomas Manns Tony Buddenbrook, widmet aber der Ana Ozores weder eine Erwähnung noch das eigentlich erforderliche Kapitel (Klingler 1986).

Andererseits: Vielleicht hat die lange Zeit spärliche Rezeption dem Bild des Romans einiges an Abwertungen und Relativierungen erspart. Die Hispanistik war bis vor dreißig Jahren überaus konservativ und theoriearm. Sie hat ihren Kanon nur langsam erweitert und international fruchtbare Modellbildungen zögerlich aufgenommen. Es ist ja eine bekannte Erfahrung, dass paradigmatische Wechsel theoretisch-methodischer Art sich auch ihre Gegenstände suchen, d.h. zu einem neuen Verständnis bisher nicht hinreichend validierter literarischer Werke gelangen. Das ist sichtlich der Fall bei Claríns *La Regenta*. Die Qualitäten des Romans werden nun jenseits der traditionellen Realismus-Diskussion aufgesucht; man findet sie im Bereich ihres dialogischen Verhältnisses zur europäischen und innerspanischen Entwicklung von Gesellschaft, Philosophie, Wissenschaft und Literatur. Deswegen würde ich Ihnen, meine sehr verehrten Damen und Herren, sofern Sie nicht nur Leser sondern auch Rezipienten von Forschungsergebnissen sind, immer dazu raten, Anregungen für das Verständnis von *La Regenta* aus der aktuellen Forschungsliteratur zu schöpfen. Auch die deutschsprachige Hispanistik hat inzwischen überaus intelligente und anregende Beiträge geleistet (Neuschäfer 1978, Gumbrecht 1983, 1990; Matzat 1995, Link-Heer 1995a, 1995b). Zwei Kernpunkte seien hier benannt, weil sie auch für die folgenden Ausführungen gelten:

1. Der Roman weist einen hohen Grad an Intertextualität auf. Das festzuhalten ist deswegen wichtig, weil es sich bei den vielfältigen Bezügen auf Traditionen, Ideologeme und Literaturen nicht um schmückendes Beiwerk oder demonstrierte Gelehrsamkeit, sondern um ein konstitutives Charakteristikum handelt. Der gelehrte Autor Clarín verwendet literarische, philosophische und wissenschaftliche Bezüge spanischer und internationaler Provenienz in vielgestaltiger Funktionalität. Man hat treffend geurteilt, er sei ein »Intertextualist avant la lettre« (Link-Heer 1995, 279) gewesen. Dabei dienen die intertextuellen Verfahren nicht allein zur Charakteristik der erstaunlich zahlreichen Figuren, sondern zu der Diagnose, die gesellschaftliche Wirklichkeit als solche sei ein Konstrukt aus intertextuellen Referenzen. Man hat die Sättigung des Werks durch Anspielungen, Verweise, Travestien, Parodien und Pastiches oft untersucht (Link-Heer 1995a, 1995 b). Der Forschungszweig sei in diesem Beitrag erwähnt, aber nicht ausführlich erörtert.
2. Die Modernität des Romans entwickelt sich unter den Bedingungen der Peripherie. Was damit gemeint ist, kann man sich vorläufig am Ort der Handlung vergegenwärtigen: Die Stadt mit dem sprechenden Namen Vetusta trägt kenntliche Züge der asturianischen Provinzhauptstadt Oviedo, der Wirkungsstätte von Leopoldo Alas. Der im realistischen Roman Spaniens oft aufgenommene Kulturkonflikt zwischen Traditionalismus und Modernität erscheint hier in extremer Ausprägung, weil der hervorragend und aktuell informierte Autor die noch halb agrarische, halb frühkapitalistisch geprägte Provinzstadt im Nordwesten der Iberischen Halbinsel zum Laboratorium für eine unvollkommene und uneigentliche Modernität macht. »Vetusta liegt an der Peripherie der Peripherie, in doppelter, durch Madrid vermittelter Distanz vom kulturellen Zentrum Paris. (...) Aus dieser peripheren Modernität ergibt sich der besondere Reiz« (Matzat 1995, 43).

II. *Plot* und Hauptfiguren

Der Kern der Handlung läßt sich leicht resümieren, wenn man gleichzeitig eine erste Charakteristik der vier Hauptfiguren entwirft. Ana Ozores ist in Vetusta eine angesehene Frau. Aus Respekt vor ihrem Lebenswandel und ihrer Schönheit nennt man sie weiterhin *la Regenta*, weil ihr deutlich älterer Ehemann Don Víctor de Quintanar einst Gerichtspräsident (*Regente*) gewesen ist. In der ersten Hälfte des Romans, in der nur drei triste Oktobertage vergehen, besteht eine einfache Ausgangssituation: Ana hat einen neuen geistlichen Beistand gewählt und bereitet sich auf eine Generalbeichte bei ihm vor. Das ist Anlaß, ihr bisheriges Leben Revue passieren zu lassen. In dieser Rahmensituation werden aus wechselnden Erzählperspektiven die Milieus der Provinzstadt Vetusta, ihre Institutionen und ihre markanten Persönlichkeiten vorgestellt. Zudem erfährt man die Vorgeschichte Anas und ihrer Ehe.

Ana wird als Tochter eines im Exil lebenden liberalen Ingenieurs und einer jung gestorbenen italienischen Modistin zunächst bei bigotten Tanten, danach für eine kurze Zeit vom Vater erzogen. Im nach und nach entstehenden Psychogramm der jungen Frau sind zwei Motive prägend. Zum einen wirkt ihre Abkunft von einer Italienerin nach. Schon die englische Kinderfrau ist bestrebt, dem gerade einmal vier Jahre alten »Sproß südlicher Fleischeslust« (87) Grenzen zu setzen und macht »Anas Kindheit zu einem wahren Übungsfeld englischer Moralität« (ebd.). Wann immer Ana als Jugendliche und junge Frau von den strikten Verhaltenserwartungen ihrer Tanten abweicht, ist die Erinnerung an die Herkunft präsent, wobei diese sich mit einer imaginären Immoralität auflädt. Als Tante Anuncia entdeckt, dass Ana heimlich Literatur schreibt, freie Verse gar, die als Signum des Unanständigen gelten, da sieht sie sogleich den »Pferdefuß der italienischen Modistin (...), die (...) Tänzerin gewesen sein musste« (123). Und als Ana einen von der Tante ausgesuchten ehrbaren und wohlhabenden Heiratskandidaten ablehnt, ist sie die »Tochter der Tänzerin – und wer mochte noch zweifeln, daß die Modistin getanzt hatte?« (133). Wer nun als literaturgeschichtlich gebildeter Leser vermutet, hier habe Clarín im Sinne naturalistischer Sicht des Indviduums ein Element familiengeschichtlicher Determination geschaffen (etwa: Der Lebensweg des Kindes sei durch ererbtes südländisches Künstlertum zur schicksalhaften Amoralität bestimmt), der irrt: Die unheilvolle Determination ist nur ein Verdacht der pädagogisch unbeholfenen Umwelt, eine mit Vorurteilen und erotischem Argwohn aufgeladene Phantasie, die ohne haltbaren realen Hintergrund auf das Kind projiziert wird und damit mehr über die Angst und die Unwissenheit der Umgebung aussagt als über die Anlagen des Kindes.

Das zweite prägende Motiv in Anas frühem Leben wirkt sich weit unheilvoller aus. Als nicht einmal Zwölfjährige unternimmt sie, angeregt durch Abenteuerlektüren und um der Kinderfrau zu entfliehen, heimliche Ausflüge mit dem Nachbarsjungen Germán. Die »Fahrt ins Maurenland« (89) endet eines Abends beim Geschichtenerzählen in einem Kahn, in dem die Kinder einschlafen und erst am nächsten Morgen gefunden werden. Die »beschränkte und laszive« (ebd.) Kinderfrau sieht die Unschuld der Kindes geschändet und erzählt den Skandal im ganzen Ort, der die harmlose Episode sogleich »unter physiologischen Gesichtspunkten« (90) diskutiert und Anas kindlichen Körper zum Gegenstand lüsternen Taxierens macht. Nach Jahren vergisst die Welt die »absurde Behauptung« (91), doch in Ana bleibt ein doppeltes Trauma: Sie versteht natürlich den Vorwurf nicht, versucht der Natur der Sünde nachzuspüren und als Ergebnis »nahm ihre Unschuld die Sünde für gewiß« (91). Moderner gesprochen: Das sexualneurotische Verhalten der Umwelt induziert bei Ana einen von vornherein sündhaft belasteten Begriff von Sexualität. Und zweitens prägt diese Erfahrung ihr weiteres Weltverständnis. »Sie glaubte an eine große Ungerechtigkeit, die das Gesetz der Welt war, weil Gott es so wollte, fürchtete die Meinung der Leute über das, was sie tat, unterdrückte deshalb machtvolle Instinkte ihrer Natur, lebte in einer ständigen Schule der Verstellung und hielt die Impulse zu spontaner Fröhlichkeit zurück« (92). Da Ana auf diese Weise zur Verdrängung lebensbejahender Antriebe konditioniert ist, wird sie keine weitere praktische Lebenserfahrung sammeln. Für männliche Avancen hat sie sogleich »hochmütige Abweisung und beißende Ironie« (136) zur Verfügung. Als Tante Anuncia aus ökonomischer Not die Ehe mit Don Víctor de Quintanar gestattet, weiß Ana zweierlei: Sie liebt ihn nicht (»sie würde sich Mühe geben, ihn liebzugewinnen«, 136) und: »Alles war vorbei... bevor es begonnen hatte« (137).

Der Ehemann Don Víctor de Quintanar ist zwar ein angesehener Repräsentant der gesellschaftlichen Ordnung, doch als Privatmann erweist er sich als eigenbrötlerischer Sonderling, der sehr früh morgens mit seinem Gefährten Frígils zur Jagd aufbricht, sich oft zum Basteln an selbstkonstruierten Gerätschaften zurückzieht oder sich nächtelang in die Lektüren spanischer Ehrendramen vertieft. Unverkennbar hat Clarín ihn als ein parodistisches Zitat des Don Quijote angelegt (vgl. dazu Link-Heer). Er liebt seine Frau in zärtlicher Zuneigung, scheint sie sogar über alles zu verehren. Seine Sorge ist echt, als Ana ernsthaft nervlich erkrankt. Er bedrängt sie sogar, dem ärztlichen Rat zu folgen, endlich unter Menschen zu gehen und am gesellschaftlichen Leben von Vetusta teilzunehmen. Die getrennten Schlafgemächer jedoch erklären sich nicht, wie vorgeblich, aus den unterschiedlichen Tagesabläufen der Eheleute. Eher verhält es sich umgekehrt: Don Víctor befleissigt sich eines gewissen Meidungsverhaltens, dessen Ursache er nur einmal im vertraulichen Gespräch anzudeuten wagt: »Ich besitze nicht die Gabe der Ausdauer« (740). »Ich weiß nicht, was das ist: Immer geschieht dasselbe. Im kritischen Moment fehlt mir der Mut, und ich möchte beinahe sagen, auch das Verlangen« (751). Dem impotenten Don Víctor bleibt nur, eine Art Vater-Tochter-Beziehung zu seiner Ehefrau zu entwickeln.

Zwei denkbar unterschiedliche Männer treten in Konkurrenz zu Don Víctor und werben um Ana. Da ist zunächst ihr Beichtvater, Generalvikar Don Fermín de Pas. Seine Absichten sind zum einen machtpolitischer Natur. Die wohlhabende und vornehme Gattin des ehemaligen Gerichtspräsidenten ist der Kirche noch nicht offensichtlich genug verpflichtet, weil sie zwar für barmherzige Zwecke spendet, aber keiner karitativen Organisation angehört, in der sie sich demonstrativ als der Kirche zugehörig erwiese. Don Fermín will diese Seele aus klerikal-politischem und eigennützigem Kalkül unter seinem Einfluß haben. Unterstützt von einer starken und resoluten Mutter strebt er den Aufstieg in der kirchlichen Hierarchie an, und die Dame aus bester Gesellschaft könnte ihm dabei nützen. Daß seine Bestrebungen, Ana an sich zu binden, auch erotischer Natur sind, weist Fermín vor sich selber wiederholt so heftig von sich (und leugnet es gegenüber der Mutter), dass die Tatsache offensichtlich wird. Don Fermín ist ein hochgewachsener, athletischer Mann von gewinnender Ausstrahlung. Schon im Umgang mit dem Mädchenchor muß er sündige Gedanken ebenso heftig verdrängen, wie die entsprechenden Impulse in ihm wirken. Er wird es Ana nie ausdrücklich sagen, aber in einem kurzen, dramatischen Moment ist er so eifersüchtig, dass sie es selber bemerkt und mit heftiger Abwehr reagiert: »Der Generalvikar war nicht der große Bruder im Herrn, er war ein Mann, der unter der Soutane Leidenschaften, Liebe, Eifersucht, Zorn verbarg... Ein Kanonikus liebte sie! Ana schauderte wie bei der Berührung eines schleimigen und kalten Körpers (span. II, 391).

Den Kampf um Ana gewinnt nach zweijährigem Werben der weltgewandte Don Álvaro Mesía. Unter kulturhistorischen Gesichtspunkten mögen seine Attitüden schon ein wenig veraltet erscheinen: Ein später Dandy, der Byron und die französische Romantik imitiert, als »afrancesado« und »petimetre« ein Typ, der in der Hauptstadt bis zu Ende der napoleonischen Zeit aktuell gewesen sein mag. In Vetusta gehört Mesía fraglos zur guten Gesellschaft. Er ist Vorsitzender der örtlichen liberalen Partei, erfolgreicher Geschäftsmann, Pragmatiker, Positivist und Zyniker. Im Privatleben erweist er sich als berechnender Verführer, der seine Abenteuer nach dem Maß der persönlichen Befriedigung ausführt. Ist Quintanar als ein später Don Quijote angelegt, so erscheint Mesía wie eine moderne Reprise des Don Juan. Die Eroberung Anas plant er wörtlich wie einen »Feldzug« (660): »Er las Bücher über Körperpflege, machte Freiübungen, ritt viel aus« (ebd.). Dieser ins Positivistische gewendete Don Juan weiß aus Erfahrung: »(Die) Maßlosigkeiten der besiegten Frauen standen im direkten Verhältnis zum Quadrat der Entfernung. Will sagen, je weiter eine Frau von der Untugend entfernt ist, desto maßloser ist sie, wenn sie endlich fällt. Die Präsidentin würde, wenn sie fiel, schrecklich maßlos sein« (ebd.). So soll es denn auch werden.

Anas Ehebruch wird in der Gesellschaft ruchbar. Ein Duell läßt sich nicht vermeiden. Der geübte Jäger Don Víctor schießt absichtlich daneben, der sonst so kontrollierte Don Álvaro Mesía trifft mehr aus Versehen seinen Gegner an symbolträchtiger Stelle (nämlich in die vor Erregung übervolle Blase), woran dieser noch am selben Tage stirbt. Mesía flieht, Ana bleibt allein zurück. Als sie nach langer Krankheit heimlich zur Beichte gehen will, weist Don Fermín sie vor dem Beichtstuhl empört zurück. Ana bricht in der Kirche ohnmächtig zusammen. Die letzten Sätze seien wörtlich zitiert. Sie sind für die Deutung des ganzen Romans von Interesse, und sie bilden eine der inzwischen berühmtesten Szenen spanischer Literatur. Der kleine, dickliche, häßliche und »weibische« (834) Kirchendiener Celedonio tritt hinzu:

> »Und um sich einen seltenen Genuß zu verschaffen oder um zu probieren, ob es einer war, neigte er das widerwärtige Gesicht über das der Präsidentin und küßte sie auf die Lippen.
> Ana kehrte ins Leben zurück. Sie zerteilte die Nebel des Deliriums, das ihr Übelkeit verursachte.
> Sie hatte geglaubt, auf ihrem Mund den schleimigen, kalten Bauch einer Kröte zu spüren« (835).

III. Das Gesellschaftsbild

Die Gesellschaft von Vetusta, in der die skizzierte Geschichte spielt, ist aus etwa 150 Figuren kaleidoskopisch zusammengesetzt, von denen wiederum etwa ein Dutzend in näherem Bezug zur Haupthandlung steht. Man kann ihre planvoll interdependent angelegten Beziehungen zueinander nach vielerlei Gesichtspunkten strukturieren (vgl. Rutherford 1974). Leopoldo Alas hat ein System vom Kontrast- und Komplementärfiguren geschaffen, die durch dichte Interaktion miteinander verbunden sind. Hervorstechende Eigenschaft dieser Interaktion, und damit eines großen Teils der Gesellschaft von Vetusta, ist das Reden mit- und übereinander. Außer dem Salon der Marquesa ist vor allem das örtliche Kasino der privilegierte Ort für diese Kommunikation. Da es in Vetusta häufig regnet, ist das in Esszimmer, Lesezimmer und Spielsaal gegliederte Kasino regelmäßiger Treffpunkt aller tonangebenden

Männer des Ortes. »(...) die ›Lasterhöhle‹ war der Ort, an dem sich sämtliche Beru-
fe, alle Altersklassen, alle Gesinnungen, Geschmacksrichtungen und Temperamen-
te zusammenfanden« (148). Man beachte bei der folgenden Darstellung eine auch
sonst auffallende Eigenschaft der Erzählung. Sie ist vorgeblich objektiv, gibt aber
nur die subjektive Selbsteinschätzung der Kasinomitglieder wieder:

> »Niemand erlaubte sich das Wagnis einer Äußerung, die möglicherweise nicht einstimmig
> gebilligt werden könnte. Dort fällte man das Urteil über die Männer und Ereignisse des
> Tages, doch ohne Leidenschaft. Man verdammte, ohne seine Ehre zu kränken, jeden
> Neuerer, jeden, der etwas getan, was aus der gewohnten Ordnung fiel. Man lobte ohne
> sonderlichen Enthusiasmus die Mitbürger, die höflich und zurückhaltend zu sein wußten,
> unfähig, eine Sache auf die Spitze zu treiben« (149). »Hin und wieder wurde auch ein
> bißchen geklatscht, doch mit größter Zurückhaltung, insbesondere,wenn man von Geist-
> lichen, Damen und Amtspersonen sprach« (150).

Das sogleich mitgeteilte Gespräch über die Präsidentin und ihren neuen Beichtvater dementiert die dämpfenden Angaben (»ohne Leidenschaft«, »ohne sonderlichen
Enthusiasmus«). Es wird in Vetusta nicht nur »hin und wieder ein bißchen« ge-
klatscht. Die gesellschaftliche Kommunikation besteht vorwiegend aus Klatsch und
Tratsch, aus Nachrede, Vermutungen, Unterstellungen und begierigen Vorhersagen
über das Verhalten einzelner Personen. Ein Beispiel nur: Jemand weiß, der Generalvikar habe der Präsidentin nicht die Beichte abnehmen wollen; er hat gehört,
dass jemand gesehen habe, wie sie die Kapelle betrat und er ohne Gruß an ihr vor-
beiging; ein anderer hat gesehen, dass sie sich auf der Promenade begegnet sind
und miteinander sprachen; ein weiterer trägt bei »Der Generalvikar wurde feuerrot«
(151); der nächste »weiß mehr als Sie alle zusammen« (ebd.), denn der Erzpriester
Don Cayetano hat den Generalvikar gebeten, die Beichte der Präsidentin zu übernehmen; »Paquito hat's gesagt« (ebd.). »Schwierige Gewissensfragen sind nicht des
Erzpriestes Fall, dafür versteht der Generalvikar eine Menge davon« (151). Der
Grund sei gewiß »die Gewissenslast der Dame« (ebd.) denn »Mesía macht der Präsidentin schöne Augen« (ebd.), aber: »Meine Herren, ich habe nicht gesagt, daß die
Präsidentin darauf eingeht, sondern nur, daß es Mesía versucht, das ist ein großer
Unterschied« (151). So wie in diesem Beispiel regeln sich die sozialen Beziehungen
in Vetusta vornehmlich durch das Gespräch über Vorgänge, die man für bedeutsam
hält. In positiver Wendung könnte man – mittels einer Anleihe bei der Soziologie
– urteilen, hier wirke der Klatsch als ein beherrschendes Element sozialer Kontrolle. Allerdings wird man auch die aus Neid, Mißgunst und Unwissenheit geborene
üble Nachrede in die Phänomenologie der durch Gerede kontrollierten Gesellschaft
einbeziehen müssen. Als Frígilis nach dem Tode von Quintanar in das Haus der
Witwe einzieht, schwirren die Verdächtigungen, denn »Da die bösen Zungen alles
erfahren, erfuhr Vetusta auch diese Neuigkeit« (828). Ob Frígilis als Kostgänger oder
aus Nächstenliebe dort wohnt, ist unerheblich gegenüber dem Urteil: »Jedenfalls ist
es widerwärtig, mit der untreuen Witwe des besten Freundes unter einem Dach zu
hausen« (829). Üble Nachrede und Wirklichkeit fallen weit auseinander, denn Frígilis regelt lediglich ganz pragmatisch die Erbschaftsangelegenheiten. Wer die Nachrede jedoch richtig beherrscht, der kann in Vetusta einiges bewegen. So ist Don
Fermín, als er von Anas Ehebruch erfährt, von Rachegedanken erfüllt und plant,
Don Víctor in ein Duell mit Mesía zu treiben. Er weiß: »mein Degen muß die Zun-

ge sein« (802). Seine Mutter unterstützt ihn darin: »(Das) Mittel war, den Frevel unter die Leute zu bringen, den ominösen Ehebruch ruchbar werden zu lassen und diesen Don Quijote von Don Víctor aufzuhetzen, mit eingelegter Lanze auf Don Álvaro lozugehen und ihn zu töten« (801). Die Nachrede wird das Duell erzwingen, das dann jedoch anders als geplant verläuft.

In diskursanalytischer Sicht kann man auch urteilen, die soziale Welt von Vetusta konstituiere sich in ihrer Redevielfalt als eine »Diskurswelt« (Matzat, 39). Das Verhalten der Menschen wird durch ihr Gerede und nur durch dasselbe konditioniert – eine Rede, die oft genug Klatsch oder üble Nachrede ist, weil sie Fragmente unvollkommen Wissens zusammenträgt und daraus Vermutungen wie Urteile ableitet. Man könnte sich fast wünschen, dass jemand einmal die theoretischen Modelle zur kommunikativen Kompetenz (etwa nach Habermas) an die hier geschilderte Gesellschaftskonstitution anlegt, um den historischen und systematischen Ort einer »Diskursgesellschaft« in der spanischen Provinz des späten 19. Jahrhunderts zu bestimmen (sehr eindrückliche Ansätze bei Matzat 1995).

Das eben Skizzierte gilt nicht nur für das Verhalten der Personen, sondern auch für den Umgang mit dem Wissen in der Gesellschaft. Auch dieses konstituiert sich häufig aus Fragmenten von Gehörtem und Gelesenem, aus Abgeleitetem und Mißverstandenem. Nehmen wir wieder nur ein Beispiel. Don Pompeyo, zurückgetretener Präsident der Freien Bruderschaft, versteht sich als Philosophen und Altruisten. Über die Genese seiner Überzeugungen erfährt man:

> »Er war in dieser Welt vor allem ›Altruist‹, welch schönes Wort er, man muß es zugeben, nicht gekannt hatte, bis ihn aus Anlaß eines philosophischen Disputs, bei dem er den kürzeren zog, seine ein wenig angeknackste Eigenliebe Comtes Werke zu lesen veranlasste. Dort fand er, daß sich die Menschen in Egoisten und Altruisten schieden, und er erklärte sich auf Grund seiner rechtlichen Denkart zum Altruisten. Tatsächlich verbrachte er von da an sein ganzes Leben damit, seine Nase in Dinge zu stecken, die ihn nichts angingen« (516).

Don Pompeyo ist freilich zugleich Materialist, Atheist, Freidenker und ein Liberaler, dessen Liberalität so weit geht, den Bischof zu achten, weil dieser seinen Irrglauben würdevoll vertritt (522). Entweder schweigsam oder in fanatischen Ausbrüchen, die jeweils mit Streit und Zerwürfnissen enden, lebt Pompeyo seine Überzeugung, die eigentlich keine sein kann, weil sein Wissen zu begrenzt ist: »Don Pompeyo las nicht, er meditierte. Nach den Werken Comtes – durch die nicht ganz hindurchkam – las er kein Buch mehr. Aber er meditierte« (522). Wie viele andere in Vetusta verfügt er über ein angelesenes Halbwissen, das weder durch eine fundierte Ausbildung, noch durch systematische Aneignung oder wenigstens die Originalkenntnis einer vollständigen philosophischen Lehre relativiert oder kontrolliert wird. Bei der Aneignung von Wissen und dem Umgang mit Philosophie, Gesellschaftstheorie, kultureller Tradition oder fachwissenschaftlichem Spezialwissen wird besonders deutlich, wie die »periphere Modernität« (Matzat) von Vetusta beschaffen ist. Das moderne Wissen Westeuropas, etwa aus London oder Paris, kommt in Bruchstücken, mittels unvollkommener Übersetzungen oder vom Hörensagen nach Vetusta. Und so besteht die Gesellschaft aus einer Vielzahl von Halbgebildeten, die sich oft nur ein Gedankengebilde (und dieses nur unvollständig) zu eigen machen, um es dann um so fanatischer zu vertreten. In einer sehr allgemeinen kulturhistorischen Perspektive hat man diese Tendenz zur unvollkommenen Übernahme fremden Wissens in Spanien die »Depotenzierung ausländischer Anregungen« (Gumbrecht, zit. Link-Heer 1995a. 277) genannt. Jedenfalls trifft die Modernität auf starke Beharrungskräfte in Gestalt der ständischen Ordnung, der kirchlichen Autorität und der kulturellen Tradition. Beobachten kann man das sogar an einer eher komischen Nebengestalt. Der ehrwürdige und geachtete Bischof ist ein Liebhaber klassischer und neoklassischer Lyrik. Diese prägt seine Weltsicht so sehr, dass er die Frivolitäten einer feiertäglichen Kutschenfahrt aufs Land nicht wahrnimmt, weil er alles Geschehen auf das ihm einzig bekannte Modell anakreontischer Bukolik reduziert.

Wie das Wissen Westeuropas gelangen auch die politischen Entwicklungen unter dem Signum einer abgeleiteten, halbverwirklichten und letztlich scheiternden Fortschrittlichkeit nach Vetusta. Die Septemberrevolution von 1868, die in der Hauptstadt immerhin zum vorläufigen Sturz der Monarchie und zur kurzlebigen ersten Republik führte, ist an Vetusta fast folgenlos vorbei gegangen:

> »Man sprach nur schlecht von der Geistlichkeit, das war alles. Man gründete eine Philosophische Gesellschaft, aber die erwies sich als spiritistisch. Ihr Chef war ein Student aus Madrid, der sich damit vergnügte, ein paar Schustern und Scheidern den Sinn zu verwirren. Die Kirche machte ihren Schnitt dabei, denn die unseligen Handwerker begannen Gesichte zu haben und schrien laut nach der Beichte, ihre Irrtümer aus ganzer Seele bereuend. Allein darauf hatte sich die ›religiöse Revolution‹ in Vetusta beschränkt, wenn man die paar Männer nicht in Rechnung stellte, die am Karfeitag Fleisch aßen« (521).

IV. Ana als literarische Figur

In der inauthentischen, zwischen Traditionen und Modernität in einem ungewissen Schwebezustand verharrenden Gesellschaft von Vetusta versucht Ana Ozores vergeblich, persönliches Glück und eine feste soziale Identität zu entwickeln. Die Hauptfigur ist dabei weitaus komplizierter als alle anderen Figuren des Romans. Ana ist nicht ausschließlich in Vetusta aufgewachsen, sie kommt als Außenseiterin in diese Welt zurück, ist vollkommen auf deren Wohlwollen angewiesen, sieht sie aber aufgrund ihrer Kindheitserfahrungen auch mit argwöhnischer Distanz und hoher Sensibilität. Sie will oder muß sich adaptieren, gelangt aber bald zu der Überzeugung, die sei »dazu verdammt, unter Beschränkten zu leben« (123). Ana nimmt nacheinander verschiedene Rollen an, scheitert im Versuch der Identifikation und fällt dazwischen in unterschiedliche Stadien nervlich bedingter Krankheiten. Keines der Identifikationsmuster, keine der möglichen Rollen werden ihr nachhaltig und real möglich.

Die Rolle als Ehefrau bleibt aus biologischen Gründen unbefriedigend, an Mutterschaft ist schon gar nicht zu denken. In der Ehe ist sie also auf abgeleitete Modelle angewiesen, die sie ihren Mann als Bruder, als Sohn oder gar an einer Stelle als Mutter imaginieren lassen. Früheste Identifikationen bezieht Ana aus der Lektüre. »Das Buch als Quelle schöner Lügen war die größte Entdeckung ihrer ganzen Kindheit. Lesen! Dieser Ehrgeiz wurde ihre Leidenschaft« (88). Doch dass diese Leidenschaft sie in uneigentliche Identifikationen treibt, wird gleich von Anfang an sichtbar. Sie vertieft sich schon als Kind in die *Bekenntnisse* des Augustinus, als sie noch wahrlich weder deren realen noch religiösen Gehalt erfassen kann. Aus Chateaubriands *Génie du christianisme* wird sie allenfalls ein pathetisches Sprechen über Religion mitnehmen. Nachhaltiger wirken die Schriften der spanischen Mystiker des 16. Jahrhunderts, denn Ana liest Fray Luís de León, San Juan de la Cruz und Santa Teresa de Jesús. Die – modern gesprochen – erotisch und vor allem masochistisch hoch aufgeladene mystische Gedankenwelt wird sowohl ihr Verständnis von Religion als auch das von Sexualität nachhaltig prägen.

Sie versucht sich in den beiden großen konkurrierenden Gesellschaftsrollen, die sich ihr anbieten (Dame der Gesellschaft oder religiöse Devote) und scheitert jeweils, weil ihr keine vollständige Adaptation und kein Ausgleich zwischen den Rollen möglich ist. Als sie sich vom Ehemann und vom Arzt bedrängt aus der Einsamkeit in das gesellschaftliche Leben begibt, wird sie buchstäblich überwältigt. Anläßlich eines Ballvergnügens begegnet sie Mesía, der sie zum Tanz auffordert. Die Folge ist, dass Ana in seinen Armen ohnmächtig wird und dadurch einen Skandal verursacht. Sie hat es nicht gelernt, nur kokett und frivol zu sein (wie die Kontrastfiguren Obdulia und Visitación); die unterdrückte Sexualität raubt ihr buchstäblich den Atem. Ein weiterer gesellschaftlicher Anlaß zeigt, dass Ana die Erfahrung und die Selbstkontrolle fehlen, um im mondänen Kontext zu bestehen: Man besucht zu Allerseelen die traditionelle Aufführung von José Zorrillas *Don Juan Tenorio*. Während die anderen Besucher, darunter ihr Ehemann und der Verehrer Mesía, die Aufführung eher gleichgültig oder in ironischer Distanz wahrnehmen, identifiziert sich Ana von Tränen gerührt mit der Novizin Inés, deren Liebe den Verführer Don Juan am Ende vor ewiger Verdammnis rettet. Sie hat das Stück noch nie bis zu diesem vierten Akt gesehen und ist überwältigt von Versen, deren Pathos von anderen als hohl und veraltet empfunden wird. In der Nacht nach dem Theaterbesuch erliegt sie dem Verführer Mesía.

Die Rolle der Devoten versucht Ana ebenfalls mehrfach auszufüllen, wobei sie sich nacheinander als Braut Jesu, als Schwester des großen Seelenbruders Don Fermín oder als Mater Dolorosa imaginiert. Das eindrucksvollste Beispiel gibt ihr extremer Versuch demonstrativer öffentlicher Devotion. Ihre vollkommene Unterwerfung soll darin bestehen, bei der Karfreitagsprozession als barfüßige Nazarenerin mitzugehen. Wie üblich verbreitet sich die Nachricht in Vetusta unter allerlei Vermutungen. Die lebenslustige Obdulia empfindet ob des Vorhabens sogar »eine unbestimmte Regung von Neid« (682), weil sie darin »das höchste Ideal der Koketterie« (686) erahnt. Ana führt ihren Plan unter den Augen von ganz Vetusta durch, doch die ersehnte Erfüllung stellt sich nicht ein. Wie eine »Schauspielerin« (691) fühlt sie sich, dem Quintanar ähnlich, der den Ehemann nur spielt. Schlimmer noch: »Sie war eine Verrückte, die auf eine seltsame Prostitution verfallen war« (691). Wie hier fallen bei Ana das Streben nach Authentizität und das Gefühl der Entfremdung oft ineinander. Sie hat darüber hinaus die Fähigkeit, dieses Problem selber zu analysieren:

> »Ich bin verrückt, dachte sie, fasse in Augenblicken der Exaltation überspannte Entschlüsse und muß sie dann ausführen, wenn der niedergeschlagene, fast erschlaffte Geist keine Kraft zum Wollen mehr hat« (684).

Man konnte vorbringen, in dieser Parallelität von leidvoller Erfahrung und Analyse des Leidens liege ein Bruch im Charakterbild der Ana Ozores. »Einerseits gehört Ana dem Universum der (Imitation) an; andererseits ist sie aus diesem Universum durch eine (kritische) Attitüde herausgehoben und erweist sich hierin als ein Doppel des Autors Leopoldo Alas« (Link-Heer, 291). Was also unter Gesichtspunkten der Logik des Erzählens nicht ganz stimmig ist, entfaltet aber beträchtliche Wirkungen. Die Hauptfigur Ana ist weder als literarischer *Typ* im Sinne des Realismus, noch als ein einfacher *Charakter* zu verstehen. Angeregt von Hegels Ästhetik, die er in französischer Übersetzung rezipiert hatte, versuchte Clarín, einen gemischten Charakter zu gestalten, der typisch und individuell zugleich wäre und sich als »ein Resultat unterschiedlicher Kräfte« (zit. nach Vilanova 2001, 55) erwiese. Das Ergebnis ist eine (auch literarhistorisch im zeitgenössischen Vergleich) ungewöhnliche und originelle literarische Hauptfigur. In der Oszillation zwischen Impuls und Regression, im immer erneut scheiternden Versuch, eine Identität zu finden, die persönliches Glück garantieren könnte, ist Ana Ozores von der Ironie, dem Sarkasmus, ja dem Zynismus des von Clarín entworfenen Gesellschaftsbildes ausgenommen. Die sehr ernsthafte, psychologisch schlüssig begründete Gestaltung einer hilflos leidenden Frau findet in diesem Roman weder einen logischen noch einen erzählten Abschluß. Ana »no llega a ser una víctima total« (»wird nicht zum totalen Opfer«; Oleza, 83). Sie ist seelisch und gesellschaftlich zerstört, aber sie lebt weiter, symbolisch vom Teufel geküsst. Nimmt man zur Kenntnis, dass auch Don Fermín weiterwirken wird, dann treibt das offene Ende des Romans die Aporie ins Extrem, nämlich den Konflikt zwischen gesellschaftlicher Macht und leidender Kreatur.

V. Naturalismus?

Man kann das Bild einer von Ungewissheiten und falschem Bewußtsein geprägten Gesellschaft ohne Schwierigkeiten auf die Verhältnisse im Spanien des späten 19. Jahrhunderts beziehen. Es ist »die Inauthentizität der maßgeblichen spanischen Gesellschaftsschichten der Restaurationszeit« (Link-Heer, 295), die den Stoff für das literarische Bild liefert. Dieses ist, so wurde wohl deutlich, ein kritisches, ironisches und sarkastisches Abbild, das man nicht völlig mit Widerspiegelungsvorstellungen realistischer oder naturalistischer Provenienz verrechnen kann. Zu einfach wäre es aber auch, Claríns Darstellung als totale Negation dieser Welt zu verstehen (»Sólo un gran gesto de rechazo a todo un sistema«, Oleza, Bd. 1, 102). Eine angemessenere Einschätzung ergibt sich, wenn man des Autors kritische Rezeption des französischen Naturalismus zur Grundlage macht. In seiner Analyse von Émile Zolas Romanen und theoretischen Schriften akzeptiert Clarín einige entscheidende Voraussetzungen (zum Beispiel die Milieutheorie), lehnt andere aber ab (so die biologistische Vorstellung von der hereditären Determination des Menschen). Während Zola einen extremen Antagonismus von Gesellschaft und vitalen Impulsen annimmt, sieht Clarín die Bedeutung einer Zwischenschicht für die Prägung des Individuums. Er nennt sie »la resultante del ambiente social moral« (»das Ergebnis der sozialen und moralischen Umwelt«; zit. nach Matzat, 23). Fragt man sich nun, wie diese Zwischenschicht in Vetusta beschaffen ist, so zeigt sich »eine weitgehend grundlose Welt« (ebd., 24). Clarín zeigt eine in Uneigentlichkeit sich selber auf prekäre Weise stabilisierende Provinzgesellschaft, eine Welt des Übergangs aus weiter wirkenden Resten des Ancien Régime in eine schon wirksame, aber noch weitgehend unbekannte und keineswegs akzeptierte Moderne.

Ausgaben

Leopoldo Alas (›Clarín‹), *La Regenta*, 2 Bde. Edición, introducción y notas de Gonzalo Sobejano. Madrid: Clásicos Castalia, 3. Aufl. 1983.

Leopoldo Alas (›Clarín‹), *La Regenta*, 2 Bde. Edición de Juan Oleza. Madrid: Ediciones Cátedra, 11. Aufl. 2000 (Bd. 1), 2001 (Bd. 2). [Vorwort zit. als Oleza, Text als: span., Seite.]

Leopoldo Alas, Clarín, *Die Präsidentin*. Übers. von Egon Hartmann, Nachwort v. Fritz Rudolf Fries. Frankfurt am Main: Insel 1985. [Zitierte Ausgabe. Die Übersetzung ist für deutschsprachige Leser durchaus nützlich (weswegen sie hier zitiert wird), für wissenschaftliche Zwecke aber nicht brauchbar.]

Literaturhinweise

Beser, Sergio (ed.): *Clarín, La Regenta*. Barcelona: Ariel 1982.

Endress, H.-P.: *La Regenta von Leopoldo Alas Clarín und Madame Bovary. Von der Anklage des Plagiats zum Nachweis der Originalität*. In: *Beiträge zur Vergleichenden Literaturgeschichte. Festschrift Kurt Wais*, Tübingen: Niemeyer 1972, 225–246.

Gumbrecht, Hans-Ulrich: *Lebenswelt als Fiktion/Sprachspiele als Antifiktion. Über Funktionen des realistischen Romans in Frankreich und Spanien*. In: *Funktionen des Fiktiven* (Poetik und Hermeneutik, 10), München: Fink 1983, 239–275.

Gumbrecht, Hans-Ulrich: *Eine Geschichte der spanischen Literatur*, 2 Bde, Frankfurt am Main: Suhrkamp 1990.

Klingler, Bettina: *Emma Bovary und ihre Schwestern*. Rheinbach-Merzbach: CMZ 1986 (Diss. Bonn 1985).

Link-Heer, Ursula: *Clarín. La Regenta*. In: *Der spanische Roman vom Mittelalter bis zur Gegenwart*, hg. v. Volker Roloff u. Harald Wentzlaff-Eggebert. Stuttgart/Weimar: Metzler, 2., aktualis. Aufl. 1995a, 272–297 (dort weitere Lit.).

Link-Heer, Ursula: *Pastiche und Realismus bei Clarín*. In: Matzat 1995b, 157–181.

Matzat, Wolfgang (Hrsg.), *Peripherie und Dialogizität. Untersuchungen zum realistisch-naturalistischen Roman in Spanien*. Tübingen: Narr 1995.

Neuschäfer, Hans-Jörg: *Der Naturalismus in der Romania*. Wiesbaden: Athenäum 1987.

Rutherford, John: *Leopoldo Alas. La Regenta*. London: Grant and Cutler, 1974 (Critical Guides to Spanish Texts).

Tintoré, María José: *La Regenta de Clarín y la crítica de su tiempo*. Barcelona: Lumen 1987.

Valis, Noël M.: *Leopoldo Alas (Clarín), an annotated bibliography*. London: Grant and Cutler 1986 (Research Bibliographies and Checklists).

Vilanova, Antonio: *Nueva lectura de ›La Regenta‹ de Clarín*. Barcelona: Anagrama, 2001.

Bert Brecht:
Der Augsburger und der Kaukasische Kreidekreis

Kaspar H. Spinner

Die Kalendergeschichte vom *Augsburger Kreidekreis* und das Theaterstück vom *Kaukasischen Kreidekreis* sind zwei Verarbeitungen des gleichen Stoffes; sie können innerhalb des epischen und des dramatischen Werkes von Brecht jeweils zu den besten Texten gezählt werden und als besonders charakteristisch für sein Schaffen gelten.

Der Augsburger Kreidekreis

Geschrieben hat Brecht den *Augsburger Kreidekreis* im Exil, und zwar in Schweden von Frühjahr 1939 bis 1940. Die Erzählung spielt im Dreißigjährigen Krieg; die Übergabe der Stadt Augsburg an die kaiserlichen Truppen und die damit verbundene Rekatholisierung der Stadt bilden den geschichtlichen Hintergrund. Der Protestant Zingli, eine von Brecht erfundene Figur, Besitzer einer Gerberei und einer Lederhandlung, wird von den Katholischen umgebracht, seine katholische Frau flüchtet und lässt dabei ihr Kind zurück. Die junge Magd Anna kümmert sich um das Kind, geht dann aber weg, denn ein Protestantenkind im Arm zu haben ist in solchen Zeiten gefährlich. Sie geht zu ihrer Schwester, versucht dann mit deren Mann Frau Zingli über den Verbleib des Kindes zu informieren. Diese lässt sich jedoch verleugnen. Darauf kehrt Anna noch einmal in die Gerberei zurück, um nach dem Kind zu sehen, und nun bringt sie es nicht über sich, das Kind wieder allein zu lassen. Sie nimmt es zu sich, geht mit ihm auf den Hof ihres Bruders und gibt das Kind als ihr eigenes aus, um sich und das Kind nicht in Gefahr zu bringen. Da sie jedoch einen Vater für das Kind braucht, lässt sie sich verheiraten mit einem armen, vermeintlich todkranken Mann, der dann aber plötzlich wieder gesund wird. Anna muss mit diesem ungeliebten Mann zusammenleben, ein Fluchtversuch scheitert, und dann wird das Kind eines Tages von der leiblichen Mutter entführt: Zwischen Katholiken und Protestanten ist Frieden geschlossen worden und die leibliche Mutter kann auf Rückgabe der Gerberei hoffen, wenn sie das erbberechtigte Kind bei sich hat. Anna will das Kind zurück haben, und so kommt der Fall vor den Richter, und zwar vor den Richter Ignaz Dollinger, der beim Volk beliebt ist. Er erkennt, dass beide Frauen lügen, Frau Zingli hinsichtlich ihrer Schilderungen des Verlustes des Kindes, Anna hinsichtlich ihrer Behauptung, es handle sich um ihr eigenes Kind. Weil beide Frauen lögen, ordnet Dollinger die Kreidekreisprobe an: Die richtige Mutter soll die Kraft ihrer Liebe dadurch beweisen, dass sie das Kind, das von beiden Müttern je an einer Hand gehalten wird, aus dem Kreis heraus auf ihre Seite bringen kann. Anna lässt das Kind los, weil sie es nicht zerreißen will, Frau Zingli dagegen zieht mit einem kräftigen Ruck das Kind aus dem Kreis. Für Richter Dollinger ist dies der Beweis, wer die rechte Mutter sei, nämlich Anna, die Magd, die zwar nicht die leibliche Mutter ist, aber im Interesse des Kindes gehandelt hat.

Diese Geschichte hat sich, historisch gesehen, so nicht in Augsburg zugetragen, obschon Brecht mit Lokalkolorit nicht spart – Frau Zingli flieht zu Verwandten in Lechhausen, die Magd Anna geht mit dem Kind zuerst nach Großaitingen, mit ihrem Mann lebt sie in Mering, der Prozess findet im berühmten Goldenen Saal des Augsburger Rathauses statt. Der Stoff der Geschichte beruht auf weiter zurückreichenden Traditionen. Bestimmend sind vor allem zwei Quellen, nämlich einerseits die biblische Geschichte von Salomos Schwertprobe und andererseits ein Stück von Klabund mit dem Titel *Der Kreidekreis*, das eine Bearbeitung eines chinesischen Singspiels aus dem 13. Jahrhundert ist. Die biblische Geschichte (1. Buch der Könige Kap. 3, 16–28) handelt vom Streit zweier Mütter, die beide einen Sohn geboren hatten, von denen aber einer kurz nach der Geburt gestorben war. Beide behaupten nun, das noch lebende Kind sei das ihrige. Die Geschichte geht nun im Wortlaut folgendermaßen weiter (nach der Übersetzung Luthers):

> Und der König sprach: Diese spricht: Mein Sohn lebt, und dein Sohn ist tot; jene spricht: Nicht also; dein Sohn ist tot, und mein Sohn lebt. Und der König sprach: Holet mir ein Schwert her! Und da das Schwert vor den König gebracht ward, sprach der König: Teilet das lebendige Kind in zwei Teile und gebt dieser die Hälfte und jener die Hälfte. Da sprach das Weib, des Sohn lebte, zum König (denn ihr mütterliches Herz entbrannte über ihren Sohn): Ach, mein Herr, gebt ihr das Kind lebendig und tötet es nicht! Jene aber sprach: Es sei weder mein noch dein; lasst es teilen! Da antwortete der König und sprach: Gebet dieser das Kind lebendig und tötet's nicht; die ist seine Mutter. Und das Urteil, das der König gefällt hatte, erscholl vor dem ganzen Israel, und sie fürchteten sich vor dem König; denn sie sahen, dass die Weisheit Gottes in ihm war, Gericht zu halten.

Es verwundert nicht, dass sich Brecht, in dessen Werk Muttergestalten immer wieder eine so große Rolle spielen und bei dem man biographisch von einer ungewöhnlichen Mutterbindung sprechen kann, für diesen Stoff interessierte.

Von Klabund hat Brecht zum einen das Motiv des Kreidekreises (anstelle der Schwertprobe Salomos), zum anderen eine ökonomische Perspektive übernommen: Der Streit der Mütter ist bei Klabund motiviert durch die Erbansprüche des Kindes. Das ist das Motiv, das den Marxisten Brecht interessieren musste: Ein Streit um wahre Mutterschaft entpuppt sich als ökonomisch bedingt.

Bei seiner Bearbeitung des tradierten Stoffes nimmt Brecht selbst nun eine entscheidende Änderung vor: Das Kind, um das sich die beiden Frauen streiten, wird vom Richter nicht der leiblichen Mutter zugesprochen, sondern der Pflegemutter, der Magd Anna, die für es aufopferungsvoll gesorgt hat, während die leibliche Mutter nur auf die Erbschaftsansprüche aus ist. Brecht hat seine Umdeutung selbst mit den Worten charakterisiert, dass das »Muttertum anstatt biologisch nunmehr sozial bestimmt werden soll« (Brecht 1988–1998, Bd. 24, S. 341f.). Schematisch ließe sich die Stoffgeschichte also folgendermaßen in starker Vereinfachung darstellen:

Salomos Urteil: Schwertprobe
Echte Mütterlichkeit

Klabunds Kreidekreis
Erbansprüche als Motiv

Brechts Kreidekreis
Mütterlichkeit sozial

Eine Auffassung, wie sie Brecht hier vertrat, war 1939/1940, zur Zeit der Entstehung des Augsburger Kreidekreises, politisch brisant, stand sie doch in dezidiertem Gegensatz zur Blut- und Bodenideologie der Nationalsozialisten. Auch die sehr nachdrücklich von Brecht herausgearbeitete Gefahr, in die sich Anna dadurch begibt, dass sie ein Protestantenkind rettet, verweist auf die Situation im nationalsozialistischen Deutschland mit den Verfolgungen. Obschon die Erzählung im Dreißigjährigen Krieg spielt, enthält sie also auch aktuelle Bezüge bezogen auf die Entstehungszeit. Selbst ein Motiv wie die Scheinheirat hatte Aktualität in der Zeit der Verfolgung – Brechts Freundin Margarete Steffin z.B. heiratete 1936 pro forma einen dänischen Journalisten, um bei Brecht in Dänemark bleiben zu können.

Im Augsburger Kreidekreis verbinden sich also auf faszinierende Weise Jahrtausende alte und bis in den Orient und nach China reichende Stofftraditionen mit deutscher Geschichte aus Vergangenheit und Gegenwart; darüber hinaus ist ein lokaler, persönlich-biographischer Bezug in den Text eingeschrieben, eine Evokation der Heimatstadt, von der der exilierte Autor getrennt war. So komplex und vielschichtig können literarische Texte sein, so sehr sind sie, wie wir in der heutigen Literaturwissenschaft sagen, in einen intertextuellen Zusammenhang eingeschrieben! Die größere dichterische Leistung Brechts besteht allerdings darin, dass er die so anspielungsreiche Geschichte scheinbar ganz einfach erzählt, geradezu nüchtern berichtend, freilich mit sprechenden Details an den entscheidenden Stellen, die in ihrer Prägnanz kaum zu übertreffen sind; das möchte ich anhand von drei Beispielen zeigen.

Anna, die Magd, kehrt, nachdem sie gemerkt hat, dass Frau Zingli das Kind verleugnet, in die Gerberei zurück, um zu schauen, ob dem Kind nichts fehle; sie tut dies, obschon sie von ihrem Schwager auf die Gefährlichkeit der Situation – Fürsorge für ein Protestantenkind – hingewiesen worden ist. Sie findet das Kind schlafend und setzt sich zu ihm. Nun folgt die Szene, die für Annas Schicksal entscheidend wird und die Brecht unnachahmlich gestaltet hat:

> Als die Magd einige Zeit, vielleicht eine Stunde, zugesehen hatte, wie das Kind atmete und an seiner kleinen Faust saugte, erkannte sie, daß sie zu lange gesessen und zuviel gesehen hatte, um noch ohne das Kind weggehen zu können. Sie stand schwerfällig auf, und mit langsamen Bewegungen hüllte sie es in die Leinendecke, hob es auf den Arm und verließ mit ihm den Hof, sich scheu umschauend, wie eine Person mit schlechtem Gewissen, eine Diebin. (Brecht 1988–1998, Bd. 18, S. 343)

Brecht vermeidet jede heldenhafte Glorifizierung von Anna. Er hätte ihr Tun als moralische Entscheidung, als aufopferndes Handeln, als überzeugten Entschluss darstellen können. Nichts davon findet man im Text. Anna erscheint fast wie ein Opfer der Situation, nicht von ihrem Willen ist die Rede, sondern davon, dass sie nicht ohne das Kind weggehen kann, eine Formulierung mit doppelter Verneinung.

Nicht tatkräftig handelt sie, sie steht schwerfällig auf und sie erscheint wie eine Diebin. Der Text negiert, was man in der Tradition moralisierender, erhebender, rüh-
render Erzählungen erwartet, und wirkt so fast abweisend. Und doch ist er eindringlich in seiner subtilen Kargheit mit dem Hinweis auf das Kind, das atmet und
an seiner kleinen Faust saugt. Dieser anrührende Anblick zwingt Anna zu ihrem
Tun; das ist eine völlig unidealistische Sicht menschlichen Handelns. Die geradezu
kreatürliche Weise, auf die sich Anna in die Pflicht nehmen lässt, zeigt eine Seite
von mitmenschlicher Zuwendung, die mit moralisch-ideellen Kategorien alleine
nicht erfasst werden kann. Zur Prägnanz der Textstelle trägt auch die starke Konzentration auf ausdrucksstarke Gestik, Haltung und Bewegung der Figuren bei:
Hier erkennt man den Blick des Stückescheibers Brecht; seine dramatischen Fähigkeiten haben seinen Erzählstil mitgeprägt wie umgekehrt das Erzählen, wie noch
zu zeigen sein wird, seine Gestaltung von Theaterstücken beeinflusst hat.

Eine andere zentrale Szene in der Erzählung betrifft die Entführung des Kindes
durch die leibliche Mutter. Brecht erzählt sie folgendermaßen:

> Aber eines Tages ging sie [die Magd Anna] ins Dorf Sirup holen, und als sie zurückkehr-
> te, war das Kind nicht in der Hütte, und ihr Mann berichtete ihr, daß eine feingekleide-
> te Frau in einer Kutsche vorgefahren sei und das Kind geholt habe. Sie taumelte an die
> Wand vor Entsetzen, und am selben Abend noch machte sie sich, nur ein Bündel mit Eß-
> barem tragend, auf den Weg nach Augsburg. (ebd. S. 348)

Das ist ganz knapp, aber prägnant und gerade wegen der typisch brechtschen Kargheit eindrücklich erzählt. Der Gegensatz von »Hütte« einerseits und »feingekleidet«
und »Kutsche« andererseits charakterisiert anschaulich und ohne schilderndes Aus-
ufern den sozialen Gegensatz. Die Reaktion Annas wird als körperlicher Vorgang
benannt: Sie taumelt an die Wand. Das Gefühl, »vor Entsetzen«, wird als Erklärung
für die sichtbare Reaktion nur beigefügt. In dieser Tendenz zur Anschaulichkeit, zur
körperorientierten Beschreibung sieht man wieder, dass Brecht auch Stückeschrei-
ber war. Die Szene könnte man sich gut auf der Bühne vorstellen.

Als letzte Textstelle zitiere ich einen ganz kurzen Ausschnitt aus dem Gespräch
des Richters mit Anna. Er fragt sie, ob das Kind, er nennt es »Bankert«, das ihre sei:

> »Ist er deiner?« bellte der Richter.
> »Ja«, sagte sie leise. »Wenn ich ihn nur so lange behalten dürfte, bis er alle Wörter kann.
> Er weiß erst sieben.« (ebd. S. 349)

Hier ist es die Redeweise, die die Rollenverteilung verdeutlicht und zugleich die Figuren charakterisiert: Der Richter »bellt«, Anna spricht leise. In dem »ja«, das sie sagt
und das so harmlos klingt, steckt die ganze Dramatik des Geschehens. Das »ja« ist
eine Lüge, zumindest im landläufigen Sinn. Anna ist ja nicht die leibliche Mutter.
Aber das »ja« zeigt zugleich die mütterliche Beziehung, die Anna zum Kind hat. Ferner macht dieses »ja« deutlich, dass es Anna nicht auf den ökonomischen Vorteil ankommt. Der Richter hat ihr nämlich unmittelbar vorher zu verstehen gegeben, dass
die Gerberei an die Verwandten fällt, wenn das Kind nicht das leibliche Kind von
Frau Zingli sei. Mit dem »ja«, also mit der Lüge, befreit sich Anna vom Verdacht,
selbstsüchtig aus ökonomischem Interesse zu handeln. Mit solchen Widersprüchen
– hier eine Lüge, die moralische Integrität beweist – arbeitet Brecht immer wieder;
in einer Welt, die nicht vollkommen ist, kann, so die Botschaft von Brechts Texten,

der Mensch nur in Widersprüchen leben. – Mit dem Satz, den Anna an ihr »ja« anfügt, wird ihre Selbstlosigkeit noch weiter betont: Sie möchte das Kind nur so lange behalten, bis es alle Wörter kann. Dieser Satz steht in Bezug auf das, was sie unmittelbar vorher gesagt hat, nämlich dass das Kind die Gerberei nicht brauche, und stellt somit wiederum einen Gegensatz zum Ökonomischen her. Nicht die Erbschaft ist das, was das Kind braucht, sondern das Erlernen der Sprache, also des Werkzeuges für den mitmenschlichen Umgang und für die geistige Entwicklung. Das klingt, wenn man das so formuliert, allerdings fast etwas zu hochtrabend, denn wiederum ist es die konzentrierte Schlichtheit der Aussage, die die Textstelle so unverwechselbar macht. »Wenn ich ihn nur so lange behalten dürfte, bis er alle Wörter kann. Er weiß erst sieben.« So beobachtet ein einfacher Mensch den Spracherwerb eines Kindes; er zählt die Wörter, die es kann.

Der Kaukasische Kreidekreis

Wenige Jahre nach der Erzählung vom *Augsburger Kreidekreis* hat Brecht in den USA, einer weiteren Station seines Exils, zum gleichen Stoff ein Stück geschrieben, den *Kaukasischen Kreidekreis*. Mitgewirkt an der Erarbeitung hat seine Freundin Ruth Berlau; dass sie das Kind von ihr und Bert Brecht, das zwei Tage nach Fertigstellung des Kaukasischen Kreidekreises geboren wurde (es starb nach wenigen Tagen), Michel nannte, so wie das Kind im Stück heißt, dürfte kein Zufall sein.

Brecht hat das Stück mehrfach überarbeitet. Die Urfassung entstand 1944; man kann, je nach dem, wie man zählt, von bis zu 5 Fassungen sprechen; ich halte mich in meiner Darstellung an die Fassung von 1954. Dass es mehrere Fassungen gibt, ist typisch für Brecht, der mit fremden und eigenen Texten immer produktiv umgegangen ist, ständig neu überlegend und verändernd. Er praktizierte damit, was er von Lesern und Theaterbesuchern erwartete: Dass man nicht einfach sich konsumierend begnügt mit dem Präsentierten, sondern immer über das Vorgegebene nachdenkt. In diesem Sinne ist es interessant zu verfolgen, welche Änderungen im Vergleich zum *Augsburger Kreidekreis* auffällig sind.

Ich gehe zunächst auf drei wichtige inhaltliche Unterschiede ein, sage dann wieder einiges zur ästhetischen Gestaltung, um schließlich auf gattungsbezogene Fragen von Brechts Dramaturgie zu kommen.

Schon der Titel zeigt eine wesentliche Änderung an. Das Theaterstück spielt nicht mehr in Augsburg, sondern im Kaukasus, in Georgien bzw. Grusinien (das ist die russische Bezeichnung für Georgien). Das Stück rückt damit einerseits weiter weg, andererseits aber wird es aktualisiert. Eine neu konzipierte Rahmenhandlung situiert nämlich das Stück in die unmittelbare Gegenwart; die Kreidekreisgeschichte bildet dazu eine Binnenhandlung, diese wird als alte überlieferte Geschichte bezeichnet; sie erhält in diesem Rahmen einen stärker parabelartigen Charakter.

Die Rahmenhandlung, die in der Fassung von 1954 als Vorspiel den 5 Akten vorangestellt ist, hat direkt mit einem zur Entstehungszeit aktuellen politischen Problem zu tun; sie handelt vom Streit zweier Kolchosdörfer um ein Tal. Die Bewohner des einen Kolchos waren wegen der Hitlerarmee mit ihren Ziegenherden weggezogen, wollten nun aber nach der Vertreibung der Deutschen zurückkehren und

die Weidegründe für ihr Vieh nutzen. Der andere Kolchos aber will das spärlich be-
wachsene Tal beim Wiederaufbau bewässern und für Obst- und Weinbau verwer-
ten. Das Spiel zeigt nun, wie sich die beiden Kolchosdörfer gütlich einigen. In einer Versammlung mit einem Delegierten der staatlichen Wiederaufbaukommission
gelingt dies auch. Zu Ehren der Gäste und zur Bekräftigung der Auffassung, dass
das Tal denen gehören soll, die für das Tal gut sind, nämlich den Bewässerern,
spielt der Obstbaukolchos nun eine alte Sage. Das ist die Geschichte vom Kreidekreis, die den Hauptteil des Stückes ausmacht.

Das Vorspiel zeigt, wie Brecht den Aufbau neuer gesellschaftlicher Strukturen in
der Sowjetunion verfolgte. Der Kaukasus war nach der Schlacht um Stalingrad das
erste befreite Territorium der Sowjetunion; das war für Brecht, der das Stück vor
dem Zusammenbruch der Nazidiktatur schrieb, ein Zeichen der Hoffnung auf eine
Zeitenwende und auf andere gesellschaftliche Verhältnisse.

Die Neuerungen der Kolchoswirtschaft kannte Brecht vor allem von seinem
Freund, dem sowjetischen Schriftsteller und Literaturtheoretiker Tretjakow. Dieser
hatte – vor der Besetzung durch die Deutschen – einige Zeit in einer Kolchose im
Kaukasus gearbeitet und darüber ein Buch geschrieben, das auch in deutscher
Übersetzung herauskam. Tretjakow berichtet u.a. davon, wie schwierig es war, die
Bauern davon zu überzeugen, ihren Landbesitz in Gemeinbesitz zu überführen und
auch die Kinder den vom Staat eingerichteten Krippen anzuvertrauen. Bei Tretjakow findet man also beide Motive, die Frage des Landbesitzes und die Frage nach
dem richtigen Ort für das Kind, in einem konkreten gesellschaftlich-politischen Zusammenhang. Wie im Vorspiel von Brecht gibt es auch in Tretjakows Bericht einen
von Moskau entsandten Sachverständigen, der bei der Beilegung von Zwistigkeiten
behilflich ist.

Das Vorspiel in Brechts Stück ist von vielen Rezensenten und Brecht-Forschern
mit unterschiedlichen Argumenten kritisiert worden – von künstlicher Zusammen-
führung, von marxistischer Indoktrination u.a. ist gesprochen worden. Man kann
das Stück auch ohne Vorspiel lesen und so ist es auch oft aufgeführt worden. Für
Brecht war wichtig, dass der Richterspruch beim Kindesstreit nicht nur eine Ange-
legenheit des Mutter- und Familienbegriffs ist, sondern sich einordnet in ein umfas-
senderes neues Denken, durch das im Sinne der Menschenfreundlichkeit und der
Nützlichkeit althergebrachte Einstellungen verändert werden.

Es gibt noch eine zweite Schrift von Tretjakow, die für Brechts Stück wichtig geworden ist, und zwar dessen Theaterstück *Ich will ein Kind haben*, an dessen deutscher Übersetzung und Herausgabe Brecht mitgewirkt hatte. In diesem Stück geht
es um die Frage, wer in einer gerechten Gesellschaft am ehesten geeignet sei, Kinder aufzuziehen, die leiblichen Eltern oder eine staatliche Kinderkrippe. Das Problem wird entwickelt anhand einer Frau, die sich von einem Mann ein Kind machen
lässt mit der klaren Absprache, dass sie sonst von ihm nichts wolle. Der so bestell-
te Vater entwickelt aber, als das Kind auf die Welt kommt, Vatergefühle. Die Frau
verrät ihm jedoch nicht, welches Kind in der Kinderkrippe das seinige ist; auch das
Kind selbst weiß nicht, wer seine Mutter und sein Vater sind. Mit einer Auseinandersetzung und dem Hinweis der Frau, man solle alle Kinder lieben, nicht bloß die
eigenen, endet das Stück ohne Lösung des Problems.

Es ist offensichtlich, dass es hier um Fragen geht, denen Brecht auch in seinen

Kreidekreisdichtungen nachgeht. Den Gedanken der staatlichen Kollektiverziehung übernimmt er allerdings nicht; die Vorstellung der sorgenden, erziehenden Mutter steht für ihn, der in seinen Texten immer wieder die Mutter zum Thema gemacht hat, nicht zur Disposition. Er stellt allein die Auffassung, dass nur die leibliche Mutter eine richtige Mutter sein könne, in Frage. Das ist, wenn man die Rechtsprechung in Deutschland in den vergangenen 50 Jahren verfolgt, durchaus eine vorausblickende Position gewesen. Die Perspektive des betroffenen Kindes ist im Familienrecht bei uns immer stärker in den Blickpunkt gerückt. Brecht ist mit seiner Vision also näher an der tatsächlich kommenden Entwicklung gewesen als Tretjakow.

In der Binnengeschichte des *Kaukasischen Kreidekreises* finden wir die wesentlichen Figuren des Augsburger Kreidekreises wieder, allerdings mit veränderten Namen. Frau Zingli ist zur Gouverneursfrau Natella Abaschwili, Anna zum Küchenmädchen Grusche Vachnadze, der Richter Dollinger zum Dorfschreiber Azdak, der Häusler Otterer, der mit Grusche verheiratet wird, zum Bauern Jussup geworden.

Anna	→	Grusche
Frau Zingli	→	Gouverneursfrau Natella Abaschwili
Dollinger	→	Azdak
Otterer	→	Jussup

Den historischen Rahmen bildet die Feudalzeit, die Unruhen entstehen durch einen Aufstand gegen die Herrschenden, den Großfürsten und den Gouverneur. Insgesamt ist die Geschichte viel ausführlicher wiedergegeben – die von Brecht selbst geleitete deutsche Uraufführung dauerte über 4 Stunden.

Um die inhaltliche Bedeutung der Änderungen zu zeigen, gehe ich auf zwei wesentliche Ergänzungen ein, die die Binnengeschichte des Stückes von der Erzählung unterscheiden, die eine betrifft Grusche, die andere Azdak.

Neu eingeführt im Stück ist eine Liebesgeschichte zwischen Simon Chachava und Grusche. Damit gewinnt deren Scheinheirat zusätzliche Brisanz: Wegen des Kindes und der Zweckheirat mit Jussup droht Grusche ihren Geliebten Simon, mit dem sie sich verlobt, zu verlieren. Brecht verschärft damit die Konfliktsituation. Dass die Liebesgeschichte dann doch gut ausgeht, ist dem Richter Azdak zu verdanken, der die Scheidung von Grusche und Jussup vollzieht; das Kind wird von Simon akzeptiert.

Die zweite gewichtige Erweiterung betrifft den Richter. Brecht gestaltet mit Azdak seine vielleicht widersprüchlichste Figur und baut einen eigenen Handlungsstrang dafür ein. Im 5. Akt, der Kreidekreisszene, erscheint Azdak als Trinker und korrupter Richter, der die Hand aufhält und Geld einsteckt, bevor er urteilt. Am Anfang des Aktes wird er von der Köchin folgendermaßen vorgestellt:

> [...] es ist überhaupt kein richtiger Richter, es ist der Azdak. Er ist ein Saufaus und versteht nichts, und die größten Diebe sind schon bei ihm freigekommen. Weil er alles verwechselt und die reichen Leute ihm nie genug Bestechung zahlen, kommt unsereiner manchmal gut bei ihm weg. (Brecht 1988–1998, Bd. 8, S. 172)

Das Gesetzbuch lässt er sich geben mit dem Befehl »Etwas für meinen Steiß« und setzt sich drauf. Noch mehr als Dollinger im Augsburger Kreidekreis, von dem es schon hieß, dass er u.a. wegen seiner Grobheit in ganz Schwaben berühmt gewe-

sen sei, bedient sich Azdak einer schon fast unflätigen Sprache. Der Grusche wirft
er vor, sie sei eine »ganz dumme Person«, weil sie ihm keine schönen Augen mache und nicht »ein bissel den Hintern« drehe, um ihn günstig zu stimmen.

Aufschlussreich ist ein Vergleich mit Klabunds Stück vom Kreidekreis. Dort gibt
es nämlich zwei Richter, der Streit der Frauen wird zweimal verhandelt. Der erste
Richter wird bestochen und fällt ein ungerechtes Urteil. Dann nimmt sich ein hö-
herer Richter, der wegen seiner Klugheit, Unbestechlichkeit und seines Einsatzes
für die Armen und Entrechteten hohes Ansehen genießt, des Falles an und entscheidet mit der Kreidekreisprobe, die dann zum gerechten Urteil führt. Brecht nun
vereint beide Richtergestalten, Azdak ist bestechlich und gerecht, dumm und weise, verrufen und berühmt, er vereint die Gegensätze, die bei Klabund auf zwei Figuren aufgeteilt sind. Widersprüchlichkeit charakterisiert auch in vielen anderen
Stücken von Brecht die Figuren, man denke nur an seinen Galilei oder an die gute Shen Te, die sich in den skrupellosen Shui Ta verwandelt. Zwar zeigt Brecht immer wieder die Gegensätze zwischen menschlichen Gruppen (oder, marxistisch gesprochen, Klassen), aber ebenso interessieren ihn die Widersprüche in den
einzelnen Menschen. Das macht seine Figuren interessant.

Eine Erklärung für den Charakter des Azdak gibt Brecht im 4. Akt, der die Geschichte des Azdak seit Ausbruch der Unruhen erzählt. Das Stück hat damit zwei
Parallelhandlungen, die Geschichte Grusches (1.–3. Akt) und die Azdaks (4. Akt),
die dann im letzten Akt zusammenkommen. Azdak, so erfahren wir, ist ein ent-
täuschter und schuldig gewordener Revolutionär. Er stand auf der Seite der Aufständischen, hat aber – unwissentlich – dem Großfürsten zur Flucht verholfen, und
er erlebt mit, dass nicht das Volk an die Macht kommt, sondern die Fürsten die Regierung des gestürzten Großfürsten übernehmen und sich alte Ungerechtigkeit fort-
setzt. So sieht er sich nicht in der Lage, als Vertreter der herrschenden Ordnung,
die er nicht akzeptiert, Recht zu sprechen; er verhält sich scheinbar wie ein »Lump«
(ebd. S. 162) und ist doch gerechter als die Herrschenden und deshalb beim Volk
beliebt. Der Sänger, der das Geschehen kommentiert, sagt am Schluss:

> Aber das Volk Grusiniens vergaß ihn nicht und gedachte noch
> Lange seiner Richterzeit als einer kurzen
> Goldenen Zeit beinah der Gerechtigkeit. (ebd. S. 185)

Im Schicksal von Azdak mag auch einiges von Brechts politischen Erfahrungen seinen Niederschlag gefunden haben. Er setzte auf eine kommunistische Umgestal-
tung der Gesellschaft und stand in Verbindung mit sowjetischen Revolutionären.
Aber er hatte erfahren müssen, wie Freunde von ihm verschwanden, z.B. der schon
erwähnte Tretjakow, der 1939 unter Stalin ermordet wurde. Dass auch die neue,
sowjetische Gesellschaft Gerechtigkeit nicht verbürgt, war für Brecht eine bittere
Einsicht.

Nach diesem Blick auf die wichtigsten inhaltlichen Änderungen gehe ich – anhand von zwei Textstellen – auch hier wieder auf die sprachliche Gestaltung ein.
Wie in vielen Stücken Brechts kommen auch im *Kaukasischen Kreidekreis* Lieder
vor. Eines der schönsten findet sich an der Stelle, wo sich Grusche, nachdem sie
vorher vergeblich versucht hat, das Kind einer Bäuerin zu übergeben, endgültig
entscheidet, den kleinen Michel an Kindes Statt anzunehmen. Das geschieht auf der

Flucht, nachdem ein Gefreiter ihr das Kind hat entreißen wollen, sie ihm ein Scheit über den Kopf geschlagen hat und mit dem Kind davongerannt ist. An einem Gletscherbach zieht sie dem Kind das feine Linnen, das die hohe Herkunft verrät, aus und wickelt es in Lumpen. Mit dem Gletscherwasser vollzieht sie eine Art Taufe. Diese Textstelle zeigt – wie viele andere bei Brecht – den Einfluss biblischer Vorstellungen. Grusche, die dann einen Jussup, einen Josef, ohne Vollzug der Ehe heiraten wird, wird hier zur jungfräulichen Mutter, die ihr Kind in Lumpen wickelt. Grusche singt während diesen Handlungen das folgende Lied, das, im Volksliedton gehalten, von kunstvoller Schlichtheit ist:

> Da dich keiner nehmen will
> Muß nun ich dich nehmen
> Mußt dich, da kein andrer war
> Schwarzer Tag im magern Jahr
> Halt mit mir bequemen.
>
> Weil ich dich zu lang geschleppt
> Und mit wunden Füßen
> Weil die Milch so teuer war
> Wurdest du mir lieb.
> (Wollt dich nicht mehr missen.)
>
> Werf dein feines Hemdlein weg
> Wickle dich in Lumpen
> Wasche dich und taufe dich
> Mit dem Gletscherwasser.
> (Mußt es überstehen.) (ebd. S. 129)

Fast entschuldigend spricht Grusche zum Kind; das Lied wirkt verhalten und zugleich intensiv. Nicht in feines Linnen, sondern in Lumpen wickelt Grusche das Kind und gerade dadurch bezeugt sie ihre Zuwendung und ihre endgültige Verpflichtung.

Als zweite Stelle greife ich den Schluss des dritten Aktes heraus, wo die Panzerreiter Grusche das Kind wegnehmen. Brecht hat die Situation als scheinbar ausweglos für Grusche gestaltet. Grusche ist mit Jussup verheiratet, der Krieg ist aus, und plötzlich steht der Verlobte und Geliebte, Simon, jenseits des Baches da und erkundigt sich, wie es mit ihnen beiden stehe. Grusche versucht die Lage zu erklären; sie liebt immer noch Simon, sie will ihm verständlich machen, dass das Kind nicht ihr eigenes sei, aber da kommen die Panzerreiter und fragen: »Ist das dein Kind?« Grusche weiß: Wenn sie nein sagt, wird ihr das Kind weggenommen, denn die Panzerreiter suchen das Kind der Gouverneurin; wenn sie ja sagt, sieht sich Simon in seinem Verdacht bestätigt. Wofür entscheidet sich Grusche? Sie entscheidet sich einmal mehr für das Kind, sie sagt: »Ja.« und erklärt damit das Kind als ihr eigenes. Darauf geht Simon weg und Grusche ruft »Simon!«. In sechs Wörter ist dieser Höhepunkt der Komplikation verdichtet:

> GRUSCHE Ja. *Simon geht weg.* Simon! (ebd. S. 150)

In solcher Zuspitzung des Konflikts in einer knappen Szene, die durch Sprache und Körperbewegung lebt, zeigt sich die dramatische Kunst Brechts. In einem einzi-

gen Wort, wieder dem einfachen Wort »ja«, ist die ganze komplexe Dramatik enthalten (ähnlich wie in der oben besprochenen Stelle des *Augsburger Kreidekreises*).

Der Aspekt des Dramaturgischen, der hier in Erscheinung tritt, sei nun noch etwas grundsätzlicher entfaltet. Das ist bei diesem Stück deshalb besonders ange-
bracht, weil es als beispielhaft für Brechts Konzeption des epischen Theaters gelten kann. Diese Konzeption hat er seit Ende der 20er Jahre entwickelt; in den
fünfziger Jahren ist er dann vom epischen Theater abgerückt und hat den Begriff
des dialektischen Theaters verwendet. Man kann also sagen, dass *Der Kaukasische
Kreidekreis* in der Zeit entstanden ist, in der Brechts Idee eines epischen Theaters
ihre vollste Entfaltung erfahren hatte. Das Stück wird deshalb in Forschung und
Lehre gerne zur Veranschaulichung von Brechts Theatertheorie herangezogen. Wie
befremdlich diese Schauspieltechnik vor 50 Jahren war, zeigte die zwiespältige Aufnahme der von Brecht selbst überaus sorgfältig einstudierten deutschen Erstauffüh-
rung.

Am auffälligsten wird das, was Brecht unter epischem Theater versteht, in der
Rolle des Sängers, der Erzähler und Kommentator ist. Die Geschichte vom Streit um
das Kind wird, so die Konstruktion des Stückes, von ihm erzählt; eingebettet in seine Erzählung werden einzelne Episoden von den Schauspielern gespielt. Damit
wird also das Stück episiert. Die letzte Szene wird z.B. folgendermaßen vom Sänger eingeleitet:

> Hört nun die Geschichte des Prozesses um das Kind des Gouverneurs Abaschwili
> Mit der Feststellung der wahren Mutter
> Durch die berühmte Probe mit einem Kreidekreis. (ebd. S. 172)

Der Sänger kann auch Gedanken der Figuren wiedergeben. So singt er zum Beispiel, als sich Grusche und Simon am Bach gegenüberstehen und Grusche keine
Sprache mehr findet:

> Hört, was sie dachte, nicht sagte:
> Als du kämpftest in der Schlacht, Soldat
> Der blutigen Schlacht, der bitteren Schlacht
> Traf ein Kind ich, das hilflos war
> Hatt es abzutun nicht das Herz.
> Kümmern mußte ich mich um das, was verkommen wär
> Bücken mußte ich mich nach den Brotkrumen am Boden
> Zerreißen mußte ich mich für das, was nicht mein war
> Das Fremde.
> Einer muß der Helfer sein.
> Denn sein Wasser braucht der kleine Baum.
> Es verläuft das Kälbchen sich, wenn der Hirte schläft
> Und der Schrei bleibt ungehört! (ebd. S. 149f.)

Solche Ausführungen des Sängers ermöglichen es, etwas zu verdeutlichen, was
Grusche selbst so nicht formulieren könnte, was aber in ihrem Inneren vorgeht.

Mit Kommentaren mischen sich z.T. auch die Musiker ein, die auf der Bühne
sitzen und den Sänger begleiten; es kommt sogar zu Dialogen zwischen dem Sänger und den Musikern.

Der Sänger als Erzähler und Kommentator und die Musiker haben eine illusionsbrechende Wirkung. Das ist für die Theorie des epischen Theaters zentral; denn der Zuschauer soll immer auch eine distanzierte, reflektierende Einstellung zum Dargestellten einnehmen. Brecht verwendet für diese Wirkung den Begriff der Verfremdung, den er durch Tretjakow kennen gelernt hat. Verfremdung war ein Schlüsselbegriff der avantgardistischen russischen Literaturtheorie.

Episierung und Verfremdung ergeben sich auch dadurch, dass zwei Parallelgeschichten erzählt werden, die von Grusche und die von Azdak, so dass die sukzessive Abfolge der Akte gebrochen ist. Wenn man noch das Vorspiel berücksichtigt, kann man sagen, dass in diesem Stück drei Geschichten erzählt werden.

Selbstverständlich gehört zur Verfremdung auch die Widersprüchlichkeit der Azdak-Figur. Dadurch dass die Kreidekreisgeschichte in Masken gespielt werden soll, wie es ausdrücklich im Text heißt, entsteht noch eine zusätzliche Verfremdung.

Bezogen auf die Handlungsebene hat Brecht selbst die wichtigsten Widersprüche folgendmaßen charakterisiert:

> Je mehr die Grusche das Leben des Kindes fördert, desto mehr bedroht sie ihr eigenes; ihre Produktivität wirkt in der Richtung ihrer eigenen Destruktion. [...] Rechtlich ist die Retterin die Diebin. Ihr Armut gefährdet das Kind und wird durch das Kind größer. Für das Kind bräuchte sie einen Mann, aber sie muß fürchten, einen zu verlieren wegen des Kindes. Usw. (Brecht 1988–1998, Bd. 24, S. 346)

Verfremdende Distanzierung setzt Brecht auch bei der Figurenrede ein, und zwar besonders an den Stellen, wo eine sentimental-identifizierende Rezeption erfolgen könnte. Das typischste Beispiel für diese Verfremdung ist die Liebes- und Verlobungsszene zwischen Simon und Grusche. Seinen Verlobungsantrag leitet Simon folgendermaßen ein:

> SIMON [...] Ist die Frage erlaubt, ob das Fräulein noch Eltern hat?

In ähnlichem Stil stellt er noch zwei weitere Fragen und setzt dann an mit

> SIMON [...] Zum Schluß die Hauptfrage ...

wird aber gleich von Grusche unterbrochen:

> GRUSCHE Simon Chachava, weil ich in den dritten Hof muß und große Eile ist, ist die Antwort schon »Ja«.

Und darauf Simon »sehr verlegen«:

> SIMON Man sagt: »Eile heißt der Wind, der das Baugerüst umweht.« Aber man sagt auch: »Die Reichen haben keine Eile.« (Brecht 1988–1998, Bd. 8, S. 109)

Simon gibt Grusche dann noch eine Kette mit der Bitte sie zu tragen. Zur Verabschiedung verbeugen sich beide tief voreinander. – Sowohl im sprachlichen Ausdruck als auch in der Gestik verhalten sich diese Figuren völlig anders, als es ein Zuschauer unserer Zeit erwarten würde. Durch Zitierung eines Sprichwortes umgeht Simon eine gefühlsmäßig direkte Aussage. Mit dieser Gestaltung schafft Brecht bewusst Distanz zu den Figuren in einer Szene, die doch gerade für gefühlsmäßige Identifikation geeignet wäre.

Zum Abschluss greife ich noch die Situation im ersten Akt auf, wo Grusche im
Gouverneurspalast das verlassene Kind an sich nimmt; ich habe oben schon die
entsprechende Stelle aus dem *Augsburger Kreidekreis* zitiert. Die Szene im *Kaukasischen Kreidekreis* ist geradezu beispielhaft für episches Theater und sie enthält
den am meisten zitierten Satz des ganzen Stückes. Der Sänger erzählt das Geschehen, und zwar im Präteritum, wie es der erzählenden Literatur entspricht. Grusche
führt das Erzählte mit sparsamen Bewegungen aus. Der Sänger beginnt folgendermaßen:

> Als sie nun stand zwischen Tür und Tor, hörte sie
> Oder vermeinte sie zu hören ein leises Rufen: das Kind
> Rief ihr, wimmerte nicht, sondern rief ganz verständig
> So jedenfalls war's ihr. »Frau«, sagte es, »hilf mir.« (ebd. S. 115)

Grusche steht zunächst unbeweglich da; dann, während der Sänger weiter erzählt,
geht sie zum Kind, beugt sich über es, dann setzt sie sich dem Kind gegenüber.
Nun wird das Licht schwächer, Grusche geht in den Palast, um Licht und Milch zu
holen, die sie dem Kind zu trinken gibt. Und nun ruft der Sänger laut den Satz, der
zum bekanntesten des Stückes geworden ist:

> Schrecklich ist die Verführung zur Güte! (ebd. S. 116)

An dieser Stelle haben wir, könnte man sagen, eine extreme Steigerung des Ver-
fremdungseffektes. Verfremdung ist hier schon durch die Aufteilung in Erzähler und
Figur, durch das Singen und die damit verbundene rhythmisierte Sprache des Sängers, durch das plötzliche Lautwerden des Sängers »Schrecklich ist die Verführung
zur Güte!« in dieser doch so stillen Szene gegeben, und dann natürlich auch in der
Widerspruchsstruktur des Satzes: Güte und Verführung, Güte und schrecklich – das
passt doch nicht zusammen. Man kann hier beispielhaft die Wirkung des Ver-
fremdungseffektes erkennen: Brecht greift Wörter auf, die wir mit bestimmten Vorstellungen verbinden, und baut sie so zusammen, dass die Vorstellungen in Widerspruch zueinander geraten. Man muss nachdenken, nach neuem Zusammenhang
suchen, seine gewohnten schematischen Ansichten hinter sich lassen und sich
ungewohnten Fragen stellen: Warum kann Güte verführen? Warum kann Güte
schrecklich sein?

Episches Theater und Verfremdungseffekt haben Brecht viel Kritik eingetragen;
man hat darin ein intellektualistisches und belehrendes Konzept gesehen, das die
emotionale Beteiligung des Rezipienten, die doch zum literarischen Genießen und
Verstehen gehöre, unterbinden wolle. Brecht hat dagegen immer darauf bestanden,
dass auch das Nachdenken Vergnügen bereite. Das ist aber wohl doch nur die hal-
be Wahrheit. In seinen starken Texten und Szenen ist es Brecht gelungen, Imagination, sprachliche Formulierung und gedanklichen Gehalt zu einer prägnanten
Gestalt zu verbinden. Grusche, die in der Dämmerung vor dem fremden Kind sitzt
und die dann nicht anders kann, als dieses Kind an sich zu nehmen, und dazu der
Satz des Sängers »Schrecklich ist die Verführung zur Güte«, das ist ein Bild, das sich
einprägt und das in seiner Spannung unser Nachdenken anregt, aber sich nicht in
eine Sentenz, eine Interpretation, eine Intention des Autors auflöst, sondern als Bild
und sprachliche Gestalt wirksam bleibt. Das Denken in sprachliche und szenische

Bilder umzusetzen und umgekehrt, die bildhafte Darstellung für das Nachdenken durchsichtig zu machen, das ist eine besondere Leistung von Literatur. Die Verfremdungstechnik ist in diesem Sinne nicht nur Distanzierung und Reflexionsanstoß, sondern ein genuin ästhetisches Verfahren. Der Satz »Schrecklich ist die Verführung zur Güte« ist von innerer Spannung geprägt, widerspricht unserer Erwartung und ist, z.B. durch seine harmonische rhythmische Gestalt, doch eine Einheit. Dadurch weist er sich als ästhetischer Satz aus; Harmonie und Spannung kommen hier in verdichteter Form zusammen und unser alltägliches automatisiertes Wahrnehmen wird zu neuer Aufmerksamkeit geführt. Um einer solchen Textstelle gerecht zu werden und den Dichter Bert Brecht ernst zu nehmen, ist es wichtig, nicht nur den ideologischen Gehalt seiner Stücke herauszupräparieren, sondern den Blick für die gestalteten Situationen zu öffnen, die sich nicht in abstrahierende Interpretation auflösen lassen.

Textausgabe

Bertolt Brecht: *Werke*. Große kommentierte Berliner und Frankfurter Ausgabe. Hg. von W. Hecht u.a. Berlin: Aufbau/Frankfurt a.M.: Suhrkamp1988–1998.

Sekundärliteratur

Klaus von Delft: *Brechts »Kaukasischer Kreidekreis« in nachrevolutionärer Zeit*. In: H.-J. Knobloch/H.Koopmann (Hg.): *Hundert Jahre Brecht – Brechts Jahrhundert?* Tübingen: Stauffenberg 1998, S.169–186.

Katherine B. Eaton: *Die Pionierin und Feldherren vorm Kreidekreis. Bemerkungen zu Brecht und Tretjakow*. In: *Brecht Jahrbuch 1979*. Frankfurt a.M.: Suhrkamp 1979, S. 19–29.

Werner Hecht: *Brecht Chronik*. Frankfurt a.M.: Suhrkamp 1997.

Werner Hecht: *Brechts Kaukasischer Kreidekreis. Materialien*. Frankfurt a.M.: Suhrkamp 1985.

Siegfried Mews: *Der Kaukasische Kreidekreis*. In: J. Knopf (Hg.): *Brecht Handbuch*. Band 1. Stuttgart: Metzler 2001, S. 512–531.

Siegfried Mews: *Der Augsburger Kreidekreis*. In: J. Knopf (Hg.): *Brecht Handbuch*. Band 3. Stuttgart: Metzler 2002, S. 366–371.

Albrecht Weber: *Bert Brechts ›Kreidekreis‹ und Augsburg*. In: Ders. (Hg.): *Handbuch der Literatur in Bayern*. Regensburg: Pustet 1987, S. 527–538.

Betty Nance Weber: *Brechts ›Kreidekreis‹, ein Revolutionsstück*. Frankfurt a.M.: Suhrkamp 1978.

Samuel Beckett
En attendant Godot/Warten Auf Godot

Martin Middeke

I.

»Landstraße. Ein Baum. Abend. Estragon sitzt auf der Erde und versucht, seinen Schuh auszuziehen. Er braucht beide Hände dazu und stöhnt dabei. Erschöpft gibt er den Versuch auf, erholt sich schnaubend und versucht es von neuem. Das Spiel wiederholt sich. Wladimir tritt auf«. (27) Dies ist das Eröffnungstableau des irischen Schriftstellers Samuel Barclay Beckett für sein Stück *Warten auf Godot*: einfach und karg und doch der Beginn einer ins Unabsehbare führenden Entwicklung des modernen Theaters. Obwohl die erste Erzählung seines Autors schon beinahe zwanzig Jahre zurückliegt und auf das Jahr 1929 datiert ist, als Beckett gerade 23 Jahre alt ist, bedeutet erst *Warten auf Godot*, das 1952 in Buchform erscheint und 1953 in dem kleinen Pariser Théâtre de Babylon uraufgeführt wird, den Durchbruch und den Welterfolg des Stückes und seines Autors. Mittlerweile ist *Warten auf Godot* längst ein moderner Klassiker geworden, sodass auch die Bandbreite der Interpretationen ins Unermessliche reicht und nahezu den gesamten Spielraum potentieller Bedeutungszuweisungen ausschöpft. Nihilisten der ganzen Welt glaubten, Beckett zeige die Welt nach der Atombombe; und in Algerien fasste man das Stück gar als Darstellung zweier Fellachen auf, die auf die Bodenreform warteten; ganz landläufig wurde Godot zur Chiffre, zur Synekdoche dessen, auf das man wartet und das nie kommt.

Die Einflüsse auf dieses aus der Sicht vieler Kritiker wohl bedeutendste Drama des 20. Jahrhunderts sind mannigfaltig. Beckett liebte die Malerei, war ein akribisch beobachtender, studierender Besucher unzähliger Galerien, und die wenigen wichtigen, immer wieder zitierten poetologischen Aussagen Becketts sind auffallend oft auf Malerei bezogen. Wie der Beckett-Biograph James Knowlson weiß, verwies Beckett gegenüber der amerikanischen Literaturwissenschaftlerin Ruby Cohn mit Blick auf die motivliche Basisszenerie *Godots* auf Caspar David Friedrichs »Mann und Frau den Mond betrachtend« (1824) [Abb.1], ein Gemälde, welches er jedoch mit Friedrichs »Zwei Männer betrachten den Mond« (1819) [Abb.2] verwechselt haben mag. Das letztere Gemälde zeigt zwei Männer, in Mäntel gekleidet, von hinten betrachtet, die zum Vollmond blicken, wobei die Szenerie von den Zweigen eines blattlosen Baumes gerahmt wird.

Weiter ließe sich hinweisen auf die Motivik in Jack Butler Yeats' »The Two Travellers« (1942) oder auf Yeats' »Men of the Plain«, die Beckett in der Tate Gallery in London oder im Studio des Malers zwischen 1947 und 1948 hätte sehen können. – Als (freilich ziemlich spekulative) biographische Quelle sind Becketts Reise nach Roussillion im Departement Vaucluse auf der Flucht vor der Gestapo mit seiner Frau

Suzanne sowie deren Streitigkeiten untereinander genannt worden. – Was die literarischen Prätexte betrifft, so denkt man sofort an Becketts eigenen Kurzroman *Mercier et Camier* (1946) und das gleichnamige Außenseiterpaar im Text, deren Interaktionen, deren körperlicher Verfall und deren Besitzlosigkeit vieles von Wladimir und Estragon vorwegnehmen. Überhaupt nicht zu leugnen ist die *irische* Herkunft der Beckett-Protagonisten, die in Gräben schlafen und auf die von Beckett so geschätzten Bettler und wandernden Kesselflicker bei John Millington Synge rekurrieren. Erwähnt worden ist auch Gustave Flauberts letzter Roman *Bouvard et Pécuchet* (1881), in dem zwei Männer eine leere Straße von gegenüberliegenden Seiten betreten und sich auf eine Bank setzen, ihre Hüte wegen der Hitze abnehmen und sie auf die Bank legen. Die Thematik des vergeblichen Wartens steht im Zentrum von Henry James' großer Kurzgeschichte »The Beast in the Jungle«, in der James von einem Protagonisten erzählt, der sein Leben lang auf das eine große Geschehnis, die bedeutsame Einsicht, Erkenntnis wartet und der sich erst, als es zu spät ist, der Sinnlosigkeit seines lebenslangen Wartens bewusst wird. Im Drama ist auf solche Vorläufer wie August Strindbergs *Traumspiel*, W.B. Yeats' *At the Hawks Well* oder Maurice Maeterlincks *Les Aveugles* hingewiesen worden, die Beckett allesamt kannte und schätzte. Die Kritik hat dabei oft den Pessimismus des Beckett'schen Œuvre betont, den Ernst, eine nihilistische Grundtendenz, wobei in sämtlichen dieser stärker existentiell gefärbten Deutungen Becketts der Spielcharakter und die komödiantischen Aspekte des Beckett'schen Werkes nicht nur überwiegend unter den Tisch fallen, sondern damit auch Stilelemente aus dem Blick geraten, die erst den, wie ich meine, ›schrecklich komischen‹ oder, ganz nach persönlichem Eindruck oder Geschmack, ›komisch schrecklichen‹ Charakter des Beckett'schen Tons hervorbringen: die Einflüsse von Music Hall, Zirkus, Clowns, Pantomime, Vaudeville, Charlie Chaplin und Buster Keaton (gespiegelt nicht nur in Keatons Hauptrolle in Becketts *Film*). Und man denkt sofort an das größte Komikerpaar der 30er Jahre, Stan Laurel und Oliver Hardy, deren Schwierigkeiten etwa mit Hüten und Hosen legendär sind. Auch deren Beziehung wird wie die Wladimirs und Estragons nie genauer erläutert; niemand weiß, woher sie kommen, was sie zueinander geführt hat. Beide sind Tramps, die miteinander auf ihren Weg gehen und Abenteuer erleben, deren Freundschaft zwar bisweilen vor größere Bewährungsproben gestellt wird, an deren Unverwundbarkeit es gleichwohl niemals Zweifel gibt. Der eine oft am Rande des Nervenzusammenbruchs, der andere theatralisch um stoische Ruhe bemüht, kommen beide irgendwie zurecht und dann auch wieder nicht, etwa wenn beide in *The Flying Deuces* (1939, dt. *Laurel und Hardy in der Fremdenlegion*) am Ufer der Seine stehen und beschließen, sich zu ertränken, sich aber nicht einigen können, wer zuerst in den Fluss springt. Dialoge wie der folgende aus Laurel und Hardys *Way Out West* (1937) – HARDY: Steig *auf* den Maulesel. LAUREL: Was? HARDY: Steig *auf* den Maulesel. – sind manchen Gesprächen zwischen Wladimir und Estragon geradezu wesensgleich:

WLADIMIR: Zieh deine Hose rauf.
ESTRAGON: Wie bitte?
WLADIMIR: Zieh Deine Hose rauf.
ESTRAGON: Meine Hose ausziehen?
WLADIMIR: Zieh Deine Hose herauf.
ESTRAGON: Ach ja, *Er zieht seine Hose herauf. Schweigen.* (233)

Laurel und Hardys Stummfilm *Liberty* aus dem Jahre 1928 zeigt die beiden in dem Versuch, zu weite bzw. zu enge Hosen zu tauschen. In *Warten auf Godot* findet die berühmte Pantomime des Huttausches bei Laurel und Hardy unzählige Wegbereiter, und selbst Becketts Eingangssentenz »Rien à faire/Nothing to be done/Nichts zu machen« hat im ebenso bemitleidenswerten wie arg- und ratlosen Achselzucken Laurels einen frühen Vorbereiter. In dem schon erwähnten *Way Out West* dreht sich vieles um Stan Laurels löcherige Schuhe, er flickt sie mit einem ungenießbaren Stück Steak, was nun wieder unerwünschte Hunde auf den Plan ruft. Man denke an Estragon zu Beginn des ersten Aktes von *Warten auf Godot*. Er sitzt auf der Erde und versucht, seinen Schuh auszuziehen, was ihm nach mehrfachen Versuchen auch schnaubend gelingt.

> *Er schaut hinein, steckt seine Hand hinein, dreht den Schuh um, schüttelt ihn aus, sucht, ob nicht etwas auf die Erde gefallen ist, findet nichts, steckt seine Hand noch mal in den Schuh; indem er wie abwesend vor sich hinblickt.* (31)

Diese Parallele zu Laurel und Hardy mag verhindern, Beckett in eine einseitige, irreführende Richtung zu lesen und zu interpretieren: Wenn Estragon seinen Schuh untersucht, geht es um keine hoch bedeutungsschwangere Geste. Hugh Kenner hat Schauspielern, die diese Szene spielen, einmal empfohlen, in der Tat in den Schuh zu sehen wie Stan Laurel, gespannt, »als könne ein Elefant herausfallen oder irgendein Schlüssel zu den Problemen der Welt«.

Eine weitere Vorbemerkung ist notwendig im Hinblick auf die französische Originalausgabe des Textes. Die Frage, weshalb er seit 1945 französisch schreibe, ist Beckett immer wieder gestellt worden. Obwohl es niemals Becketts Art war, sein Werk zu kommentieren, gibt es wenige Aussagen:

> »Um MICH bemerkbar zu machen«.
> »Ich hatte einfach Lust dazu … Es war für mich anregender«.
> »Um ohne Stil zu schreiben«.
> »Um mich noch ärmer zu machen«.

Schon vor 1945 schrieb Beckett immer wieder auf Französisch. Dennoch bedeutet das Jahr 1945 einen Neubeginn. Beckett findet in den Werken, die seit dieser Zeit in den folgenden Jahren entstehen, zu seiner unverwechselbaren Sprache, die sich von der Tradition, von seinem eigenen Frühwerk und von seinem Übervater James Joyce so sehr unterscheidet und die Becketts Stimme zu einer solch unverwechselbaren macht. Wenn er diese neue Sprache selbst mit Attributen wie »ohne Stil« und »noch ärmer« versieht, so zeigt dies an, was er von seiner Sprache nun verlangt. Sie soll nicht mehr elegant und verbindlich sein; sie darf nicht mehr durch eine gewählte Ausdrucksweise oder Ornamente glänzen; sie soll vor allem nicht mehr – und damit deutlich anders als bei Joyce akzentuiert – imponieren; sie ist nicht mehr die Sprache des Mächtigen, des Könners, des allwissenden und allmächtigen Künstlers, der rhetorisch schmückt, der Worte klingen lässt – diese neue Sprache ist vielmehr von all dem das negative oder inverse Gegenstück: Becketts Sprache ist diejenige des ›Nicht-Wissenden‹, des ›Nicht-Könners‹, des ›Ohn-Mächtigen‹. Sie ist einem Prozess beständiger Reduktion unterworfen. Wie alle Beckett-Protagonisten sich selbst zusehends ihrem fortschreitenden körperlichen Verfall gegenübersehen, wie Becketts Gesamtwerk bis in die achtziger Jahre hinein von fortschreitender, minimalistischer Konzentration und Kompensation gekennzeichnet ist. Wenn Beckett diese Sprache nun als »ohne Stil« beschreibt, bringt das mit sich, allen Ballast, alle Details, die für den Fortgang des Erzählens unwesentlich erscheinen oder abschweifend wirken könnten, konkret, radikal und konsequent zu tilgen. Das Resultat ist jener trockene Ton, ohne emotionale Beteiligung des Sprechenden, ohne Bewertung, ohne Stellungnahme, nur mit dem »Jetzt«, mit dem im Augenblick gegebenen Sachverhalt beschäftigt. Deshalb geben Becketts Protagonisten auch eine retrospektiv ordnende, chronologisierende, rationalisierende Kultur der Erinnerung auf. Wladimir und Estragon wissen in *Warten auf Godot* kaum noch, was gestern war, wie viel Zeit zwischen dem Gestern und dem Augenblick vergangen ist. Die Erinnerung wirkt einerseits armselig degradiert in einem in diesem Sinne historisch zerrütteten Geist, und doch sind es andererseits einzig die Erinnerungen, man denke nur an die Tonmedien der Erinnerung des alten Krapp in Becketts *Das letzte Band*, die den Protagonisten geblieben sind, Fragmente letzter Werte, denen sie sich gleichwohl einigermaßen indifferent, bisweilen angeekelt, gänzlich ohne Stolz stellen – Zeugnisse insgesamt von verlorener, unwiederbringlicher Lebenszeit. So, wie sich Beckett nun von den ›Reichtümern‹ seiner englischen Muttersprache verabschiedete, um sich im kargen Exil der Fremdsprache bewusst auf das Wesentliche zu disziplinieren, gewinnen Becketts Charaktere zugleich an Ehrlichkeit, je weiter sie sich von den gesellschaftlichen Konventionen verabschieden, je mehr sie, sozial ausgestoßen, in Gräben schlafend, ohne jeglichen Besitz, ganz auf sich selbst zurückgeworfen, von der Notwendigkeit befreit werden, auf Konventionen Rücksicht zu nehmen. Die völlige Verarmung, der völlige körperliche Verfall impliziert Frei-Raum und Unabhängigkeit. Nur im Reden werden sie sich ihrer selbst gewahr, was gleichwohl Zeichen einer literarischen Subjektivität ist, die als fast reiner Geist erscheint, die selbst im Überleben keinen Wert mehr sieht.

II.

Beckett schrieb *Warten auf Godot* in nur einer Woche im Jahre 1948 während einer unerhört produktiven Arbeitsphase zwischen 1947 und 1949, nachdem er die zwei ersten Romane der Roman-Trilogie, *Molloy* und *Malone Dies*, und ein früheres Theaterstück, *Eleutheria*, fertig gestellt hatte. Beckett betrachtete die Arbeit für das Theater eher als Neben-Produkt: »Theater«, so sagte er, »ist für mich zunächst eine Erholung von der Arbeit am Roman. Man hat es mit einem bestimmten Raum zu tun und mit Menschen in diesem Raum. Das ist erholsam«. Und doch ist das Stück stark mit den Romanen verbunden: Wie in *Molloy*, ist auch *Warten auf Godot* zweigeteilt, und der zweite Akt, wie der zweite Teil des Romans, lässt sich als Kommentar des ersten lesen und steht zu diesem, wie Rolf Breuer gezeigt hat, in einem Verhältnis von Ebene und Meta-Ebene. Wie die Sinnsuche elementarer Bestandteil des Beckett'schen Œuvre bis *Godot* war, lässt sich, wie zu zeigen sein wird, das Hauptthema des Dramas, das Warten, als eine Kombination von Suche auf der einen und Bewegungslosigkeit auf der anderen Seite auffassen.

Zur praktisch handlungslosen Handlung: Auf einer Landstraße, an einem be-
scheidenen Bäumchen, warten Wladimir und Estragon auf einen gewissen Herrn
Godot. Sie verbringen die Tage und Nächte offenbar getrennt, um sich abends immer wieder zu treffen, weil sie die Ankunft jenes mysteriösen Herrn Godot erwarten. Sie wissen nicht eigentlich, warum sie auf ihn warten, sie wissen nicht, was eine solche Zusammenkunft für sie beinhaltet, sie wissen nicht einmal, ob der
aktuelle Ort und der Zeitpunkt, an dem sie warten, die vorgesehenen sind. Beide
vertreiben sich die Zeit mit Reden. Ein zweites Paar kommt hinzu: der redselige
und herrische Pozzo und sein Diener Lucky, den er an der Leine führt. Nachdem
diese beiden wieder verschwinden, kommt ein kleiner Junge und bestellt, dass
Herr Godot heute nicht kommen könne, morgen jedoch bestimmt kommen werde.
Im zweiten Akt wiederholt sich das Geschehen mit einigen Differenzen: Ein paar
Blätter sind am Baum gewachsen, Pozzo ist jetzt blind, Lucky ist stumm. Wie im
ersten Akt, erörtern Wladimir und Estragon die Möglichkeit, sich zu erhängen, sehen aber wiederum davon ab. Und wieder kommt der kleine Junge auf die Bühne
mit seiner Botschaft, dass Godot nicht heute, aber sicher morgen kommen werde.
Der zweite Akt wiederholt den ersten different, Beckett selbst meinte, dass ein Akt
zu wenig, drei hingegen zu viel gewesen wären.

Diese elaborierte Symmetrie, die geometrische Architektur des Geschehens setzt
sich in der Anlage der Personen fort, welche von der Opposition und Interaktion
zweier Kontrastpaare charakterisiert ist. Da sind die beiden Landstreicher Wladimir
und Estragon und deren paradox im Warten auf Godot begriffenes Handeln; und
da sind die hektischen Bewegungen Pozzos und Luckys. Beide Paare sind für sich
genommen und gegenüber dem jeweils anderen Paar kontrastierend und doch
komplementär angelegt. Sie brauchen sich selbst, den anderen und das andere
Paar, um sich ihrer selbst zu versichern. Diese strukturelle Diagnose scheint mir die
fundamentale Beobachtung zur Figurenkonstellation *Godots* zu sein, wichtiger
noch als etwa solche singulären Überlegungen, ob sich etwa, wie Theodor W.
Adorno meinte, Pozzo und Lucky im Sinne Hegels wie Herr und Knecht zueinander verhielten oder ob Wladimir den Geist und Estragon den Körper repräsentiere.

Zurück zur Symmetrie des Spiel-Raums, den Beckett in *Warten auf Godot* entwirft. Wladimir und Estragon treffen zweimal aufeinander; im ersten Akt ist Estragon, im zweiten Akt Wladimir zuerst am Ort. Kontrastierend-komplementär pendelt
ihre Beziehung beständig zwischen Nähe und Distanz, Anziehung und Ablehnung
bei letztendlicher Unentbehrlichkeit.

> WLADIMIR: Du fehltest mir, und dabei war ich doch zufrieden. Ist das nicht merkwürdig?
> ESTRAGON (*außer sich*): Zufrieden?
> WLADIMIR (*nachdem er überlegt hat*): Das ist vielleicht nicht das richtige Wort.
> ESTRAGON: Und jetzt?
> WLADIMIR (*nachdem er mit sich zu Rate gegangen ist*): Jetzt ... ja ... (*froh*) da bist du wie-
>   der ... (*gleichgültig*) ... da sind wir wieder ... (*traurig*) da bin ich wieder. (149)

Zweimal endet ihr Spiel mit dem festen Vorsatz, nun endlich gehen zu wollen –
»Gehen wir« –, zweimal verharren beide in gleicher Regungslosigkeit – »*Sie gehen
nicht von der Stelle*«. Sechsmal im Stück findet sich leitmotivisch die gleiche Sequenz:

ESTRAGON: Komm, wir gehen!
WLADIMIR: Wir können nicht.
ESTRAGON: Warum nicht?
WLADIMIR: Wir warten auf Godot.
ESTRAGON: Ach ja. (125, 169, 175, 193, 207/209, [leicht variiert] 229)

Leser und Zuschauer bekommen den Titel des Stückes auf diese Weise geradezu insistierend vorgeführt, da Variationen des identischen ›Refrains‹, wenn man so sagen darf, zigmal wiederholt werden. Wladimir und Estragon wollen gehen, können es aber nicht, sie können es nicht, weil sie ja warten. Im Warten ist ihre Immobilität begründet.

Wie kann nun das Drama, das dem Wort nach ›Handlung‹ bedeutet, angesichts dieser Handlungslosigkeit gelingen? Wieso geht, wenn es Wladimir und Estragon schon nicht tun, dann nicht der Zuschauer? Beckett führt nicht nur seine Protagonisten, sondern das Drama selbst im traditionellen Sinne an dessen Nullpunkt – ein Nullpunkt, der nun dramaturgisch wirksam vom Thema des Wartens ablenkt und sich auf den Modus, die Form des Wartens verlagert. Die Differenzen in den Wiederholungen und die Komplementarität der Charakterkonfiguration generieren die Dynamik, die Dramatik in diesen Modi. Wenn man am Nullpunkt angekommen ist, genügt ein kleiner Reiz, um das Gespräch wieder in Bewegung zu bringen. Estragon zum Beispiel träumt schwer; er vergisst alles: Wladimir muss ihm Dinge erklären; Estragon hat Hunger: Wladimir versorgt ihn, so gut er kann; Estragon wird leicht müde: Wladimir muss ihn deshalb behüten; und immer wieder kommt die Sprache auf Estragons zwei offenbar ungleich große Füße, für die es kein passendes Schuhwerk gibt. Sobald innerhalb dieses komplementären Paares die Rede von den Schwächen des einen ist, beginnt ein Rede-Spiel, ein Feuerwerk der Stichomythien, je nach Inszenierung so schnell, dass die Inhaltsaspekte rasch hinter die Beziehungsaspekte der Kommunikationssituation beider Protagonisten zurücktreten und ihre Repliken geradezu austauschbar erscheinen. Wladimir und Estragon diskutieren über Godot, und schon wieder hat Estragon alles vergessen:

ESTRAGON: Worum haben wir ihn eigentlich gebeten?
WLADIMIR: Warst Du nicht dabei?
ESTRAGON: Ich hab nicht aufgepasst.
WLADIMIR: Nun ja … Eigentlich nichts Bestimmtes.
ESTRAGON: Eine Art Gesuch.
WLADIMIR: Ganz recht.
ESTRAGON: Eine vage Bitte.
WLADIMIR: Wenn Du willst.
ESTRAGON: Und was hat er geantwortet?
WLADIMIR: Er würde mal sehen.
ESTRAGON: Er könne nichts versprechen.
WLADIMIR: Er müsse überlegen.
ESTRAGON: Mit klarem Kopf.
WLADIMIR: Seine Familie um Rat fragen.
ESTRAGON: Seine Freunde.
WLADIMIR: Seine Agenten.
ESTRAGON: Seine Korrespondenten.
WLADIMIR: Seine Register.

ESTRAGON: Sein Bankkonto.
WLADIMIR: Bevor er sich äußern könne.
ESTRAGON: Das ist klar.
WLADIMIR: Nicht wahr?
ESTRAGON: Es scheint mir so.
WLADIMIR: Mir auch.
    (*Ruhe.*) (51)

Solches Reden verläuft in der Tendenz zirkulär, es beschreibt Kreisbewegungen, Wiederholungen mit Differenzen: einerseits in der Zeit fortschreitend und deshalb immer verschieden, andererseits auf die gleichen Sachverhalte rekurrierend. Motivlich ist die differente Wiederholung im Spiel des Huttausches bereits slapstickartig verarbeitet. Und auch der Beginn des zweiten Aktes, das von Wladimir gesungene Hundelied, weist diese Wiederholung mit Differenz als Strukturprinzip auf.

WLADIMIR: Ein Hund kam in …
Da er zu tief einsetzt, hört er auf, hustet und fängt von neuem etwas höher an zu singen.
    Ein Hund kam in die Küche
    Und stahl dem Koch ein Ei.
    Da nahm der Koch den Löffel
    Und schlug den Hund zu Brei.
    Da kamen die anderen Hunde
    Und gruben ihm ein Grab …
Er hört auf, denkt nach und beginnt von neuem.
    Da kamen die anderen Hunde
    Und gruben ihm ein Grab.
    Und setzten ihm ein'n Grabstein,
    worauf geschrieben stand:
    Ein Hund kam in die Küche
    Und stahl dem Koch ein Ei.
    Da nahm der Koch den Löffel
    Und schlug den Hund zu Brei.
    Da kamen die anderen Hunde
    Und gruben ihm ein Grab …
Er hört auf, denkt nach und beginnt wieder.
    Da kamen die anderen Hunde
    Und gruben ihm ein Grab …
Er hört auf, denkt nach und singt dann, etwas leiser weiter.
    Und gruben ihm ein Grab … (143/145)

Solch ein Schachtelungsverfahren wird in der Literaturwissenschaft meist *mise en abîme* genannt. Es entstammt der mittelalterlichen Heraldik, in der es Wappen charakterisiert, die sich selbst in einem so genannten ›Herzstück‹ in Kleinformat noch einmal enthalten, also gleichsam (different) wiederholen, als *regressus ad infinitum* potentiell ins Unendliche hinab. Wie das Hundelied, das nach der Wiederholung abbrechen kann, weil eine weitere Wiederholung nur die nächste Ebene eines infiniten Regresses erreichen wird, kann *Warten auf Godot* nach dem zweiten Akt abbrechen, weil ein dritter nur nochmals das wiederholen würde, was der zweite bereits gezeigt hat, freilich asymptotisch immer weiter gegen Null tendierend. Die Tendenz zur Verkleinerung teilt die *mise en abîme* in *Warten auf Godot* mit sämtlichen Wiederholungen im Stück. Auch hier, wo es doch scheinbar um die Wiederholung des Immergleichen geht, kristallisiert sich in Wirklichkeit eine *Wiederholung mit einer Differenz* bei aller *Wörtlichkeit* der Wiederholung heraus. Philosophisch ist dies eher harmlos, man steigt, wie Heraklit wusste, eben nicht zweimal in denselben Fluss, oder, in den Worten Estragons, »[m]an tritt nicht zweimal in denselben Dreck« (151). Auf die philosophische Aussage kommt es Beckett aber eben gar nicht an. Er *zeigt* das, was ein Philosoph *sagen* müsste, ihm geht es um die Form, um die Struktur, um den der Erkenntnis entsprechenden *künstlerischen* Reflexionsprozess. Die differenten Wiederholungen legen die Vergeblichkeit des Versuchs identischer Wiederholung offen, die Diskrepanzen zwischen den logischen Ebenen und die Diskrepanzen zwischen Anfang und Ende der beiden Akte zeigen, dass man sich nicht einholen kann, dass man – und damit wird Becketts Form zum Reflex der epistemologischen Grundproblematik des Erkennens – Subjekt und Objekt, Denken und Sprache nicht zur Deckung bringen kann. *Warten auf Godot* erhält dadurch eine fast meta-hermeneutische Dimension, die die Unmöglichkeit letzter Erkenntnisse offen legt. Zur Verdeutlichung hat Rolf Breuer auf Schillers Vers aus dem Distichon »Sprache« verwiesen: »*Spricht* die Seele, so spricht, ach! schon die *Seele* nicht mehr«. Oder man mag an Samuel Taylor Coleridge denken, der in seiner *Biographia Literaria* – an Kant, Schelling und August Wilhelm Schlegel geschult – über die temporale Differenz in Subjekt-Objekt-Relationen im Erkenntnisakt schrieb: »We can never pass beyond the principle of self-consciousness. Should we attempt it, we must be driven back from ground to ground, each of which would cease to be a ground the moment we pressed on it. We must be whirled down the gulf of an infinite series.«

Auch Beckett sieht in der Tendenz phänomenologisch, dass um identische Wiederholungen zu produzieren, schon ein Zeitkonzept konstruiert werden muss, das ein Außerhalb des Zeitflusses (voraus)setzt. Auch die Wiederholung hat deshalb prinzipiell hermeneutischen Charakter, denn eine Wiederholung gibt es nur, insofern wir sie als Wiederholung erkennen. Zwei wörtlich identische Gegebenheiten werden nacheinander je für sich rezipiert und miteinander als gleich aufgefasst, und zugleich werden sie in eine synthetische Zeit eingetragen, in der sie in einer bestimmten Relation zueinander stehen. Nur unter dieser Bedingung eines offenen Verhältnisses zu einer künstlichen, temporalisierten Zeit kann Wiederholung gedacht werden. Quasi meta-hermeneutisch entlarvt Becketts Dramaturgie diesen Vorgang als Fiktion, ohne freilich darüber ein Werturteil abzugeben, wie (existentiell) notwendig diese Fiktion ist. Auch hier liegt Becketts künstlerische Emphase jedoch auf der Form, auf der eleganten Struktur und weniger auf dem existentiellen Inhalt.

Ich möchte kurz den Ansatzpunkten einer existentiell-existentialistischen Deutung *Godots* nachgehen. In der folgenden Sequenz hat Wladimir keine gelben Rüben mehr, die Estragon besonders gerne isst, sondern nur noch weiße und ein schwarzes Radieschen.

ESTRAGON: Ich mag nur die roten, das weißt Du doch.
WLADIMIR: Du willst es also nicht.
ESTRAGON: Ich mag nur die roten.
WLADIMIR: Dann gib es her.

(*Estragon gibt es zurück.*)

WLADIMIR: Nun wird es wirklich sinnlos.

ESTRAGON: Noch nicht genug.

(*Schweigen.*)

WLADIMIR: Willst Du es nicht noch mal versuchen?

ESTRAGON: Ich habe alles versucht.

WLADIMIR: Ich meine mit den Schuhen.

ESTRAGON: Meinst du?

WLADIMIR: Dann vergeht die Zeit. (*Estragon zögert.*) Es ist bestimmt eine Ablenkung.

ESTRAGON: Eine Entspannung.

WLADIMIR: Eine Zerstreuung.

ESTRAGON: Eine Entspannung.

WLADIMIR: Versuch's.

ESTRAGON: Hilfst Du mir?

WLADIMIR: Natürlich.

ESTRAGON: Wir schlagen uns doch ganz gut durch, nicht wahr, Didi, wir zwei?

WLADIMIR: Ja, ja. Komm, zuerst versuchen wir es mit dem linken.

ESTRAGON: Wir finden doch immer was, um uns einzureden, dass wir existieren, nicht wahr, Didi?

WLADIMIR: (*ungeduldig.*) Ja, ja. Wir sind Zauberer. Aber wir sollten uns nicht von unserem Entschluß abbringen lassen. (*Er hebt einen Schuh auf.*) Komm, gib Deinen Fuß. (169/171)

»Wir finden doch immer was, um uns einzureden, dass wir existieren, nicht wahr, Didi?« – Aus dem konkreten Spiel- und Kommunikationszusammenhang herausgelöst, in den sie eingebettet ist, wirkt die Replik ziemlich bedeutungsschwer, und es kann kaum verwundern, dass angesichts solcher Schlüsselbegriffe wie ›existieren‹ (im Verein mit versprengten Bibelzitaten oder Anspielungen auf Gott, wie zum Beispiel auf seinen weißen Bart) religions- und existenzphilosophische sowie existentialistische Interpretationen die Beckett-Kritik lange Zeit dominiert haben, die im Stück eine Verbildlichung der *conditio humana* gesehen haben. Es ist in diesem Zusammenhang z.B. auf Søren Kierkegaard und dessen Lehre von der Angst des Menschen als Grundbestand des Daseins, von der Einsamkeit des Menschen und von der unaufhebbaren Tragik des Menschseins verwiesen worden.

Existenz beschreibt kein unveränderliches Sein, sondern ist ihrem Wesen nach an Zeit und Zeitlichkeit gebunden. Existieren heißt In-der-Zeit-Sein. Zeit und Zeitprobleme nehmen daher in der Existenzphilosophie einen hervorragenden Rang ein, und in der Tat: auch in *Warten auf Godot*. Immer wieder und wieder wollen sich Wladimir und Estragon ihrer Identität in der Zeit vergewissern, dabei sind sie sich überwiegend nicht einmal darüber im Klaren, was sie am Tag zuvor getan haben. Wladimir scheint es so, als ob die Zeit stehen geblieben sei, aber er wird von Pozzo eines Besseren belehrt: »Glauben Sie das nicht, mein Herr, glauben Sie das nicht. *Er steckt die Uhr wieder in die Tasche.* Alles, was Sie wollen, nur das nicht« (97). Zeit schreitet auch für Wladimir und Estragon unerbittlich, irreversibel voran. Zwischen jeder Wiederholung tut sich trotz Immobilität eine temporale Differenz auf. Nach Wladimir und Estragons Einschätzung liegt zwischen dem ersten und zweiten Akt ein Tag. Es heißt, man habe Pozzo und Lucky, als sie zum zweiten Male auftreten, doch erst »gestern« gesehen. Realistisch ist dies gleichwohl nicht, denn, wie gesagt, Pozzos Blindheit und Luckys Stummheit müssten schon an einem Tag zugleich passiert sein. Das »Gestern« wird vielmehr zur amorphen Chiffre des Vergangenen, ebenso wie das »Morgen«, wann Godot kommen soll oder wird, einzig den Reflex einer unbestimmten Zukunft bedeutet. Wieder und wieder bestätigen beide Protagonisten, dass ihr Reden, ihre Sprach-Spiele dabei helfen, das Warten erträglicher werden, das heißt, die Zeit schneller vergehen zu lassen, und es wird von beiden immer wieder versucht, den Rudimenten von Handeln und einzelnen Geschehnissen eine konkrete Zeitstelle zuzuordnen. Pozzo platzt dabei im zweiten Akt irgendwann einmal der Kragen:

> POZZO (*plötzlich wütend*): Hören Sie endlich auf, mich mit Ihrer verdammten Zeit verrückt zu machen? Es ist unerhört! Wann! Wann! Eines Tages, genügt Ihnen das nicht? Irgendeines Tages ist er stumm geworden, eines Tages bin ich blind geworden, eines Tages werden wir taub, eines Tages wurden wir geboren, eines Tages sterben wir, am selben Tag, im selben Augenblick, genügt Ihnen das nicht? (*Bedächtiger.*) Sie gebären rittlings über dem Grabe, der Tag erglänzt einen Augenblick und dann von neuem die Nacht. (221)

Diese eindrucksvolle und außerordentliche Stelle lädt geradezu zu philosophischer Auslegung ein: Man denkt an den von Beckett höchst geschätzten Schopenhauer, der davon sprach, dass das menschliche Individuum als eine insignifikante Größe in die Welt geworfen sei und wegen der Unbegrenztheit der Welt somit auch kein absolutes Wann und Wo seines Daseins habe. In der Struktur ähnlich der zwei Akte Becketts, die in Form einer *mise en abîme* aufeinander zugeordnet sind, verstand Schopenhauer das menschliche Leben auch als ein absurdes Prinzip der Wiederholung zwischen Wollen und Erreichen. Jeder Wunsch des Menschen ist Ausdruck von Leiden, jedes Gefühl des Erreichens eines Wunsches ist schnell gesättigt, zu erreichende Ziele stellen sich als nur scheinbare heraus, weil sie weiteren Reizes entbehren, neue Bedürfnisse stellen sich ein, auf deren Befriedigung man spannungsvoll wartet oder auf die man hinarbeitet, neues Leiden, neue Befriedigung und schließlich die Wiederholung des ganzen *ad infinitum, ad absurdum, ad nauseam*. Schopenhauer sah den Ausweg zum einen in der Kunst, zum anderen darin, dass man, wie er es nannte, eine konsequente Verneinung des Willens zum Leben (welches doch nur Leiden sei) betriebe. Wenn Peiniger und Gepeinigte, wenn Messer und Wunde nur verschiedene, gleichwohl wie Wladimir und Estragon selbst komplementäre Seiten der Medaille ein und desselben Ur-Willens sind, gilt es, den Willen zum Leben zu verneinen, d.h. ihn auf den Nullpunkt zu reduzieren in freiwilliger Verarmung, Askese und zuletzt im Tod. Erkenne man diese Dynamik, so ließen sich, Schopenhauer folgend, Gelassenheit, Heiterkeit und Ruhe im Angesicht des absurden Schauspiels vom menschlichen Leben gewinnen.

Die Frage generell nach der Identität von Godot und die daran anschließende ›Godotologie‹ der Beckett-Kritik (Ist Godot Gott? Ist er der Tod? u.ä.) ließe sich somit als Veranschaulichung des existenzphilosophischen Sachverhaltes deuten, dass das Ganze der Welt so wenig im Wissen erfasst werden kann wie das menschliche Sein, dass alles Welterkennen eine Grenze hat und das Ganze unfasslich ist, dass sich Transzendenz nur in der Existenz (hier: des Wartens) zeigt und ansonsten immer verborgen bleibt. Wladimir und Estragon, Pozzo und Lucky mögen auch als Verbildlichungen der existenzphilosophischen Einsicht (etwa der Karl Jaspers') ver-

standen werden, dass sich menschliche Existenz in Grenzsituationen wie Tod, Leiden, Kampf und vor allem im Scheitern verwirklicht.

Zudem ist *Warten auf Godot* lange Zeit fast exklusive in die Schublade des von
Martin Esslin so genannten ›absurden‹ Dramas gesteckt worden, welches im Anschluss an den französischen Existentialismus etwa J.P. Sartres oder Albert Camus'
vor dem zeitgeschichtlichen Hintergrund des Zusammenbruchs von 1940 und dem
dadurch hervorgebrachten Zusammenbruch von Idealen und Ideologien Zweifel an
allem Grundsätzlichen äußerte und die menschliche Existenz als im Wesen eben
sinnlos und zwecklos auffasste, und dies mit Stücken (wie neben denen Becketts
z. B. denen Ionescos) beantwortete, die sich von den teleologischen Strukturen des
traditionellen Dramas radikal abtrennten. Der Mensch ist in dieser Lesart ein Nichts,
aber er muss sich, gleichsam in beständiger Schöpfung aus dem Nichts, zu dem machen, was er ist. Die Freiheit des Menschen bedeutet, sich in der Welt engagieren
zu können. Solche Freiheit ist allerdings vom Nichts ständig umlagert – die Freiheit
droht, in jedem Augenblick, dem Nichts, dem bloß Seienden anheim zu fallen. »Das
Nichts nichtet« – so sagte Martin Heidegger. Man möchte in diesem Zusammenhang
auch an Maurice Merleau-Pontys Konzept der *ambiguïté* erinnern, welches den umfassend paradoxen, anti-logischen Charakter des Daseins beschreibt. Andere mögliche philosophische Wurzeln und Lesarten gehen zurück auf Giambattista Vicos
zirkuläres Geschichtsverständnis, das Beckett studiert hat (siehe seinen Essay »Dante … Bruno … Vico … Joyce«); Marxisten haben sich mit Beckett bekanntlich
schwer getan, Georg Lukács zufolge repräsentiere das Stück »die allertiefste patho-
logische Erniedrigung des Menschen im Dahinvegetieren eines Idioten«.

III.

Nichts von all dem, vor allem, erscheint sicher. Die radikale Ambivalenz der Darstellung und das beständige Negieren oder Einschränken des gerade Gesagten sus-
pendieren einheitlich geschlossene Interpretationen, rücken verschiedene Lesarten
in den Bereich des Möglichen und weisen die Deutung des Gesagten und des Geschehens ganz dem Leser zu. Dafür, wer Godot ist, ist Beckett nicht mehr verantwortlich, jeder wird sich seinen eigenen Reim darauf machen müssen.

Wie sehr Becketts künstlerische Intention weg vom Inhalt und hin zur Form ten-
diert, mag auch ein nochmaliger Blick auf die zuvor zitierte Stelle zeigen, als Wladimir, nachdem Estragon die weiße Rübe verschmäht hat, konstatiert, dass »es nun
wirklich sinnlos« werde. Diese Replik ist nicht nur an Estragon gerichtet, sondern
nicht minder an den Zuschauer oder Leser und stellt einen den Spielcharakter des
Ganzen offen legenden Kommentar nicht über eine Philosophie, sondern über das
Drama selbst dar. Im Modus des Meta-Dramas ziehen sich die Sprache und damit
die dramatische Kommunikation und Interaktion somit selbst-reflexiv auf sich
selbst zurück. Ähnliche meta-dramatische Passagen finden sich zuhauf, wie etwa
die Eingangssentenz »Nichts zu machen«, wo gleich zu Beginn keine existentielle
Botschaft vermittelt wird, sondern die Natur des Beckett'schen Theaters. Und auch
Pozzos, wie die Bühnenanweisung sagt, »untröstliche« Frage, ob sich Estragon lang-
weile, die dieser mit einem zustimmenden »Kann man wohl sagen« beantwortet und

die Wladimir um ein »es ist kein reines Vergnügen« ergänzt, ist im Verein mit den anderen Repliken eine ironische, meta-dramatische Brechung traditioneller Zuschauer-Erwartung. Wenn einer der beiden Charaktere an einer Stelle vorschlägt, dass sie ja wieder von vorne anfangen könnten, ist die ironische Distanz zum Geschehen, das Spiel mit den überkommenen Konventionen traditionellen Theaters auf die Spitze getrieben.

Mit dieser Art meta-dramatischer Brechung scheint mir nochmals artikuliert zu sein, dass es Beckett nicht um Inhalte, geschweige denn um die einseitige Apotheose einer durch den Inhalt des Stückes schimmernden Philosophie geht. Becketts Spätwerk bestätigt dies, wo die Inhalte zugunsten der Form mehr und mehr ganz getilgt werden. Zur Veranschaulichung der Tatsache, dass Beckett weit mehr als an den Ideen selbst, an der *Form* der Ideen interessiert ist, sei an einen viel zitierten Kommentar Becketts bezüglich einer Stelle bei Augustinus erinnert. Dort heißt es: »Verzweifle nicht, einer der Schächer wurde erlöst. Frohlocke nicht, einer der Schächer wurde verdammt«. Beckett sagte dazu: »Könnte ich mich doch nur an den lateinischen Wortlaut erinnern! Er ist lateinisch noch schöner als englisch. […] Dieser Satz hat eine wundervolle Form. Auf die Form kommt es an«. Wichtig ist also nicht, oder nicht *nur* das theologische Problem, sondern der ästhetische Parallelismus, der symmetrische Widerspruch der Aussage Augustinus'. »Wenn sich der Gegenstand meiner Romane in philosophischen – also in abstrakten – Begriffen ausdrücken ließe,« sagte Beckett, »hätte ich keinen Grund gehabt, sie zu schreiben«. Allein diese Aussage zeigt, wie Beckett versucht, seinem Werk jede einheitliche Bedeutungszuweisung zu entziehen.

Aus der Formzentriertheit, aus der symmetrisch-architektonischen Anlage von *Warten auf Godot* kann nun auch eine Antwort auf die Frage nach Wesen und Funktion Godots gewonnen werden. Symmetrisch invertiert ist der Charakter der Suche angelegt, auf der sich Wladimir und Estragon sowie Pozzo und Lucky befinden. Während Pozzo und Lucky sich noch durch eine räumliche Unrast charakterisieren lassen, sind Wladimir und Estragon davon bereits abgetrennt und verkörpern allenfalls eine spirituelle Unrast, gleichsam auf die Erwartungshaltung als Lebensform reduziert. Denn: Nur derjenige wartet, der, wie es Günter Anders einmal formulierte, etwas zu erwarten hat. Gegen diese statische Grundhaltung der beiden wirkt der Auftritt Pozzos und Luckys wie ein Interludium, beide sind quasi auf der Durchreise. Wenn es im Original noch heißt, dass Pozzo Lucky auf dem »marché de Saint-Sauveur« verkaufen wolle, ist dieser Anschein von Teleologie schon in der englischen Übersetzung charakteristischerweise bereits getilgt, wo nur von einem »fair« die Rede ist. Die Stasis, der Stillstand von Wladimir und Estragon ist nicht etwa das Ergebnis einer Ataraxie, jener etwa von Schopenhauer in Aussicht gestellten Überlegenheit und Gelassenheit, wenn man das Wesen des Seins durchschaut hat. Im Warten sind Reste von weiter vorhandenen Sehnsüchten erkennbar, wobei auch deren Motivation – wie zuletzt gezeigt werden soll – paradox in der formalen Struktur des Dramas reflektiert ist.

Was leistet die zyklische Anlage des Stückes? Was ist aus der differenten Wiederholung der Handlung für die Aussage des Stückes abzuleiten? Erinnern wir uns noch einmal an die *mise en abîme* des Hundeliedes zu Beginn des zweiten Aktes. Der Aufbau des Liedes ist rekursiv bei gleichzeitiger logischer Verschachtelung:

A (A ((A (((A ((((A …))))))))))

Die *mise en abîme* beschreibt einen Text, der ein Zitat enthält, das wiederum ein Zitat enthält, eine Schachtelstruktur nach dem Muster etwa russischer Puppen oder *Chinese boxes*. Das logische Verhältnis von Zitat im Zitat im Zitat entspricht dem von Ebene und Meta-Ebene, und wie in anderen Werken Becketts zuvor – etwa in den Romanen *Watt* und *Molloy* – bemüht sich der Text vergeblich darum, die temporale Differenz zwischen Ebene und Meta-Ebene zu überbrücken, d. h. sich selbst im Erzählen einzuholen. Auch in *Molloy* scheint es, wenn man ersten und zweiten Teil des Textes gegeneinander hält, als ob der Roman zuletzt nun von vorn beginnen könnte, was der Erzähler freilich selbst-bewusst selbst durchkreuzt. Wir erinnern uns, Wladimir schlägt das Estragon auf der Handlungsebene der Charaktere ebenso vor, wie das Hundelied dies makrostrukturell tut. Der erste Teil des Hundeliedes gebiert sich selbst als Zitat, Akt II von *Warten auf Godot* zeigt sich als Kommentar zu Akt I. Der Kommentar, den der zweite Akt gegenüber dem ersten und paradoxerweise sich selbst gegenüber abgibt, da beide im Wesentlichen identisch sind, ist der folgende: Das Warten von Wladimir und Estragon ist nicht nur vergeblich (weil Godot nicht kommt), sondern paradox und sinnlos, weil es sein Ziel überhaupt erst schafft. Das Warten und die spirituelle Suche Wladimirs und Estragons sind also derart angelegt, dass sie schon in dem Augenblick verloren sind, in dem sie sich auf sie eingelassen haben. Sie warten auf das, was sie erwarten und erhoffen; das Verhalten des Wartens generiert überhaupt erst das Ziel, der erste Akt gebiert den zweiten, wie im Hundelied der Text seine eigene Verlängerung. Godot wird also nicht nur nicht kommen, er *kann* gar nicht kommen, weil er nur die Projektion der Bedürfnisse der beiden Vagabunden ist. Anders ausgedrückt: *Solange* beide warten, *wird* Godot nicht kommen. Wenn sie zu warten aufhörten, wäre er in dem Sinne gekommen, dass sie der Tatsache ins Auge gesehen hätten, dass er nicht existiert. Wladimir und Estragon sind sich der Dialektik von Frage und Antwort bewusst, für einen kurzen hellen Moment, der danach wieder in der Dunkelheit des Verdrängens des Bitteren versiegt:

> ESTRAGON: Ich suche.
>   *Schweigen.*
> WLADIMIR: Wenn man sucht, hört man.
> ESTRAGON: Eben.
> WLADIMIR: Wenn man hört, kann man nichts finden.
> ESTRAGON: Eben.
> WLADIMIR: Wenn man hört, kann man nicht denken.
> ESTRAGON: Man denkt aber doch.
> WLADIMIR: Ach was, das ist unmöglich.
> ESTRAGON: Das ist es, wir wollen einander widersprechen. (159)

Dass das Denken, das heißt, das rationale Durchdringen von Problemen, zu nichts führt, mag – strukturell ähnlich gelagert – am Kernstück von *Warten auf Godot* dargelegt werden, dem Monolog Luckys, wobei Pozzo – in einer Parodie des Behaviorismus – vorführt, wie er Lucky mit gezielten Reizen zum Kunststück des Denkens konditioniert hat.

Hier wird nun oft von Wortsalat, Logorrhoe, phatischen Akten, sinnlosem Gestammel und Chaos gesprochen, aber die Kritik (insbesondere Horst Breuer) hat längst gezeigt, dass sich diese Rede Luckys durchaus aufschlüsseln lässt, wenn-gleich die Reste von Bildung, wie immer bei Beckett, als Bildungsmüll und als, wie es Theodor W. Adorno nannte, Ladenhüter aufflackern. Der Assoziationstechnik Lu-ckys folgend kristallisiert sich grammatisch und thematisch folgendes Satzgerüst aus dem Monolog heraus:

> Auf Grund der sich … ergebenden Existenz eines persönliches Gottes … der … uns lieb hat bis auf einige Ausnahmen … und … leidet mit denen die … in der Folterkammer sind … und … in Anbetracht dass … festgestellt wurde bei Ausschaltung aller Fehlerquel-len … dass der Mensch … im Begriff ist abzumagern … einzulaufen … dass daraus her-vorgeht was noch schlimmer ist … dass auf dem Lande im Gebirge und am Rande des Meeres der Ströme des Wassers und des Feuers die Luft dieselbe ist und die Erde … (111/113/115)

Nochmals konfrontiert uns der meta-hermeneutische Kern der Struktur von *War-ten auf* Godot, der sich hier als verselbständigtes und ohne Substantiation bleiben-des Vorverständnis des, ja, jedes Interpreten, jeder Interpretation darstellt. Gramma-tisch betrachtet haben wir nur Nebensätze vor uns, was fehlt, ist der Hauptsatz. Logisch betrachtet, konfrontiert uns eine Reihe von Prämissen, auf die jedoch kein Schluss folgt. Metadramatisch, metafiktional ist Luckys letztes Wort »Unvollendete« (oder »Inachevés« in der frz., bzw. »unfinished« in der engl. Übersetzung) der Kom-mentar auf die eigene Rede, den Sachverhalt fehlender Schlussfolgerung. Der von Wladimir und Estragon mit Spannung erwartete Schlusssatz kommt ebenso wenig wie Godot, auch hier, wie auf der Handlungsebene besteht die Aussage des Tex-tes somit im Nicht-Kommen, bzw. im (desillusionierten) Er-warten. Auch Lucky würde, wie das Hundelied und wie das Stück selbst, immer wieder nur neue Ne-bensätze ineinander schachteln, ohne irgendwann einmal eine Aussage zu pro-duzieren. Was vorliegt, ist, wie Rolf Breuer meines Erachtens mit herausragender Präzision gezeigt hat, eine erneute Vertauschung der logischen Ebenen: Als Schluss-folgerungen bleiben nur die Prämissen, beziehungsweise, dass es nur Prämissen gibt, *ist* die Schlussfolgerung.

Vor dem Hintergrund solcher Verschachtelung und Selbstreflexivität des Stückes ergibt sich eine neue Antwort auf die Frage nach Godot: Godot ist, was immer dem Warten Wladimirs und Estragons Sinn gibt. Wladimir und Estragon erinnern an das Paar von Esel und Reiter, das sich mit Hilfe einer dem Tier vorgehaltenen Rübe gleichsam von selbst bewegt. Der Esel glaubt, auf die Rübe zuzugehen, und bleibt doch immer wieder gleich weit von ihr entfernt. Was vor uns liegt, ist der klassi-sche Fall der *petitio principii*: Wladimir und Estragon warten auf das, was ihr War-ten erzeugt und rechtfertigt. Ihre Lösung ist *zugleich* ihr Problem. Und die selbst-reflexive, oder sich selbst bespiegelnde Schachtelstruktur, die diesen infiniten Regress formal reflektiert und die die paradoxe Anlage der Sinnsuche, ja, jeder Sinnsuche, die die Trennung von Ebene und Meta-Ebene zu überspielen sucht, bloßstellt, durchzieht die Aktstruktur wie die Motivstruktur von *Warten auf Godot* und setzt sich bis auf die Ebene der Selbstwahrnehmung der Charaktere fort. So stellt Wladimir, als er Estragon beim Schlafen zusieht, mit erstaunlicher Klarheit den infiniten Regress erst fest, um dann doch wieder die letzte logische Ebene trium-phieren zu lassen, die ihn sich eben nicht dem Problem stellen, sondern die ihn einfach weiter schlafen lässt – in der sanften, illusionären Ruhe letzter Gewisshei-

ten, wenn man letzte logische Ebenen eben einfach (voraus)setzt, annimmt – hin-
nimmt.

> WLADIMIR: Habe ich geschlafen, während die anderen litten? Schlafe ich denn in diesem
> Augenblick? Wenn ich morgen glaube, wach zu werden, was werde ich dann von
> diesem Tage sagen? Daß ich mit Freund Estragon an dieser Stelle bis in die Nacht auf
> Godot gewartet habe? Daß Pozzo mit seinem Träger vorbeigekommen ist und daß er
> mit uns gesprochen hat? Wahrscheinlich. Aber was wird wahr sein von alledem? *EST-*
> *RAGON, der sich angestrengt und vergeblich mit seinen Schuhen beschäftigte, ist von*
> *neuem eingeschlafen. WLADIMIR schaut ihn an.* Er wird nichts wissen. Er wird von den
> Schlägen sprechen, die er bekommen hat, und ich werde ihm eine gelbe Rübe ge-
> ben. *Pause.* Rittlings über dem Grabe und eine schwere Geburt. Aus der Tiefe der
> Grube legt der Totengräber träumerisch die Zangen an. Man hat Zeit genug, um alt
> zu werden. Die Luft ist voll von unseren Schreien. *Er lauscht.* Aber die Gewohnheit
> ist eine mächtige Sordine. *Er betrachtet ESTRAGON.* Auch mich, auch mich betrachtet
> ein anderer, der sich sagt: Er schläft, er weiß nichts, lass ihn schlafen. *Pause.* Ich kann
> nicht mehr weiter. *Pause.* Was hab ich gesagt? *Er geht erregt auf und ab, bleibt end-*
> *lich bei der linken Kulisse stehen und blickt in die Weite. Rechts tritt der JUNGE vom*
> *Vorabend auf. Er bleibt stehen. Schweigen.*
> JUNGE: Mein Herr … *WLADIMIR wendet sich ihm zu.* Herr Albert …
> WLADIMIR: Noch mal von vorne. *Pause. Zu dem JUNGEN.* Du erkennst mich nicht wieder?
> JUNGE: Nein. (223/225)

Becketts Ästhetik tut also genau das, vor was sich Wladimir und Estragon – und
vermutlich wir alle bisweilen – drücken. Die selbstreflexive Ästhetik stellt sich der
Spaltung von Subjekt und Objekt, von Denken und Sein, von Ursache und Wir-
kung, von Mittel und Weg, von Lösung und Problem. Becketts Resümee ist es, die
sich dort auftuende Differenz auszuhalten. Wladimir und Estragon tun diesen
Schritt nicht, aber können wir es ihnen vorwerfen? Ist deshalb nicht auch die Idee
Gottes als *causa sui et effectus*, also als Überbrückung von getrennten logischen
Ebenen und von Subjekt/Objekt-Differenzen, zu unser aller Beruhigung da?

Beckett deutet in *Warten auf Godot* zwei ›Auswege‹ an: zum einen den infiniten Regress absoluter Relativität, der freilich für die pragmatische Bewältigung des
Lebens einigermaßen unbrauchbar sein dürfte; zum anderen das Abschneiden des
Regresses auf irgendeiner letzten logisch-semantischen Ebene, und gleichsam wäre hier noch zusätzlich, in den Worten Wladimirs, verlangt, beruhigt einschlafen,
das heißt vergessen zu können, dass die so erreichte Absolutheit immer nur eine
relative ist. Mit anderen Worten, stets so zu ›tun als ob‹. In einem fiktiven Dialog
über den französischen Maler Tal Coat wird dessen formale Innovationskraft zurückgewiesen mit dem Hinweis darauf, dass er nur die Basis des Greifbaren ver-
schoben, die Prämissen eines naiven Realismus jedoch nicht gestört hätte. Dagegen
fordert Beckett: »eine Kunst, die sich mit Ekel davon abwenden möge, die ihrer
armseligen Leistungen müde sei, die es satt habe, so zu tun, als könne man, als sei
man fähig, als bewältige man dieselbe Sache nur immer ein bisschen besser, oder
als ginge« man einen längst ausgetretenen Pfad noch ein bisschen weiter« [meine
Übersetzung]. Die Kunst, die Beckett im Sinn hat, will dagegen ausdrücken, »dass
es nichts zum Ausdrücken gibt, nichts, mit dem man etwas ausdrücken kann,
nichts, von dem man ausdrücken kann, keine Kraft, etwas auszudrücken, keine
Sehnsucht, etwas auszudrücken und doch die Pflicht, etwas auszudrücken«.

Statt sich dieser Fiktionen hinzugeben, statt weiter so zu tun ›als ob‹, statt den infiniten Regress durch eine letzte, ultimative Bedeutung, einen letzten Ursprung (wer *ist* Godot?) zu ersetzen, belässt es Beckett in seiner Ästhetik dabei, lediglich den Finger in die Wunde zu legen: in eine klaffende Wunde, die die Existenz des Menschen betrifft, die den Status des Kunstwerks als Kunstwerk offen legt, die jede Interpretationsmöglichkeit in einem hermeneutischen Sinne berührt, in dem verdeutlicht wird, dass die Prämissen das Ergebnis beeinflussen, und die zuletzt gerade *deshalb* das Prinzip der Dekonstruktion und Jacques Derridas Konzept der *différance* längst vorweggenommen hat. Kein Subjekt kann, so schreibt Derrida, Herr der *différance* sein. Alle begrifflichen Gegensätze der Metaphysik (Signifikat/Signifikant, Raum/Zeit, Passivität/Aktivität) werden, im ganz wörtlichen Sinne, un-wesentlich. Genauso bei Beckett: »Godot« wird zur Chiffre dieser *différance*, zu einer paradoxen *présence/absence*, zum reinen Signifikanten, dessen Signifikat nur als Spur in Erscheinung tritt und damit radikal offen bleibt. Jede einseitige Bedeutungszuweisung wäre dann in Derridas Sinne ein »tranzendentales Signifikat«, das danach trachtete, die Bewegung der *différance* der Präsenz eines Wertes oder eines *Sinns* unterzuordnen. Neben aller in dieser Hinsicht suspendierten Bedeutungszuweisung – zu der wir neigen und die auch in der vorliegenden Deutung, wiewohl sie die Offenheit und Unabschließbarkeit der *Godot*-Interpretation fordert, nicht ganz getilgt werden kann – bleibt bei Beckett zuletzt das *Bild*, der visuelle Eindruck der Grundsituation unvergesslich bestehen, das bewegte, bewegende Gemälde: Eine Landstraße – ein Bäumchen – ohne Blätter – Abend – Zwei Tramps.

Und im Warten bleibt ein letzter Rest teleologischer Handlungsorientierung, ein letzter Hoffnungsschimmer noch erkennbar, der seit *Godot* in Becketts Werk vollends gelöscht ist. Nichts, wie gesagt, ist sicher, gleichwohl: In der Haltung des Einschlafens, so schreibt Rolf Breuer, in der Haltung des ›So-tuns-als-ob‹, wird Godot immer erst *morgen* kommen, aber er wird jeden Tag *sicher* morgen kommen.

Weiterführende Literatur (in Auswahl):

Beckett, Samuel: *Warten auf Godot/En attendant Godot/Waiting for Godot*. Übersetzt von Elmar Tophoven. Frankfurt am Main: Suhrkamp, 1971.
ders. *Werke* 1–10. Hg. Elmar Tophoven und Klaus Birkenhauer. Frankfurt am Main: Suhrkamp, 1976.
ders. *Disjecta: Miscellaneous Writings and a Dramatic Fragment*. Hg. Ruby Cohn. London: Calder, 1983.

Adorno, Theodor W.: *Noten zur Literatur*. Frankfurt am Main: Suhrkamp, repr. 1970.
ders. *Ästhetische Theorie*. Frankfurt am Main: Suhrkamp, 1973.

Anders, Günther: »Sein ohne Zeit. Zu Becketts Stück ›En attendant Godot‹.« In: ders. *Die Antiquiertheit des Menschen: Über die Seele im Zeitalter der zweiten industriellen Revolution*. München: Beck, 1961, S. 213–231.

Bair, Deirdre. *Samuel Beckett: A Biography*. London: Jonathan Cape, 1978 [dt. *Samuel Beckett: Eine Biographie*. Hamburg: Kellner, 1991].

Cronin, Anthony: *Samuel Beckett: The Last Modernist*. London: Harper Collins, 1996.

Birkenhauer, Klaus: *Samuel Beckett: Mit Selbstzeugnissen und Bilddokumenten*. Reinbek b. Hamburg: Rowohlt, 1979.

Breuer, Horst: »Ordnung und Chaos in Luckys ›Think«. In: Ursula Dreysse (Hg.), *Materialien zu Samuel Becketts ›Warten auf Godot‹*. Frankfurt am Main: Suhrkamp, 1973, S. 117–126.

Breuer, Rolf: *Die Kunst der Paradoxie: Sinnsuche und Scheitern bei Samuel Beckett*. München: Fink, 1976.

Connor, Steven: *Samuel Beckett: Repetition, Theory and Text*. Oxford: Blackwell, 1988.

Derrida, Jacques: *Grammatologie*. Frankfurt a.M.: Suhrkamp, ⁶1996.

Engelhardt, Hartmut und Dieter Mettler (Hgg.): *Materialien zu Samuel Beckett ›Warten auf Godot‹*. Frankfurt am Main: Suhrkamp, 1979.

Esslin, Martin. *Das Theater des Absurden*. Reinbek b. Hamburg: Rowohlt, repr. 1966.

Gessner, Niklaus. *Die Unzulänglichkeit der Sprache: Eine Untersuchung über Formzerfall und Beziehungslosigkeit bei Samuel Beckett*. Diss. Zürich, 1957.

Iser, Wolfgang: »Samuel Becketts dramatische Sprache«. In: *Germanisch Romanische Monatsschrift* 42 (1961), S. 451–467.

Kenner, Hugh: *Samuel Beckett: A Critical Study*. London: Calder, 1962.
ders. *Flaubert, Joyce and Beckett: The Stoic Comedians*. London: Allen, 1964.

Knowlson, Jim: *Damned to Fame: The Life of Samuel Beckett*. New York: Schuster & Schuster, 1996 [dt. *Samuel Beckett: Eine Biographie*. Suhrkamp, 2001].
ders. und **John Pilling**: *Frescoes of the Skull: The Later Prose and Drama of Samuel Beckett*. London: Calder, 1979.

Metscher, Thomas: »Geschichte und Mythos bei Beckett«. In: *Das Argument* 26 (1963), S. 27–35.

Middeke, Martin (Hg.): *Zeit und Roman: Zeiterfahrung im historischen Wandel und ästhetischer Paradigmenwechsel vom sechzehnten Jahrhundert bis zur Postmoderne*. Würzburg: Königshausen & Neumann, 2002.

Pilling, John (Hg.): *The Cambridge Companion to Samuel Beckett*. Cambridge: Cambridge University Press, 1994.
ders. *Samuel Beckett*. London: Routledge & Kegan Paul, 1976.

Schoell, Konrad. *Das Theater Samuel Becketts*. München: Fink, 1967.

Winkgens, Meinhard: *Das Zeitproblem in Samuel Becketts Dramen*. Frankfurt am Main: Lang, 1975.

Christa Wolf: »Kindheitsmuster«

Eva Matthes

1. Vorbemerkung[1]:

Gestatten Sie mir, mit einer Vorbemerkung zu beginnen: Als mich vor einiger Zeit
Herr Geppert darauf ansprach, ob ich in der Reihe »Große Werke der Literatur« ein
literarisches Werk vorstellen möchte, fiel mir spontan Christa Wolfs Roman »Kindheitsmuster« ein. Nachdem ich den Roman vor kurzer Zeit für den heutigen Vortrag
nochmals gelesen hatte und ich das Buch zwar in vielen Passagen eindrucksvoll,
insgesamt nachdenkenswert, aber in Teilen – um mit Hans Mayer zu sprechen –
doch auch »quälend« im Sinne von »erschöpfend« fand (vgl. Mayer 1977, S. 185), begann ich mich über meine spontane Auswahl zu wundern. Verwunderlich fand ich
während meiner Lektüre im Jahre 2003 auch, welche Stellen im Buch ich während
meiner Erstlektüre angestrichen hatte – ich war damals Anfang 20. Ganz andere
Passagen rückten während meiner neuerlichen Lektüre in den Mittelpunkt meines
Interesses. Was war es, das mich als 20-Jährige an dem Roman interessiert, ja gefesselt hat, so sehr, dass mir »Kindheitsmuster« einfiel, als mich mein Kollege um einen Beitrag zu »Großen Werken der Literatur« bat? Ich hatte, bevor ich den Roman
erneut las, nur noch eine dunkle Erinnerung, worum es in ihm geht. Ich wusste,
dass die Auseinandersetzung mit dem Nationalsozialismus eine zentrale Rolle spielt
und dass das Verhältnis von Erziehung und Mitläufertum im Nationalsozialismus
thematisiert wird. Als 20-Jährige – das legen die von mir damals angestrichenen
Textstellen nahe – sah ich in dem Roman einen Verbündeten in meinem Bemühen
um Enttabuisierung der nationalsozialistischen Vergangenheit, einen Appell an die
Erwachsenen – nicht zuletzt an meine eigenen Eltern, sich mit ihrem Tun bzw. ihren Empfindungen in der NS-Zeit auseinander zu setzen und sie vor der jüngeren
Generation aufzublättern, sie zu enthüllen. Unterstrichen habe ich etwa Aussagen
wie, dass »es viele Stufen zwischen Wissen und Nichtwissen« gab (1984, S. 185),
dass »nirgendwo [...] so abgrundtief geschwiegen [würde] wie in deutschen Famili-
en« (S. 193), dass die Mehrzahl der SS-Bewacher in den Konzentrationslagern »austauschbar« gewesen sei (S. 302), dass es »leichter scheint [...], ein paar hundert, oder
tausend, oder Millionen Menschen in Un- oder Untermenschen umzuwandeln als
unsere Ansichten von Sauberkeit und Ordnung und Gemütlichkeit« (S. 186). Mit einem doppelten Rufzeichen versehen fand ich folgende Passage vor:

> »Was sie [die Familienmitglieder; E.M.] nicht wussten, machte sie lau. Übrigens hatten sie
> Glück. Keine jüdische oder kommunistische Verwandt- oder Freundschaft, keine Erb-
> und Geisteskranken in der Familie [...], keine Auslandsbeziehungen, keine nennenswer-

---

[1] Die Diktion des Vortrags wird beibehalten.

ten Kenntnisse in irgendeiner Fremdsprache, überhaupt keinen Hang zu zersetzenden
Gedanken oder gar zu entarteter und anderer Kunst. Festgelegt durch das, was sie nicht
waren, wurde ihnen nur abverlangt, nichts zu bleiben. Und das scheint uns leichtzufal-
len. Überhören, übersehen, vernachlässigen, verleugnen, verlernen, verschwitzen, vergessen« (S. 141).

Selbstverständlich konnte so der Satz auch nicht ununterstrichen bleiben: »Lenka
[die Tochter der Erzählerin; E.M.] fordert bedingungslose Einmischung« (S. 149), gelesen wohl damals als Appell an mein eigenes Leben. Diese wieder entdeckten Un-
terstreichungen führten mich dazu, dass ich mich an meine damaligen Empfindungen zu erinnern versuchte – ich erinnerte mich an eine – schwer in Worte zu
fassende – Unbedingtheit von Gefühlen, einen gewissen moralischen Rigorismus,
einen aufklärerischen Impetus, Gefühle, Einstellungen, die nicht völlig verschwunden sind, aber doch nur noch gebrochen, modifiziert in mir vorhanden sind. Ich
merkte, dass ich Pablo Nerudas Frage, die Christa Wolf ihrem Buch als Motto vo-
ausstellte und in ihrem Text immer wieder aufgriff, »Wo ist das Kind, das ich gewesen, ist es noch in mir oder ist es fort« sehr gut auch auf eine Reflexion meines
eigenen Lebens anwenden könnte. Allerdings stellen sich dabei nicht die selben
Probleme ein, die die Erzählerin in »Kindheitsmuster« zu überwinden hat. Ich kann
auch zu mir als Kind und Jugendlicher »Ich« sagen, ich muss mich – trotz aller
Fremdheitserfahrungen im Prozess des Erinnerns – nicht in ein »Es« neutralisieren,
um mich auf meine Vergangenheit einlassen zu können – im Unterschied zur Erzählerin respektive zu Christa Wolf und ihren Zeitgenossen durfte ich in relativ
glücklichen, viel weniger charaktergefährlichen Zeiten aufwachsen als diese und
erfuhr die Kontinuität des Lebens in einem freiheitlichen politisch-gesellschaftli-
chen System. –

Ich will nun allerdings kein Psychogramm meiner eigenen Person entwerfen,
sondern mich nun strikt dem Roman »Kindheitsmuster« zuwenden und zunächst
überblicksmäßig einiges zu seinem Aufbau und Inhalt sagen.

2. Aufbau und Inhalt des Romans »Kindheitsmuster«

Als erstes möchte ich mich der Frage nach dem autobiographischen Gehalt des Romans stellen. Obwohl die Parallelen zu Christa Wolfs Kindheit und Jugend im Leben Nelly Jordans mit Händen zu greifen sind, formuliert Christa Wolf in einem Vorspann:

> »Alle Figuren in diesem Buch sind Erfindungen der Erzählerin. Keine ist identisch mit ei-
> ner lebenden oder toten Person. Ebensowenig decken sich beschriebene Episoden mit
> tatsächlichen Vorgängen. Wer Ähnlichkeiten zwischen einem Charakter der Erzählung
> und sich selbst oder ihm bekannten Menschen zu erkennen glaubt, sei auf den merkwür-
> digen Mangel an Eigentümlichkeit verwiesen, der dem Verhalten vieler Zeitgenossen an-
> haftet. Man müßte die Verhältnisse beschuldigen, weil sie Verhaltensweisen hervorbrin-
> gen, die man wiedererkennt«.

Damit ist allerdings von Christa Wolf nicht das letzte Wort gesprochen. In einer in
der Zeitschrift »Sinn und Form« veröffentlichten Diskussion mit Christa Wolf zu
»Kindheitsmustern« findet sich folgende Aussage:

»[...] ich kaschiere an keiner Stelle, daß es sich sozusagen um Autobiographisches handelt; das wird nicht verschwiegen. Wobei dieses ›sozusagen‹ wichtig ist, es ist nämlich keine Identität da. Aber es gibt doch – das ist eine der Eigentümlichkeiten meiner Biographie, aber vielleicht geht es anderen in meinem Alter auch so – ein Fremdheitsgefühl gegenüber dieser Zeit. Seit einem nicht auf den Tag genau, aber doch auf eine Zeitspanne genau anzugebenden Moment ist man nicht mehr diese Person, habe ich nicht mehr das Gefühl, daß ich das war, die das gedacht, gesagt oder getan hat« (zit. n. Wittstock 1987, S. 107).

An anderer Stelle im Roman macht sie noch deutlicher, warum sie nicht »ich« sagen kann: »Weil es nämlich unerträglich ist, bei dem Wort ›Auschwitz‹ das kleine Wort ›ich‹ mitdenken zu müssen: ›Ich‹ im Konjunktiv Imperfekt. Ich hätte. Ich könnte. Ich würde. Getan haben. Gehorcht haben« (S. 215). So bleibt für die Erzählerin von »Kindheitsmuster« nur folgende Alternative: »sprachlos bleiben oder in der dritten Person leben« (S. 9). Von der Erzählerin wird deshalb ein »es« abgespalten, das Kind Nelly Jordan. Doch auch der Erzählerin der Schreibzeit gelingt es nicht, für sich ein Ich zu formulieren. Die Selbstanrede erfolgt im »du«, das die Erzählerin während der Polenreise wie der Schreibzeit meint. Das »du« symbolisiert das fortwährende Selbstgespräch der Erzählerin. Die unterschiedlichen Pronomina sind also verschiedenen Zeitebenen zugeordnet. Ziel des Buches ist es, das »es« wieder in die eigene Person zu integrieren, um schließlich zu sich wieder »ich« sagen zu können, sich annehmen zu können mit seiner Vergangenheit und deren Auswirkungen auf die Gegenwart. Ist der Erzählerin respektive Christa Wolf dieses Ziel gelungen? Ja, insofern die letzten Sätze des Buches in der Ich-Form geschrieben sind. Ihre Zweifel allerdings bleiben, ihre Identität bleibt eine labile, brüchige:

»Das Kind, das in mir verkrochen war – ist es hervorgekommen? Oder hat es sich, aufgescheucht, ein tieferes, unzugänglicheres Versteck gesucht? Hat das Gedächtnis seine Schuldigkeit getan? Oder hat es sich dazu hergegeben, durch Irreführung zu beweisen, daß es unmöglich ist, der Todsünde dieser Zeit zu entgehen, die da heißt: sich nicht kennenlernen wollen? Und die Vergangenheit, die noch Sprachregelungen verfügen, die erste Person in eine zweite und dritte spalten konnte – ist ihre Vormacht gebrochen? Werden die Stimmen sich beruhigen?« (S. 377).

Ich will nun noch etwas genauer auf den Aufbau des Buches eingehen. Es besteht insgesamt aus 18 Kapiteln, in denen jeweils die drei Zeitebenen des Romans ineinander verwoben dargestellt werden. Zum einen die Reise der Erzählerin nach Polen, in ihre Geburtsstadt L., heute G., vom 10. bis 11. Juli 1971, zusammen mit ihrem Bruder Lutz, ihrem Mann H. und ihrer Tochter Lenka, als Anlass, um sich ihrer Erinnerungsarbeit zu stellen, als Ausgangspunkt ihrer biographischen Ausgrabungsarbeiten. Ausgegraben soll werden – das ist die zweite Zeitebene – die Kindheit und Jugend Nelly Jordans von 1932 bis 1947 mit den zentralen Erfahrungen der nationalsozialistischen Herrschaft, dem Zweiten Weltkrieg sowie der Niederlage der Deutschen und der damit verbundenen Flucht aus der Heimat. Die dritte Zeitebene ist die der Niederschrift des Romans zwischen 1972 und 1975. Hier thematisiert die Erzählerin zum einen ihre Schwierigkeiten und verschiedenen Anläufe beim Schreiben, ihre Abwehrreaktionen – bis hin zur Flucht in die Krankheit – gegen das Erinnern sowie erste Reaktionen auf das Buch im Entstehen, zum zweiten die Kontinuität inhumaner Strukturen und Ereignisse, ihre Präsenz in der Gegenwart – wobei sie diese vorrangig in der westlichen Welt sieht (hierüber wird später nochmals zu sprechen sein). Einen großen Raum innerhalb dieser dritten Zeitebene nehmen Reflexionen über das Gedächtnis ein, über seine Fehlleistungen, seine Verzerrungen, seine Ausgrenzungen, seine Halbwahrheiten. Obwohl diese Botschaft vom Leser/der Leserin durchaus schnell verstanden werden kann, wird sie von der Erzählerin immer wiederholt; an diesen Stellen wird der Roman redundant und die Lektüre ermüdend. Ihr – ja durchaus plausibles, nachvollziehbares – Ringen um Erinnerung überwölbt teilweise die Erinnerung so sehr, dass dem Roman in manchen Passagen die Plastizität verloren geht. Seine besonderen Stärken hat der Roman m.E. dort, wo die Erzählerin ihrer »Lust am Bericht« nachgeht, wo die »Kraft der epischen Mitteilung« spürbar wird (Mayer 1977, S. 185). Die eindrucksvollsten und eindrücklichsten Passagen sind Christa Wolf m.E. deshalb bei der Darstellung Nellys und ihres Prozesses des Aufwachsens gelungen. An dieser »epischen Kraft« möchte ich Sie im Folgenden partizipieren lassen. Hören Sie also die Geschichte Nellys in chronologischer Reihenfolge, illustriert an ausgewählten Episoden und Ereignissen:

3. Nelly Jordan – eine Kindheit und Jugend im Nationalsozialismus

Nelly ist das Kind von Charlotte Wenzel und Bruno Jordan. Beide lernten sich auf einer Geburtstagsfeier kennen, auf der Bruno Jordan, der kaufmännische Angestellte im Kontor einer Großhandelsfirma, der Tischherr der ersten Buchhalterin Charlotte Wenzel war – ihre Begegnung wird von Christa Wolf mit – für den Roman in seinen epischen Teilen sich immer wieder zeigenden – Witz geschildert: Ich darf an dieser Stelle zur Illustration eine längere Passage zitieren:

> »Bruno Jordan kam als Kavalier gekleidet, in Frack und Klack. Er brachte der Gastgeberin Rosen, er stand auf, wenn seine Tischdame sich erhob, er schob ihr den Stuhl zurecht, wenn sie sich zu setzen wünschte, und er legte ihr von den Salaten vor. Er tanzte häufig mit ihr und er wußte sich nach dem Tanz zu verbeugen. Dies alles muß Balsam auf ihre Seele gewesen sein, die – stolz, aber nicht unverwundbar – sich geschworen hatte: Alles kann er sein, bloß kein gewöhnlicher Mensch. Noch als Betrunkener – denn das war er gegen Mitternacht – muß er eine erträgliche Figur gemacht haben, wenn auch der selbstgemachte Johannisbeerwein ihm glatt die Beine wegschlug, als er an die frische Luft trat. Doch bestand er darauf, seine Dame zu begleiten. Erstaunlich, daß sie sich bringen läßt. Doch dem lieben Gott, der weiß, was er will, ist kein Ding unter der Sonne unmöglich. Auch unter dem Mond kein Ding. Der scheint ja auf die Steinbalustrade vor dem Haus Küstriner Straße 95, die du im Vorbeifahren besichtigt hast« – eine andere Zeitebene kommt kurz ins Spiel –, »denn es steht alles noch: die Balustrade, dahinter der kümmerliche Vorgarten mit Buchsbaum und Rhododendron, das Haus selbst [...] Auf dieser Balustrade also setzt Charlotte Menzel in einer warmen Juninacht des Jahres 1925 ihren, gelinde gesagt, angetüterten Tischherrn ab, peest selber zur Haustür, die sie eilig auf- und hinter sich wieder zuschließt, rast die Treppe hoch, [...] schließt, wieder brandeilig, die Wohnungstür auf und zu, schleicht leise, aber so schnell sie kann, den Flur entlang zu ihrem Zimmer, stürzt ans Fenster, blickt hinunter und sieht – na? [...] Na? Was sieht Charlotte? – Nichts. Kein Bruno auf der Balustrade. Der blanke bleiche Mondschein schleicht über die Steine. Sonst nichts. Bis an ihr Lebensende wird Charlotte sich nicht erklären können, wohin ihr Tischherr so schnell geraten ist.
> Und auch er, Bruno Jordan, wird es ihr nie erzählen können.« (S. 86).

Ich verkürze etwas: Am nächsten Morgen wird Bruno Jordan im Stadtpark fünf Meter vom Rand des Schwanenteiches entfernt als Wasserleiche vom Parkwächter Nante gefunden.

> »Nante aber, welcher es für seine Pflicht gehalten hat, den offenbar Ertrunkenen wenigstens probeweise an der Schulter zu rütteln, sieht mit einigem Entsetzen die junge Wasserleiche sich erheben, zum Teichesrand gehen, um sich Gesicht und Hände zu waschen und das Haar glattzustreichen, auf das dann akkurat die Kreissäge [ein runder Strohhut; E.M.] zu sitzen kommt, die der verdatterte Nante dem Auferstandenen zureicht, wofür ihm, da Hartgeld nicht zur Verfügung steht, eine angebrochene Schachtel Juno in die Hand geschoben wird. Nun aber kommt überhaupt erst das Wichtigste. Um sieben Uhr dreißig, als Charlotte Menzel ihr Büro betritt, klingelt auf ihrem Schreibtisch das Telefon. Es meldet sich ihr Tischherr von heute nacht und wünscht mit klarer, flotter, ausgeschlafener Stimme eine recht schönen guten Morgen. Bedankt sich für den wunderschönen Abend, den sie ihm gewidmet hat. Und stellt dann die Frage, die – wenn man den Ton bedenkt, in dem Charlotte sie über die Jahrzehnte hin wiederholt hat – alles entschieden haben muß: Wo glauben Sie, Fräulein Menzel, habe ich heute nacht geschlafen?« (S. 87).

Bruno Jordan wird im Roman als zwar liebenswürdiger und tüchtiger, aber auch schwacher Mensch beschrieben, unfähig, seine Gefühle auszudrücken. Als seine entscheidenden Prägungen werden immer wieder sein knappes Überleben nach der Schlacht von Verdun und seine Erfahrungen als französischer Kriegsgefangener thematisiert. Wegen seiner eigenen Erfahrungen konnte und wollte er anderen Kriegsgefangenen kein Leid zufügen, Gewalt war ihm zuwider (vgl. etwa S. 84f.; S. 168; S. 258; S. 284f.). Eindrücklich beschreibt Christa Wolf, wie Bruno Jordan während eines Fronturlaubs von einem Freund telefonisch die Nachricht bekommt, dass seine Einheit während seines Urlaubs fünf polnische Geißeln exekutierte; sein Freund kommentierte dies: »Schade, daß du nicht dabei warst«, Bruno Jordan hingegen sei »aschgrau« geworden und habe nur einen Satz dazu gesagt: »So etwas ist nichts für mich« (S. 168). Darüber reden konnten die Eltern allerdings nicht. Es gingen »Blicke zwischen den Eltern hin und her [...], nicht für die Kinder, kaum für einander bestimmt. Eheleute, die ihre Augen voreinander verstecken« (ebd.). Charlotte Jordan teilte in gewisser Weise die »Wortunmächtigkeit« (S. 176) ihres Mannes; sie war es von frühester Kindheit an gewöhnt, Dinge zu beschweigen – etwa, dass die Narbe an der Stirn ihrer Mutter Auguste Wenzel von einer Verletzung herrührte, die ihr ihr Mann im alkoholisierten Zustand zugefügt hatte. Charlotte Jordan wird als ehrgeizige, ungemein fleißige Frau geschildert, die die in ihrer Herkunftsfamilie erlebte Armut – ihr Vater wurde wegen fortgesetzter Trunkenheit vorzeitig aus dem Dienst als Fahrkartenknipser gewiesen (vgl. S. 34) – überwinden und ihren Kindern ein besseres Leben ermöglichen möchte. In dieser Rolle geht sie jedoch nicht auf, sie vermisst etwas, was sie wohl selbst nicht genau benennen könnte, die Ehe bringt ihr nicht die erhoffte Erfüllung, es fehlt die Nähe, die Spannungen zwischen ihr und ihrem Mann nehmen zu. Diese Unzufriedenheit zeigt Christa Wolf so, wie sie es immer in ihren Texten tut. Charlotte Jordan ist häufig krank, körperliches Unwohlsein bringt ihr psychisches Unbefriedigtsein zum Ausdruck – dasselbe passiert mit der Erzählerin, wenn ihre Schreibhemmungen am größten sind. Charlotte Jordan setzt allerdings alles daran, nach außen den Schein einer glücklichen Familie zu wahren.

Während der NS-Zeit bringen es die Jordans zu beachtlichem Wohlstand. Sie schließen 1936 ihren kleinen Lebensmittelladen zugunsten eines deutlich größeren und sind mit diesem sehr erfolgreich, Charlotte Jordans anfängliche Skepsis wird zunächst widerlegt. »Das Geschäft blühte, so daß die Hypothek praktisch abgezahlt war, als Jordans das Haus nach achteinhalb Jahren verlassen mußten« (S. 108), um vor der herannahenden sowjetischen Armee gen Westen zu flüchten. Charlotte Jordan bleibt somit allerdings »Langzeitrechthaber(in)« (ebd.).

Politisch sind die Jordans insgesamt eher desinteressiert. Noch im März 1933 hatten sie die sozialdemokratische Partei gewählt, im November 1933 die NSDAP. »Man konnte nicht mehr anders« (S. 41). Die Jordans werden zu Mitläufern, nie jedoch zu überzeugten Nationalsozialisten. Vor allem Charlotte Jordan hegt ein tiefsitzendes Unbehagen gegenüber den Nazis, das sich mit Kriegsbeginn deutlich steigert und von ihr auch nur noch schwer zurückgehalten werden kann. Als Bruno Jordan einen Gestellungsbefehl erhält, ruft Charlotte im Treppenhaus: »Ich scheiß auf euern Führer!« Bruno Jordan wirkt beschwichtigend auf seine Frau ein. Eine Äußerung Charlotte Jordans 1944 über den verlorenen Krieg, der von einer Kundin an die Gestapo weitergegeben wird, führt nur wegen der Intervention eines mit Bruno Jordan befreundeten Nazi-Funktionärs nicht zur Verhaftung Charlottes. Eine grundsätzliche Opposition gegen den Nationalsozialismus ist allerdings hinter diesen Ausbrüchen Charlotte Jordans nicht zu sehen. Es überwiegt insgesamt die Perspektive des »Nicht-Auffallen-«, des keinesfalls »Ausgegrenzt-Sein-Wollens«. Insgesamt herrschte gegenüber dem nationalsozialistischen Regime ein durch Naivität und Nicht-Wissen-Wollen geprägtes Nicht-Wissen vor. Besonders deutlich wird dies an der geschilderten Szene während der Flucht, als ein entkommener KZ-Häftling zu ihnen stößt. Charlotte Jordan lud ihn zum Mitessen ein. Es entwickelte sich folgendes Gespräch:

> »Man hat ihnen übel mitgespielt. Falls es kein Geheimnis ist: Was hat man Ihnen denn vorgeworfen? Ich bin Kommunist, sagte der KZler [...] Ach so, sagte die Mutter. Aber deshalb allein kam man doch nicht ins KZ. Nelly mußte sich wundern, daß sich im Gesicht des Mannes doch noch etwas verändern konnte. Zwar konnte er keinen Zorn mehr zeigen, oder Verblüffung, oder auch nur Erstaunen. Ihm blieben nur die tieferen Schattierungen der Müdigkeit. Wie zu sich selbst sagte er, ohne Vorwurf, ohne besondere Betonung: Wo habt ihr bloß alle gelebt« (S. 306).

Nun ist der familiäre Hintergrund skizziert, in dem Nelly Jordan aufwuchs. Als defizitär für die Entwicklung Nellys wird beschrieben, dass sie nicht in der Eigentümlichkeit ihrer Person anerkannt wird, dass sie wenig Unterstützung erfährt, ihr Selbst zu entwickeln, sondern bestimmten Erwartungen und Verhaltensmustern zu genügen hat: ein liebes, gutes, gehorsames, dankbares Kind zu sein.

> »Nelly hatte das trostlose Gefühl, daß auch der liebe Gott selbst an dem tapferen, aufrichtigen, klugen, gehorsamen und vor allem glücklichen Kind hing, das sie tagsüber abgab. Wörter wie ›traurig‹ oder ›einsam‹ lernt das Kind einer glücklichen Familie nicht, das dafür früh die schwere Aufgabe übernimmt, seine Eltern zu schonen. Sie zu verschonen mit Unglück und Scham« (S. 27f.).

Charlotte Jordan verknüpft ihre Erziehungsversuche in erheblichem Maße mit emotionaler Zu- oder Abwendung: »Irgendwann hat es [das Kind Nelly; E.M.] erfahren, daß Gehorchen und Geliebtwerden ein und dasselbe ist« (S. 20). Charlotte Jordan hat ein ganz bestimmtes Bild von ihrer Tochter, das will sie aufrechterhalten; dies wird besonders deutlich das Verhältnis von Nelly zu ihrem vier Jahre jüngeren Bruder Lutz betreffend. Einerseits zeigt Nelly hohes Verantwortungsbewusstsein und Zärtlichkeit für den Jüngeren, andererseits empfindet sie ihn auch als einen Konkurrenten bei den Bemühungen, die Liebe der Eltern zu erringen. Diese ambivalenten Gefühle lebt sie zunächst in Phantasien oder auch durch die Missachtung seiner Person aus, bis sie ihn schließlich beim Spiel verletzt. In keinem dieser Fälle deutet die Mutter das Verhalten ihrer Tochter angemessen. Hierfür ein Beispiel: Als der Bruder eines Tages kurzzeitig verschwunden ist, aber glücklich wiedergefunden wird, bricht Nelly in Tränen aus, da sie den Bruder, gedankenverloren und mit Missachtung strafend, aus dem Haus geschickt hatte. Die Mutter aber erklärt den Nachbarn, »das Mädel hänge nun mal so an dem Jungen, es sei nun mal so gewissenhaft« (S. 22). Nelly hatte nicht den Mut, den eigentlichen Grund ihres Weinens zu sagen. »Ich bin klein, mein Herz ist rein‹ wollte sie am Abend nicht mehr beten« (ebd.). –

Uwe Wittstock nimmt diese und ähnliche Episoden zum Anlass, in Nellys Verhalten »in einem erstaunlich hohen Maße« Parallelen zu »jenen Beobachtungen von Fehlentwicklungen in der Kindheit« zu sehen, »die Alice Miller in der Studie *Das Drama des begabten Kindes* psychoanalytisch zu deuten versuchte« (Wittstock 1987, S. 114). Alice Miller geht davon aus, dass ein Kind nur in einer Atmosphäre der Achtung und der Toleranz für die – ambivalenten – Gefühle des Kindes eine gesunde Persönlichkeit aufbauen, eine Ich-Identität entwickeln könne und nicht ständig auf die Bestätigung durch Autoritätspersonen angewiesen sei, das eigene Leben nach deren Vorstellungen und Wünschen auszurichten. Wie sie den Erwartungen ihrer Mutter zu entsprechen versuche, so buhle Nelly – wie Wittstock ausführt –

»um die Liebe und Aufmerksamkeit ihrer Lehrer und beobachtet eifersüchtig, ob diese ihren Klassenkameradinnen mehr Zuneigung schenken als ihr selbst. Die nationalsozialistisch denkenden Lehrer Warsinski und Juliane Strauch werden so zu Leitfiguren, denen sie fast bedingungslos folgt, deren Vorstellungen und Wünsche sie zu erahnen und zu befriedigen versucht, bevor diese sie auch nur aussprechen« (S. 116f.).

Ebenso schlösse sich »Nelly auch stets bei der Beurteilung der politischen Vorgänge oder später der militärischen Lage ganz selbstverständlich den offiziell verbreiteten Ansichten an« (S. 117). Obwohl Wittstock einräumt, dass Nelly »das eigene Selbst noch deutlich genug spürt, um seine Unterdrückung als schmerzhaften Verlust zu empfinden«, und sich Nelly hierdurch von den von Alice Miller beschriebenen Kranken unterscheide (S. 120), kommt Wittstock zu folgendem Fazit:

»Nellys Wandlung zum nationalsozialistisch beeinflussten Mädchen vollzieht sich nicht als kurzfristiger, einmaliger Akt und auch nicht als längerfristige Entwicklung mit mehreren plötzlichen, tief einschneidenden Zwischenschritten. Vielmehr geht sie mit solch ‹unheimlicher Unmerklichkeit› vonstatten, daß jede beschriebene Verhaltensweise wirkt, als sei sie lediglich die logische und nur um weniges verstärkte Folge früherer Verhaltensweisen. Der Anfang dieses schleichenden Prozesses verliert sich im Dunkel frühester Kindheitserlebnisse« (S. 123).

Christa Wolf gehe es in »Kindheitsmuster« darum, »einen Teil der nicht abgeschlos-
senen und nicht abschließbaren Trauerarbeit um das unwiederbringlich verlorene
›wahre Selbst‹ Nellys zu leisten« (S. 123). Das scheint mir eine verkürzte Betrachtungsweise zu sein, die ich als erstes mit folgender Aussage aus der Biographie
über Christa Wolf von Jörg Magenau konfrontieren möchte: er spricht von Nellys
Kindheit als »eine[r] durchschnittlich angepasste[n], durchschnittlich glückliche[n]
[...] in einer durchschnittlichen Provinzstadt *in einer außerordentlichen Epoche*«
(Magenau 2002, S. 20; Hervorh. E.M.). Auch diese Aussage bedarf wohl einer gewissen Differenzierung – es ist ein bestimmtes kleinbürgerliches, aufstiegsorientier-
tes, tendenziell unpolitisches Milieu, das Christa Wolf beschreibt; allerdings ist Nelly für jene durchaus ein Exemplum für die Verblendung einer großen Gruppe von
Menschen in einer antihumanen Zeit, einem verbrecherischen System, einer Gruppe von Menschen, der man mit einfachen Schuldvorwürfen nicht gerecht werden
würde. Christa Wolf versucht vielmehr zu zeigen, wie man in einem bestimmten
System unschuldig-schuldig wird. Christa Wolf redet in ihrem Roman »Kindheitsmuster« also nicht einer psychoanalytischen Deutung ihres eigenen bzw. des Mitläufertums in der NS-Zeit das Wort, stellt allerdings die offiziellen Faschismus-Inter-
pretationen der DDR in ihrer Einseitigkeit in Frage, indem sie nicht die äußeren
ökonomischen und politischen Umstände ins Zentrum rückt, sondern auch nach in-
dividuell-psychologischen Faktoren für das Mitläufertum fragt und vor allem deutlich macht, wie durchaus von ihr als integer beschriebene Menschen zu Mitläufern
wurden, wie es möglich war, dass »man zugleich anwesend und nicht dabeigewe-
sen sein kann« (Wolf 1984, S. 42).

Doch kehren wir zu Nelly zurück, die im Roman ambivalenter dargestellt wird
als es die Interpretation Wittstocks nahelegt. Anders formuliert: Nellys trotz aller
Anpassungsbereitschaft immer auch eigenständiges Agieren, ihre Neigung, scheinbar Selbstverständliches zu hinterfragen, darf nicht unterschätzt werden. Ich will
dies an einigen ausgewählten Beispielen von Nellys Handlungen und Empfindungen in ihrer Kindheit und Jugend in der NS-Zeit erläutern.

> »Einmal wirft Nelly alle fünf Geranientöpfe, die vor dem Fenster ihres Kinderzimmers
> stehen, nacheinander hinunter auf den Bürgersteig und weigert sich dann, die Scherben
> zusammenzufegen. Sie muß verrückt geworden sein. Spätabends ist sie imstande, eine
> Erklärung abzugeben: Sie hat eine solche Wut gehabt, weil Herr Warsinski [ihr Lehrer;
> E.M.] behauptet, man schreibe ›Führer‹ groß. – Aber erbarm dich, das tut man doch! –
> Wieso! Zuerst hat er gesagt, man schreibt groß, was man sehen und anfassen kann. Den
> Führer kann Nelly weder sehen noch anfassen [...] Nimm doch Vernunft an! Du kannst
> nicht, aber du könntest. Dummchen. – Dummchen hat Herr Warsinski auch gesagt. Nelly
> aber kann es auf den Tod nicht leiden, wenn ihr Lehrer sich selbst widerspricht. Als Pro-
> be für ihn, nicht ohne böse Vorahnung, schreibt sie ›Wolke‹ klein (sehen, aber nicht an-
> fassen...), gegen den erbitterten Widerstand der Eltern. Lehrer Warsinski lügt nicht. Er ver-
> gißt auch nichts. Wie soll Nelly nachgeben, wenn sie recht hat? Bald stellt sich
> heraus, daß es in der Klasse kein zweites Dummchen wie Nelly gibt, das ›Wolke‹ klein
> schreibt. Da dürfen alle mal tüchtig über sie lachen: Eins zwei drei: los! – ›Wut‹ schrieb
> Nelly schon auf eigene Verantwortung groß, obwohl sie Wut nicht sehen und anfassen,
> nicht hören, riechen oder schmecken kann. Jetzt hat sie endlich Vernunft angenommen«
> (S. 89).

Nelly will dem nationalsozialistisch eingestellten Lehrer, der seinen Unterricht häufig in Uniform abhält, imponieren; dem steht jedoch ihre gewisse Eigenständigkeit entgegen. Hierzu noch zwei weitere Beispiele:

> »Herr Warsinski merkt alles. Einmal will er wissen, wer sich morgens den Oberkörper eiskalt wäscht, um sich abzuhärten, wie es sich für ein deutsches Mädel gehört. Nelly ist nicht unter denen, die stolz die Hand heben können, und wird einzeln getadelt: Was, auch du nicht? Das enttäuscht mich aber, und zwar besonders von dir. [...] Ist es ein Fortschritt, daß Nelly sich bei Herrn Warsinski immerhin durch die Enttäuschung auszeichnet, die sie ihm bereitet? Fragen dieser Art kann sie der empörten Mutter nicht unterbreiten, die ihr zu beweisen sucht, daß das Wasser, das früh aus ihrem Badeofen läuft, beinahe kalt ist. Eigentlich überhaupt kalt. – Aber eben nicht eiskalt. – Eiskalt! Na und? Das mußt du vor der ganzen Klasse ausposaunen, ja? Hier, halt die Hand drunter: Ist das kalt oder nicht? Lauwarm, sagt Nelly. Aber doch mehr kalt als warm. Jedenfalls nicht eiskalt. Charlotte muß sich Gedanken machen über den Wahrheitsfimmel ihrer Tochter, während Nelly, vielleicht ohne es zu merken, ihre Anstrengungen vergrößert, Herrn Warsinskis Erwartungen an sie zu erraten« (S. 97).

Es gelingt ihr allerdings nicht wirklich: Denn – zweites Beispiel – als Herr Warsinski Gefühlswörter hören will und dabei an Mut, Tapferkeit, Treue, denkt, nennt Nelly »Verstellung«. »Eine einzige Enttäuschung wieder mal« (S. 101).

Einmal ist Nelly zum Kindergeburtstag bei der Tochter des einzigen Fabrikbesitzers der Stadt eingeladen, die große schulische Probleme hat. Die Eltern sind sehr freundlich zu Nelly; sie möchten, dass diese ihrer Tochter schulisch auf die Sprünge hilft.

> »Da widerfährt Nelly – nicht zum erstenmal, aber selten vorher so deutlich –, daß sie sich in zwei Personen spaltet; die eine der beiden spielt harmlos mit allen zusammen ›Der Jude hat ein Schwein geschlacht‹, was willste davon haben!‹, die andere aber beobachtet sie alle und sich selbst von der Zimmerecke her und durchschaut alles. Die andere sieht: Hier will man etwas von ihr. Man ist berechnend. Man hat sie eingeladen, um ihr etwas zu stehlen, was man auf keine andere Weise bekommen kann. Nelly, zu einer Person vereinigt, steht plötzlich im Flur und zieht ihren Mantel an [...] Frau Tietz hat ihre Augen überall. Aber Nellychen, was ist denn? Es gibt ja noch Götterspeise mit Sahne, und meine Freundin kann dich dann mit ihrem Auto nach Hause fahren. O nein. Nelly ist entschlossen zu gehen, und wenn sie, um wegzukommen, ein bißchen unverschämt werden, ein bißchen schwindeln muß, so mag das bedauerlich sein, ist aber nicht zu ändern. Götterspeise, behauptet sie, kriegt sie partout nicht runter, und von Schlagsahne wird ihr regelmäßig schlecht. Leider, leider. Und was das Autofahren betrifft: Mit einer Frau am Steuer fährt sie nun mal nicht, da ist nichts zu machen. Seltsam, seltsam. Also geh schon, wenn du nicht zu halten bist« (S. 126).

Nelly widersetzt sich immer wieder den Wünschen und Erwartungen der Erwachsenen. So geht sie etwa ohne Erlaubnis der Eltern am 9. November 1938 zur brennenden Synagoge. »Zu Nellys großem Staunen und Schrecken kamen Leute aus der Tür der abgebrannten Synagoge«. Sie holten »ihre heiligen goldenen Schätze heraus.« »Um ein Haar wäre Nelly eine unpassende Empfindung unterlaufen. Mitgefühl« (S. 151). Nelly lehnt sich auch immer wieder gegen Handlungsweisen der Erwachsenen auf. So bekommt sie etwa einen Wutausbruch, als sie erfährt, dass ihr Vater ihr nicht mitgeteilt hatte, dass ihre Mutter im Krankenhaus liegt, um sich ei-

ner Kropfoperation zu unterziehen. »Man hatte sie belogen. Die Mutter hätte sterben können, und sie hätte nicht einmal geahnt, daß sie in Gefahr war. Sie schrie
und heulte, bis sie nicht mehr konnte« (S. 175).

Dem Sog des nationalsozialistischen Kollektivismus konnte sich Nelly allerdings
nicht entziehen: »Zum ›Dienst‹ in der Hitler-Jugend muß Nelly sich gedrängt haben«
(S. 177). Das Gefühl der »Kameradschaft« zog sie in den Bann (ebd.). Allerdings
hörte sie nie auf,

> »sich unter den anderen fremd zu fühlen. Weil immer wieder diese Verlegenheit in ihr
> aufkam, bei allen möglichen Gelegenheiten, die die anderen gar nicht als Prüfung er
> kannten, und weil diese Verlegenheit und die Selbstüberwindung, die sie immer wieder
> aufzubringen hatte, ihre Schwäche aufdeckte und die ungeheure Strecke aufdeckte, die
> sie noch zurückzulegen hatte, ehe sie der Mensch war, den Micky [die Jungmädel-Füh
> rerin; E.M.] aus ihr machen wollte« (S. 178).

Nach einem Strafgericht gegen eine des Diebstahls überführte Kameradin wollten
sich bei Nelly wieder einmal die richtigen Empfindungen nicht einstellen. »Nach ihrer eigenen Überzeugung hätte sie Abscheu gegen Christa Link [der Diebin; E.M.]
fühlen müssen, nicht dieses weichliche Mitleid, und Begeisterung über die Gradlinigkeit der Führerin anstatt eben Angst« (S. 181). Gewissermaßen erleichtert, allerdings »gegen den erklärten Widerstand der Mutter« (S. 182), nimmt sie somit das
Angebot ihrer Jungmädel-Führerin Micky an, sie als Führeranwärterin vorzuschlagen. Nach einiger Zeit wird sie zur Schaftführerin – an Einzelheiten hierzu kann
sich die Erzählerin nicht erinnern: »Die Rücken der Kolonne. Das Straßenpflaster.
Die Häuserfronten. Aber kein einziges Gesicht. Das Gedächtnis versagt auf unglaubwürdige, man muß sagen, peinliche Weise. Auch kein Name mehr, weder von
Vorgesetzten noch von Untergebenen« (S. 214).

Die Indoktrination mit nationalsozialistischen Inhalten – etwa dem des »lebensunwerten Lebens« – findet bei Nelly – bei allem Glauben an den »Führer« und seine Mission – allerdings doch immer wieder ihre Brechungen im Alltag – so etwa
bei der Begegnung mit Nellys psychisch kranker Tante Jette:

> »Nelly fuhr zusammen, als Tante Jette ihr Schweigen brach und mit brüchiger Stimme sie,
> gerade sie anredete. Ob sie ihr ein Brot bestreichen dürfe. Nelly nickte, ehe der Protest
> der anderen laut werden konnte. [...] Als Tante Jette ihr die sorgfältig zurechtgemachte
> Schnitte über den Tisch zureichte, stellte sich heraus, daß sie Schmalz und Butter über
> einander gestrichen hatte [...] Ein Tumult brach aus. Jeder [...] beschimpfte Jette; da sehe
> man wieder, daß es keinen Zweck habe, sie könne sich einfach nicht zusammennehmen.
> Tante Jette machte konfuse Abwehrbewegungen. Man wollte Nelly das Brot gewaltsam
> vom Teller reißen. Natürlich mußte sie nicht essen, was die Verrückte ihr da gemacht hat
> te. Tante Jette sah Nelly an. Nelly hielt das Brot fest, sie tat einen großen Biß, sie kaute
> und sagte, es schmecke ihr aber. Sie steigerte sich dann: Schmalzbutterbrote gehörten
> überhaupt zu ihren Lieblingsspeisen« (S. 183f.).

Der Glaube an den »Führer« und seine Mission führte Nelly allerdings dazu, bis zuletzt an den deutschen Endsieg zu glauben. Nelly fühlte sich als ein Teil des nationalsozialistischen Kollektivs, dessen Inszenierungen und Rituale – nicht zuletzt seine Lieder! (vgl. etwa S. 179f.; S. 281; S. 356) – sie in den Bann gezogen hatten.

Nelly »glaubte [nach der Flucht aus ihrer Heimatstadt; E.M.] sicher zu wissen, daß sie nicht mehr nach Hause zurückkehren würde, gleichzeitig aber hielt sie den Endsieg noch immer für möglich. Lieber in absurdes Denken flüchten als Undenkbares zulassen. Sie fauchte ihren Großvater an, der mit seinem zahnlosen Mund den Krieg für ›verspielt‹ erklärte« (S. 274).

Sie spielte mit dem Gedanken, sich »einer Werwolf-Gruppe« anzuschließen, »von denen man jetzt munkelte« (S. 281). Sie hielt den Entschluss in ihrem Tagebuch fest, »dem Führer auch in schweren Tagen unverbrüchliche Treue zu bewahren« (ebd.). Den – zunächst amerikanischen – Besatzern wollte sich Nelly nicht beugen:

»Was die anderen taten, sollten sie mit sich selbst abmachen: über kleinen, schnellen, hell lodernden Feuerchen am Straßenrand die Wehrmachtspapiere verbrennen, manchmal auch Litzen und Tressen, manchmal ganze Offiziersjacken; eilfertig die drei amerikanischen Offiziere grüßen, die in lässiger Haltung, unnahbar und stumm in einem Jeep den Hohlweg entlangfuhren und eine Musterung ihrer Gefangenen vornahmen. Nelly rührte keine Hand. Sie zog auch ihren Blick zurück. Ihr Stolz war ungebrochen. Undurchdringlichen Gesichts, auf dem sie Verachtung zu zeigen suchte, ließ sie sich abtasten; ihre Uhr [...] hatte sie in die Manteltasche gesteckt: Sie fanden sie nicht: Winziger Triumph« (S. 303).

Insgesamt befand sich Nelly in dieser Zeit in einem Zustand des äußeren Funktionierens und der inneren Erstarrung, mit dem Mut der Verzweifelten versuchte sie ihren idealistischen Glauben zu retten.

Wie war Nellys Übergang vom NS-Regime in die SBZ bzw. DDR? »Noch zwei, drei Jahre, dann wird sie singen [...] ›Bau auf, bau auf‹. Und sie wird sich bemühen, die [von ihr notierten nationalsozialistischen; E.M.] Lieder aus jenem grünen Heft, das übrigens abhanden gekommen ist, zu vergessen. Es gelingt niemals. Die einander überlagernden Schichten der Lieder« (S. 356).

Die letzte Aussage erinnert uns wieder explizit daran, dass es Christa Wolf in ihrem Roman um die Präsenz der Vergangenheit in der Gegenwart geht, dass sie nicht eine abgeschlossene Geschichte erzählen will, sondern nach lebensprägenden Mustern fragt.

4. »Kindheitsmuster« als Gegenwartsbuch

Ich will mich in diesem Kontext speziell der dritten Zeitebene von 1972–1975 zuwenden und nach Christa Wolfs im Roman zum Ausdruck kommenden Verhältnis zur DDR-Wirklichkeit fragen. Meine erste These lautet, dass Nelly mit ihrem geschilderten Grundcharakter stärker in Christa Wolf präsent ist als es diese wahrhaben will; legitim erscheint es mir hierbei, die Erzählerin des Romans mit Christa Wolf parallel zu setzen. Hans Meyer übertreibt m.E., wenn er formuliert: »Christa Wolf schreibt im Grunde über den Mut eines Schriftstellers beim Verschweigen der Wahrheit« (1977, S. 188), er hat m.E. allerdings weitgehend recht, wenn er schreibt, »daß sich die Nelly Jordan von heute, die Verfasserin von ›Kindheitsmuster‹, im wesentlichen gleich verhält wie das Kind Nelly Jordan von damals« (S. 190), nämlich gleich angepasst-unangepasst. Allerdings ist sich Christa Wolf – nicht zuletzt im Pro-

zess des Schreibens – ihrer selbst bewusster geworden als sie es als Kind und Jugendliche war – das macht bestimmte Kontinuitäten nur um so bedrückender. Ich
darf pointiert formulieren: Christa Wolf begegnet auch dem zweiten deutschen to-
talitären Staat mit idealistischen Augen und will Dazugehörige sein. Deshalb gibt es
m.E. Stellen im Buch, in denen Parallelitäten zwischen NS- und DDR-System völlig
weggedrängt werden und der antifaschistische Neuanfang des DDR-Systems betont
wird. In diesem Kontext werden antiwestliche, nicht zuletzt antiamerikanische Kli-
schees verbreitet und problematische Analogien gezogen. Z.B. wird der Aufstand
der jüdischen Bevölkerung im Warschauer Ghetto verglichen mit einem möglichen
Aufstand der Schwarzen in ihren Ghettos. »Und wenn nun die Schwarzen in ihren
Ghettos sich eines Tages doch erheben? fragst du einen weißen Amerikaner. Be-
dauernd sagt er: Sie haben keine Chance. Weil sie doch schwarz sind. Man erkennt
sie ja. Jeder einzelne von ihnen würde abgeknallt« (1984, S. 238). Als Beispiele für
das Andauern der Inhumanität in der Gegenwart werden immer wieder die Militär-
diktatur in Chile und der Vietnam-Krieg genannt. Ein Darstellungsbeispiel zu erste-
rer:

> »Montag, der 1. Juli 1974. Ein General Pinochet ernennt sich selbst zum obersten Führer
> der Nation. Die Namen der vier kürzlich ermordeten Chilenen, die gestern in der Zeitung
> standen. Jose, Antonio Ruz, Freddy Taberna, Umberto Lisandi. Fast genau vierzig Jahre
> früher hat der ›General-Anzeiger‹ berichtet, daß vier Kommunisten aus L. vor dem Reichs-
> gericht wegen Zersetzungsarbeit verurteilt worden seien [...] In anderen Ländern und Erd-
> teilen haben vor vierzig Jahren die Leute, in deren Zeitungen deutsche Namen standen,
> das Blatt zusammengefaltet und es neben ihre Frühstückstasse gelegt. Der sich wieder-
> holende Vorgang steht dir vor Augen, während du die Zeitung von gestern zusammen-
> faltest und sie in den Zeitungsständer steckst. Gestern ist also in einer Kirche die siebzig-
> jährige Mutter von Martin Luther King ermordet worden« (S. 256).

Nun noch ein Darstellungsbeispiel zum Vietnam-Krieg, das sehr deutlich den Unterschied der Kritikdimensionen am DDR-System und an den westlichen Systemen
zeigt:

> »Es ist ja menschenunmöglich, sagen die Leute, daß man jeden Krieg auf der Welt in-
> nerlich mitmacht. (Im Vorfeld von Saigon schlagen die Raketen der FNL ein). Wenn sie
> ihre Importschuhe gekauft haben (wenn wir unsere Importschuhe gekauft haben), steht
> neben der Kasse ein Behälter, manchmal durchsichtig, meist halbvoll, auch größere
> Scheine; Solidarität mit Vietnam, mit Angela Davis, mit Chile. Das Denken der Zeit – man
> könne alles durch Geld auslösen – verführt zu der Annahme, man bezahle für sein Nicht-
> betroffensein. Ein Schluß, der wiederum das unsinnige schlechte Gewissen voraussetzt:
> daß man eigentlich dabei sein müßte. Eine Vermutung: Die Vorstellungskraft von uns
> Spendenden hält mit der Spende nicht Schritt.
> Die Vorstellungskraft der Bürger der Weltmacht Amerika, die es nicht gelernt haben, in
> den Gesichtern der von ihnen bombardierten oder bestochenen Völker zu lesen, muß
> davon ausgehen, daß ein jedes Kind dieser Erde sich glücklich schätzen kann, in der
> amerikanischen Zivilisation aufzuwachsen: Daher der Mangel an Verständnis dafür, daß
> andere ihre Baby-Brücke aus Südvietnam obszön finden« (S. 355).

Solche und ähnliche Gegenüberstellungen in dem Roman haben Hans Meyer wohl
zu folgendem scharfen Urteil veranlasst: Die Erzählerin gebärde sich,

»als beziehe sie Informationen ausschließlich aus dem ›Neuen Deutschland‹ und von der ›Stimme der DDR‹. Daß Christa Wolf auch andere Welten kennt, zum Beispiel die USA aus ihrer Tätigkeit als Gastdozentin, konstatiert man zwar aus gelegentlichen Hinweisen im Roman, allein die Bewußtseinslage ist diesmal streng tabuiert. Vietnam und Chile, aber nicht Prag und Budapest und Aufstände in Polen und und« (1977, S. 188).

Trotz gewisser Zustimmung zu Hans Meyers Diktum – mein Urteil fällt differenzierter aus[2]. Zum einen rührt Christa Wolf durchaus an Tabus der DDR – etwa in ihrer Darstellung des Mitläufertums in der NS-Zeit, aber auch durch die Darstellung der Flucht und des Leidens der deutschen Flüchtlinge (und der Verweigerung der verharmlosenden Bezeichnung »Umsiedler«; vgl. S. 297) sowie der Thematisierung der Vergewaltigung durch sowjetische Soldaten – auch wenn diese, zumindest ihre Führungsriege, insgesamt gut wegkommen und Wolf wohl auch an dieser Stelle nicht ohne Schere im Kopf schreibt.

Dass sie diese Schere im Kopf hat, ist Wolf bitter bewusst – das ist für mich die eigentliche Tragik dieses Romans: etwas zu durchschauen und sich doch nicht davon lösen und, um damit leben zu können, immer wieder kognitive Konsonanz herstellen zu müssen. Abschließend noch zwei Belege zu Wolfs Schere im Kopf und ihrem Leiden daran:

»Die Wächter von den Toren des Bewußtseins abziehen [...] Das große und vielschichtige Problem der Selbstzensur. Ganz anders muß geschrieben werden. Das Austrocknen, Verdorren, abgeschnitten von den sogenannten Quellen. Wenn die Sehnsucht, die Notwendigkeit gekannt zu werden, mehr zu fürchten ist als alles. Als sei die Selbstbewachung und Selbstbespitzelung ein Exklusivleiden der berufsmäßig Schreibenden und nicht die allergewöhnlichste und allgemeinste Erfahrung der Zeitgenossen, die sie kaum noch wahrnehmen, die viele leugnen, welche für die verbreitete Apathie, die schwerlich zu leugnen ist, andere Gründe anführen« (S. 211f.).

Und – wie um Bitte um Milde werbend – die letzte Stelle:

»Gibt es nur eine Alternative zwischen Schweigen und dem, was Ruth und Lenka [die Töchter der Erzählerin; E.M.] ›Pseudo‹ nennen (falsch, unecht, unaufrichtig, unwahr)? Du bestreitest es dir, nachts. Du stellst dir vor: Aufrichtigkeit nicht als einmaliger Kraftakt, sondern als Ziel, als Prozeß mit Möglichkeiten der Annäherung, in kleinen Schritten, die auf einen noch unbekannten Boden führen, von denen aus auf neue, heute noch unvorstellbare Weise wieder leichter und freier zu reden wäre, offen und nüchtern über das, was ist; also auch über das, was war. Wo die verheerende Gewohnheit von dir abfiele, nicht genau zu sagen, was du denkst, nicht genau zu denken, was du fühlst und wirklich meinst. Und dir selber nicht zu glauben, was du gesehen hast. Wo die Pseudohandlungen, Pseudoreden, die dich aushöhlen, unnötig werden und an ihre Stelle die Anstrengung träte, genau zu sein« (S. 347).

Für diese Freiheit des Denkens und Schreibens und die Sicherung der dafür notwendigen Rahmenbedingungen einzutreten, muss, so denke ich, unser gemeinsames Ziel sein!

---

[2] Als nicht haltbar betrachte ich allerdings die These Nury Kims, »daß es in *Kindheitsmuster* weniger um den vergangenen Faschismus geht, als um den gegenwärtigen Stalinismus, weil die eigentliche Provokation dieses Buches gerade darin besteht, daß es die sich stalinistisch versteinernde DDR-Gesellschaft radikal in Frage stellt« (1995, S. 185).

232 Eva Matthes

Literatur:

a) Primärliteratur:

Wolf, Christa: *Kindheitsmuster.* Darmstadt u. Neuwied, 11. Aufl. 1984.

b) Sekundärliteratur:

Firsching, Annette: *Kontinuität und Wandel im Werk von Christa Wolf.* Würzburger Beiträge zur deutschen Philologie: Bd. 16. Würzburg 1996.

Growe, Ulrike: *Erfinden und Erinnern. Typologische Untersuchungen zu Christa Wolfs Romanen »Kindheitsmuster«, »Kein Ort Nirgends« und »Kassandra«.* Würzburg 1988.

Hilzinger, Sonja: *Christa Wolf.* Sammlung Metzler: Bd. 224. Stuttgart 1986.

Kim, Nury: *Allegorie oder Authentizität. Zwei ästhetische Modelle der Aufarbeitung der Vergangenheit: Günter Grass' Die Blechtrommel und Christa Wolfs Kindheitsmuster.* Europäische Hochschulschriften: Reihe 1, Deutsche Sprache und Literatur; Bd. 1534. Frankfurt a.M., u.a. 1995.

Magenau, Jörg: *Christa Wolf. Eine Biographie.* Berlin 2002.

Papenfuß, Monika: *Die Literaturkritik zu Christa Wolfs Werk im Feuilleton. Eine kritische Studie vor dem Hintergrund des Literaturstreits um den Text »Was bleibt«.* Berlin 1998.

Mayer, Hans: *Der Mut zur Unaufrichtigkeit.* In: Der Spiegel. Jg. 16, 1977. S. 185 – 190.

Sauer, Klaus (Hg.): *Christa Wolf. Materialienbuch.* Darmstadt u. Neuwied 1979.

Wilke, Sabine: *Ausgraben und Erinnern. Zur Funktion von Geschichte, Subjekt und geschlechtlicher Identität in den Texten Christa Wolfs.* Würzburg 1993.

Wittstock, Uwe: *Über die Fähigkeit zu trauern. Das Bild der Wandlung im Prosawerk von Christa Wolf und Franz Fühmann.* Hochschulschriften Literaturwissenschaft: Bd. 82. Frankfurt a.M. 1987.

Uwe Johnson »Jahrestage«

Hans Vilmar Geppert

»Gesine, würdest du mir raten zum Studieren?«, so frägt am 15. August 1968, einem
Donnerstag, fünf Tage vor dem Romanende, die elfjährige Marie ihre allein erzie-
hende Mutter Gesine Cresspahl. Diese selbst ist seit dem dritten März fünfunddrei-
ßig Jahre alt, kann aber immer wieder mal als die »Schwester« ihrer Tochter durch-
gehen. Und sie antwortet – in Johnsonscher Diktion – weder mit Ja noch mit Nein,
sondern mit einem Wenn-Satz, der ein wenig überrascht:

> Wenn du lernen möchtest, eine Sache anzusehen auf alle ihre Ecken und Kanten, und
> wie sie mit anderen zusammenhängt, oder auch nur einen Gedanken, damit du es gleich-
> zeitig und auswendig verknoten und sortieren kannst in deinem Kopf. [1828]

Über das Studium der *Jahrestage*

Johnson lässt hier seine Erzählfigur und Erzählpartnerin Gesine eine sehr hohe Meinung von der Universität äußern, was doch ein wenig überrascht. Johnson hat Germanistik studiert. Und Gesine hat eben ihrer Tochter erzählt, wie und warum sie
ihr eigenes Studium abbrechen musste. Aber Johnson hatte Deutsche Literatur und
Weltliteratur bei Hans Mayer in Leipzig studiert: ein bleibender Gewinn, zu dem er
sich immer bekannte. Und Gesine geht es gar nicht um irgendeine Vergangenheit
oder Gegenwart, sondern um die Zukunft: die Zukunft einer Universität, wie sie sie
sich für ihre Tochter wünscht. Vielleicht verbindet sich noch etwas weiteres mit diesem konditionalen Imperativ. Johnson war schon früh davon überzeugt, dass er ein
bedeutender deutscher Autor ist. Wird nicht auch sein Œuvre einmal Gegenstand
universitären Literaturstudiums sein? Steckt nicht auf alle Fälle in der Studienempfehlung auch ein Lektürehinweis? »Ecken und Kanten«, Brüche im Text, Wechsel der
Stimmen, Vielfalt der Handlungsstränge und Themen, vor allem die mehreren, einander überlagernden Zeitebenen, all das soll produktiv gelesen werden. (Ein Beispiel untersuche ich gleich.) Wie die Widersprüche untereinander »zusammenhängen«, die Teile des Romans zu »sortieren« und zu »verknoten« sind, so sind die
Gedanken »gleichzeitig und auswendig« mitzudenken, also strukturell und für einen
selbst evident zu analysieren: Anders kann man dieses Buch eigentlich nicht lesen.

Warum ist das so wichtig? Weil die Handlung des Romans weitgehend Sackgas-
sen und Kompromisse bietet und zuletzt auf ein großes Scheitern zuläuft. Darüber
soll die von den Erzählstrukturen geleitete Lektüre hinaus führen. Der Diskurs soll
weiter reichen als die Geschichte. Die private, persönliche Vergangenheit, die hier
erzählt wird, kreist um traumatische, verletzende und belastende Erfahrungen und
Erinnerungen. Und die öffentlichen Teile dieser Gedächtnis- und Erinnerungsarbeit
haben eben mit Deutscher Geschichte zu tun: Nazi-Deutschland, Krieg und russi-

sche Besatzung, das Unrechtssystem der DDR, Kapitalismus und aggressive Restauration im Westen. Und in den USA stehen Vietnamkrieg, Rassismus, die Ermordung Martin Luther Kings und Robert Kennedys an, und so fort. Wie lässt sich das erinnern, vergegenwärtigen, darstellen und zugleich »weiter denken«, so dass es lebenswert würde? Lebensperspektiven zu gewinnen aus erinnerten Jahrestagen verlorener, aber unabgegoltener Lebensmöglichkeiten: Das scheint mir der Sinn dieses Erzählens zu sein. Denkt nicht Johnson mit Gesines Worten an seinen Roman und dessen Leser zumindest entschieden mit, wenn er Gesine in ihrer Studienempfehlung fortfahren lässt, es gehe beim Studium um sensibilisierte Erinnerung und um so etwas wie ein geübtes, perspektivierendes Gedächtnis:

> Wenn du dein Gedächtnis erziehen willst, bis es die Gewalt an sich nimmt über was du denkst und erinnerst und vergessen wünschst. Wenn dir gelegen ist, eine Empfindlichkeit gegen Schmerz zu vermehren. Wenn du arbeiten magst mit dem Kopf. [1828]

Wer die *Jahrestage* aufmerksam liest, kommt nicht umhin, seine »Empfindlichkeit gegen Schmerz zu vermehren« und zugleich zu »arbeiten [...] mit dem Kopf«.

Voraussetzungen, Hintergründe, Entstehung

Die Vorarbeiten zu seinem wichtigsten Roman haben Johnson, wenn man will, beschäftigt, seit er seine Umwelt überhaupt wahrnehmen konnte. Das Buch ist durchdrungen von seiner eigenen Biographie, auch darin ist es ein Lebenswerk.

Auf alle Fälle hat Johnson seine erste literarische Arbeit, für die er in Ost wie West keinen Verleger fand, *Ingrid Babendererde. Reifeprüfung 1953* (geschrieben 1956/1957) hier wieder aufgenommen und Themen, sowie zumindest teilweise Personal integriert. Noch konsequenter führt er seinen literarischen Erfolg *Mutmaßungen über Jakob* (1959) hier weiter. Dort waren Gesine, ihr Vater Heinrich Cresspahl und ihr brüderlicher Geliebter Jakob eingeführt worden, auch ihr Haus, ihre Kleinstadt, nicht zuletzt Cresspahls Katze. Und es war um eine von Gesines ihr Leben prägenden traumatischen Erfahrungen gegangen, an der sie vielleicht selbst mitschuldig war. Gesine war aus der DDR geflohen, arbeitete gerade für die Nato (Abteilung: Erstattung von Flurschäden nach Manövern), der DDR-Geheimdienst will Jakob auf sie ansetzen, sie reist unüberlegt und illegal in die DDR, Jakob beschützt sie, wird erpressbar – ist er durch einen Unfall, Selbstmord oder Mord umgekommen, wenn er, der Eisenbahner, der seine Bahnstrecken, diese reale Textur, nun wirklich »auswendig verknoten und sortieren kann«, wie »immer quer über die Gleise gegangen« ist (*Mutmaßungen*, 7)? In *Jahrestage* erzählt Johnson die Vorgeschichten und, so sie überlebt haben, die weiteren Schicksale dieser Personen fort. Er nimmt seine Gesine mit in den neuen Roman, so wie Balzac seinen Rastignac, Joyce seinen Stephen Dedalus oder, und vor allem, Faulkner seinen Quentin Compson mitgenommen hatten.

Aber das ist nur einer der mindestens zwei neuen Erzählansätze. Johnson hatte, nachdem er zur Zeit der Drucklegung der *Mutmaßungen* am 10. Juli 1959 in Westberlin endgültig aus der U-Bahn gestiegen war, schon dreimal die USA bereist, und von Mai 1966 bis Sommer 1968 hielt er sich mit seiner Familie dauernd in New York auf, zuerst für ein Jahr als Verlagslektor, mit der Herausgabe eines Deutschen Lesebuchs für Amerikanische Schulen beauftragt (Günter Grass durfte damals nicht darin vorkommen), dann für ein weiteres Jahr mit einem Stipendium der Rockefeller-Foundation. Johnson fühlte sich dort sehr wohl. Damals entstand der genauere Plan zu seinem neuen Roman. Die gesammelten Materialien zum Alltag in New York und zur Zeitgeschichte dieser Jahre füllten bald viele Leitzordner. Die »Federansetzung« in der Manier Wilhelm Raabes, den Johnson gut kannte – noch mehr freilich bewunderte er Fontane –, will Johnson am 29. Januar 1968 vorgenommen haben, fünf Monate nach dem später mitgeteilten Romanbeginn. Dann wäre das Romanende am 20. August 1968 ein bedeutungsvoller Zufall (so Neumann 1994: 798). Oder ist dieser Zufall eine Mystifikation, und der Schlusstag bestimmte von Anfang an die Planung (so Grambow 1997: 86ff.; so sehe ich es auch). Kontinu-

ierlich schrieb er ab Herbst 1969. In den Jahren 1970, 1971 und 1973 erschienen die ersten drei Bände. Dann folgte eine mehrere Jahre dauernde Schreibkrise: Die Übersiedlung der Familie auf eine Insel in der Themse, mit den Jahren wurde daraus immer mehr ein endgültiges Exil, ein erster Herzinfarkt, Eheprobleme, die Johnson psychopathisch vergrößerte, Alkoholexzesse. Das sind nur einige der bekannten Gründe für diese Schreibhemmung. Mit viel Mühe erschien der letzte Band der *Jahrestage* erst 1983, und er liest sich skeptisch, ja bitter, oft durchaus todesfixiert, hält aber die Kontinuität der Strukturierungen aufrecht.

In dasselbe Jahr, 1983, fällt ein zweiter Herzinfarkt. In der Nacht vom 23. auf den 24. Februar 1984 ist Uwe Johnson neunundvierzigjährig gestor-

ben. Und auch dieses Datum ist eine Rekonstruktion. Denn gefunden wurde der Tote in seinem Haus in Sheerness-on-Sea angekleidet in seinem Arbeitszimmer zwischen geleerten Weinflaschen erst zwei Wochen später am 13. März.

Und nun beginnt man sich zu erinnern: Zwanzig Jahre früher, am 23. Februar 1963, war Johnsons Mutter gestorben; im Roman, am 23. Februar 1968, liegt Gesine Cresspahl in schwerem Fieber-Delirium; sie hatte in den Tagen zuvor ihrer Tochter »nicht« erzählt (725), wohl aber den Lesern, wie ihre eigene Mutter Selbstmord begangen hatte. Ist es nicht, als habe Johnson die Obsession der »Jahrestage« bis zuletzt nicht losgelassen? Aber diese Perspektive wäre zu eng. Der Roman leistet viel Trauerarbeit: Jahrestage, die verlorener Lebensmöglichkeiten gedenken. Die Handlung ist von Anfang an auf ein Scheitern angelegt. Doch all das wirkt hier nicht bedrückend oder lähmend. Es geht auch um eine »rundum belebte Vergangenheit« (817) und Gegenwart. Lebendig wirken auf alle Fälle die vielen vergangenen und gegenwärtigen Details, die vielerlei Menschensachen, die Personen, denen man beim Lesen begegnet, die Erlebnisse, an denen man teilnimmt, die genauen Ansichten von Mecklenburg und New York, in die man immer wieder hineingeführt wird, der Reichtum an Information. Man kann, und soll wohl auch, sich in dieses lebendige Netz von Zusammenhängen geradezu ›einspinnen‹, jeder Leser kennt das, als sei Gesine die beste Freundin, hat es einmal eine Studentin im Seminar formuliert, und, so setzte sie hinzu, als sei Johnson ihr Liebhaber.

Zwischen New York, Mecklenburg und Prag

Der Roman bewegt sich überwiegend auf zwei Zeitebenen. Erzählt werden gegenwärtige Eindrücke und Erfahrungen vom 20. August 1967, nachmittags am Strand in New Jersey bis zum 20. August 1968 am Strand in Dänemark. Diese Gegenwartshandlung, der Alltag der Gesine Cresspahl, schreitet Tag für Tag fort. Erzählt wird vom Wohnen am Riverside Drive mit Blick nach Westen über den Hudson (Illustrationen dazu z.B. bei Fahlke 1994: 179ff.), von Alltagsgewohnheiten, Essen, Kleidung, zum Beispiel von Gesines »ripsseidenem« Kleid »von Bergdorf und Goodmann, ärmellos mit kurzer Jacke«, eigentlich fast zu teuer, aber bequem genug für einen langen Arbeitstag in der Bank, zugleich auch »förmlich genug« für die oberen Etagen (1467). Dorthin wird Gesine immer öfter gerufen, denn sie soll Kredite in die sich reformierende Tschechoslowakei vermitteln helfen. Kleid, Schuhe, Frisur müssen dieser Führungsaufgabe entsprechen. So hängt das Kleinste mit dem historisch Wichtigsten zusammen. Erzählt wird von Schulerfahrungen und -problemen: In einer von Nonnen geleiteten Schule verweist Marie in einem Aufsatz über amerikanische Geschichte »völlig sachfremd«, so die Lehrerin, auf den Vietnamkrieg (313); Gesine muss in die Elternsprechstunde. Die moralisierende Überlegenheit von Schwester Magdalena aber bricht zusammen. Sie hatte wie selbstverständlich vorausgesetzt, Gesine lebe »getrennt« von Maries Vater, also sei geschieden. Aber Maries Vater ist tot: Eins zu null auf der Werteskala und zwei zu null, mindestens, für Gesines und Johnsons Geschichtssicht (vgl. genauer Fischer-Kania 1996: 167ff.). Es gibt viele Freunde und Bekannte: Gesine wohnt zwischen New Yorker Juden, darunter auch solchen, die vor den Nazis geflohen sind oder gar die Lager überlebt haben und oft noch Deutsch sprechen. Rebecca Ferwalter und Pamela Blumenroth sind Maries beste Freundinnen. Sie und ihre Mutter (und Johnson) beachten auch genau den jüdischen Kalender. Blumenroths kämen, sollte Gesine etwas zustoßen, als Pflegefamilie für Marie in Frage. Aber Gesine wird ihre Schuldgefühle und Hemmungen niemals los. Der Alltag bringt auch Zufallsbekanntschaften, etwa die freundliche, schöne, überzeugend extravagante Marjorie (»so anmutig kann sie leben«, 264), ein wandelndes ästhetisches Humanum. Erzählt wird vom Einkaufen, Ausgehen (in Wes' Bar, der noch dazu Gesines Vater ähnelt, wird eine alltägliche liberale Kultur gelebt: »Als wäre Frieden«, 908), oder von kurzen Urlauben mit Auto, Flugzeug, Bahn oder Schiff, wobei die Verkehrsmittel jeweils sorgfältig gewürdigt werden. Und diese sind auf eigene Weise wichtig.

Hier sind an erster Stelle die New Yorker U-Bahn zu nennen, sowie die »South-Ferry« zwischen Manhattan und Staten Island. Gesines Tochter Marie Cresspahl projiziert in diese Verkehrsnetze und Kommunikationswege eine schon fast magische Bedeutung. Und der Autor Johnson will sie offensichtlich als meta-semiotische und meta-pragmatische Modelle verstanden wissen: als Modelle für ein bewegliches Aufeinander-Beziehen und Vernetzen von Erfahrungen und Überzeugungen, als eine kommunikative, Zuordnungen und Konnexe suchende und herstellende Weise des Denkens, ja des Lebens, und so auch des Erzählens und Lesens. Die Margarethe von Trotta-Verfilmung von 1998 versucht in Vorspann und ersten Einstellungen zumindest etwas davon festzuhalten. Mit der mal bei Tag, mal bei Nacht vor verschiedenen Panoramen hin- und herfahrenden ›Fähre der erzählenden Erinnerung‹, die hier durchaus, wie bei Johnson auch, an die alte Allegorie der Lebensreise und des Schiffs der Rede bzw. der Dichtung denken lässt, beginnt im Film jede der vier Folgen. Gesine kommt aus der U-Bahn als träte sie aus ihrer Vorgeschichte heraus, man kann jetzt auch das für die Karriere wichtige Jacken-Kleid wiedererkennen. Und in fast unfreiwilliger Komik – man erwartet, dass die im Gehen Zeitung lesende Gesine gegen einen Laternenpfahl rennt – wird die New York Times ins Bild gesetzt. Deren Berichte, Schlagzeilen und Bilder liefern hier geradezu einen eigenen Diskurs, der teils von Gesine zusammengefasst, teils auch direkt (samt Copyright) zitiert wird. So wird der Gesichtskreis persönlicher Erfahrung erheblich erweitert, der Alltag wird Synekdoche (*pars pro toto*) der Zeit: alltäglicher und allgemeiner Rassismus in den USA, der Vietnamkrieg in der Zeitung und die Reaktionen und Einstellungen auf ihn überall, soziale Fragen in New York, den USA, aber auch auf den Straßen und Plätzen nebenan; nur wenig weiter nördlich beginnen die eindrucksvoll beschriebenen Slums. (Für die vielen historisch-geographischen Details sehr hilfreich ist nun der Kommentar von Helbig 1999.) Und treffend wird in der Verfilmung auch das erste Titelbild auf der New York Times hervorgehoben: Der Prager Frühling ist das wichtigste hier erzählte, öffentliche Ereignis. Auf Gesines ganzes Leben wird er einen geradezu unwiderstehlichen Sog ausüben.

Unterhalb dieser Gegenwartsebene gibt es eine Art zeitliche Zwischenebene: Erinnerungen an die Ankunft und ersten Jahre in New York, an Wohnungs- und Arbeitssuche, Kindergarten, erste Bekanntschaften usw. Sie wird relativ früh im Roman eingefügt. Und ihr wichtigstes Thema ist das des Exils. In dieser ersten Zeit in New York lebten Mutter und Tochter noch in ihrer Gegenwart als in der Fremde. Am Ende des Romans gewinnt dann diese Situation für beide wieder an Tiefe. Aber dazwischen wird das Thema auf andere Art nicht weniger kräftig wachgehalten. Gesines lebenslanges Exil – Johnson selbst hat sich wohl auch so gesehen –, und das vieler Personen um sie herum, spürt man gerade dadurch immer wieder von neuem, dass ihre Tochter sich völlig auf den Neuanfang in den USA eingelassen hat. So entstehen komplementäre Perspektivierungen, die den ganzen Roman prägen: In der Erinnerung gesuchte Heimat, aber auch immer wieder gefundenes Trauma in Mecklenburg, Leben in der Vergangenheit und im gegenwärtigen Exil, nationale und regionale Konzentration, ja Fixierung gegen multikulturelle, multinationale, auch ganz wörtlich vielsprachige Orientierung mit zumindest der Möglichkeit neuer Identität und einer, wenn auch weitgehend unbestimmten, ja in ihren Werten ambivalenten, so doch auf jeden Fall lebenskräftigen Zukunft.

Die eigentliche Vergangenheitshandlung schreitet auf ihre Weise ebenfalls chronologisch fort. Sie beginnt mit der Ansiedlung von Gesines Großvater im Nordwesten Mecklenburgs, im »Klützer Winkel« (schöne Illustrationen dazu bei Noldecken 1991), und umfasst die Schicksale ihrer Eltern seit etwa den dreißiger Jahren, sowie ihre eigenen, im Wesentlichen bis zu ihrer Übersiedlung in den Westen, offiziell ihrer »Republikflucht«, für sie selbst ihr eigentliches »Reifezeugnis« (1824), nach dem 17. Juni 1953. Der Aufstieg der Nazis, die Judenverfolgung, Krieg, sowjetische Besatzung, schließlich das immer drückender werdende Unrechtssystem der DDR bilden die großen Phasen dieser Familiengeschichte. Sie wird von unten, aus der Sicht kleiner Leute in einer kleinen Stadt gesehen: Wenige kleine Widerstände, wie etwa Gesines Vater Heinrich Cresspahl sie versucht mit seiner Tätigkeit für den britischen Geheimdienst, und die vielen kleinen und größeren Förderer, Mitläufer, oder doch Dulder von Unrecht und Gewalt, Versuche, in dieser Umwelt eine gelebte Kindheit und Jugend wiederzufinden, die auch viele freundliche Personen und Begebnisse kannte, aber ohne das Dumpfe, Gefährliche wegzuschieben oder auch das schlechterdings Widerwärtige – Frieda Klütz, ein bezeichnender Name, spuckt auf die Frau des jüdischen Tierarztes, der auch Gesines Pate ist (674), der Mitschüler Manfras bereitet sich als Spitzel auf eine SED-Karriere vor und verwandelt die Schulzeit in eine »einzige Angstpartie« (1785) und so fort. Diese Familiengeschichte erzählt Gesine nach und nach ihrer Tochter. Aber sie erzählt ihr längst nicht alles, manches spricht sie auch auf Tonband (»für wenn ich tot bin«, 151), manches spielt sich überhaupt nur in ihrem Kopf ab, in inneren Monologen oder Gesprächen mit »Stimmen« von Toten und Lebenden, darunter immer wieder auch mit ihrem Erzähl-Partner Uwe Johnson selbst. Dieser redet nicht nur immer wieder hinein, sondern tritt auch einmal selbst auf, hält einen Vortrag in New York, wobei Gesine sich gnadenlos über seine Lederjacke, seine Sprechweise und seinen fehlenden Erfolg als Redner lustig macht. Oft weiß man aber in diesem Roman überhaupt nicht, oder erst hinterher, wer spricht, erzählt oder reflektiert. Und vieles, vor allem Zitate aus der New York Times, wird neutral-anonym einfach als Text einmontiert. So wächst ganz konsequent die Bedeutung der Leser. Jede illusionäre Präsenz eines fiktiven Geschehens, obwohl sie immer wieder gezielt aufgebaut wird, wird immer wieder genauso gezielt aufgebrochen. »Avantgardistische Illusionsbrechung« und »realistische Beglaubigung« gehen immer neu auseinander hervor (Mecklenburg 1997: 18). Der Diskurs des Romans, die Verknüpfung des Erzählten in Formen von Erkenntnis, muss aus den Texten, Stimmen, Zeitebenen und vieler-

lei fiktionalen Entwürfen nicht nur herausgefunden, sondern eigentlich erst hergestellt werden. Das ist nun alles andere als beliebig, auch nicht etwa frei; es wird
vielmehr eben durch die aufgeschriebene narrative Konfiguration argumentativ gesteuert. Wie jedes produktive Spiel muss auch dieses Erzähl- und Lesespiel von vorgegebenen Situationen und Aufgaben ausgehen und vorgegebenen Regeln folgen.
Aber, und das scheint mir nun entscheidend, so kann ein Mehr an Perspektivik und
vernetzter, wechselseitiger Bedeutungsübertragung entstehen, das über alles hinausführen kann und soll, was als Geschichte da steht oder was irgendwer hier explizit sagt. So wird das vorbereitet, was Johnson am Ende des Romans mehr fordert als einfach behauptet: »Geschichte ist ein Entwurf« (1891). Das betrifft natürlich
vor allem die wichtigste Diskursfunktion in diesem Roman, den Zusammenhang
von Vergangenheit und Gegenwart. Dazu ein Beispiel:

Von einer Katze, einer Regentonne und Deutscher Geschichte

Den ersten Hinweis darauf, wie diese drei Stichworte zusammenhängen, gibt ein
»Jahrestag«, nämlich der 8. September 1967. Nach einleitend wiedergegebenen
Nachrichten, jetzt natürlich stark gekürzt: »Der Kriegsminister« erläutert den Krieg in
Vietnam und »schweigt sich rein aus« dabei, bei Ford wird gestreikt, geht es sofort
weiter: Schon vor dreißig Jahren gab es dort

> Aufruhr, Straßenkämpfe und Schießereien. Vor dreißig Jahren fiel ein Kind von Cresspahl
> in die Regentonne hinter seinem Haus.
> Sie haben ein Gedächtnis wie ein Mann, Mrs. Cresspahl! sagt James Shuldiner zerstreut.
> [62]

Dieser ist ein schüchterner Verehrer Gesines, mit dem sie gerade ein Sandwich zu
Mittag isst (sie auf den Abend einzuladen, hat er noch nie gewagt). Aber das von
der Regentonne hat sie ihm, wie man gleich erfährt, noch nicht gesagt. Es war nicht
ihre Stimme, die wir bis jetzt gehört haben. Mr. Shuldiner und Gesine sprachen bis
jetzt über etwas ganz anderes, nämlich über das Cash and Carry-Gesetz von 1937
(es erlaubte die Waffenausfuhr in kriegführende Staaten, Helbig 1999: 78); und es
war Gesines innerer »Speicher des Gedächtnisses«, der weiter »willkürlich« aus »un-
kontrollierbarer Menge« angeboten hatte: »1937 ließ Stalin einen großen Teil seines
Generalstabs hinrichten, 1937 hatte Hitler seine Kriegspläne fertig ausgearbeitet«.
Dann folgt eine Erzählerreflexion über Gedächtnis und Erinnerungen, und wie unzureichend beides ist.

> Daß das Gedächtnis das Vergangene doch fassen könnte [...]! Aber der vielbödige Raster
> aus Erdzeit und Kausalität und Chronologie und Logik, zum Denken benutzt, wird nicht
> bedient vom Hirn, wo es des Gewesenen gedenkt. [...] Das Stück Vergangenheit, Eigen-
> tum durch Anwesenheit, bleibt verstockt in seinem Geheimnis, verschlossen [...], abwei-
> send, unnahbar, stumm und verlockend wie eine mächtige graue Katze hinter Fenster-
> scheiben, sehr tief von unten gesehen wie mit Kinderaugen.
>   Dor kann se ruich sittn gån.
> Mr. Shuldiner hat sich unterbrochen in seiner Darlegung der neuesten Verstöße gegen das
> Völkerrecht, als Mrs. Cresspahl ihre Handtasche aufnahm, die Hand im Nacken des fet-

ten schwarzen Beutels wie im Nacken einer Katze, sich die Tasche über die Hand setzte und dazu etwas aussprach in einem deutschen Dialekt. Er läßt es sich erklären [...].
Das sagte mein Vater, als ich Angst hatte vor einer Katze unter dem Tisch. Sie legte sich
über das Leder seiner Holzpantoffeln zum Schlafen. Das muß auch 1937 gewesen sein.
An dem Tag war ich in die Regentonne gefallen. Und ihre Mutter, Ihre Mutter stand dabei? sagt Mr. Shuldiner. [...] Meine Mutter stand nicht dabei. Entschuldigen Sie. Es war ein
Tagtraum. [63/64]

Freilich, die Mutter war doch und tatenlos dabei gestanden. Das können die Leser
wissen, aber erst aus der Zweitlektüre. Die erste Präsentation dieser Geschichte
sucht das Rätsel. Sowie Gesine sich erinnert, will sie auch verdrängen. Ihr jetziges
Verhältnis zu Gedächtnis und Erinnerung und das der Erzählerstimme (Gesine?,
Johnson?, beide?) stehen sich zunächst noch diametral entgegen. Aber die unbe-
wusste, »tagtraum«-hafte Erinnerung war stärker als die Barrieren des Bewusstseins
und des Gedächtnisses. Zwar hatte wohl der Geruch des Fischsalats in der Sand-
wich-Bar die erste Assoziation ausgelöst, in deutlich anspielender Auseinandersetzung mit dem Geschmack der in Lindenblütentee getauchten Madeleine in Marcel
Prousts *A la recherche du temps perdu / Auf der Suche nach der verlorenen Zeit*
(1913–1927), aber sowohl das Moment sofortiger Verdrängung, als auch die kommunikative Folgerung, überhaupt das Traumatische der Erinnerung, setzen sich
deutlich von Proust ab. Wenn Gesine ihre Handtasche einen Augenblick lang für
die Katze von früher hält, dann bereitet das, nach allerlei Gegenwartsabschweifun-
gen – Gesine will einen einzelnen Apfel kaufen; da das nicht geht, stiehlt sie einen, und Mr. Shuldiner schaut »geniert« zu, übrigens ein höchst signifikantes Detail
–, »das ins Unbewußte vordringende Anamnetische« (Neumann 1994: 652) bereitet
die bewusste Rekonstruktion einer Erinnerung vor, die freilich ihrerseits erst am Ende des Kapitels vorgetragen, der Umgebung jedoch verschwiegen wird:

Wenn da eine Katze innen am Küchenfenster lag, bin ich auf einen umgestülpten Eimer
gestiegen und von da auf die Regentonne. Wenn auf der Tonne der Deckel fehlte, war
meine Mutter in der Nähe. Wenn Cresspahl mich herauszog, hat sie zugesehen. Was soll
ich dagegen tun! [65]

So freilich sind die drei verschiedenen Stimmen und Bewusstseinsstufen von Erinnerung noch nicht kohärent verbunden. Die synchron eingefügte Erzählerreflexion
vermittelt im Text und trennt in der Geschichte, so dass der diskursive Zusammenhang weiter hinausgeschoben wird und eine Aufgabe für die »Kompositionsaktivi-
tät« (Iser 1990: 288) der Leser bleibt. Man muss jetzt einen langen Weg des Fragens
und Verbindens gehen, in dem viel miteinander vernetzt wird. Denn Gesine versucht, so lange es geht, diese traumatische Kindheitserfahrung auch herauszuhal-
ten aus der Familiengeschichte, die sie nach und nach ihrer Tochter erzählt. Aber
Marie hat von Mr. Shuldiner einen Hinweis erhalten: »Dich läßt deine Mutter einmal nicht in die Regentonne fallen« (615) und verlangt am 19. Januar 1968, also
mehr als vier Monate bzw. mehr als einen Band, genauer, 553 Seiten später: »die
Geschichte mit der Regentonne« (ebd.). Eigentlich hatte Gesine ihrer Tochter schon
viel vom Jahr 1937 und 1938 erzählt: Vom weiter und weiter fortschreitenden Aufstieg der Nazis und den im gleichen Maße sich vertiefenden Schuldgefühlen und
Depressionen ihrer Mutter. So wird Deutsche Geschichte ganz wie in einem histo-

rischen Roman als persönliches Erlebnis verdichtet. Lisbeth Cresspahl, schon immer von exaltiertem lutherischem Sündenbewusstsein erfüllt, rechnet sich den National-sozialismus als persönliche Schuld an, hatte sie doch ihren Mann zum Bleiben in diesem Land so gut wie gezwungen. Das Leiden ihres Kindes, sie lässt die kleine Gesine zum Beispiel hungern, soll sich mit ihrem eigenen Leid verbinden, es soll zur ›Buße‹ werden, ganz wie der Katechismus es vorschreibt, und so fort. Einen Selbstmordversuch durch Ertrinken in der Ostsee hat sie im September 1937 durch Zufall überlebt – und Gesine hat auch dies in ihren Erzählungen für Marie vollstän-dig ausgelassen. Dadurch aber wird es für die Leser gerade besonders hervorgeho-ben. Diese haben gezielt das Wissen zugespielt bekommen, mit dem sie »Leerstel-len« (Iser bzw. Ingarden) in der direkten Personenerzählung ausfüllen können: Vergleichbares gilt für die erzählte Zeit. (Genette würde von einer Prolopse in der einen, einer Ellipse in einer zweiten, einer Paralepse in einer dritten Erzählsequenz sprechen, die endlich zu einer die Kontinuität schließenden Analepse führen. Man könnte es sich musikalisch veranschaulichen, wenn etwa das Horn ein Thema kurz anspielt, das später die Streicher bedeutungsvoll aussparen, das dann die Oboe ih-rerseits aufnimmt, bis das ganze Orchester sich ihm voll zuwendet – freilich wäre alles ganz dissonant vorzustellen.) Die »Regentonnengeschichte« nun, die Gesine ih-rer Tochter erzählt, rückt durch ihre nachgetragene Einfügung näher an den Höhe-punkt dieses ganzen Geschichtskomplexes heran, den wiederum nur die Leser er-fahren; denn Marie, von der »Regentonnengeschichte« verstört, will das, was dann am 8./9. November 1938 geschah, nun lieber doch nicht hören. Man sieht, wie die Leser noch konsequenter in den Mittelpunkt der Perspektiven rücken und die Handlungsteile zeitlich versetzt und argumentativ geordnet werden. Dass die Mut-ter im September 1937 durch das Fenster hindurch zusah, wie ihr vierjähriges Kind in der Regentonne beinahe ertrinkt, weil es nach der Katze greifen wollte (615ff.), das wird durch den später, Ende September unternommenen, aber früher erzähl-ten Selbstmordversuch in der Ostsee (579ff.) zusätzlich bedeutsam und rückt zu-gleich näher heran an das mehr als ein Jahr später vorgefallene Ereignis, dass die Mutter in der Progromnacht vom 8./9. November 1938 (vgl. 719ff.), zusehen muss, wie ein jüdisches kleines Mädchen erschossen wird, dass sie den Täter, den Nazi-Bürgermeister danach mehrmals ins Gesicht schlägt, dann nach Hause geht und in der Schreinerwerkstatt ihres Mannes (er und das Kind sind auf Verwandtenbesuch) durch Verbrennen unkommt: Unfall, Mord? Beides bleibt möglich, aber vermutlich war es Selbstmord; diese beiden traumatischen Ereignisse rücken auch die Verset-zungen in der Erzählzeit näher aneinander als in der Geschichte.

Das persönliche Trauma, einmal fast gestorben und von der Mutter dabei ver-stoßen worden zu sein, und das Deutsche Trauma, sich unentrinnbar mit der Ge-schichte des Nationalsozialismus, insbesondere der Judenverfolgung verbunden zu wissen, beides bildet von da an eine feste Bedeutungseinheit. Die Übergänge in der Erzählstimme und im Erzählmodus: Erzählerrede, direkte Personenerzählung, inne-re Rede, »Tagtraum«, »Stimmen« und so fort, und der Wechsel der Adressaten inner-halb und außerhalb des erzählten Ereignisumfangs (intra- und extradiegetisch), all das vertieft das Traumatische dieser Erinnerung, sofern sie sich eben nicht verdrän-gen oder verschweigen lässt. Sie durchbricht alle kommunikativen und mentalen Ergänzungen und zwingt sich Gesine auf; sie lehrt zugleich die Leser, ihre »Emp-

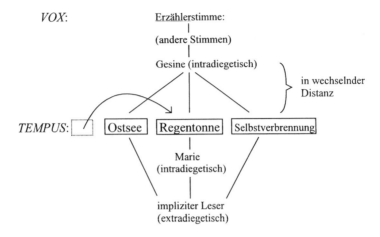

findlichkeit gegen Schmerz« zu vermehren. Man muss mit dieser Geschichte, diesem Trauma, diesen Erinnerungen leben.

Die Katze hatte die erste unwillkürliche Erinnerung ausgelöst, so wie sie Anstoß zu dem ersten traumatischen Erlebnis gewesen war. Sie ist von da an ein Index, ein Aufmerksamkeitsvektor der Erinnerung. Im Roman tauchen oft Katzen auf, und immer fixieren sie Gesines Blick und Aufmerksamkeit. Wenn im Haus ihres Freundes ihre Tochter hereinkommt, »eine Katze auf der Schulter [...] habe ich sie verwechselt mit dem Kind, von dem ich träumte, dem Kind, das ich war« (270). Als Gesine am Ende von Band 3 sich eine Heimat in Richmond auf Staten Island vorstellen kann, sieht ihr Blick »im Norden eine Stelzenbrücke, angehalten im Schritt einer gichtigen Katze« und gleich darauf: »Eine lebende Katze, weiß mit tiefgeschwärztem Auge, will gesehen sein, weiß etwas« (1224/1225). »Will gesehen sein, weiß etwas«: die Katzen in *Jahrestage* wissen mehr, als nur diese traumatischen Zusammenhänge. Mit ihnen verbinden sich offensichtlich auch Wünsche und »Verlockungen« und Sehnsüchte:

> Das Kind stand oft da draußen, hatte den Kopf im Nacken, sah zur Katze hinauf und redete mit ihr, und die Katze sah mich an, als wüßte sie ein Geheimnis und würde es mir doch nicht sagen. [617]

Man merkt, wie der Blick des Kindes, die noch immer betroffene Stimme der Erzählerin und schließlich auch die Assoziationen von Autor und Leser intensiv zusammengehen. Sehr genau kann man die Korrespondenz zwischen mehr als 1600 Seiten auseinanderliegenden Momentaufnahmen, fotografieartigen Textteilen mit Katzen erkennen. Zu Besuch in New Jersey empfindet Gesine im Haus mit der Katze »Licht und Wärme und menschliches Leben« (270); viel später auf Staten Island kommt ihr der Gedanke: »Bleib hier, Gesine« (1223). Und schon für das Kind im Haus am Ziegeleiweg in Mecklenburg bedeutete die Katze, die schon vor ihm da war, so etwas wie Dazugehören, lebendige Geborgenheit, Heimat – vielleicht sogar so etwas wie Mutter-Ersatz. Immerhin gehörte das Wort »Katze«, plattdeutsch »Catt« nachweislich zu den ersten Worten, die Gesine sprechen konnte, das Wort für Mutter aber nicht; dass sie das konnte, war allenfalls »möglich« (454/455).

Schon in *Mutmaßungen über Jakob* hatten Cresspahls eine Katze, ein genau beschriebenes, eigensinniges, elegantes Tier (vgl. *Mutmaßungen* 167, 179), dem die Romanperson Jonas Blach, Anglistikdozent, in Gesine verliebt, Regimekritiker, Sozial-Idealist, Schriftsteller – man erkennt eine der vielen abgespalteten Selbstprojektionen Johnsons; *Jonas zum Beispiel* heißt eine Erzählung, in der er in der Figur dieses widerstrebenden biblischen Propheten seine eigene Haltung rechtfertigt – dieser Jonas, bei Cresspahl vorübergehend untergetaucht, versucht vergeblich, sich dieser Katze zu nähern. Sie kommt und geht, ist anschmiegsam, desinteressiert oder sie kratzt, ganz wie sie will. Einmal jedoch »richtete sie sich auf und beobachtete ihn aus engen glimmenden Augen reglos [...]. Und das schreiben Sie so zu ihrem Spaß? sagte sie« (*Mutmaßungen*, 179). Sie scheint die Arbeit des ›schreibenden Propheten‹ in Frage zu stellen, nimmt sie aber immerhin wahr. Schon vorher war Jonas die Sicherheit, mit der der Romanheld Jakob sich in seiner Umwelt bewegt – mit der Jakob-Gestalt verbinden sich uneingelöste utopische Perspektiven, auf alle Fälle ist er für »Gesine der Inbegriff des wirklichen Sozialismus« (Gerlach 1980: 43) und die Katze steht hier für »ein nicht durch Reflexion beeinträchtigtes Dasein« (Helbig 1999: 81) – »wie einer Katze so unbedenklich« erschienen, »ich habe einen gesehen dem man das Leben ansehen kann« (75). Nicht nur dem Jakob sieht Jonas/Johnson geradezu »gierig« zu, »wie einer Katze«, Vergleichbares – mit dem Motiv der Katze verbinden sich traditionell, im Mythos, oder sehr oft in der Traumsymbolik, weibliche Bedeutungen – schien in den *Mutmaßungen* auch für Gesine selbst zu gelten, etwa wenn sie »unbedenklich« illegal Grenzen überschreitet, ihre Partner wechselt, die Leute schräg von unten anschaut, »nass wie eine Katze« daherkommt, sich zusammenrollt und sofort einschläft. Jakob, Gesine, Cresspahl und die Katze: »Ich werde nie erlernen zu leben wie sie« (*Mutmaßungen*, 255) – sind sie nicht für diesen Jonas und doch wohl auch für den Autor Johnson gewünschte, fast schon mit sehnsüchtiger Liebe gesuchte und verlorene Lebens- und Heimat-Möglichkeiten?

»Joachim Catt« hatte sich Johnson als Pseudonym ausgedacht, als er noch hoffen konnte, im Westen publizieren und in der DDR bleiben zu können. In dem späten Kurzroman *Skizze eines Verunglückten* (1981), zwischen Band 3 und 4 der *Jahrestage* erschienen, einer kaum noch verhüllten, verzweifelten literarischen Umsetzung seiner eigenen Krise, steht ein aus Mecklenburg über England in die USA emigrierter Schriftsteller Joachim de Catt im Mittelpunkt, der nach dem Mord an seiner Frau, nach Zuchthaus und bewachter Nervenklinik »eine eigene Todesstrafe gefunden« hat, »abzuleisten durch Ableben« (*Skizze*, 76). Dieser de Catt wird im vierten Band der *Jahrestage* ein paar Mal erwähnt, aber eigentlich nur, um nun auch in seiner Heimatstadt vergessen zu werden (vgl. 1775). Und hier, im vierten Band, fast am Ende des Romans, findet sich das alte Sehnsuchtsbild dann auch wieder, bezeichnenderweise gerade in der Negation wie zur Deutlichkeit entstellt, wenn Gesine nach ihrem vorerst letzten Schicksalsschlag – ihr neuer Partner D.E. ist tödlich verunglückt (Dietrich Erichson ist ein weiteres alternatives Selbstportrait Johnsons, natürlich ein emigrierter Mecklenburger, der aber das komfortable Leben

eines klugen Opportunisten gewählt hat; Johnsons zweiter Name ist Dietrich, sein
Vater hatte Erich geheißen) – nach D.E.s Tod kehrt das alte Sehnsuchtsbild von Kat-
zen-Leben und Heimat-Katze zur Klarheit verzerrt wieder, wenn Gesine, nachdem
ihre Lebenspläne zerstört sind, von sich sagt: »Heut bin ich die Katze, die wartet auf
den verschwundenen Gastgeber, eines Tages wie verschorft, von Eiter angebohrt,
hinkend und blind auf einem Auge« (1473).

Perspektiven

Der Symbolik täte diese Negation keinen Abbruch, eben als Symbol würde die Katze so nur noch bedeutsamer. Aber lässt sich diese Bedeutung, noch dazu, wenn
man literarische Vorbilder, von E.T.A. Hoffmann über E.A. Poe, Wilhelm Raabe,
Faulkner bis zu Grass, hinzu beachtet, überhaupt noch als ein einheitliches Symbol
fassen? Johnson führte lange Jahre eine afrikanische Katzen-Statuette mit sich, die
rätselhaft lächelt oder vielleicht auch droht, und deren Schwanz sich zu einer Un-
endlichkeitsfigur oder auch einem Jing- und Jang-Zeichen formt. Aber spielt
Johnson, der schon 1975 gesagt hatte: »Je dichter das Netz verbindender Linien
ist, desto mehr haben sie von einem und an einem Roman« und »verteidigen Sie
[dabei] Ihre Unabhängigkeit« (*Geschichte*, 57 und 62), spielt Johnson nicht selbst
das Spiel der Verweise, die ja immer auch Widersprü-
che verbinden, so konse-
quent fort, dass er es nicht mehr in der Hand behält,

»Die Katze Erinnerung, wie du sagst.« »Ja. Unabhängig, unbestechlich, ungehorsam. Und doch ein wohltuender Geselle, wenn sie sich zeigt, selbst wenn sie sich
unerreichbar hält.« (Uwe Johnson, *Jahrestage* 2, S. 670)

gar nicht mehr kontrollieren will. Die »zentrierende [...] souverän-kritische Erzählin-
stanz«, an der Johnson nach Norbert Meckenlenburg so wie die großen Realisten
des 19. Jahrhunderts »festhalte«, gibt es hier nicht, gab es auch dort genau gelesen
nicht (Mecklenburg 1997: 26). Es ist vielmehr Wolfgang Strehlow zuzustimmen,
dass die »Erzählökonomie [...] einander entgegenstehender und vorantreibender er-
zählerischer Kräfte« eine »potentielle Unendlichkeit« anstrebt (Strehlow 1993: 233).
Der Johnson der *Jahrestage* ist ein »Joe Hinterhand« – so hatte das Pseudonym de
Catt sein eigenes Pseudonym genannt –, und er ist keiner, denn auf seine »Hinterhand« kommt es ihm gar nicht mehr an. Wie sagte schon Gesine? »Ich trau dem
nicht was ich weiß« (387), und »solange ich es nicht fertigdenke, ist es nicht« (210),
das aber ist nichts, was ein Einzelner vollenden könnte, jeder muss es selbst wei-
terführen. Der Roman »zeigt einem wohl was zum Denken, aber dann sollst du es
selber tun« (1591), und so fort.

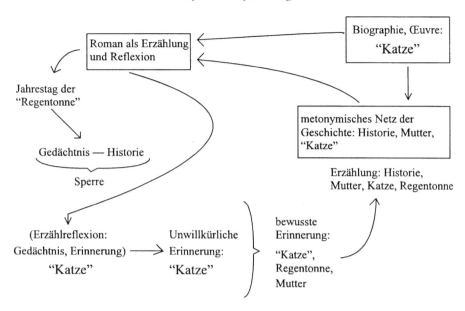

Wenn Gesine ihre Handtasche im Nacken packte und plattdeutsch zu ihr rede-te, dann hatte die Katze vor allem Vermittlerfunktion. Sie verhalf zum Eintritt in die Erinnerung. Ähnlich vermittelnd wirkte in der Erzählerreflexion die »mächtige graue Katze [...] gesehen wie mit Kinderaugen«. Sie verband spätere bewusste Rekonstruk-tionen im Grunde mit dem gesamten Œuvre Johnsons; all das bildet seinerseits dann die Voraussetzung, den tragenden Konnex, bereits für die erste Erwähnung der »Regentonnengeschichte«. Und von da an hängen private Schicksale und Deut-sche Geschichte, auch Johnsons Vita ist nur ein Teil davon, kein Schlüsseltext, das Persönliche und das Allgemeine immer unlösbar zusammen, und genauso Vergan-genheit und Gegenwart. »Die Katze Erinnerung [...] unabhängig, unbestechlich, un-gehorsam. Und doch ein wohltuender Geselle, wenn sie sich zeigt, selbst wenn sie sich unerreichbar hält« (670): Man darf der negativen Suggestivkraft dieses Bildes nicht erliegen. Diese »Unerreichbarkeit« selbst könnte gar nicht wahrgenommen werden ohne das Netz von Bezügen, in dem hier alles, gleichwohl beweglich, fest-gemacht ist. Zur Identifikation gesuchte und traumatische Vergangenheit, Erinne-rung und Sehnsucht, Engagement und Exil, Regionalismus und Weltbürgertum, das Beiläufige und das historisch Epochemachende, so könnte man noch viele Wider-sprüche aneinanderreihen, bilden ein Netz von Bezügen, das eigentlich keine Ganzheit zulässt.

Johnsons wichtigste Erzählfigur ist die iterative Metonymie, *pars pro parte pro parte ... ad infinitum*, replikativ, *a posteriori* zu lesen. Will sagen: die jeweiligen Folgesätze verweisen von Einzelnem aus auf anderes Einzelnes in der Vergangen-heit, auf im Lesen bzw. Verweisen immer schon wieder vergangene Zukunft und so vielleicht auf unsere offene Zukunft. Alle bildhaften Entwürfe und Vergleiche – auch etwa die oft kritisierten zwischen Judenverfolgung und Rassismus in den USA, nicht zuletzt der dortigen Juden selbst – sind hier genau genommen nur Anstöße,

es genügen oft minimale Assoziationen, um in dieses Netz von Bezügen einzutreten, wobei es sich dann immer auf das jeweils engere oder weitere Einzelne zu
konzentrieren gilt. Dieses Netz ist fortsetzbar, einerseits in die Räume der Vergangenheit hinein. Johnsons Œuvre hat das vorgeführt, er wollte ja auch weiter an ihm
fortarbeiten, weiter erzählen. Anschließen lassen sich andererseits aber auch die
Geschichten der Leser. Sie gehen einem unweigerlich durch den Kopf, wenn man
dieses Buch liest: vom Kater Willie unserer Nachbarin, der uns regelmäßig besucht,
insbesondere, wenn wir auf der Terrasse zu Abend essen, und den ich jetzt mit anderen Augen betrachte, als wüsste er etwas, was er mir nicht sagen will, über die
vielen intertextuellen Verweise, die inzwischen ja durchaus gewachsen sind. Der
Hinweis auf den Gottesdienst der »Dunkelhäutigen«, gleich auf der ersten Seite des
Romans, ist bei Johnson sicher eine Hommage an das letzte Kapitel von William
Faulkners *The Sound and the Fury* (1929), zugleich an Max Frischs *Stiller* (1954),
aber denkt man inzwischen nicht auch an Toni Morrisons *Beloved* (1987), und was
ließe sich da alles nicht recht genau entwickeln? Und reicht das, dieses metonymi-
sche Zuordnen, nicht auch bis in die jüngste Deutsche Geschichte seit der Wieder-
vereinigung, Rassismus heute: ›all-täglich‹ in Deutschland oder bis zu den jüngsten
Veränderungen in den USA?

Umgekehrt enthält *Jahrestage* viele unabgegoltene Zukunftsperspektiven. Das
immer neue persönliche Engagement, das der Roman aufschreibt: Cresspahls Lan-
desverrat, Jakobs Sozialismus des Alltags, Anitas Gutmenschentum, die interkultu-
rellen Brücken, die in New York trotz allem möglich sind, noch zuletzt Gesines Aufbruch, um sich für den Prager Frühling und einen humanen Sozialismus zu
engagieren – alles viel detaillierter, auch kritisch differenzierter dargestellt und reflektiert, als es diese bloße Nennung sichtbar macht –, dazuhin die utopischen In-
seln, Maries Kinderland, Kinder-Utopie Cydamonoe, an dessen Apfelgehalt (»cyd«
wie in »cider«) und an vielen vergangenen Apfelidyllen sich Gesine am Tag der ersten Erzählung des »Regentonnen«-Traumas durch ihren Apfeldiebstahl wie in einem
magischen Akt festzuhalten versucht (vgl. 1483ff.; sowie Schulz 1995: 132ff.), Jon-
ny Schlegels genossenschaftlicher Musterbetrieb, das vertrauensvolle Mutter-Kind-
Modell in diesem Roman, oder etwa das Manifest des Tschechoslowakischen
Schriftstellerverbandes, das in voller Länge zitiert wird (zur differenzierten Würdi-
gung vgl. Fries 1990: 172ff.), und vieles mehr, all das kann in diesem narrativen
Netz von Bezügen, die ja auch Funktionen der Bedeutungsverstärkung sind, eine
Impuls-Dynamik gewinnen, die über das immer neue Scheitern hinausführen
könnte und soll. Johnson versucht humane, sozialkritische Perspektiven offen zu
halten, ohne etwas zu beschönigen.

Texturen

So wie Gesine zur Zeit der Machtergreifung der Nazis geboren wurde, vor dem
Hintergrund des Ungarn-Aufstandes ihren Geliebten verlor und so fort, so reist sie
am Romanende nach Prag, um Bankkredite zu vermitteln, ihrem eigenen Entschluss nach aber, um politisch mitzuarbeiten. Den Tod ihres D.E. hat sie ihrer
Tochter noch verschwiegen. Am Nachmittag des 20. August 1968, ein Datum, auf

das der Roman von Anfang an zusteuerte, sein erster Tag war der vorweggenommene »Jahrestag« dieses historischen Ereignisses, am Tag des Einmarsches der Warschauer-Pakt-Truppen in die damalige Tschechoslowakei, macht Gesine auf dem Weg nach Prag Zwischenstation in Dänemark, trifft eine letzte Vaterfigur, ihren sehr alten Englischlehrer; in dieser Situation des Übergangs, im Niemandsland, unterwegs in die falsche Richtung, im Exil vom Exil und ein weiteres Exil vor Augen, geht sie am Strand spazieren:

> Beim Gehen an der See gerieten wir ins Wasser. Rasselnde Kiesel um die Knöchel. Wir hielten einander an den Händen: ein Kind; ein Mann unterwegs an den Ort wo die Toten sind; und sie, das Kind das ich war. [1891]

Eine melancholische, aber auch eine offene Situation. Die »rasselnden Kiesel« haben, wie ich gleich zeigen werde, mit rhythmisch vergehender, aber auch immer neuer Zeit zu tun. »Wir hielten einander an den Händen«: Das ist zwischen drei Generationen eine unmissverständliche, gemeinschaftsbildende Geste, es entwirft eine »utopielose [...] Utopie« (Strehlow 1993: 296), eine Hoffnung, die die großen perfekten Konstruktionen einmal nicht braucht. Das »Kind« ist erwachsen, aber in der Erinnerung und im Buch ist es jederzeit als Kind präsent, die Toten sind literarisch nicht tot. In der Verfilmung schauen sie – na ja, aber immerhin! – den Lebenden von der Düne herab zu. Aber der Film, zumindest dieser (er »glättet aber verrät nicht«, Hofmann, 219), kommt an die Dichte und Intensität mancher Texturen bei Johnson nicht heran. Wie genau er sich über diese Verdichtung seiner Strukturierungen und über deren Wechsel im Klaren gewesen sein muss, zeigt diese Seh-Erzähl- und Denk-Skizze.

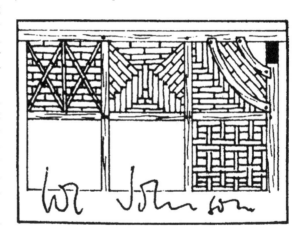

   So mussten wir bei der Betrachtung des Roman-Schlusses bereits unsere Lesegenauigkeit verändern, den Text wie ein Prosa-Gedicht auffassen. »Beim Gehen an der See gerieten wir ins Wasser. Rasselnde Kiesel um die Knöchel«: Der Schluss des Romans weist deutlich auf den Anfang zurück. Das Zyklische ist Teil des Iterativen. So will auch ich den Vortrag mit der Betrachtung des Romananfangs schließen:

> Lange Wellen treiben schräg gegen den Strand, wölben Buckel mit Muskelsträngen, heben zitternde Kämme, die im grünsten Stand kippen. Der straffe Überschlag, schon weißlich gestriemt, umwickelt einen runden Hohlraum Luft, der von der klaren Masse zerdrückt wird, als sei da ein Geheimnis gemacht und zerstört worden. Die zerplatzende Woge stößt Kinder von den Füßen, wirbelt sie rundum, zerrt sie flach über den graupligen Grund. Jenseits der Brandung ziehen die Wellen die Schwimmende an ausgestreckten Händen über ihren Rücken. Der Wind ist flatterig, bei solchem drucklosen Wind ist

die Ostsee ín ein Plätschern ausgelaufen. Das Wort für die kurzen Wellen der Ostsee ist kabbelig gewesen. [7]

Die Wellen, die an den Strand treiben, sind ein altes Bild für die vergehende Zeit, insbesondere in der englischen Literatur, mehrere Stellen scheint Johnson fast zu zitieren.

Eigentlich müsste man bis auf Ovid, *Metamorphosen*, Buch XV (Vers 181ff.), die Rede des Pythagoras zurückgehen:

> Sed ut und inpellitur und,
> urgeturque eadem veniens urgetque priorem,
> tempora sic fugiunt pariter, pariterque sequuntur,
> et nova sunt semper.

> Wie von der Welle die Welle gejagt wird, wie von der kommenden selbst gedrängt, sie die vorige drängt, so flieht und verfolgt zugleich auch die Zeit, und doch ist sie immer neu.
>
> [Deutsch von Erich Rösch.]

Aber näher (man denke an die »Kiesel) liegt vielleicht die nahezu wörtliche Übernahme Ovids in William Shakespeare *Sonnet* LX:

> Like as the waves make towards the pebbled shore,
> So do our minutes hasten to their end
> Each changing place with that which goes before,
> In sequent toil all forwards do contend.

> Wie Wellen drängen an den Kieselstrand
> Ziehn unsre Minuten hastig an ihr End,
> Tauscht jede Platz mit der, die vor ihr stand
> Sich mühend hin zum Ziel, das keiner kennt.
> [Deutsch von Paul Hoffmann.]

Und sehr nahe, um noch ein weiteres von vielen, vielleicht möglichen Beispielen zu nennen, liegt Virginia Woolfs *The Waves* (1931):

> »the grey cloth became barred with thick strokes moving, one after another [...] following each other pursuing each other, perpetually.
> As they neared the shore each bar rose, heaped itself, broke and swept a thin veil of white water across the sand. The wave paused, and then drew out again, sighing«.

> Dicke Striche auf dem grauen Tuch, die sich bewegen, nacheinander, die einander folgen, einander hinterhereilen, immer wieder. / Wenn sie sich der Küste näherten hob sich jeder Strich, schwoll an, brach und fegte einen dünnen Schleier weißen Wassers über den Strand. Die Welle hielt inne und zog sich wieder zurück, hinaus, mit einem Seufzer.
> [Deutsch von mir.]

Die Schönheit dieser Bezugstexte ist bei Johnson selbst freilich nur eine Erinnerung. Hier ist alles härter und widersprüchlicher. Aber Johnson scheint ganz gezielt von Virginia Woolf den Eindruck einer Schwarz-Weiß-Fotografie zu übernehmen; durch den Kontrast der einen Farbe »grün« wird das noch unterstrichen. Und wie Virginia Woolf geht er betont von der Fläche aus, allerdings um sie konsequent zum räumlichen Modell zu erweitern. Die schräge Hauptachse erzeugt Tiefe und Offen-

heit, sowohl im vorzustellenden Hintergrund als auch hinter den Vordergrund zurück. Dies ist ein Ausschnitt eines unbekannten größeren und weiteren Raumes,
sagt diese Perspektive. Andererseits aber ist hier die Dynamik des Wassers beträcht-
lich. Sie enthält nicht nur Bewegung, sondern Kraft, ja geradezu anthropomorphe,
schmerzhaft empfundene Gewalt. Und bei alledem hört man deutlich heraus, dass
dies sprachlich konstruiert ist. Als liefe ein recht tiefenscharfer Schwarz-Weiß-Film
ab (mit einer plötzlichen farbigen Einblendung), und dazuhin spräche eine Stimme
mit eigenwilligem Ton »im off«. Bildhafte Gesamtvorstellung und sprachliche Mik-
ro-Entwürfe (einem frühneuzeitlichen *concetto* nahe) gehen nicht ganz ineinander
auf.

Das scheint mir bezeichnend. Es kommt nicht auf eine allgemeine Symbolik der
Wellen oder des Wassers an. Das vorausgesetzte Bild vergehender Zeit ist nur ein
Hintergrund, eine Praefiguration. Dasselbe gilt für die Deutung von »Wasser als Le-
benselement, in dem [...] Anfang und Ende beschlossen liegen« (Neumann 1994:
838): gewiss richtig, aber hier noch zu allgemein. So wie die Sprache des Erzählers
die bildhaften Entwürfe hörbar, sichtbar, zum Denken auffordernd modelliert, so ist
auch das Medium »Wasser« in diesem Roman immer das, was der jeweilige Kontext
daraus macht (es wird also mit Sicherheit nicht »plakativ wieder aufgenommen«,
Helbig 1999, 25). Auch so ergibt sich die Bedeutung von »Zeit«, ja »Leben«, aber
eben nicht in einem irgendwie ganzheitlichen oder pathetischen Sinn, sondern je
konkret, als Kontinuität von Situationen und Lebensformen.

Schon für die weibliche Heldin in *Ingrid Babendererde* »war Schwimmen wie
Atmen« gewesen (*Ingrid Babendererde*, 51), »sie geht schwimmen sooft sie kann«
heißt es noch von der verstoßenen Geliebten in *Skizze eines Verunglückten* (*Skizze*, 22). Gesine Cresspahl gehört ganz offenkundig auch in diese Kontinuität. Sie
schwimmt so viel, dass unbedingt die Vielfalt in der Kontinuität dieser Lebensform
im Vordergrund stehen muss. Einmal heißt es, sie sei von Mecklenburg bis New
York »geschwommen«, durch soundsoviele Seen, Flüsse, Frei- und Hallenbäder,
schließlich Küstengewässer hindurch. Dann eröffnet Schwimmen und Wasser einen
Konnex, eine in ihren Stationen verbundene Lebenstopographie und deren Erinnerung. Das Melusine-Motiv, wenn Johnson es denn von Fontane übernommen hat,
verwendet er einerseits konträr – Fontanes Melusinen dürfen nicht ins Wasser, ihre Natur-Heimat, zurück, Johnsons Melusinen tun es dauernd, aber es hilft ihnen
nicht wirklich. Andererseits aber setzt er sehr wohl jene kontextuelle Modifikation
fort, die letztlich schon bei Fontane entscheidend war. So ist ja auch an den Ro-
mananfängen die Semantik von Wasser und Schwimmen jedesmal völlig verschieden entworfen. Jetzt bleibt Gesine weitgehend passiv, einer Übermacht gegenüber
schmerzlich und zugleich geborgen, lässt sie sich ziehen, wie zuhause in einem fast
unendlichen Kontinuum, das sowohl Erinnerung als auch Zukunft eröffnet: Erinnerung an die traumatischen Wasser-Erfahrungen der »Wassertonne« oder an den
Selbstmordversuch der Mutter in der Ostsee, aber auch Erinnerungen einfach an
Ferien am Meer, wo sie auch als Kind von den Füßen gerissen worden war, Aus-
blicke auf eine Zukunft, zum Beispiel in New Jersey oder New York.

Ganz anders nun als am Anfang des ganzen Romans dominieren zu Beginn von
Band zwei Sport, Sich-Durchsetzen, Aufprall und Widerstand. Was früher »Geheimnis« geheißen hatte, heißt jetzt beispielsweise »Versteck«: Die Umwelt sich zu er-

obern, wirkt wie eine direkte Suchaufgabe. Die größere Nähe anderer Menschen treibt das Fremde hervor, grenzt es zugleich aber auch wieder ein (Gesine macht einen ›Deutschen Kopfsprung‹, bei dem man sich in der Luft zusammenzieht und wieder streckt, »a curious header [...] Dschi-sain«, 487). Auch der Eindruck der Kälte und Schwärze im Ferien-Gelände, das aus einem ehemaligen Panzerübungsplatz künstlich geformt wurde und nach einem Weltkriegs-General Pattonlake benannt ist, auch dieser düstere Eindruck am Beginn des dritten Buches, »schweres schwarzes Pattonwasser« (1020), ist nach den Prämissen dieses Diskurses nicht einfach verallgemeinerbar. Und dass das so ist, scheint neben anderem, dem schlechthin Gefährlichen, eben auch der abweichende Beginn von Band vier zu signalisieren. Wenn dann der Schluss des Romans auf den Anfang zurück verweist, dann ist das ein schmaler, aber doch fester Erzählrahmen. Die Gegenwart beherrscht ein schmerzliches persönliches wie politisches Scheitern. Aber das ist nur eine Sequenz in einem artikulierten, mobilen, ja flüssigen vieldimensionalen Kontinuum, einem Konnex von Zeit, Leben und Geschichte, den es in der Erinnerung, im Erzählen und in der Praxis immer neu herzustellen gilt.

Schon Ovid erkannte:

Fitque quod haud fuerat, momentaque cuncta novantur
und es wird, was niemals gewesen zuvor; und all das Bewegen erneut sich,

oder mit Johnsons Worten: »Geschichte ist ein Entwurf« (1891).

Literatur:

Uwe Johnson:
– *Ingrid Babendererde. Reifeprüfung 1953*. Mit einem Nachwort von Siegfried Unseld. Frankfurt 1985.
– *Mutmaßungen über Jakob*. Frankfurt 1959 (Suhrkamp Taschenbuch) 2001.
– *Jahrestage. Aus dem Leben von Gesine Cresspahl*. 4 Bde., Frankfurt 1970–1983. (Diese Ausgabe von 1892 Seiten wird im Text zitiert. Sie ist seitenidentisch mit allen Suhrkamp-Ausgaben; die Seitenzahlen der neuen einbändigen Ausgabe als Insel-Taschenbuch, insgesamt 1703 Seiten, ergeben sich recht genau, wenn man 10% abzieht.)
– *Skizze eines Verunglückten*. Frankfurt 1981.
– *Begleitumstände. Frankfurter Vorlesungen*. Frankfurt 1980.
– *»Ich überlege mir die Geschichte...« Uwe Johnson im Gespräch*. Hg. von Eberhard Fahlke. Frankfurt 1988.

Bengel, Michael (Hrsg.): *Johnsons Jahrestage*. Frankfurt 1985.

Fahlke, Eberhard (Hrsg.): *»Die Katze Erinnerung.« Uwe Johnson – eine Chronik in Briefen und Bildern*. Frankfurt 1994.

Fischer-Kania, Sabine: *Geschichte entworfen durch Erzählen. Uwe Johnsons »Jahrestage«*. Münster 1996.

Fries, Ulrich: *Uwe Johnsons »Jahrestage«. Erzählstruktur und politische Subjektivität*. Göttingen 1990.

Genette, Gérard: *Die Erzählung*. München 1994.

Gerlach, Ingeborg: *Auf der Suche nach der verlorenen Identität. Studien zu Uwe Johnsons ›Jahrestage‹*. Königstein 1980.

Gerlach, Rainer/Richter, Matthias (Hrsg.): *Uwe Johnson*. Frankfurt 1984.

Grambow, Jürgen: *Uwe Johnson*. Reinbek 1997.

Helbig, Holger (Hrsg.): *Johnsons »Jahrestage«. Der Kommentar*. Göttingen 1999.

Hofmann, Michael: *Uwe Johnson*. Stuttgart 2001.

Iser, Wolfgang: *Der Akt des Lesens. Theorie ästhetischer Wirkung*. München, 3. Auflage 1990.

Mecklenburg, Norbert: *Die Erzählkunst Uwe Johnsons. »Jahrestage« und andere Prosa*. Frankfurt 1997.

Michaelis, Rolf: *Kleines Adreßbuch für Jerichow und New York. Ein Register zu Uwe Johnsons Roman »Jahrestage«*. Angelegt mit Orten, Zitaten und Verweisen. Frankfurt 1983.

Neumann, Bernd: *Uwe Johnson*. Hamburg 1994.

Noldecken, Peter: *Bilderbuch von Johnsons Jerichow und Umgebung*. Frankfurt 1991.

Schulz, Beatrice: *Lektüren von Jahrestagen. Studien zu einer Poetik der »Jahrestage« von Uwe Johnson*. Tübingen 1995.

Strehlow, Wolfgang: *Ästhetik des Widerspruchs. Versuch über Uwe Johnsons dialektische Schreibweise*. Berlin 1993.

Wiebel, Martin (Hrsg.): *Mutmaßungen über Gesine. Uwe Johnsons »Jahrestage« in der Verfilmung von Margarethe von Trotta*. Frankfurt 2000.

Don DeLillo, *Underworld*

Hubert Zapf

Don DeLillos *Underworld* ist sicher einer der ambitioniertesten Versuche der neueren Zeit, jene *Great American Novel* des 20. Jahrhunderts zu schreiben, wie sie immer wieder von führenden Schriftstellern der USA angestrebt wurde und für die Herman Melville mit *Moby-Dick* im 19. Jahrhundert den Maßstab vorgegeben hatte. Erschienen 1997 und von der Kritik und einer erstaunlich breiten Leserschaft trotz seines beeindruckenden Umfangs von über 800 Seiten überwiegend enthusiastisch aufgenommen, weist *Underworld* in der Tat Parallelen zu Melvilles *magnum opus* auf. Beide Bücher stellen nicht nur in ihrer Länge, sondern in der Radikalität, in der sie die Wechselbeziehungen von Ordnung und Chaos durch die verschiedensten Daseinsbereiche hindurch erkunden, eine besondere Faszination, aber auch eine Herausforderung für ihre Leser dar.

Werden bereits in *Moby-Dick* am Beispiel der weltumspannend operierenden Walfangindustrie die Anfänge dessen sichtbar, was heute als Globalisierung bezeichnet wird, so ist Globalisierung in ihren medialen, ökologischen und ökonomischen Begleiterscheinungen eines der Hauptthemen von DeLillos Roman. Und wenn in *Moby-Dick* die Jagd auf den weißen Wal zugleich als symbolische Reise in eine Unterwelt der Kultur und des menschlichen Unbewußten inszeniert wird, so ist das Motiv der Unterweltreise bei DeLillo bereits vom Titel her zentral angelegt und als Teil der ästhetischen Grundkonzeption erkennbar. Der Italoamerikaner DeLillo knüpft hier über Melville hinaus unverkennbar auch an Dantes *Divina Commedia* und vor allem dessen ersten Teil des *Inferno* an. Während indessen bei Dante der Dichter von seinem klassischen Vorläufer Vergil durch das Totenreich geleitet und so eine Kontinuität auf der Ebene der großen, kulturell repräsentativen Autoren und Erzählungen gestiftet wird, wird bei DeLillo der Leser von Gestalten des Alltagslebens durch die Unterwelt der amerikanischen Geschichte und Gesellschaft geführt. In beiden Werken spielen Zahlen als Kompositionselement eine wichtige Rolle: In Dantes Epos ist es die ›heilige‹ Zahl 3, die durch die verschiedenen Textebenen hindurch eine göttlich verbürgte kosmische Ordnung symbolisiert; in *Underworld* hingegen ist es die mit populärem ›Aberglauben‹ assoziierte Zahl 13, die das Zufallsspiel der kontingenten Ereignisse auf halb esoterische, halb parodistische Weise in Schicksalhaftigkeit umdeutet. Die heroischen und erhabenen Register, die im klassischen Epos und noch bis hin zu Melville dominieren, verbinden sich bei DeLillo mit Ausdrucksformen der Populärkultur einerseits und der experimentellen Postmoderne andererseits. Die äußere Kohärenz und lineare Nachvollziehbarkeit des Erzählvorgangs, die schon bei Melville durch ständige Exkurse und metatextuelle Reflexionen in Frage gestellt wird, wird bei DeLillo radikal aufgekündigt. Das Ende der großen Erzählungen in der Postmoderne erlaubt kein Zentrum und keine narrative Makrostruktur mehr, das Epos mutiert zum Anti-Epos. Dennoch wird der Anspruch kultureller Repräsentativität nicht ganz aufgegeben, auch wenn er sich gewissermaßen nur noch darin beglaubigt, dass er sich selbst immer wieder dementiert.

Inhaltlich stellt der Roman eine literarische Auseinandersetzung mit der gesamten zweiten Hälfte des 20. Jahrhunderts in Amerika – und darüber hinaus – dar. Die wichtigsten Phasen und Ereignisse der amerikanischen Geschichte nach der Jahrhundertmitte sind in den Text eingearbeitet – MacCarthy-Ära, Bürgerrechtsbewegung, Kuba-Krise, Kennedy-Mord, Vietnam-Krieg usf.; allerdings werden sie nicht im gewohnten Fokus auf die politischen Hauptakteure, sondern aus der Sicht einer Unzahl verschiedener Charaktere, Lebenswelten und Sozialmilieus dargeboten. Was dabei entsteht, ist eine Version von Geschichte, in der zentrale Ereignisse und Personen zurücktreten, während Randfiguren und individuelle Erlebnisformen des Zeitgeschehens das Zentrum der Erzählung besetzen, das sich freilich ständig verschiebt, verlagert, auflöst und neu bildet. Der außergewöhnlichen thematischen Breite und Vielfalt entspricht die Vielfalt der verwendeten sprachlichen und medialen Kodes. Es werden die unterschiedlichsten Vermittlungsformen einbezogen, die von textgebundenen Formen wie Erzählung, Dialog oder Reportage über Kunst, Malerei, Architektur, Photographie, Musik, Tanz, Performance, Comedy-Show, Video, Film bis hin zu Computer und Internet reichen. Mit Hilfe dieser verschiedenen sprachlich-semiotischen Mittel werden ausschnitthaft und unter Auflösung jeder linearen Chronologie Szenen aus der Epoche des Kalten Kriegs rekonstruiert und zu einem Panoptikum alltäglichen Lebens im Schatten der Atombombe zusammengefügt, Szenen, die zusätzlich aus der Retrospektive der veränderten Verhältnisse der 1990er Jahre in ein neues Licht gerückt werden.

Auf den ersten Blick entsteht dadurch der Eindruck eines auf geradezu provozierende Weise unzusammenhängenden Erzählvorgangs, der die geschichtliche Wirklichkeit in eine Unzahl von Fragmenten aufsplittert und die narrativen und medialen Kodes, die er in collageartigen Schnitten wechselt, zu ständiger Überblendung und Kollision bringt. Gleichzeitig wird indessen nach einer eingehenderen Lektüre deutlich, daß die vermeintliche semiotische Anarchie des Textes mehr und mehr einem ganz anderen Eindruck weicht, nämlich dem, daß das vordergründig Heterogene in vielfachen unterirdischen Verbindungslinien zu einem ungemein komplexen Netzwerk von Beziehungen verknüpft ist. Ja das Prinzip der zunehmenden *interconnectedness* aller Phänomene tritt im Lauf des Romans immer stärker als eine zentrale Einsicht und Erfahrung hervor, die er vermittelt.

Dieses Prinzip der universalen Vernetztheit hat allerdings wiederum eine in sich hochambivalente, doppelte Konnotation. Zum einen spiegelt es den weltweiten Zusammenhang von Aktivitäten, Menschen und Nationen im Zeichen einer primär ökonomisch verstandenen Globalisierung, wie sie in dem »Das Kapital« betitelten Epilog am Beispiel der amerikanisch-russischen Kooperation bei der Zerstörung von Atommüll thematisiert wird. Zum anderen aber meint es eine dezentrierte Beziehungshaftigkeit menschlicher Existenzformen im Spannungsfeld von Kultur und Natur, die dem wichtigsten Grundsatz eines ökologischen Denkens entspricht, nämlich eben dass »everything is connected to everything else«.[1] Dem systemisch-

---

[1]   Diese Ähnlichkeit hat auch Peter Knight in seinem Aufsatz »Everything is Connected: *Un-*

abstrakten *Vereinheitlichungs*druck, der vom Prozeß der *ökonomischen* Globalisierung ausgeht, wird somit im Roman ein quasi-*ökologischer*, gegensystemischer *Vervielfältigungs*druck des Konkreten, Heterogenen und Individuellen entgegengesetzt, das dennoch in einem dichten Gewebe von Wechselbeziehungen miteinander verknüpft ist.

Ich möchte die sich zunächst als labyrinthisch darstellende Struktur des Romans in meinem Vortrag unter folgenden sechs Gesichtspunkten näher beleuchten: 1. Die Verknüpfungsebenen des Textes. 2. Der Roman als symbolische Unterweltreise. 3. Das System des Kalten Kriegs, die Atombombe und das *death-in-life*-Motiv. 4. Zwischen gelebter Realität und globalisiertem Cyberspace: Transformationen des kulturellen Systems nach dem Kalten Krieg. 5. Der imaginative Gegendiskurs der Kunst: Vom *waste land* zur *waste art*. 6. Traumatisierung und symbolische Wiedergeburt: Der regenerative Aspekt des Romans.

1. Die Verknüpfungsebenen des Textes

Die Verknüpfungen des zunächst inkohärent wirkenden Geschehens laufen im Roman vor allem auf drei verschiedenen Ebenen ab. Die *erste* dieser Ebenen ist die der *Hauptfiguren und ihrer Beziehungen*, die sich aus dem Puzzle der multiplen Personen- und Plot-Konstellationen herauskonturieren. Hier steht die autobiographisch eingefärbte Lebensgeschichte von Nick Shay im Mittelpunkt, der im New York der Nachkriegszeit in dem von Armut und Kriminalität geprägten Slum-Milieu der Bronx als Sohn einer italienischen Immigrantenfamilie aufwuchs. Fügt man die Fragmente zusammen, so ergeben sich folgende wichtige Stationen. Als er zehn Jahre alt ist, verschwindet eines Tages unter mysteriösen Umständen sein Vater, ein Verlust, der ihn sein Leben lang nicht loslässt. Er gerät als Jugendlicher auf die schiefe Bahn, lebt in einem von Mafia und Jugendgangs bestimmten Umfeld (das, auch wenn es in einer anderen Epoche spielt, ein wenig an den Film *The Gangs of New York* erinnert) und ist am Tiefpunkt angelangt, als er, wenn auch eher fahrlässig als mit Absicht, einen befreundeten Junkie und Barkeeper erschießt. Daraufhin kommt er zuerst ins Jugendgefängnis und anschließend in eine von Jesuiten geleitete Erziehungsanstalt, wodurch er sich grundlegend wandelt und zum ordnungsliebenden, konformistischen Staatsbürger mutiert. Nun, in der Erzählgegenwart des Romans in den 90er Jahren, ist er Mitte Fünfzig, wohnt in wohlgeordneten Verhältnissen in Phoenix, Arizona und hat es geschafft, zum international gefragten Experten für die Beseitigung von Problemmüll, insbesondere von atomarem Müll, aufzusteigen. Unter den Verwandten, Freunden und Bekannten Nicks, die das Mosaik der wechselnden Episoden und Erzählerstimmen mitstrukturieren, sind vor allem zu erwähnen sein jüngerer Bruder Matt, begabter Wissenschaftler und eine Zeit

derworld's Secret History of Paranoia« festgestellt: »Everything Is Connected to Everything Else‹ is also, according to Barry Commoner's *The Closing Circle* (a seminal analysis of the environmental crisis), the ›First Law of Ecology,‹ a science which constitutes a new mode of representation responsive to the previously invisible global interaction of ›natural‹ and industrial forces.« *Modern Fiction Studies*, 45, 3, 1999, 811–36, 832.

lang in der Atomforschung tätig; seine vom Vater verlassene Mutter, die er kurz vor ihrem Tod mit nach Phoenix holt; seine Frau Mirian und seine Arbeitskollegen im Bronze Tower in Phoenix, sowie in Rückblicken immer wieder Figuren aus der Jugend in der Bronx, die als traumatisches und zugleich faszinierendes Gegenbild zur erfolgreichen Gegenwart in seinem Unterbewußtsein präsent bleibt. Mit Nicks Schicksal ist kontrastiv verbunden die Geschichte der 17 Jahre älteren Klara Sax, einer von deutsch-jüdischen Vorfahren abstammenden Künstlerin und einstigen, kurzzeitigen Geliebten des 17jährigen Nick, die er nach vielen Jahrzehnten als gut 70jährige bei einem *land art*-Projekt in der Wüste Arizonas wiedertrifft. Zu dem um sie zentrierten Plot gehören wiederum Klaras zeitweiliger Ehemann, der Physiklehrer Bronzini, und ihre vielen Bekannten und Freunde aus der New Yorker Kunstszene der 60er und 70er Jahre, deren Ausstellungen und Aktionen auch dieses Milieu in den Roman hineinbringen. Hinzu kommen Figuren aus dem öffentlichen Leben wie vor allem J. Edgar Hoover, der FBI-Chef, auf der anderen Seite Entertainer wie Frank Sinatra oder der Anarcho-Komiker Lenny Bruce, aber auch eine katholische Nonne, Sister Edgar, die als Repräsentantin der Religion das Atomzeitalter gewissermaßen metaphysisch begleitet.

Eine *zweite* Verknüpfungsebene ist die *thematisch-motivische* Ebene. Hier kommt einerseits der Atombombe und der an ihr sichtbaren Ambivalenz des wissenschaftlich-technischen Fortschritts, seinen spektakulären Erfolgen und seinen apokalyptischen Bedrohungspotentialen eine textbestimmende Bedeutung zu. Ihr steht andererseits der Baseball als Symbol einer ursprünglichen amerikanischen Identität gegenüber, um den herum sich ein eigener, hochverwickelter Plot ausbildet. Ausgangspunkt für diesen wiederum doppelt angelegten Themenstrang ist die Titelseite der *New York Times* vom 4. Oktober 1951, auf der nebeneinander von zwei sensationellen Ereignissen vom Vortag berichtet wird, die beide als »shot heard around the world« bezeichnet werden – einmal der in letzter Minute durch einen Home Run noch geschaffte Sieg der New York Giants gegen die Dodgers im Finale der Baseball World Series; zum anderen die Explosion einer großen russischen Atombombe, die die Gefahr einer nuklearen Konfrontation der nach dem Zweiten Weltkrieg verbliebenen beiden Großmächte heraufbeschwor und die gewissermaßen die heiße Phase des Kalten Krieges einleitete. (Abb. 1)

Dieser doppelte thematische Plot ist wiederum dadurch in zweifacher Weise mit dem Figurenplot verknüpft, dass zum einen Nick Shay und sein Bruder Matt mit der Atomwaffenindustrie bzw. ihren Abfallprodukten verbunden sind, aus denen wiederum die Künstlerin Klara Sax ein gigantisches *waste art*-Projekt macht; und dass zum anderen Nick Shay im Besitz des originalen Baseballs ist, mit dem einst der historische Home Run erzielt wurde und der in den Jahrzehnten zuvor, wie ein Fetisch der amerikanischen Populärkultur, durch die Hände zahlreicher *aficionados* aus allen gesellschaftlichen Schichten gewandert war. Die Rekonstruktion der wechselvollen Geschichte des Baseballs vom Tag des Spiels selbst am 3. Oktober 1951 an, mit dem der Roman eröffnet, bis hin zur Erzählgegenwart in den 90er Jahren, ist ein wichtiger Teil der kulturarchäologischen Arbeit, mit der der Roman die dem Licht der Öffentlichkeit entzogene private Seite der amerikanischen Alltags- und Bewußtseinsgeschichte quer durch deren verschiedenste Ausprägungen hindurch ausleuchtet.

Abb. 1

Eine *dritte* Verknüpfungsebene schließlich ist die *literarisch-ästhetische* Ebene, auf der ein ungemein differenziertes Gewebe von Assoziationen, Parallelen, Kontrasten, Wiederholungen, Variationen, Symmetrien und Asymmetrien entfaltet wird, durch die sich der Text als ein komplexes dynamisches Eigensystem aufbaut, während er gleichzeitig die konkret gelebte Realität der Menschen in deren multiplen Sprechakten und Erfahrungsformen dezentral zur Geltung kommen lässt. Modernistische Komplexität und postmoderne Offenheit, künstlerische Meisterschaft und Populärkultur, strukturelle Durchkomposition und improvisierende *performance art*, das sind die ästhetischen Grundpole dieses durchgängig doppelgesichtigen Romans.[2]

2. Der Roman als symbolische Unterweltreise

Wie eingangs schon erwähnt, vermittelt der Roman in einem maßgeblichen, vom Titel vorgegebenen Bildfeld den Eindruck einer Unterweltreise, einer Irrfahrt durch ein labyrinthisches Reich von seltsam schattenhaft wirkenden, wenn auch durchaus präzis und detailgenau beschriebenen Räumen, die von alltäglich-realistisch ge-

---

[2] Vgl. dazu z.B. Philip Nel, »A Small Incisive Shock«: Modern Forms, Postmodern Politics, and the Role of the Avant-garde in *Underworld*,« *Modern Fiction Studies*, 45, 3, Fall 1999: 724–52.

zeichneten und doch zum Teil phantomhaft-surreal wirkenden Figuren bevölkert sind. Diese Unterwelt hat verschiedenste mögliche Bedeutungskontexte – *physisch* im Sinn der unterirdischen Räume, die als Handlungsorte den Roman durchziehen (U-Bahnen, unterirdische Atomforschungsanlagen, Schutzbunker, Kellerräume); *sozial* im Sinn der Slums der Bronx, in deren anarchischem *Underclass*-Milieu Nick einst aufwuchs und deren Verwahrlosung in der Gegenwart noch zugenommen hat; *historisch* im Sinn der Aufdeckung der chaotisch-unverfügbaren Unterseite der scheinbar so geordneten, kontrollierten Oberfläche des kollektiven, bipolaren Deutungsmusters des Kalten Krieges; *psychologisch* im Sinn des verdrängten Unbewußten, der lebensbestimmenden Traumata, an die Nick im Prozeß des Romans erst allmählich im Sinn einer Konfrontation der unverarbeiteten Vergangenheit zurückgeführt wird (hierin vergleichbar dem Prozeß der *rememory* in Toni Morrisons *Beloved*).

Auf der ökonomischen Systemebene gesprochen stellt sich diese Kehrseite, diese ›Unterwelt‹ der modernen Zivilisationsgesellschaft als Problem des *Mülls* dar, das ein Hauptthema des Romans ist und das die ökologische Thematik unmittelbar in den Text hineinbringt, insofern ›Natur‹ fast nur noch im Modus ihres kommerziellen Verbrauchs, als allgegenwärtiger Müll, vorkommt. Das »Valley of the Ashes«, wie es in Scott Fitzgeralds *The Great Gatsby* als alptraumhafte Gegenwelt zur kommerziellen Erfolgswelt des *American Dream* entworfen ist, hat sich sozusagen aus den Ghettos herausbewegt und, sich in unvorstellbare Dimensionen ausweitend, als zunehmend hypertrophes *waste land* über die zivilisatorische Fortschrittswelt ausgebreitet. In den Randbezirken der Städte entstehen riesige Müllberge, die geradezu landschaftsbestimmende Bedeutung erhalten. Diese Unterweltlandschaft des Romans ist charakterisiert durch einen *death-in-life*-Zustand, wie er auch in T.S. Eliots *The Waste Land*, von dem DeLillo hier mitbeeinflußt ist, als Signum der modernen Zivilisationswelt herrscht und wie er optisch durch die mehrfach eingefügten schwarzen Seiten unterstrichen wird. Es ist, als sei die Zeit vor dem befürchteten Atomschlag zugleich auch schon eine Zeit nach dem Atomschlag, eine von geistiger und realer Verwüstung gekennzeichnete Bewußtseins- und Gesellschaftssituation, und angesichts des Plutoniums als Signum dieser Ära stellt der Erzähler explizit die Assoziation her mit »Pluto, the God of the dead and ruler of the underworld«.

3. Das System des Kalten Kriegs, die Atombombe und das *death-in-life*-Motiv

Auf einer zentralen Ebene ist die Unterweltreise des Romans eine kulturkritische Auseinandersetzung mit der Zeit des Kalten Kriegs. Die binäre Ideologie des Schwarz-Weiß-Denkens, die sich hinter den verschiedenen Erscheinungsformen der Epoche verbarg, wird immer wieder als größerer Kontext spürbar, innerhalb dessen sich die kollektive Mentalität der Zeit bewegt. Diese Ideologie verbindet sich nicht nur mit den geläufigen Grundoppositionen von West und Ost, Kapitalismus und Kommunismus, gottgefälliges Amerika und sowjetisches Reich des Bösen, sondern mit einer bestimmten Psychologie, in der *Angst* eine wesentliche Rolle spielt – die Angst vor Bedrohungen von außen wie den feindlichen Atomwaffen, und vor Bedrohungen von innen wie den Unruhen der Bürgerrechtsbewegung oder der

Vietnamkriegsproteste, Angst aber auch vor den unkontrollierbaren Anteilen des eigenen Ichs, wie sie sich in Gefühlen, spontanen Emotionen oder der Sexualität äußern. Solche Ängste verlangen nach einem machtvollen, rigiden Ordnungssystem,
und ein solches stellte das System des Kalten Kriegs dar, das auf die Maximierung
der Sicherheit vor aller Bedrohung zielte, aber sich gerade dadurch zu einer nie da-
gewesenen Bedrohung für das Überleben der Menschheit auswuchs.

Die beiden aufeinander bezogenen Hauptvertreter der Mentalität des Kalten
Kriegs in *Underworld* sind J. Edgar Hoover, der in seiner Zeit im politischen Apparat der USA nahezu allmächtige FBI-Chef, und Sister Edgar, eine katholische Nonne und Lehrerin. Beide werden nicht nur durch ihre Namensgleichheit, sondern
durch ihre direkte Beziehung zu dem leitmotivischen Bild von Pieter Breughel d.Ä.,
The Triumph of Death, miteinander parallelisiert. Hoover befindet sich zusammen
mit bekannten Personen des Showgeschäfts zu Anfang des Romans unter den Zu-
schauern des historischen Baseballspiels zwischen den New York Giants und den
Dodgers im Jahr 1951. Während des Spiels wird er, der gegenüber dem emotions-
geladenen Drama auf dem Spielfeld teilnahmslos wirkt, von einem Agenten über
den geheimen Atombombenversuch der Sowjetunion unterrichtet, wie er am Tag
darauf in der *New York Times* gemeldet wird. Die Nachricht trifft ihn offenbar hart,
sie bestätigt seine tiefsten Ängste: »...it works into him, makes him think of the spies
who passed the secrets, the prospect of warheads being sent to communist forces
in Korea. He feels them moving ever closer, catching up, overtaking. It works into
him, changes him physically as he stands there, drawing the skin tighter across his
face, sealing his gaze.« (23–4)[3] Es ist eine Bildlichkeit der Bedrängung, des Über-
wältigtwerdens des Ichs von bedrohlichen Kräften, die Hoovers Reaktion hier
kennzeichnet und eine Veränderung seiner Person beschreibt, die als Moment psychologischen ›Todes‹ charakterisiert ist (das sich zusammenziehende, verhärtende
Gesicht, der erstarrende Blick). Doch andererseits braucht er die Bedrohung durch
den Feind, um seine innere Leere und Unsicherheit auszugleichen: »But there is that
side of him, that part of him that depends on the strength of the enemy.« (28) Er
empfindet eine klammheimliche Freude, als er sich die Reaktion der Verbündeten
auf die Nachricht vorstellt, die ähnlich schockiert sein würden wie er:

> ›The thought is grimly cheering. Over the years he has found it necessary to form joint
> ventures with the intelligence heads of a number of countries *and he wants them all to
> die a little.*« (30, meine Hervorhebung)

Hoover ist ein Technokrat der Macht, dessen Lust darin besteht, andere in ähnlicher Repression und Angst zu halten, aus der er selbst heraus agiert. Aufgewachsen in einer engen Welt der »bible school indoctrination« (29), hat er sich nicht zu
einer voll ausgeprägten Persönlichkeit entwickelt, sondern wird als »macrocephalic
baby« beschrieben, das allein seinen neurotisch-machtbewußten Intellekt auf Kosten aller anderen, körperlich-emotionalen Bedürfnisse und Fähigkeiten ausgebil-
det hat. Angesichts der gegenkulturellen Protestbewegungen der 60er Jahre sagt er
zu seinem ihm bedingungslos ergebenen Agenten Clyde: »... it's the communists

---

3   Zitiert wird aus folgender Ausgabe: Don DeLillo, *Underworld,* New York: Scribner's/Si-
     mon and Schuster, 1997.

who are behind it all. And do you know where it begins? ... It begins in the inmost person ... Once you yield to random sexual urges, you want to see everything come loose.« (564) In dem paranoiden Schwarz-Weiß-Bild der Wirklichkeit, das er auf der Basis dieser Phobien entwickelt, wird alles vom eigenen Ordnungssystem Abweichende als subversiv und ›feindlich‹ gebrandmarkt. Das weitverzweigte Überwachungssystem, das Hoover als FBI-Chef aufbaut, beruht auf schwarzen Listen, mit denen er all diejenigen Gruppen und Individuen unter Druck setzt, die von seiner chemisch reinen Version des wahren Amerikas abweichen und über die er aufgrund seiner in die Intimsphäre hineinreichenden Informationen nahezu unbegrenzte Macht erlangt. Eine Modedesignerin etwa »had been in the files in a big way. She'd been accused at various times of being a lesbian, a socialist, a communist, a dope addict, a divorcee, a Jew, a Catholic, a Negro, an immigrant and an unwed mother.« (561) Zu seiner Lieblingsbetätigung wird ihm die Aufdeckung von Homosexuellen im Regierungsapparat, von denen er, wie von feindlichen Spionen, die Stabilität des Landes untergraben sieht – obwohl er, wie DeLillo deutlich macht, selbst homosexuelle Neigungen hatte.

Das solchermaßen Unterdrückte verschwindet aber nicht einfach, sondern erscheint verstärkt in dämonisierter Gestalt. Der Traum vollständiger Verfügung über die menschliche Existenz geht einher mit einer morbiden Fixierung auf das, wovon man sich abgestoßen fühlt und in dem man doch uneingestanden einen verdrängten Teil seiner selbst erkennt. Das Bild von Pieter Breughel d.Ä., *The Triumph of Death,* das den ersten Teil des Romans betitelt, spielt dabei motivisch eine maßgeb-

Abb. 2

liche Rolle. (Abb. 2) Hoover kommt mit diesem Bild erstmals in Kontakt am Ende des erwähnten Baseballspiels von 1951, als er gerade vom Atombombenversuch der Russen erfahren hat, während um ihn herum das Stadion in Begeisterung explodiert und von den Zuschauerrängen ein Feuerwerk von Papierfetzen über dem Spielfeld niedergeht. Eine herunterfallende Zeitschriftenseite trifft ihn genau in dem Moment, in dem der spielentscheidende Home Run gelingt. Es ist eine Reproduktion des Breughel-Bildes im *Life*-Magazin, ein Bild apokalyptischer Angst und Zerstörung, in dem in unzähligen drastischen Varianten Momente gewaltsamen Sterbens eingefangen sind und der Tod als allegorischer Herrscher der Welt erscheint. »The dead have come to take the living« (49), konstatiert der von dem Bild völlig gebannte Hoover, mit dem im Roman symbolisch der Beginn des Kalten Kriegs verbunden wird. Breughel malte das Bild vermutlich 1562, sein historischer Hintergrund ist der Überfall der spanischen Armeen auf die Niederlande. Menschen und Skelette stehen einander im Kampf gegenüber, Menschen werden mit der Sense niedergemäht, in Massen in riesige Todesfallen getrieben.[4] Hoover ist gefesselt von diesen Bildern der Angst, Entleibung und nekrophilen Obsession, von denen er im Lauf der Jahre zahllose Versionen, Reproduktionen und Detailausschnitte sammelt, mit denen er die Kellerräume seiner FBI-Büros dekoriert. Das gesamte Buch ist durchzogen von Anspielungen auf dieses Bild, das somit einen wichtigen intermedialen Bezugspunkt für seine Aussage darstellt.

Eine markante Parallelszene im Roman selbst, die dieses Psychogramm der nekrophilen Todesobsession, die makabre ›Unterwelt‹ von Hoovers modernem Machtapparat grell beleuchtet, ist ein Schwarz-und-Weiß-Ball in New York, den Hoover in den 60er Jahren besucht. Führende Vertreter von Politik, Wirtschaft, Showgeschäft und Kultur sind versammelt und in schwarze und weiße Masken gekleidet, »[who] were doing the twist with all the articulated pantomime of the unfrozen dead come back for a day.« (572) Plötzlich tritt eine Gruppe Protestierender auf mit Masken von Raben, Totenschädeln, Nonnen und Mönchen, die die Musik unterbricht und, angeführt von einem Henker und einer Nonne, schweigend einen Totentanz aufführt. (575f.) Wie in Edgar Allan Poes »The Masque of the Red Death« wird hier ein Maskenball durch das Auftauchen ungeladener, unheimlicher Gäste unterbrochen, die dennoch die verborgene Wahrheit über die Versammlung zum Ausdruck bringen. (574) Wie sich herausstellt, ist dies eine der experimentellen Theatergruppen der 60er Jahre, das Terminal Theater, die dieses Forum zum Protest gegen den Vietnamkrieg und das Establishment nutzt und nachher wieder verschwindet. Der Totentanz der Maskierten beunruhigt auch Hoover zutiefst, und läßt ihn in melancholischem Schauder und doch in professionellem Stolz an seinen eigenen Tod und sein Begräbnis denken, das er bereits bis ins letzte Detail durchgeplant hat mit einem aseptisch in Blei gefaßten Sarg, »[to] protect his body from worms, germs, moles, voles and vandals… Lead-lined, yes, to keep him safe from nuclear war, from the Ravage and Decay of radiation fallout.« (577–8) In dieser postmortalen Sicherheitsphantasie stellt er sich den Tod wie eine Fortsetzung sei-

---

[4] Zu einem ersten Überblick über verschiedene Deutungsansätze Vgl. Philippe und Françoise Roberts-Jones, *Peter Breughel der Ältere*, München: Hirmer, 1997, S. 98–104.

ner bisherigen Existenz vor, eine Perfektionierung des Gefängnisses, in dem er lebt. Seinen Sarg konzipiert er als persönlichen Atombunker, abgedichtet gegen die chaotischen Kräfte des Lebens, aber auch geschützt vor den Gefahren, die das politisch-technologische System zivilisatorischer Machtsicherung hervorgebracht hat, in dessen Auftrag er handelt.

Denkt man bei der Figur des Henkers, der zusammen mit der Nonne den Totentanz der Maskierten anführt, an Edgar Hoover, so denkt man bei der Figur der Nonne an Sister Edgar, seine Namensvetterin und sein weibliches Pendant im Roman. Sister Edgar ist wie eine Figur aus dem Breughel-Bild, die in ihrer Ordenstracht und der scharfen Nase einem Raben ähnelt. »Sister Edgar, how remarkable«, wird sie von einem früheren Schüler beschrieben, der sie nach vielen Jahren auf der Straße sieht: »the same blade face and bony hands, hurrying, a spare frame shaped by rustling garments. She wore the traditional habit with long black veil and white wimple and the starched clothpiece over the neck and shoulders, an iron crucifix swinging from her waist – she might have been a detail lifted from a painting from some sixteenth-century master.« (233–4) In ihrer rabenhaften, skelettartigen Erscheinung und der schwarz-weißen Kleidung ist sie als Tod-im-Leben-Figur markiert, die freilich aus ihrer religiösen Selbstverleugnung ähnliche Machtgefühle bezieht wie Hoover. Als Lehrerin war sie einst diktatorisch und gewalttätig in ihrem absoluten Disziplinanspruch, eine Schreckensfigur für die Kinder der Schule. Angst, das Grundgefühl des Kalten Kriegs, ist auch das Prinzip ihres Unterrichts. Bevorzugt behandelt sie Edgar Allan Poes »The Raven«, wobei sie sich gegenüber ihren Schülern mit Haut und Haar mit der magisch-terrorisierenden Macht dieses Gedichts und des Todesvogels identifiziert: »And she wanted to teach them fear. This was the secret heart of her curriculum and it would begin with the poem, with omen, loneliness and death, and she would make them shake in their back-to-school shoes ... She would recite the poem to them, crooking her finger at their hearts. She would become the poem and the raven both, the roman-nosed bird, gliding out of the timeless sky and diving down upon them.« (776) Wie Hoover zeigt sie eine zutiefst ambivalente, ja schizophrene Haltung gegenüber der Atombombe. Ihren Unterricht unterbricht sie immer wieder mit Atomalarm, womit sie den unter den Bänken in Deckung gehenden Schülern nicht nur die ständig bestehende Todesgefahr und die entsprechenden Vorsichtsmaßnahmen eintrichtert, sondern auch einen Sinn für die Größe und Erhabenheit der Bombe vermittelt. Ja die Atombombe erhält in ihrer absoluten Zerstörungsmacht Züge einer religiösen, einer göttlichen Instanz, vor der Sister Edgar und die Schüler sich zu Boden werfen wie in einer heiligen Handlung, »in adoration of the cloud of power.« (728). In der Atombombe erfüllt sich eine Sehnsucht nach übermenschlicher Größe, die die Selbstaufgabe des Einzelnen erfordert und den höheren Sinn des Lebens in der zivilisatorischen Aneignung der entfesselten Urmacht der Schöpfung selbst sucht.

4. Zwischen gelebter Realität und globalisiertem Cyberspace: Transformationen des kulturellen Systems nach dem Kalten Krieg

In den Jahren nach dem Kalten Krieg zu Beginn der 90er Jahre scheint sich Sister Edgar, die inzwischen alt geworden ist, geändert zu haben. Ihre strenge Unterrichtsweise hat sie schon früher aufgegeben, und nun organisiert sie zusammen mit einer jüngeren Ordensschwester die Essensversorgung im armseligsten, heruntergekommensten Slum der Bronx, »The Wall«, wie er genannt wird. Es ist eine gespenstische Mondlandschaft der Ruinen und des Mülls, in der die Ausgestoßenen der Gesellschaft als verwilderte *underclass* vegetieren, und in der Drogen, Gewalt, Krankheit und Tod zum Alltag gehören.

Es sind vor allem auch Jugendliche und Kinder, die hier, von der Gesellschaft im Stich gelassen, in völliger Verwahrlosung leben und um die sich die beiden Schwestern, allerdings nur mit geringem Erfolg, kümmern. Slumtouristen besichtigen in Bussen die Elendsviertel und sind auch, als eines Tages ein Feuer in der U-Bahn ausbricht und Hunderte von Menschen aus rauchenden Kanälen ans Tageslicht steigen, mit ihren Kameras zur Stelle, während die Kinder abgestumpft daran vorbeilaufen, denn für sie ist »death interchangeable on the street and TV.« (249) Doch Sister Edgar ist eigentümlich angezogen von den Slumkindern, insbesondere von Esmeralda, einem allein wie ein Erdgeist zwischen den Müllhalden lebenden 13jährigen Mädchen, das die Schwestern immer nur flüchtig zu Gesicht bekommen und das niemand im Viertel des »Wall« jemals einfangen kann. Zu ihr entwickelt Sister Edgar eine fast telepathische innere Beziehung. Von ihrer Wildheit und anarchischen Individualität ist sie fasziniert, und ahnt gleichzeitig die tödliche Bedrohung voraus, die auf Esmeralda zukommt – die tatsächlich wenig später vergewaltigt und ermordet wird. Für jedes tote Kind der Bronx wird von jugendlichen Graffiti-Malern an eine Riesenwand, die zwischen den Ruinen und Müllhalden stehengeblieben ist, eine Engelsfigur aufgemalt, und auch Esmeralda ist nach ihrem Tod sofort als neuer Engel zu den vielen anderen auf diesem improvisierten Monument der Erinnerung hinzugekommen.

Das Besondere in ihrem Fall ist jedoch, daß sie zum Anlaß eines ›Wunders‹ in der Bronx und dadurch aus deren subjektiver Erlebnisweise tatsächlich zu einer Rettungsfigur für Sister Edgar wird, die durch ihren Tod zunächst in eine tiefe Krise stürzt. Denn Esmeralda kehrt als Geist, als Erscheinung in die Bronx zurück, die eine wachsende Zahl von Pilgern und Neugierigen anzieht. Es handelt sich allerdings um eine postmoderne, in die technisch-kapitalistische Welt hineinversetzte Erscheinung: Esmeraldas Gesicht wird hinter einer Werbetafel für Orangensaft immer dann sichtbar, wenn ein Zug vorbeifährt und sein Scheinwerferlicht darauf fällt. Während ihre jüngere Mitschwester die Echtheit des Phänomens in Frage stellt, ist die Erscheinung für Sister Edgar der Beweis der Transzendenz und des Lebens nach dem Tod, an dem sie bereits existentiell gezweifelt hatte. Sie wird durch diese Erfahrung völlig verwandelt. Erstmals legt sie ihre Distanz ab, taucht in die Menge ein, umarmt Unbekannte und fällt sogar dem vermeintlich AIDS-kranken Graffiti-Maler Munoz, zu dem sie vorher stets körperliche Distanz hielt, um den Hals. Und obwohl das Wunder in dem Moment endet, als die Reklame abgenommen wird, ist für Sister Edgar seine Wahrheit erwiesen. Sie fühlt sich zuinnerst mit dem Geist der toten Esmeralda verbunden und stirbt, nachdem sie im Leben von Unruhe und Angst gejagt war, in großer Ruhe und Zuversicht.

Der Himmel, in dem sie sich wiederfindet, ist allerdings, in einer weiteren, bizarr-ironischen Wendung des Geschehens, nicht der Himmel der katholischen Religion, sondern die Welt des Cyberspace, der weltweiten digitalen Verknüpfungen im Internet. Für den Erzähler, der vor dem Computer-Bildschirm sitzt und die Tastenklicks in Sister Edgars digitaler Transfiguration ausführt, wird sie gewissermaßen zum Medium, das mit ihrer vom Kalten Krieg geschulten Mentalität ein besonderes Sensorium für dessen Nachwirkungen besitzt. So ist es denn nur konsequent, daß sie, die »cold war nun«, sich schließlich auf einer Webseite wiederfindet, auf der alle bisherigen Atomexplosionen gespeichert sind und auf der sie diese nun als virtuelles Ereignis miterlebt. Folgerichtig ist es dann auch, daß sie in diesem Zentrum ihrer gemeinsamen Machtphantasie, im grandiosen Inferno der virtuellen Atompilze den anderen Edgar wiedertrifft, ihren Bruder im Geist und *master mind* des Kalten Kriegs, Edgar Hoover, und sich mit ihm in digitaler Metamorphose vereinigt – »J. Edgar Hoover...hyperlinked at last to Sister Edgar – a single fluctuating impulse now, a piece of coded information. Everything is connected in the end.« (826) Sister Edgars Geist, der sich in der Begegnung mit dem Slumkind Esmeralda aus seiner vorherigen Erstarrung löste, wird eingefangen in der Materialität des Netzes und der Geschichte der technisch säkularisierten Transzendenz, die sich in ihm niederschlug. Es ist dies eine Form der Vernetzung und Verknüpfung, die im Namen von Differenz und Pluralisierung in Wahrheit auf das Verschwinden von Unterschieden und die Auslöschung realer Differenzen zugunsten eines diffusen Vereinheitlichungsdrucks der digitalen Zeichen hinausläuft, »difference itself, all argument, all conflict programmed out.« (826)

5. Der imaginative Gegendiskurs der Kunst: Vom *waste land* zur *waste art*

Die typische Verfahrensweise des Textes, mit der er auf diese doppelte Herausforderung – die ideologische Schwarz-Weiß-Mentalität des Kalten Kriegs, und die postmoderne Indifferenz des globalen Datenstroms – reagiert, besteht denn auch in einem ständigen sprachlichen Präsentieren, Multiplizieren und Ausbalancieren heterogener Kraftfelder gelebter Realität, die sich in Myriaden individueller Teilenergien aufspalten, »the sand-grain manyness of things that can't be counted«. (60) Es geht darum, die spontanen Lebensenergien zu rekonstruieren und sprachlich zu vergegenwärtigen, die am Prozeß von Geschichte und Realität maßgeblich beteiligt sind, aber in den Systemen ihrer Deutung oder machtpolitischen Manipulation nicht erfaßt werden. »This is the people's history and it has flesh and blood« (60), läßt die Erzählerstimme den Radioreporter Russ Hodges im Hinblick auf das historische Baseballspiel sagen. »[W]e specialize in forgotten lives« (389), sagt analog die Künstlerin Klara Sax, die »the ordinary life behind the thing, ...an element of felt life« (77) in den Mittelpunkt ihrer Kunst stellt.

Klara Sax ist das bevorzugte Medium und Sprachrohr der impliziten Ästhetik des Textes, und zugleich die markanteste Vertreterin dessen, was man den imaginativen Gegendiskurs der Kunst zum kulturellen Mainstream-Diskurs im Roman nen-

Abb. 3

Abb. 4

nen könnte. Für sie bringt Kunst das Unwiederholbare, Singuläre von Ereignissen gegenüber dem Genormten, Gleichen, endlos sich Wiederholenden automatisierter Produktions-, Verhaltens- und Wahrnehmungsabläufe zur Geltung. Die künstlerische Entwicklung von Klara Sax durchläuft verschiedene Stufen – sie umfasst einerseits das frühe, intensive Studium der Klassiker (etwa des Bildes von James McNeill Whistler, *Arrangement in Gray and Black. The Artist's Mother*, das ebenfalls einen Teil des Romans betitelt; hier steht neben der sorgfältigen Kompositionstechnik vor allem die Figur der Mutter im Mittelpunkt von Klaras Aufmerksamkeit, die in Erinnerung verloren scheint und doch eine seltsame anachronistische Präsenz und Individualität ausstrahlt; Abb. 3); auf der anderen Seite steht die Auseinandersetzung mit zeitgenössischer *underground art*, wie etwa des jugendlichen Graffiti-Malers Moonman 157, der mit seiner Bemalung ganzer U-Bahn-Wagen in den 70er Jahren die Erfahrungen des Ghettos ausdrückte und zu einer Kultfigur des Underground wurde (Abb. 4); ferner die Begegnung mit der postmodernen *trash art* und Phantasiearchitektur, wie sie exemplarisch im Watts Tower in Los Angeles repräsentiert ist. Die Watts Towers bestehen aus mehreren Türmen und Strukturen, deren größte etwa 30 Meter hoch ist. Sie sind gebaut aus Stahl, Mörtel und heterogenen Materialen wie zerbrochenen Ziegeln, Geschirr, Flaschen oder Muschelschalen. Der italienische Einwanderer Simon Rodia hatte diese Türme ganz allein über eine Periode von 33 Jahren zwischen 1921 und 1954 gebaut.[5] Klara ist vor allem von der

Abb. 5

eigenständigen, visionären Transformationskraft dieser »trash art« beeindruckt, die deutliche Spuren in ihrem weiteren Werk hinterlässt. (Abb. 5)

In der Erzählgegenwart des Romans nun hat sie, im fortgeschrittenen Alter, nach vorausgegangenen Krisen einen Zugang zur Kunst gefunden, der die früheren Phasen zugleich einbezieht und übersteigt. Sie arbeitet an einem gigantischen Projekt der *landscape waste art*, in dem Hunderte ausrangierter Bomberflugzeuge aus dem Kalten Krieg, die Atomwaffen transportierten und nun in der Wüste von Arizona abgestellt sind, von ihr und ihrem Team farbig bemalt werden. Die Flugzeuge stehen wirklich in der Nähe von Tucson, Arizona; doch die ihre großangelegte Bemalung durch Klara Sax ist fiktiv. (Abb. 6) Das Projekt ist betitelt *Long Tall Sally* nach einem Song von Little Richard, der

---

[5]   Für diese und andere Informationen zu den intermedialen Aspekten von *Underworld* bin ich Till Ressel zu Dank verpflichtet, der sie in seiner Zulassungsarbeit *Intermedial Arts in Don DeLillo's Novel Underworld*, 2002 (archiviert in der UB Augsburg) in prägnanter Weise herausgearbeitet hat.

©A.T. Willett for VirtualTucsonmagazine.com

Abb. 6

auch von den Beatles gesungen wurde und der die Flieger einst zum Aufmalen eines gleichnamigen Pinup Girls inspirierte, auf das wiederum Klara Sax Bezug
nimmt. Es ist also eine prozessual-kooperative, nicht individualistische Kunstauffassung, die hier praktiziert wird, die aber dennoch die Individualität des in ihr aus-
gedrückten Lebens bewahrt. »But this is an individual life. And I want this life to be
part of our project.« (78) Die zur Müllhalde und zum riesigen Flugzeugfriedhof gewordenen, hochtechnisierten Todesmaschinen des Kalten Kriegs werden zum Ausgangspunkt einer imaginativen Transformation, die die Automatismen des Realitäts-
systems ästhetisch aufbricht, aus dem sie hervorgingen:

> See, we are painting, hand-painting in some cases, putting our puny hands to great
> weapons systems, to systems that came out of the factories and assembly halls as near
> alike as possible, millions of components stamped out, repeated endlessly, and *we're try-
> ing to unrepeat, to find an element of felt life, and maybe there's a sort of survival instinct
> here, a graffiti instinct – to trespass and declare ourselves, show who we are.* The way the
> nose artists did, the guys who painted pinups on the fuselage. (77, meine Hervorhebung)

Kunst in diesem weiten Sinn, die Populärkunst, Graffiti, Improvisationskunst einschließt, ist mithin Ausdruck eines vitalen Überlebensinstinkts, eines Bedürfnisses
nach Selbstpräsentierung des Menschen innerhalb der seriellen Strukturen der *technoscience*, aus denen er zu verschwinden droht. Als Ausdruck kreativer Lebensenergien, die sich dem Vereinnahmungsdruck systemischer Uniformität entziehen,
wird Kunst zu einer biophilen Gegenkraft, zu einem »sign against death« (78).
    Dabei wird die Natur, die Wüste zum wesentlichen Bestandteil dieser Kunst als
das transhumane Energieumfeld, auf das die Zivilisation einwirkt und von dem sie

unhintergehbar übergriffen wird. Solche Kunst ist inklusiv statt exklusiv, sie bezieht die Gesamtheit der Lebensbedingungen mit in ihre Bedeutungskonstruktion ein, wird *holistische*, wenn auch stets nur vielstimmig-improvisierende, nie monologisch-totalisierende Kunst, die die Interaktion zwischen Zivilisation und Natur unter bewußter Konfrontation ökologischer Zerstörungen in den Mittelpunkt rückt. »This is a landscape painting in which we use the landscape itself. The desert is central to this piece ... The desert bears the visible signs of all the detonations we set off. All the craters and warning signs and no-go areas and burial markers, the sites where debris is buried.« (71) Die Vorgehensweise ihrer Kunst ist sowohl die Inkorporation und Re-Präsentation der technisch-zivilisatorischen Objekte und ihrer Problemfolgen, als auch ein Akt ihrer Verlebendigung durch persönliche Aneignung und ästhetische Überschreitung. Gerade in ihrem »swerve from evenness«, wie es einmal heißt, vermag es die Kunst, kulturell getrennte Bereiche zu Reaktionsfeldern von irritierender Wirkkraft zusammenzubringen, in denen sich diskursive Trennlinien und Systemgrenzen auflösen und erstarrte Realitätskonzepte und Erlebnismuster in produktive Turbulenz geraten.

Die Wirkung solcher Kunst auf den Rezipienten zeigt sich exemplarisch an der Reaktion Nick Shays, der Klara Sax bei den Arbeiten am Projekt besucht und anschließend mit seiner Frau Marian anläßlich von deren Geburtstag eine Fahrt im Ballon unternimmt, bei der er es erstmals von oben und als ganzes in den Blick bekommt. Das noch nicht fertiggestellte Projekt strahlt dabei eine geradezu schockartige ästhetische Intensität aus, in der Technik und Natur, Plan und Spontaneität, Gedanken und Gefühle, Schönes und Häßliches, Geistiges und Körperliches ineinanderwirken.

> The painted aircraft took on sunlight and pulse. Sweeps of color, bands and spatters, airy washes, the force of saturated light – the whole thing oddly personal, a sense of one painter's hand moved by impulse and afterthought as much as by epic design. I hadn't expected to register such pleasure and sensation. The air was color-scrubbed, coppers and ochers burning off the metal skin of the aircraft to exchange with the framing desert. But these colors did not simply draw down power from the sky or lift it from the landforms around us. They pushed and pulled. They were in conflict with each other, to be read emotionally, skin pigments and industrial grays and a rampant red appearing repeatedly through the piece – the red of something released, a burst sac, all blood-pus thickness and runny underyellow. And the other planes, decolored, still wearing spooky fabric over the windscreen panels and engines, dead-souled, waiting to be primed. (83)

Was in der Kalten-Kriegs-Mentalität, deren Produkte die Atombomber sind, unterdrückt war und auch in Klaras früherer, mit Whistlers *Arrangement in Black and White* markierter Phase fehlte, wird hier radikal aktiviert – Sonne, Licht, Farbe, Gefühl, lebendige Kreatürlichkeit – und wird in spannungsreiche Wechselbeziehung mit dem gebracht, wovon es ausgegrenzt war. Im Austausch zwischen Techno- und Biosphäre wird ein fundamentaler Lebensrhythmus eingefangen, der die beiden übergreift: »The painted aircraft took on sunlight and pulse.« Die Bilder explosiver Farbigkeit und Lebensenergie verbinden sich dabei mit Bildern von Krankheit und aufbrechendem Geschwür, aber auch von befreiender Öffnung und Geburt. Der Akt der ästhetischen Transformation des ›toten‹ Kriegsmaterials wird als eine wenn auch monströse Geburt visualisiert, eine symbolische Freisetzung von Lebendigkeit innerhalb einer technologischen Maschinerie, die, »dead-souled«, in den Prozessen der Imagination neu entsteht.

Doch das Ziel der Kunst, das konkret gelebte Leben in seiner ganzen Komplexität zur Darstellung zu bringen, gelingt gerade nicht nur im distanzlos-identifikatorischen Aufgehen in der jeweiligen Gegenwart, sondern unter bewußter Einbeziehung der Vergangenheit. Für Klara Sax ist die Einbeziehung von Vergangenheit und Geschichte in ihre Kunstauffassung wesentlich – »She needed to be loyal to the past«. (473) Sie lehnt den für amerikanische Kunst typischen, vollständigen Bruch mit der Vergangenheit ab, »American art, the do-it-now, the fuck-the-past – she could not follow that«. (377) Wiederum gilt Ähnliches für den Roman selbst, der seine innovativen Effekte aus der Einbeziehung vergangener Formen der Kunst und Imagination, und die kreative Revitalisierung der Kultur, die er anstrebt, aus der Vergegenwärtigung ihrer verdrängten Vergangenheit gewinnt. Erst durch die Konfrontation der Vergangenheit kann Kunst die Vision einer menschlicheren Welt überzeugend entwickeln. Dies gilt nun auch auf der psychologischen Ebene, der Entwicklung der Hauptfigur Nick Shay, um deren Perspektive und Lebensgeschichte herum der Erzählprozeß bei aller Dezentrierung im wesentlichen angelegt ist.

6. Traumatisierung und symbolische Wiedergeburt: Nick Shay und der regenerative Aspekt des Romans

Wie schon gesehen, ist Nick eine zutiefst widersprüchliche Persönlichkeit. Einerseits ist er in der Bronx aufgewachsen, verkörpert also jene rauhe, energiegeladene Lebenswirklichkeit und Selbstbehauptungsform der Slums, die auch Moonman 157 (Quersumme: 13 – Nicks paranoide ›Schicksalszahl‹) in seinen Graffiti ausdrückte; andererseits wirkt er inzwischen seltsam distanziert und unterkühlt, und identifiziert sich mit der Welt zivilisatorischer Sicherheit und Ordnung, in der er in Phoenix lebt und in der das Leben eine einheitliche, kohärente Struktur bildet, die in übersichtlicher Weise nachvollziehbar ist, in »a single narrative sweep, not ten thousand wisps of disinformation«. (82) Damit befindet er sich nicht nur in Gegensatz zu Klara Sax, deren Kunst eine solche einheitlich-geschlossene Weltwahrnehmung gerade aufsprengt, sondern auch zur Konzeption des Romans selbst, der eben keine übergreifende monolithische Metaerzählung mehr liefert, sondern die unzähligen Brüche, Abwege, Irrwege, Sonderwege und Zufallswege der Geschichte bewußt in seine Präsentationsform einbezieht.

Die am stärksten nachwirkende traumatische Erfahrung Nicks ist die Schlüsselszene seiner Jugend, die Tötung eines Menschen, die er im Alter von 17 Jahren beging und zu der sich der Roman erst in einem mühsamen Prozeß der Erinnerung annähert. Die Verdrängung seiner Jugend und vor allem dieser Tat, mit der sich sein Leben änderte, wird erst im Prozeß des Romans, gegen den inneren Widerstand des Verdrängten, allmählich rückgängig gemacht. Den Anstoß zu dieser Öffnung und Konfrontation gibt die erwähnte Wiederbegegnung mit Klara Sax und ihrer Kunst, deren zutiefst beunruhigenden Einfluß er zwar zunächst abzuwehren versucht, die aber die empfindungslos gewordene Oberfläche seiner Persönlichkeit

durchbricht und die lange verdrängten Erinnerungen in schmerzhafter Deutlichkeit
zurückkehren läßt.

Dem Zentrum dieser Erinnerungen nähert er sich an, als verschiedene Szenen
aus dem Unterweltmilieu in ihm auftauchen, in dem sein Vater sich einst bewegte
und in dessen Umfeld auch Nick als Jugendlicher geriet. In einer Atmosphäre wie
in Hemingways Kurzgeschichte »The Killers« trifft er einen Mafioso, der ihm versichert, dass die Mafia nichts mit dem Verschwinden seines Vaters zu tun hat; und
er freundet sich mit dem Barkeeper George the Waiter an, der sich in seinen
Arbeitspausen in einen Kellerraum zum einsamen Drogenkonsum zurückzieht.
George wird zu einer Art unfreiwilligen Mentorenfigur für Nick, obwohl er, wie der
Leser erfährt, ein völlig gebrochener, gescheiterter Mann ist, der in seinem teil-
nahmslosen Starren auf leere Wände an die Todesfixierung der Titelfigur von Melvilles Erzählung »Bartleby« erinnert: »The man directed a dead stare at the facing
wall.« (770) Der jugendliche Nick jedoch ist von ihm beeindruckt, und so läßt er
sich eines Tages, als er George in seinem Kellerraum aufsucht, auch auf das gefährliche Spiel ein, das sich entwickelt, als George eine abgesägte Schrotflinte hervor-
holt und Nick übergibt. Nick nimmt wie im Film die Pose eines Gangsters ein, der
auf seinen Gegner zielt und als George behauptet, die Waffe sei nicht geladen,
drückt er ab und trifft ihn tödlich mitten ins Gesicht. Nicks Schock über diese Szene wird noch in der Erinnerung daran deutlich, daß ihm die gedankliche und
sprachliche Kontrolle über seine Reaktionen verlorengeht, daß der in einzelne
Teilsequenzen aufgesprengte Vorfall sich immer wieder in seinem Kopf wiederholt.
Dadurch entsteht der Effekt eines mehrfachen *replays* und einer zeitlupenhaften
Verdichtung des Geschehens, das das völlig unverarbeitete Erlebnis noch einmal
unmittelbar sprachlich vergegenwärtigt und so erstmals einer möglichen Verarbeitung zugänglich macht. Die Schuldfrage bleibt dabei offen. Zwar ging Nick damals
auch aus Imponiergehabe auf das Risiko ein, die Waffe auf George zu richten und
abzudrücken. Doch spielt George dabei bewußt mit seinem Leben und wirkt in dieser selbstgewählten, fast spielerisch interpretierten Grenzsituation zum Tod parado-
xer Weise so ›lebendig‹ wie nie zuvor. »And he had a look on his face that was mo-
re alive and bright than George had ever looked.« (780).

Mit dieser Konfrontation des Verdrängten geht eine nochmalige Veränderung,
eine Öffnung von Nicks Persönlichkeit einher, wie der Epilog mit dem Titel »Das
Kapital«, der in der neuesten Zeit spielt, zeigt. Er gerät einerseits in größere Distanz
zur Gegenwart, mit der er sich zuvor noch so selbstgewiß identifiziert hatte, und
tritt andererseits in eine stärkere Identifikation mit seiner Vergangenheit, von der er
sich zuvor noch wie in innerem Zwang distanziert hatte. Diese größere Distanz betrifft auch die Sicht auf die allgemeineren zeitgeschichtlichen Veränderungen. Bei
seiner Tätigkeit als *waste manager* werden ihm bei einem Besuch in Kasachstan,
wo von Russen und Amerikanern gemeinsam in unterirdischen Atomexplosionen
Nuklearmüll zerstört werden soll, an mißgebildeten Föten und deformierten Kindern in aller Drastik die dehumanisierenden Folgen der Atombombenversuche des
Kalten Kriegs vor Augen geführt. Diese Kehrseite des Kalten Kriegs, seine – zynisch
gesprochen – menschlichen ›Abfallprodukte‹, die auch in den USA lange Zeit ver-
tuscht wurden, rücken sowohl die Vergangenheit als auch die neue Ära der supra-
nationalen Kooperation in ein durchaus fragwürdiges Licht.

Dennoch erlebt Nick durch diese Entwicklung, durch seine Konfrontation mit der Unterwelt des Verdrängten, eine Art ›Wiedergeburt‹ seiner persönlichen Individualität, die bereits mit der Wiederbegegnung mit Klara Sax im Teil I begann. Dies wird verstärkt durch die Motivik der Mutterfigur, die DeLillo hier, wenn auch unaufdringlich, einbezieht. Klara ist eine Art mütterliche Mentorenfigur für Nick, was durch das ihr zugeordnete Bild von Whistler, *Arrangement in Gray and Black*, unterstrichen wird; ihre Kunst erscheint Nick im Bild der ›Geburt‹ einer neuen Wahrnehmung und Beziehung zur Welt; und als Nicks wirkliche Mutter, die er aus der Bronx nach Phoenix geholt hatte, stirbt, fühlt er ihre Kräfte auf sich übergehen wie in einer transzendentalen Selbsterweiterung seines Ichs: »When my mother died I felt expanded, slowly, durably, over time. I felt suffused with her truth, spread through, as with water, color, light. I thought she'd entered the deepest place I could provide, the animating entity, the thing, if anything, that will survive my own last breath, and she makes me larger, she amplifies my sense of what it is to be human.« (804) Der Name Phoenix, der Stadt, in der sich Nicks ›Wiedergeburt‹ vollzieht, gewinnt also hier am Ende erstmals einen deutlicher nachvollziehbaren Sinn als es zunächst scheinen mochte. Er gewinnt diesen Sinn allerdings – und darin entspricht er dem ästhetischen Grundsatz des Romans – nicht aus der fortschrittsgläubigen Verabsolutierung der Gegenwart, sondern aus der wiedergefundenen Kontinuität mit der Vergangenheit, von der sich Nick zugunsten geschichtsloser zivilisatorischer Realitäts- und Rollenkonstrukte abgeschnitten hatte und zu der er erst durch den radikalen Erinnerungs- und Selbstaneignungsprozeß zurückfindet, den die Begegnung mit Klara Sax und ihrer Kunst in ihm auslöste.

Dieser regenerative Aspekt wird am Schluß auch noch einmal auf der Ebene des Romans selbst betont. Der Erzähler sitzt vor dem Monitor, auf dem er offensichtlich den Roman schreibt und auf dem er im Ausgriff auf das Internet gleichzeitig die historischen Kontexte aktivieren kann, die er mit seinem persönlichen Erzähltext überblendet. Unwillkürlich fällt sein Blick vom Bildschirm weg durchs Fenster nach draußen, von wo er die Stimmen von spielenden Kindern hört. Das improvisierte Spielen der Kinder in der konkreten Erfahrungsumwelt von Hinterhöfen und unkrautbewachsenen Rasenflächen erinnert ihn an seine eigene Kindheit – »it's your voice you hear, essentially« (827) – ein Motiv, das bereits am Anfang des Buchs, in der spontan-improvisierenden Erzählerstimme dessen Grundtenor mitbestimmt: »He speaks in your voice, American, and there is a shine in his eyes that's halfway hopeful.« (11) Die Verwerfungen des Kalten Kriegs, und die Transformationen des Computerzeitalters haben, so die Implikation dieser zyklischen Rahmenkonzeption, dieses kreative Potential primärer, selbstgestalteter Lebensvollzüge nicht prinzipiell zerstört. Das Motiv der spielenden Kinder taucht im Roman immer wieder auf, und auch dieses Motiv wird durch den Verweis auf ein Bild von Pieter Breughel d.Ä., *Kinderspielen*, untermalt. (Abb. 7) Auf diesem Bild sind etwa 230 Kinder zu sehen, die mit über 90 Spielen beschäftigt sind. Interessant ist dabei, dass eine Reihe der Spiele, die auf Breughels Bild aus dem 16. Jh. zu erkennen sind, auch noch auf den Straßen der Bronx gespielt werden, gleichzeitig aber improvisierend an die ganz andere Umwelt angepasst sind – z.B. das Murmelspiel, Seil- und Bockspringen, Fangspiele verschiedener Art wie das »Play Tag or Catch«-Spiel. Das Bild zeichnet sich durch klare Komposition einerseits und pralle Lebensvielfalt andererseits aus.

Abb. 7

Die in der Mitte sich kreuzenden Linien von Hauptstraße und Marktplatz stellen das strukturelle Zentrum des Gemäldes dar, das andererseits durch Buntheit, Vielfalt und Bewegung bestimmt wird; es ist zwar nicht idyllisch, sondern scheint vom Ernst der Erwachsenenwelt überschattet – was auch für die Kinder in der Bronx gilt, deren Spiel zugleich eine Art Überlebenstraining ist. Und dennoch kann nach Auffassung der neueren Kunstkritik dieses Bild in seiner Verbindung von zweck-freiem kindlichem Selbstausdruck und der Jahreszeit des Frühlings innerhalb des Ouevres von Breughel als Kontrastbild zum ›Triumph des Todes‹ betrachtet wer-den.[6] In diesem Sinn trägt seine intermediale Präsenz auch in DeLillos Roman da-zu bei, einen Gegenpol zu den kollektiven und individuellen Traumata aufzubau-en, mit denen er sich auseinandersetzt.

Indem DeLillo solchermaßen Parallelen zur europäischen Kunst heranzieht, um die im Roman entfaltete Dialektik von Kulturkritik und kultureller Selbsterneuerung Amerikas auszudrücken, bezieht er bewusst die Alte Welt in die Definition der Neu-en Welt ein – ein gerade in der heutigen Situation hochaktueller Ansatz also, in dem das ›alte Europa‹ zum Subtext der Neuen Welt und damit zum unverzichtbaren Be-standteil in der Vision eines zukunftsfähigen Amerikas wird.

---

6 Vgl. Roberts-Jones, op. cit., S. 220. »Das Werk gleicht eher einem Ausbruch von Vitalität als einer moralischen Lehre, eher einer Manifestation sprühenden Lebens als der Be-standsaufnahme einer Jahreszeit und eines Ortes ...« (S. 225)

Durch die Stimmen der spielenden Kinder im Hinterhof angeregt, richtet sich der Blick des Erzählers nun auch auf die konkreten Dinge in seinem eigenen Raum, »offscreen, unwebbed, the tissued grain of the deskwood alive in light, the thick lived tenor of things ...« (827). Auf dem Monitor formt sich, wie in Korrespondenz hierzu, aus den verblassenden Machtphantasien des Kalten Kriegs, den virtuellen Atompilzen, in denen sich zuvor noch Edgar Hoovers und Sister Edgars digitale Apotheose vollzog, ein einzelnes, »seraphisches« Wort. Es ist ein Wort, das durch wenige Tastenklicks in seinen historischen Bedeutungsverzweigungen und vielfältigen Verwendungsformen erforschbar ist, in der »tunnelled underworld of its ancestral roots.« (826) Und der Erzähler versucht eine Verbindung herzustellen zwischen dem Wort auf dem Bildschirm und der sinnlichen Präsenz der Dinge um ihn herum, die er sieht und beschreibt.:

> ... and you try to imagine the word on the screen becoming a thing in the world, taking all its meanings, its sense of serenities and contentments out into the streets somehow, its whisper of reconciliation, a word extending itself ever outward, the tone of agreement or treaty, the tone of repose, the sense of mollifying silence, the tone of hail and farewell, a word that carries the sunlit ardor of an object deep in drenching noon, the argument of binding touch, but it's only a sequence of pulses on a dullish screen and all it can do is make you pensive – a word that spreads a longing through the raw sprawl of the city and out across the dreaming bourns and orchards to the solitary hills.   Peace. (827)

Die Unterweltreise durch die *death in life*-Welt des Kalten Kriegs mündet in eine Epiphanie des Friedens, die sich auf fast utopische Weise im letzten Wort des Romans konzentriert.[7] Die unauflösliche Differenz zwischen den Zeichen auf dem Bildschirm, die das Wort formen, und der Welt, der es sprachlich korrespondieren soll, bleibt dabei zwar bewußt. Sie wird aber zugleich produktiv entfaltet in der Poetisierung des Diskurses am Schluß, der sich von der elektronischen Welt des Computers über die rauhe Wirklichkeit der Stadt zur ländlich-pastoralen Idylle und zur Natur jenseits der Zivilisation bewegt. Der Impuls der Erneuerung, den das Romanende inszeniert, führt hinter die dargestellte Zivilisationswelt zurück und über sie hinaus, ist aber gleichzeitig an den Akt der sprachlich-literarischen Inszenierung der Welt gebunden. In minimalistischer Form wird hier der Grundvorgang des Romans erkennbar: die kreative Selbsterneuerung der Kultur aus der imaginativen Überschreitung ihrer diskursiven Systemgrenzen, die freilich erst durch die Vergegenwärtigung ihrer verdrängten Traumata möglich wird. Von daher ist auch das Ende des Romans, wie der Blick des Jungen, der an seinem Anfang beschrieben wird, »half-way hopeful.« (11)[8]

---

[7]   Hierin besteht erneut eine Parallele zu T.S. Eliots *The Waste Land*, das mit dem dreifachen »Shantih, Shantih, Shantih«, dem rituellen Ende der hinduistischen Veden endet, welches nach Eliots eigenem Kommentar bedeutet: »The peace which passeth understanding«.

[8]   Mit seiner Behauptung, der Roman stelle zwar die Realität der Globalisierung dar, sei aber »powerless either to interrogate or to resist it«, übersieht daher James Annesley m.E. eine wesentliche Dimension des Textes. »Thigh bone connected to the hip bone«: Don DeLillo's *Underworld* and the Fictions of Globalization«, *Amerikastudien/American Studies* 47, 1, 2002, S. 85–95, hier S. 89.

Blickt man von hier aus noch einmal auf den Roman als ganzen, so zeigt sich, daß er bei aller achronologischen Fragmentierung und Dezentrierung deutlich markierte Stationen durchläuft, die sich aus der Konfrontation und symbolischen Verarbeitung verdrängter Bereiche des kollektiven und individuellen Bewußtseins ergeben. Der Durchgang durch diese ›Unterwelt‹ des Verdrängten fördert Zustände von Deformation, Selbstentfremdung und Gewalt zu Tage, aktiviert aber auch anarchische, kritische und ästhetische Gegenenergien in den unverwechselbaren Momenten persönlich gelebten Lebens, die rekonstruiert und sprachlich vergegenwärtigt werden. Auf diese Weise wird ein ungewöhnlich breites Spektrum anderweitig nicht artikulierter Perspektiven und Erfahrungen artikuliert, und werden Interrelationen zwischen ansonsten getrennten kulturellen Bereichen gestiftet, durch die überraschende Zusammenhänge aufgedeckt und beträchtliche ästhetische wie kognitive Synergieeffekte erzielt werden. Das Fragmentarische und Heterogene moderner Wirklichkeitserfahrung wird im Roman einerseits in extremer Form herausgebracht, andererseits mit holistisch-regenerativen Prozessen zusammengeführt. Er wird damit zum Medium dessen, was man eine ›kulturelle Ökologie‹ nennen könnte.[9] Die binären Trennungen der modernen Zivilisation – Geist vs. Körper, Rationalität vs. Emotion, Realität vs. Imagination,

Technik vs. Kunst, Kultur vs. Natur – werden dabei sowohl aufgegriffen als auch ständig überschritten. An eben diesen Trennlinien entlang ist der ›kulturökologische‹ Fokus des Romans geführt.

Wichtigster Träger dieses Prozesses im Roman ist indessen nicht die Handlung und sind auch nicht die Figuren, sondern ist die Sprache, die alle anderen Medien einbezieht, ihre Potentiale nutzt und sich doch aus ihrem determinierenden Zugriff befreit. Als historisch geprägtes und je situativ moduliertes Medium der Beobachtung, Benennung, Differenzierung, Relationierung und Mitteilung ist Sprache selbst ein Teil gelebter Wirklichkeit, die durch sie im Text zur Geltung gebracht werden kann. Sprache ist in diesem Roman stets Repräsentation und Performanz zugleich, Darstellung kultureller und individueller Erfahrungsprozesse und zugleich Medium ihres bewußten, ›lebendigen‹ Vollzugs.[10] Im Spannungsfeld zwischen der Unverfügbarkeit vorsprachlicher Erfahrungen, die sie ästhetisch verfügbar macht, und dem Verfügungsanspruch zivilisatorischer Mediendiskurse, die sie auf ihre Kehrseite des Unverfügbaren öffnet, sucht sie ihre Eigenständigkeit zu bewahren und zu behaupten. Sie führt den Dialog der Kultur mit ihrem Anderen, des Vertrauten mit dem Fremden, der Diskurssysteme mit der prädiskursiven Erfahrungswelt auf eine Weise, die sowohl radikal skeptisch als auch radikal affirmativ ist. Damit stellt der Roman die Möglichkeit der kritischen Reflexion, aber auch der symbolischen Erneuerung einer hochkomplexen Zivilisationswelt dar, wie sie in anderen Medien nicht in derselben Vielschichtigkeit und Intensität möglich ist.

---

9   Zu diesem Konzept vgl. *Literatur als kulturelle Ökologie. Zur kulturellen Funktion imaginativer Texte an Beispielen des amerikanischen Romans*, Tübingen: Niemeyer 2002.

10   Zum ›magischen‹, realitätsschaffenden Aspekt von DeLillos Sprachauffassung vgl. Paul Gediman: »DeLillo's prose tends towards the oracular. His frame of reference is ... pagan, indeed animistic ...« »Visions of the American Beserk«, *Boston Review* 1998, website http:// bostonreview.mit.edu/BR22.5/gediman.html, 1–6: 6.

Literatur:

Annesley, James. »›Thigh bone connected to the hip bone‹: Don DeLillo's *Underworld* and the Fictions of Globalization«, *Amerikastudien/American Studies*, 47, 1, 2002, 85–95.

Castle, Robert. »DeLillo's *Underworld*: Everything that Descends Must Converge«. *Undercurrents*, Spring 1999, 7.

Coward, David. *Don DeLillo: The Physics of Language.* Athens: U of Georgia P, 2002.

DeLillo, Don. *Underworld.* New York: Scribner's/Simon and Schuster, 1997.
–. »The Power of History«. *New York Times*, Sept. 7, 1997, web edition, 6.

Duvall, John A. »Baseball as Aesthetic Ideology: Cold War History, Race, and DeLillo's ›Pafko at the Wall‹«, *Modern Fiction Studies*, 4, 2, 1995, 285–313.
–. *Don DeLillo's Underworld: A Reader's Guide.* New York: Continuum, 2002.

Gediman, Paul. »Visions of the American Beserk«. *Boston Review* 1998. http://bostonreview.mit.edu/BR22.5/gediman.html.

Green, Jeremy. »Disaster Footage: Spectacles of Violence in Don DeLillo«. *Modern Fiction Studies*, 45, 3, 1999, 571–99.

Helyer, Ruth. »›Refuse Heaped Many Stories High‹: DeLillo, Dirt, and Disorder«. *Modern Fiction Studies* 45, 4, 1999, 987–1006.

Kavadlo, Jesse. »Celebration & Annihilation: The Balance of *Underworld*«. *Undercurrents*, 1999 Spring, 7. Website http://darkwing.uoregon.edu/~ucurrent/uc7/7-kava.html.

Keesey, Douglas. *Don DeLillo.* New York: Twayne, 1993.

Kendrick, Walter. »Journeying through *Underworld*«. *The Yale Review*, 86, 2, 1998, 143–152.

Keskinen, Mikko. »To What Purpose Is This Waste? From Rubbish to Collectibles in Don DeLillo's Underworld«. *American Studies in Scandinavia*, 32, 2, 2000, 63–82.

Knight, Peter. »Everything Is Connected: *Underworld's* Secret History of Paranoia«. *Modern Fiction Studies*, 45, 3, 1999, 811–36.

Lentriccia, Frank (ed.). *Introducing Don DeLillo.* Durham: Duke UP, 1991.

Nel, Philip. »›A Small Incisive Shock‹: Modern Forms, Postmodern Politics, and the Role of the Avant-Garde in *Underworld*«. *Modern Fiction Studies*, 45, 3, 1999, 724–52.

Osteen, Mark. *American Magic and Dread: Don DeLillo's Dialogue with Culture.* Philadelphia, PA: U of Pennsylvania P, 2000.

Parrish, Timothy L. »From Hoover's FBI to Eisenstein's Unterwelt: DeLillo Directs the Postmodern Novel«. *Modern Fiction Studies*, 45, 3, 1999, 696–723.

Pincott, Jennifer. »The Inner Workings: Technoscience, Self, and Society in DeLillo's *Underworld*«. In: *Undercurrents*, 1999 Spring, 7. http://darkwing.uoregon.edu/ ~ucurrent/ uc7/7-pin.html.

Ressel, Till. *Intermedial Arts in Don DeLillo's Novel Underworld*, Zulassungsarbeit Augsburg, 2002 (UB Augsburg).

Rettberg, Scott. »American Simulacra: Don DeLillo's Fiction in Light of Postmodernism«. In: *Undercurrents*, 1999 Spring, 7. http://darkwing.uoregon.edu/~ucurrent/ uc7/7-tett.html.

Roberts-Jones, Philippe und Françoise. *Peter Breughel der Ältere.* München: Hirmer, 1997.

Sante, Luc. »Between Hell and History«. *The New York Review of Books*, Nov. 6, 1997.

Tanner, Tony. »Afterthoughts on Don DeLillo's *Underworld*«. *Raritan*, 17, 4, 1998, 48–71.

Walcott, James. »Blasts from the Past«. *New Criterion*, 16, 4, 1997, 65–70.

Walker, Joseph S. »Criminality, the Real, and the Story of America: The Case of Don DeLillo«. *Centennial-Review,* 43, 3, 1999, 433–66.

Wallace, Molly. »'Venerated Emblems': DeLillo's Underworld and the History-Commodity«. *Critique: Studies in Contemporary Fiction*, 42, 4, 2001, 367–83.

Weinstein, Arnold. *Nobody's Home: Speech, Self, and Place in American Fiction from Hawthorne to DeLillo.* New York: Oxford UP, 1993.

White, Eric Charles. »Negentropy, Noise and Emancipatory Thought«, in *Chaos and Order: Complex Dynamics in Modern Literature*, ed. Katherine N. Hayles, Chicago: U of Chicago P, 1991.

Wolf, Philipp. »Baseball, Garbage and the Bomb: Don DeLillo, Modern and Postmodern Memory«. *Anglia*, 120, 2002, 65–85.

Zapf, Hubert. *Literatur als kulturelle Ökologie. Zur kulturellen Funktion imaginativer Texte an Beispielen des amerikanischen Romans.* Tübingen: Niemeyer, 2002.

Illustrationen:

1. Titelseite der *New York Times,* 4. Oktober 1951
2. Peter Breughel d.Ä., *Der Triumph des Todes,* 1562
3. James McNeill Whistler, *Arrangement in Gray and Black. The Artist's Mother,* 1871
4. U-Bahn-Wagen mit Graffiti-Bemalung
5. Watts Towers, Los Angeles, 1921–1954
6. Flugzeugfriedhof bei Tucson, Arizona
7. Pieter Breughel d.Ä., *Kinderspielen,* 1560

Große Werke der Literatur

Herausgegeben von Hans Vilmar Geppert

Band I

1990, 246 Seiten, € 18,–/SFr 3,80
ISBN 3-7720-2501-3

Inhaltsübersicht: N. Oettinger, Isländische Edda und indische Veden. Ein mythologischer Vergleich; *A. Baruzzi,* Platon: »Politeia«; *M. Lausberg,* Ovid: »Metamorphosen«; *J. Janota,* Der Tristan-Roman des Gottfried von Straßburg; *Th.M. Scheerer,* Miguel de Cervantes: »Don Quijote«; *W. Pache,* Laurence Sterne: »The Life and Opinions of Tristram Shandy, Gent«; *H.V. Geppert,* Karl Philipp Moritz: »Anton Reiser«; *Th. Stammen,* Johann Wolfgang von Goethe: »Unterhaltungen deutscher Ausgewanderten«; *M. Wegner,* Fjodor Dostojewski: »Die Dämonen« – ein Roman der Warnung?; *M. Pütz,* Herman Melville: »Moby-Dick«; *H. Koopmann,* Thomas Mann: »Der Zauberberg«; *H. Krauß,* Albert Camus: »Der Fremde«; *H. Reimann,* Lampedusas Sizilien: Die Konstruktion von Wirklichkeit durch Dichtung (Tomasi di Lampedusa: »Il Gattopardo«); *S. Müller,* Arno Schmidt: »Kaff auch Mare Crisium« – Teleskopie und Mikrologie der Erfahrung

Band II

1992, 291 Seiten, € 18,–/SFr 30,80
ISBN 3-7720-2502-1

Inhaltsübersicht: E. Blum, Das Buch Jona; *G. Gottlieb,* Herodot – Entdecker, Geschichtsschreiber, Künstler; *M. Lausberg,* Martial: »Epigramme«; *G. Wenz,* Martin Luther: »De servo arbitrio«/»Vom unfreien Willen«; *M. Hinz,* Balthasar Gracián: »Handorakel«; *H.-O. Mühleisen,* Immanuel Kant: »Zum ewigen Frieden«; *K. Spinner,* Die »Kinder- und Hausmärchen« der Brüder Grimm; *A. Ziegenaus,* Blaise Pascal: »Pensées«/»Gedanken«; *M. Pütz,* T.S. Eliot: »The Waste Land«/»Das wüste Land«; *H. Koopmann,* Alfred Döblin: »Berliner Alexanderplatz«; *Jörg Tenckhoff,* »Die Politur des steinernen Herzen. Historisches zu Arno Schmidts historischem Roman aus dem Jahre 1954«; *Th. Scheerer,* Mario Vargas Llosa: »Der Krieg am Ende der Welt«; *W. Pache,* Margaret Atwood: »The Handmaid's Tale«/»Die Geschichte der Dienerin«; *B. Schimmelpfennig/H.V. Geppert,* Umberto Eco: »Der Name der Rose«

Band III

1993, 223 Seiten, € 18,–/SFr 30,80
ISBN 3-7720-2503-X

Inhaltsübersicht: M. Lausberg, Homer: »Ilias«; *K. Murakami,* Murasaki Shikibu: »Die Geschichte vom Prinzen Genji«; *W. Williams-Krapp,* »Das Nibelungenlied«; *J. Janota,* »Fortunatus«; *H. Krauß,* Jean Racine: »Phèdre«; *H. Koopmann,* Goethe: »Wilhelm Meisters Lehrjahre«; *D.F. Mahoney,* Novalis: »Heinrich von Ofterdingen«; *H. Zapf,* Nathaniel Hawthorne: »The Scarlet Letter«; *H.V. Geppert,* Gustave Flaubert: »Madame Bovary«; *W. Pache,* Thomas Hardy: »Jude the Obscure«; *Th. Scheerer,* Karl May: »Der Schatz im Silbersee«; *H.A. Hartmann,* Franz Kafka: »Das Schloß«; *K.H. Spinner,* Rolf Dieter Brinkmann: »Westwärts 1 & 2«

A. Francke Verlag Tübingen und Basel

Band IV

1995, 230 Seiten, € 18,–/SFr 30,80
ISBN 3-7720-2504-8

Inhaltsübersicht: N. Oettinger, »Das Gilgamesch-Epos«; *G. Dharampal-Frick,* Das indische »Ramayana-Epos«; *J. Brüning,* Euklid: »Elemente«; *M. Lausberg,* Apuleius: »Der goldene Esel«; *A. Ziegenaus,* Augustinus: »Bekenntnisse«; *J. Janota,* Wolfram von Eschenbach: »Willehalm«; *Th. Stammen,* Thomas Morus: »Utopia«; *W. Pache,* William Shakespeare: »Der Sturm«; *H. Krauß,* Victor Hugo: »Die Elenden«; *K. Spinner,* Wilhelm Busch: »Max und Moritz«; *H.V. Geppert,* Wilhelm Raabe: »Stopfkuchen«; *H. Koopmann,* Thomas Mann: »Buddenbrooks«; *H.A. Hartmann,* Gottfried Benn: »Mogue« und andere Gedichte; *H. Zapf,* William Faulkner: »Schall und Wahn«

Band V

1997, 253 Seiten, € 18,–/SFr 30,80
ISBN 3-7720-2505-6

Inhaltsübersicht: M. Lausberg, Lucan: »Pharsalia«; *J. Janota,* Walther von der Vogelweide: »Minnesang«; *H.P. Balmer,* »Essais de Messire Michel«, »Seigneur de Montaigne / Erprobungen des Herrn von Montaigne«; *Th. Stammen,* Adolf Freiherr von Knigge: »Über den Umgang mit Menschen«; *S. Müller,* Immanuel Kant: »Kritik der reinen Vernunft«; *W. Pache,* John Keats: »Die großen Oden«; *K. Spinner,* Georg Büchner: »Lenz«; *H. Zapf,* Edgar Allan Poe: »Erzählungen«; *Th. Scheerer,* Sigmund Freud: »Die Traumdeutung«; *H.A. Hartmann,* Raymond Chandler: »Die Marlowe-Romane«; *H. Koopmann,* Thomas Mann: »Joseph und seine Brüder«; *H. Krauß,* Jean Paul Sartre: »Les séquestrés d'Altona / Die Eingeschlossenen von Altona«; *G. Gottlieb / H.V. Geppert,* Marguerite Yourcenar: »Mémoires d'Hadrien«

Band VI

1999, 238 Seiten, € 22,–/SFr 37,–
ISBN 3-7720-2506-4

Inhaltsübersicht: H.-O. Mühleisen, Plutarch: »Wie man den Freund vom Schmeichler unterscheidet«; *M. Lausberg,* Longos »Daphnis und Chloe«; *J. Janota,* Johannes von Tepl: »Der Ackermann aus Böhmen«; *T.M. Scheerer,* Luís Vaz de Camões: »Os Lusíadas / Die Lusiaden«; *W. Frick,* Johann Wolfgang von Goethe: »Iphigenie auf Tauris«; *H.V. Geppert,* Theodor Fontane: »Der Stechlin«; *J. Becker,* Otto von Bismarck, »Gedanken und Erinnerungen«; *K.H. Spinner,* Robert Walser: »Kleine Prosa«; *W. Pache,* Virginia Woolf: »Mrs Dalloway«; *H.P. Balmer,* Robert Musil: »Der Mann ohne Eigenschaften«; *H. Koopmann,* Günter Grass: »Die Blechtrommel«; *W. Albes:* Albert Camus: »Le Premier Homme / Der erste Mensch«; *C. Chiellino,* Mario Puzo: »Der Pate«

Band VII

2001, 258 Seiten, € 22,–/SFr 37,–
ISBN 3-7720-2507-2

Inhaltsübersicht: P. Roth, Theokrits: »Eidyllien«; *J. Janota,* Das »Hildebrandslied«; *Th. Stammen,* Justus Lipsius (1547–1606): »De Constantia – Von der Beständigkeit«; *T.R. Kuhnle,* Voltaire: »Candide ou l'optimisme/Candide oder der Optimismus«; *J. Eder,* Heinrich Heine: »Reisebilder«; *K.H. Spinner,* Christian Morgenstern: »Galgenlieder«; *M. Lausberg / H.V. Geppert,* Homer »Odyssee«, – James Joyce »Ulysses«; *S. Müller,* Im Geflecht von Alltäglichkeit, Welt und Tod. Martin Heideggers »Sein und Zeit«; *H. Koopmann,* Thomas Mann: »Lotte in Weimar«; *H.P. Balmer,* Theodor W. Adorno: »Minima Moralia«; *U. Regener,* Ich im Irrealis. Max Frischs »Mein Name sei Gantenbein«; *Th.M. Scheerer,* Carlos Fuentes: »Terra nostra«; *H. Zapf,* Toni Morrison: »Beloved / Menschenkind«

A. Francke Verlag Tübingen und Basel